U0424432

WORLD HISTORY OF POISON

世界毒物全史

91—100卷

毒史人物名传记

Personage in Poison History

主编 史志诚

国家出版基金项目
NATIONAL PUBLICATION FOUNDATION

"十三五"国家重点图书出版规划项目

西北大学出版社

图书在版编目（CIP）数据

毒物史名人传记/史志诚主编．—西安：西北大学出版社，2016.8

（世界毒物全史：第十册）

ISBN 978-7-5604-3875-7

Ⅰ.①毒… Ⅱ.①史… Ⅲ.①人物—列传—世界 Ⅳ.①K811

中国版本图书馆CIP数据核字(2016)第110384号

世界毒物全史

毒物史名人传记

主　　编：	史志诚
出版发行：	西北大学出版社
地　　址：	西安市太白北路229号
邮　　编：	710069
电　　话：	029-88303059
经　　销：	全国新华书店
印　　装：	陕西博文印务有限责任公司
开　　本：	787毫米×1092毫米　1/16
印　　张：	23.5
字　　数：	482千
版　　次：	2016年8月第1版
印　　次：	2016年8月第1次印刷
书　　号：	ISBN 978-7-5604-3875-7
定　　价：	158.00元

献
DEDICATED
给

为人类健康做出贡献的伟大的毒物学家和从事相关职业的人们！

To the great toxicologists and people in related occupations who have contributed to human health

世界毒物
全史

WORLD
HISTORY
OF POISON

序
PREFACE

毒物学是关系我们这个星球上人类健康的学说。不仅有众多的科学家，还有许多哲学家、思想家、历史学家和政治家，以及文学艺术家，都在关心毒物与人类健康的内在联系。

古代和近代的哲学家与思想家的贡献在于他们阐明了毒物的客观存在性，引导人们摆脱唯心主义的束缚，积极迈向防控毒物危害与化毒为利的科学之路。许多国家首脑和政要为了民众的生存安全与健康，在提出和实施反烟、戒酒、禁毒和保障食品药品安全的艰难斗争的岁月里，彰显了他们强烈的国家责任感和远见卓识。

从事物理化学、生物医药和法医学的科学家为现代毒理学的发展奠基了坚实的基础。那些探索未知、献身毒理科学事业的毒理学家和20世纪毒理学出现许多分支学科之后涌现出的一批新兴学科的毒理学家，他们在有生之年所取得的研究成果不仅丰富了现代毒理科学，为我们今天的食品药品安全、生物安全以及生态安全做出了突出贡献，而且为今天各国政府科学决策、应急处置突发毒性事件提供了宝贵的科学依据。科学家所取得的成果优化了我们的生活环境和生存方式，使我们今天远离毒物并从中受益。科学家求实、严谨和持之以恒的科学精神激励着今天从事毒理学科学研究、教育的专家和为公众服务的相关职业的人们，他们为了人类的健康奉献了一生，值得我们由衷地钦佩。

一些著名的作家和艺术家将世界上发生的重大毒性事件与中毒案件及其对社会的影响，将毒理科学研究的新成果、新进展及其对人类进步和社会发展的影响，通过文学艺术作品传播到世界各地，在提高广大民众科学素质的同时，进一步提高了人们对真善美与假恶丑的鉴别能力。那些冒着生命危险的摄影师们将那些带给人间无尽伤害的核灾难、化学灾难的场景以及有毒生物活动的神秘瞬间拍摄下来，让今天的人们不忘过去、铭记历史，同时了解自然界物种的进化与生态平衡的极端重要性。

在此书中，我们从最新角度审视他们的生活和事业，讲述他们的丰功伟绩和鲜为人知的故事，追溯他们的思想线索和灵感来源，品味毒理学家与相关的政治家、哲学家、文学家、社会科学与自然科学家的人生经历，感知过去，嘉惠未来。

史志诚

2015 年 6 月

目 录
CONTENTS

序

第 91 卷　哲学家、政治家、历史学家

卷首语

1 哲学家与思想家　003
- 1.1 王充　003
- 1.2 摩西·迈蒙尼德　005
- 1.3 弗里德里希·恩格斯　007
- 1.4 阿尔贝特·施韦泽　011

2 主张戒烟、禁烟的帝王 　013
- 2.1 坚决抵制烟草的英国国王詹姆斯一世　013
- 2.2 不丹反烟圣贤：夏宗法王　014
- 2.3 主张禁烟的土耳其帝王：穆拉德四世　015
- 2.4 主张禁烟的中国明代崇祯皇帝　016

3 主张戒酒禁酒的帝王和政治家　017
- 3.1 中国夏禹王戒酒防微　017
- 3.2 中国古代周公颁布戒酒令　018
- 3.3 澳大利亚禁酒政治家奥马利　019

4 主张禁毒的帝王与政治家 　021
- 4.1 中国清代禁毒皇帝：雍正　021
- 4.2 中国清代禁毒皇帝：道光　022
- 4.3 禁毒先驱林则徐　023
- 4.4 哥伦比亚扫毒总统巴尔科　028

5 催生FDA的总统：西奥多·罗斯福 　030

6 历史学家 　033
- 6.1 爱德华·吉本　033
- 6.2 李约瑟　034

第 92 卷　化学家、生物科学家

卷首语

1 化学家 　041
- 1.1 海因里希·罗塞　041
- 1.2 罗伯特·安格斯·史密斯　042
- 1.3 西奥多·乔治·沃姆利　045
- 1.4 哈维·华盛顿·威利　046
- 1.5 亨利·莫瓦桑　048
- 1.6 弗里茨·哈伯　050
- 1.7 艾尔伯特·霍夫曼　054
- 1.8 克莱尔·帕特森　057

2 生物学家　059
- 2.1 蕾切尔·卡逊　059
- 2.2 阿瑟·高尔斯顿　065

3 植物学家　067
- 3.1 海欧纳莫斯·博克　067
- 3.2 吴其濬　069

4 动物学家　072
- 4.1 罗伯特·埃文斯·斯诺德格拉斯　072
- 4.2 卡尔·沃·弗里希　072
- 4.3 宋大祥　073

5 生态学家　076
- 5.1 查尔斯·萨瑟兰·埃尔顿　076
- 5.2 埃尔雷·利昂·赖斯　078

第93卷　研究毒药的医药学家

卷首语

1　中国传统医药学家
　　1.1　扁鹊　083
　　1.2　华佗　085
　　1.3　张仲景　088
　　1.4　孙思邈　091
　　1.5　李时珍　095

2　希腊古代医药学家　099
　　2.1　希波克拉底　099
　　2.2　卡尔·奥古斯特·尼坎德　102

3　药理学家　104
　　3.1　奥斯瓦尔德·施米德贝尔　104
　　3.2　汤腾汉　105
　　3.3　弗朗西斯·奥尔德姆·凯尔西　107
　　3.4　周廷冲　111
　　3.5　玻·罗兰博·霍姆斯德特　114

4　生理学与病理学家　116
　　4.1　弗朗西斯·马戎第　116
　　4.2　克劳德·伯尔纳　117
　　4.3　阿尔弗雷德·伏尔皮安　119
　　4.4　原田正纯　121

第94卷　毒理学与毒素学家

卷首语

1　毒理学家　125
　　1.1　帕拉塞尔苏斯　125
　　1.2　阿贝·费利斯·方塔纳　128
　　1.3　奥尔菲拉　131
　　1.4　罗伯特·克里斯蒂森　134
　　1.5　路易斯·莱温　135
　　1.6　杜聪明　138
　　1.7　哈罗德·卡朋特·霍奇　141
　　1.8　勒内·萨豪特　142
　　1.9　肯尼斯·帕特里克·杜伯伊　144
　　1.10　诺曼·奥尔德里奇　145
　　1.11　玛丽·阿姆杜尔　146
　　1.12　格汉德·扎宾德　147

2　毒素学家　150
　　2.1　弗朗切斯科·雷迪　150
　　2.2　爱德华·施茨　151
　　2.3　芬德莱·E.罗塞尔　152
　　2.4　斯特鲁·柯·萨瑟兰　153

第95卷　法医毒理学家

卷首语

1　法医毒理学家　159
　　1.1　宋慈　159
　　1.2　艾尔弗雷德·斯温·泰勒　162
　　1.3　亚历山大·奥·盖特勒　164
　　1.4　维德马克　165
　　1.5　勒格·凯·本尼克森　167

2　法医毒物分析家　169
　　2.1　斯切潘诺夫　169
　　2.2　黄鸣驹　170
　　2.3　林几　171

第96卷　工业职业卫生毒理学家

卷首语

1　工业毒理学家　177
　　1.1　阿米迪·勒菲弗　177
　　1.2　爱丽丝·汉密尔顿　178
　　1.3　尼古拉·拉扎列夫　179
　　1.4　赫伯特·E.斯托金戈　180
　　1.5　夏元洵　182

2　职业卫生毒理学家　183
　　2.1　伯纳迪诺·拉马齐尼　183
　　2.2　吴执中　184
　　2.3　顾学箕　186
　　2.4　刘世杰　188
　　2.5　张基美　189
　　2.6　何凤生　190

第97卷　兽医与昆虫毒理学家

卷首语

1　兽医毒理学家　197
　　1.1　尤斯塔斯·克拉克　197
　　1.2　詹姆斯·W.多勒怀特　198

1.3 韦恩·比恩斯	199
1.4 段得贤	201
1.5 罗德福·拉德莱夫	204

2 昆虫毒理学家 205
  2.1 张宗炳 205
  2.2 赵善欢 208

第98卷 重大发现与发明家
卷首语

1 发现毒物与毒理机制的科学家 213
  1.1 珀西瓦尔·波特 213
  1.2 詹姆斯·马什 214
  1.3 奥斯马·蔡德勒 215
  1.4 保尔·米勒 216
  1.5 理查德·库恩 217
  1.6 吉哈德·施拉德 217
  1.7 维杜金德·伦兹 218
  1.8 尤斯蒂奴斯·克奈尔 220
  1.9 吴朝仁 220

2 发现放射性及其毒性的物理学家 222
  2.1 威廉·康拉德·伦琴 222
  2.2 安东尼·亨利·贝克勒尔 224
  2.3 玛丽·居里 225
  2.4 欧内斯特·卢瑟福 227
  2.5 罗布利·埃文斯 229

3 分离毒素的科学家 230
  3.1 皮埃尔·让·罗比奎特 230
  3.2 查尔斯·詹姆斯·马丁 231
  3.3 弗里德里希·塞特讷 232
  3.4 让·塞尔瓦伊斯·斯塔斯 233
  3.5 阿瑟·斯托尔 234
  3.6 皮埃尔·约瑟夫·佩尔蒂埃 235
  3.7 约瑟夫·比奈姆·卡旺图 236
  3.8 彼特·赫尔曼·斯蒂尔马克 237

4 发现与发明解毒药的科学家 238
  4.1 盖伦 238
  4.2 陈克恢 239
  4.3 阿尔贝特·卡尔迈特 240
  4.4 波尔·阿尔霍尔姆·克里斯坦森 241
  4.5 林杰梁 243

5 发明安全矿灯的汉弗莱·戴维 245

第99卷 临床专科医师
卷首语

1 治疗蛇伤的专科医师 249
  1.1 季德胜 249
  1.2 舒普荣 250

2 蜂疗专家 253
  2.1 贝克 253
  2.2 陈伟 254

3 蚁疗专家：吴志成 256

第100卷 作家与艺术家
卷首语

1 作家与文学家 261
  1.1 阿瑟·柯南·道尔 261
  1.2 厄普顿·辛克莱 264
  1.3 阿加莎·克里斯蒂 266

2 科普作家 268
  2.1 法布尔 268
  2.2 约里什 271

3 拍摄毒性事件的摄影师 272
  3.1 尤金·史密斯 272
  3.2 科斯京 273
  3.3 洛古雷 275

4 影视人物 276
  4.1 谢晋 276
  4.2 土本典昭 277
  4.3 史蒂夫·艾尔文 278
  4.4 奥斯汀·史蒂文斯 280

附录1：《世界毒物全史》主要参考文献 282
附录2：《世界毒物全史》总目录 316
后　记 362

第91卷

哲学家、政治家、历史学家

本卷主编 史志诚

卷首语

　　毒物科学的发展史上，哲学家的贡献在于阐明毒物的客观存在性，毒物是一类天然产生的物质，或者是人工制造的物质，而非上帝或者神所赐予的不可见的无形的东西。这是唯物论与唯心论的根本区别和分界线。这一核心观点在公元 1 世纪中国古代哲学家王充的《论衡·言毒篇》中得到肯定的回答。犹太人摩西·迈蒙尼德研究了自然界客观存在的有毒植物、有毒动物和有毒矿物，并列举毒物的某些毒性机制来论证诸多难解的哲学问题，是一位思想家和哲学家，也是 12 世纪毒理学的先驱之一。

　　伟大的哲学家、思想家、科学社会主义的奠基者恩格斯揭示了 19 世纪近代工业革命所造成的环境问题，首次提出工业污染和产业公害，敲响了环境问题的警钟。法国著名的哲学家阿尔贝特·施韦泽，他不仅是生态伦理学的创始人，而且远离家乡奔赴非洲为黑人患者服务，并在第一次世界大战时致力于禁止核武器试验运动，1952 年获诺贝尔和平奖。

　　在世界历史的长河中，有许多国家首脑及政要为了人类的生存与健康，在提出实施反烟、戒酒、禁毒和保障食品药品安全的艰难斗争的岁月里，显示了他们强烈的国家责任感和远见卓识。当今世界，控烟、戒酒、禁毒和保障食品药品安全的斗争仍然在继续。对于今天的政治家来说，需要汲取历史的经验教训，联系今天的实际，开启全新的智慧，赢得未来的胜利！

1 哲学家与思想家

1.1 王充

王充（27—约97），中国东汉时期杰出的唯物主义思想家，字仲任，会稽上虞（今中国浙江省上虞县）人。他的《论衡·言毒篇》不仅是一篇哲学论著，而且也是一篇毒物学杰作。

图 1 唯物主义思想家王充

由于家境贫寒，困难的环境使他很早成熟。6岁开始习字，8岁出入书馆。稍长，便开始学习《论语》《尚书》。青年时期曾到京师洛阳入太学，拜班彪为师。成年时期，由于承担养家重任，先是回乡以教书为业，后在地方官府做过小官吏。大约30岁以后，他辞官家居，潜心著述，作《讥俗》《节义》，著《论衡》。60岁时，为避祸举家迁往扬州郡，转徙于丹阳（今安徽宣城）、庐江（今安徽庐江）、九江（今安徽寿春）等地。此间扬州刺史董勤曾召他任从事，又转任治中，不久退职回家。章和二年（88），同郡友人谢夷吾上疏章帝，推荐王充，章帝特命以公车待诏。王充以病为由，推辞不就。晚年贫病交困，无人帮助。他写下了最后的著作《养性》16篇，讲的是裁节嗜欲，颐神自守。70岁左右，王充病逝于家中。

王充在《论衡》第66篇《言毒篇》[1]中，以唯物主义自然观正确反映了"毒物与中毒"的客观存在，以列举、诠释、分析、推论等方法，回答了关于"毒物和中毒"诸多有争论的问题。可以说《言毒篇》是关于毒物的论战的一篇檄文，为世界毒物和中毒史的研究做出了重要的贡献。

第一，肯定毒物的客观存在性。在《论衡·言毒篇》中，他首先肯定毒物的客观存在性。毒物是客观存在的，还是"上天"决定的？汉代神秘主义者认为天地是由一种无形的"太"发展而来的，人是"上天"有意创造的，皇帝是"上天"在地上的代理人，帝王在诞生之初及其统治

---

[1] 对天地万物，包括自然界和人类社会中的有毒害之物如杜重、毒药、毒气等加以列举、诠释、分析、推论。主要论述了作者对毒的来源——太阳之气，及其危害的认识。作者认为，最大的毒害，莫过于人口之谗言，故名之曰：言毒篇。

时期内都会有"符瑞"产生，这就是帝王受天命的表现，把某些自然变化和自然灾害说成是"上天"对帝王的警告，或者是帝王感动"上天"的结果，是"阴阳灾异"，以此来掩盖现实矛盾和社会危机。王充继承朴素唯物主义传统，他对天地的性质做了唯物主义的说明。他说："天地，含气之自然也。""夫天者，体也，与地同。"不论天是体，还是含气的自然，都从根本上肯定了天地的自然物质属性。王充认为"毒"并不是"上天"决定的，而是"火"。因为太阳是火之精，太阳之气就是火气，火气是有毒的，所以毒气也就是火气。他在《言毒篇》中说："夫毒，太阳之热气也。太阳火气，非为毒螫，气热也。夫毒，阳气也，故其中人，若火灼人。"又说："天下万物，含太阳气而生者，皆有毒螫。毒螫渥①者，在虫则为蝮蛇蜂虿②，在草则为巴豆③冶葛④，在鱼则为鲑⑤……故人食鲑肝而死……"

第二，将毒物分为有毒动物和有毒植物两大类。关于毒物的分类，王充说："天地之间，万物之性，含血之虫，有蝮、蛇、蜂、虿，咸怀毒螫⑥，犯中人身，谓获疾痛，当时不救，流徧⑦一身；草木之中，有巴豆、野葛，食之凑懑⑧，颇多杀人。不知此物，禀何气于天？万物之生，皆禀元气，元气之中，有毒螫乎？"

第三，提出毒物的生态特点与中毒发生的地域特性。王充说："鸩⑨鸟生于南，人饮鸩死。""冶葛、巴豆，皆有毒螫，故冶在东南，巴在西南。土地有燥湿，故毒物有多少；生出有处地，故毒有烈、不烈。蝮蛇与鱼比，故生于草泽；蜂、虿与鸟同，故产于屋树。江北地燥，故多蜂、虿；江南地湿，故多蝮蛇。"

第四，指出毒物具有两重性。王充告诫人们："美酒为毒，酒难多饮；蜂液为蜜，蜜难益食。"

第五，确定有毒动物蛇在中国生肖文化中的地位⑩。关于生肖起源问题，人们将《论衡》视为最早记载十二生肖的文献。《论衡·物势篇》载："寅，木也，其禽，虎也。戌，土也，其禽，犬也……午，马也。子，鼠也。酉，鸡也。卯，兔也……亥，豕也。未，羊也。丑，牛也……巳，蛇也。申，猴也。"以上引文，只有十一种生肖，所缺者为龙。该书《言毒篇》又

---

① 渥：浓郁。
② 虿：指蝎子一类毒虫。杨伯峻注《通俗文》云："虿音虿，毒虫也，长尾为虿，短尾为蝎。"
③ 巴豆：又名刚子、江子、巴里、双眼龙，出自最早的药物专著《神农本草经》。辛、热，有大毒。
④ 冶葛：又称野葛。葛，一种粗纤维的植物。《说文》："葛，絺绤草也。"豆科植物，藤本，有块根可供食入药，茎皮纤维可织葛布和作造纸原料。
⑤ 鲑：即河豚。
⑥ 咸怀毒螫：咸，都；螫，毒刺，毒素。
⑦ 徧：遍的异体字。
⑧ 懑：烦闷。
⑨ 鸩：传说中的毒鸟。
⑩ 中国农历用十二生肖纪年，起始于东汉。依照传统民间习俗，用干支纪年。同时，依照12种动物的生活习惯和活动时辰确定十二生肖，就这样，一天的时辰和动物搭配就排列为：子鼠、丑牛、寅虎、卯兔、辰龙、巳蛇、午马、未羊、申猴、酉鸡、戌犬、亥猪。后来，人们把这种方法用于纪年，每12年循环一次，周而复始。生肖纪年与古代的动物图腾有关，古代各部落都选一种特别受人喜爱的动物，以其图案作为本部落的标识和吉祥物。

图 2 《论衡·言毒篇》　　图 3 《论衡·言毒篇》的首页（明代通津草堂刊本）

说:"辰为龙,巳为蛇,辰、巳之位在东南。"这样,十二生肖便齐了,十二地支与十二生肖的配属如此完整,且与现今相同。

王充去世后,葬于上虞乌石山,即今上虞市章镇滨笕枪山上。清嘉庆十二年（1807）,邑人林鉴曾修王充墓。咸丰五年（1855）,林鼎臣、谢简迁又加重修并立石。1965年扩建茶场时被平毁,仅剩咸丰五年墓碑。1981年,浙江省人民政府拨款在原址重修。

1.2 摩西·迈蒙尼德

摩西·迈蒙尼德（Moses Maimonides, 1135—1204）,是著名的犹太思想家、哲学家、医生。他是12世纪对研究毒物与治疗中毒有重大贡献的科学家之一。

摩西·迈蒙尼德,又名海法,1135年3月30日出生在西班牙的科尔多瓦（Córdoba）。24岁开始研究圣经,他的信念是"只要我们努力去做,上帝就会支持我们"。33岁的时候,他学了《旧约》的注释,用10年的时间重新编写了《犹太法典》并以逻辑的顺序把它们编进了14本书。39岁时被任命为宫廷医师,成为埃及统治者萨拉丁的私人医生。在这里迈蒙尼德重新行医并继续学习伊斯兰教和其他宗教哲学学者的神学文本。他在医师的职位上,每天接见拜访者,即使生病也顾不上休息,以他个人健康为代价,即使再累他也要继续研究和编写他的学术著作。同时,他在大学从事教学工作,是当地犹太社团的领袖。他不但在哲学、神学方面卓有建树,而且还长于数学和医学。

摩西·迈蒙尼德给后世留下了许多部著作,其中最重要的是他的哲学论著。他历时30年写成的神学巨著《密西拿托拉》

图4 哲学家摩西·迈蒙尼德

以及他在晚年完成的哲学经典《困惑指南》，被译为多种欧洲文字，对中世纪欧洲哲学思想的发展产生了重要的影响。其次，是关于医学的论著和关于毒物与解毒的论著。

1198年，他发表了著名的《论毒物及其解毒剂》①一书，在当时尤其重要。全书包括前言和两个主要部分。在前言里迈蒙尼德称赞 AL Fedhil 的美德和功绩，并指出是 AL Fedhil 指派他去进口埃及没有的补救药品。第一部分描述了毒蛇及其他动物的咬伤，共六章。分别介绍疯狗（当时狂犬病还没有科学的解释）和蛇咬伤；蝎子、蜜蜂、黄蜂和蜘蛛叮咬。对蛇咬伤，他介绍止血带的用法和吸出毒素的重要性以及解毒剂、吸毒剂的使用，因为解毒剂能从伤口中吸出毒物。他强调在四肢使用止血带可以减轻被动物叮咬的疼痛感。被毒蛇咬伤时，从伤口中吸出毒液（如口吸、杯吸法、膏药）并用解毒剂（包括糖浆和万用解毒剂）。其次是饮食习惯对咬伤者的影响。第二部分是关于植物和矿物中毒，共四章。包括食品中毒和矿物性毒药，对毒药中毒的救治进行了讨论。在第一章，他建议每个人都应该警惕食物里特殊的颜色、味道和气味。因为毒物的标准定义是消除对手和敌人的手段。任何带有特殊气味或奇怪颜色的食物或饮料都应当回避。他还列出了许多常见毒药的解药。第二章讨论了吃下任何毒药应当采取的措施，治疗植物和矿物中毒，建议用呕吐药和泻药。油腻或多脂肪食物如牛奶、奶油和黄油可以延缓小肠对毒物的吸收，有减少胃肠吸收毒性的效果。第三章讨论了对一般药物的

 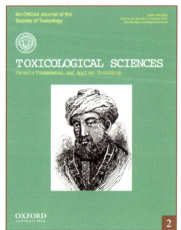

图5 哲学家摩西·迈蒙尼德（1.摩西·迈蒙尼德雕像，西班牙，科尔多瓦；2.摩西·迈蒙尼德被选为2001年《毒理学科学》杂志封面人物）

---

① 有的文献将他的名字译为梅莫尼戴斯，书名《论毒物及其解毒剂》（Treatise on Poisons and Their Antidotes）译为《中毒诊治与解毒剂》或《毒物与解毒》（Poisons and Their Antidotes）。

简单和详细的补救措施。第四章为那些知道某种药物被摄入的人提供解救措施，例如服用颠药制剂。

此外，他还驳斥了某些当时流行的非科学的中毒治疗方法。他的关于合适的饮食、保持患病的人清醒、应用止痛剂的建议在今天看来是正确的，关于一些药方的组成和根据患病的人的年龄应用的建议在今天看来也是正确的。

摩西·迈蒙尼德的医学与毒理学著作被认为具有当代意义。他在预防中毒方面强调一些应当回避的办法；一些药物和毒物有着"冷"和"热"的区别，例如，蝎子分泌一种寒毒，但是蛇分泌一种热毒。这些年来，他的有关著作中的论文被翻译成希伯来文、法文、德文、拉丁文、英文，广为流传。因此，迈蒙尼德可以被认为是12世纪毒理学的先驱之一。

1204年12月13日，摩西·迈蒙尼德在埃及开罗逝世，享年69岁。摩西·迈蒙尼德逝世后，人们在他的家乡竖立了他的雕像。鉴于迈蒙尼德所做的贡献和影响，在人类跨进21世纪之际，他被选为2001年《毒理学科学》杂志第二期的封面人物。

1.3 弗里德里希·恩格斯

弗里德里希·恩格斯（Friedrich Engels，1820—1895），是科学社会主义的奠基者，是最早揭示环境问题、工业污染和产业公害的政治思想家之一。

恩格斯于1820年11月28日出生在德国莱茵省巴门市（今伍珀塔尔市）的一个纺织工厂主家庭。少年时就学于巴门市立学校，1834年转入爱北斐特理科中学。1837年9月中学未毕业就被他的父亲送去学习经商。1838年7月至1841年3月，恩格斯在不来梅一家贸易公司实习经商，业余时间刻苦自学，到了20岁，他已经掌握了英、法、意、西班牙、希腊、拉丁等十几种语言。

在不来梅供职时，他接近激进的文学团体"青年德意志"，在其刊物《德意志电讯》上发表《伍珀河谷来信》，揭露虔诚派教徒的伪善和资本家对工人的残酷剥削。1841年因服兵役来到柏林，抽空去柏林大学旁听哲学课，参加了青年黑格尔派小组，写了《谢林和启示》等著作，批判谢林的神秘主义。1842年9月服役期满后，他来到曼彻斯特，在他父亲同别人合营的企业里工作。此时，他有机会和当时工人运动活动家取得了联系，开始为社会主义刊物写稿。1844年，恩格斯回德国路过巴黎，会见了马克思。从此以后，两人开始了毕生合作。1844年2月在《德法年鉴》上发表《国民经济学批判大纲》，批判了资本主义经济制度，表述了科学社会主

图6 弗里德里希·恩格斯

义的某些一般原则。1848年恩格斯和马克思一起发表了具有划时代意义的《共产党宣言》[①]。这时，他的立场已由革命民主主义转向共产主义，由唯心主义转向唯物主义。

1883年3月14日，马克思逝世后，恩格斯整理和出版了马克思未完成的著作《资本论》第二、三卷。1890年后，他继续领导工人运动，同第二国际机会主义分子进行论战。1895年8月5日，弗里德里希·恩格斯因癌症在伦敦逝世，享年75岁。

恩格斯的重大贡献是创立了科学社会主义理论，同时，他关注工人阶级的生产生活状况，较早地揭示工业污染和产业公害，敲响了环境问题的警钟。

早在19世纪中期，恩格斯就对人与自然的关系进行了深入研究和大量论述。他发现人类生产活动给自然界造成的不良影响，极其敏锐地看到了资本主义的发展所带来的环境问题，以及城市的发展带来的环境问题。由于当时的环境问题尚不十分严重，没有引起人们足够的理解和重视。

恩格斯在《自然辩证法》[②]的札记中针对当时科学技术和生产力快速发展，人类改造自然界取得一定成果，雄心勃勃地准备夺取更大战果的时候，恩格斯及时向人们发出了警告："不要过分陶醉于我们人类对自然界的胜利。对于每一次这样的胜利，自然界都对我们进行报复。每一次胜利，在第一线都确实取得了我们预期的结果，但是在第二线和第三线却有了完全不同的、出乎预料的影响，它常常把第一个结果重新消除。美索不达米亚[③]、希腊、小亚细亚以及别的地方的居民，为了得到耕地，毁灭了森林，他们预想不到，这些地方今天竟因此成为荒芜的不毛之地，因为他们在这些地方剥夺了森林，也就剥夺了水分的积聚中心和贮存器。阿尔卑斯山的意大利人，当他们在山南坡把那些在北坡得到精心培育的松树林滥用精光时，没有预料到这样是挖掉了他们区域里的山区畜牧业的根基，他们更没有预料到，这样做竟使山泉在一年中的大部分时间内枯竭，同时在雨季又使更加凶猛的洪水倾泻到平原上来。在欧洲传播栽种马铃薯的人，并不知道他们也把瘰疬症[④]和多粉的块根一起传播过来了。因此我们必须时时记住：我们统治自然界，决不像征服者统治异民族一样，决不像站在自然界以外的人一样……相反地，我们连同我们的肉、血和头脑都是属于自然界，存在于自然界的；我们对自然界的整个统治，是在于我们比其他一切动物强，能够认识和正确运

---

① 《共产党宣言》也译为《共产主义宣言》，是卡尔·马克思和弗里德里希·恩格斯为共产主义者同盟起草的纲领，国际共产主义运动第一个纲领性文献，马克思主义诞生的重要标志。由马克思执笔写成。1848年2月在伦敦第一次以单行本问世。第一次全面系统地阐述了科学社会主义理论，指出共产主义运动已成为不可抗拒的历史潮流。

② 恩格斯所著的《自然辩证法》是阐述自然界辩证法和自然科学辩证法的未完成著作。写于1873—1886年，由10篇论文、169段札记和片断、2个计划草案，共181个部分组成。

③ 美索不达米亚，广义指底格里斯与幼发拉底两河的中下游地区，东抵扎格罗斯山，西到叙利亚沙漠，南迄波斯湾，北及托罗斯山。北部为山地，向南经过于草原和平原到南部沼泽性的两河三角洲。狭义的仅指两河之间的地区。美索不达米亚为人类最古的文化摇篮之一，灌溉农业为其文化发展的主要基础。公元前四千年已有较发达文化，曾出现苏美尔、阿卡德、巴比伦、亚述等文明。此后又经过波斯、马其顿、罗马与奥斯曼等帝国的统治。第一次世界大战后，其主要部分成为独立的伊拉克。

④ 瘰疬症，生于颈部的一种感染性外科疾病，多为淋巴结结核病。

用自然规律。”

恩格斯在这里所说的我们不要过多陶醉于我们对自然界的胜利，以免遭到自然界报复的著名论断，成为广泛流传至今的至理名言，告诫人们关爱自然，保护生态环境，这样才能保护人类自己。

1845 年，恩格斯写出《英国工人阶级状况》（全称《英国工人阶级状况：根据亲身观察和可靠材料》）①一书。这本书是恩格斯 1842 年 11 月到曼彻斯特后，经常深入工人住宅区访问，考察工人阶级的生活条件，并研究了有关官方文件和前人的著作，从 1844 年 9 月到 1845 年 3 月在德国巴门写成的。书中第一次指出工人居住和工作场所的环境卫生十分恶劣，由于经济增长所造成的河流与空气污染问题，用今天的术语来说就是产业公害。

关于河流污染状况，恩格斯在书中指出：工业革命以来，随着经济的发展和城市的剧增，不断排放的工业废水和生活污水污染了英国的许多河流。例如，流经利兹的艾尔河，这条河像一切流经工业城市的河流一样，流入城市的时候是清澈见底的，而在城市另一端流出的时候却又黑又臭，被各色各样的脏东西弄得污浊不堪了；离利兹仅 7 英里（约 11.3 千米）的布莱得弗德城，位于几个河谷的交叉点上，靠近一条黑得像柏油似的发臭的河流。流经曼彻斯特的两条小河——艾尔克河与梅德洛克河，污染状况亦十分严重。艾尔克河是一条狭窄的、黝黑的、发臭的河，里面充满污泥和废弃物，河水把这些东西冲积在右边的较平坦的河岸上。天气干燥的时候，这个岸上就留下一长串暗绿色的淤泥坑，臭气泡经常不断地从坑底冒上来，散布着臭气，甚至在高出水面十几米的桥上也使人感到受不了。此外，河本身每隔几步就被高高的堤堰所隔断，堤堰近旁，淤泥和垃圾积成厚厚的一层并且在腐烂着。至于梅德洛克河，水也是漆黑的，停滞的，而且发出臭味。

关于空气污染状况，恩格斯是这样描述的：“伦敦的空气永远不会像乡间那样清新而充满氧气……呼吸和燃烧所产生的碳酸气，由于本身比重大，都滞留在房屋之间，而大气的主流只从屋顶掠过。住在这些房子里面的人得不到足够的氧气，结果身体和精神都萎靡不振，生活力减弱。因此，大城市的居民患急病的，特别是患各种炎症的，虽然比生活在清新的空气里的农村居民少得多，但是患慢性病的却多得多。”曼彻斯特周围一些工业城市，“到处都弥漫着煤烟，由于它们的

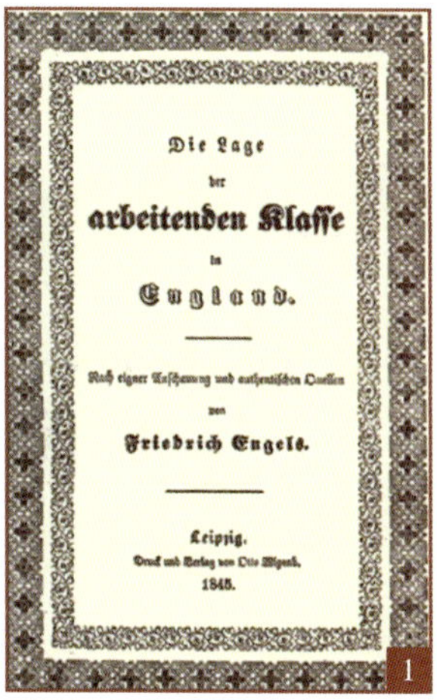
Die Lage
der
arbeitenden Klasse
in
England.

Nach eigner Anschauung und authentischen Quellen
von
Friedrich Engels.

Leipzig.
Druck und Verlag von Otto Wigand.
1845.

1

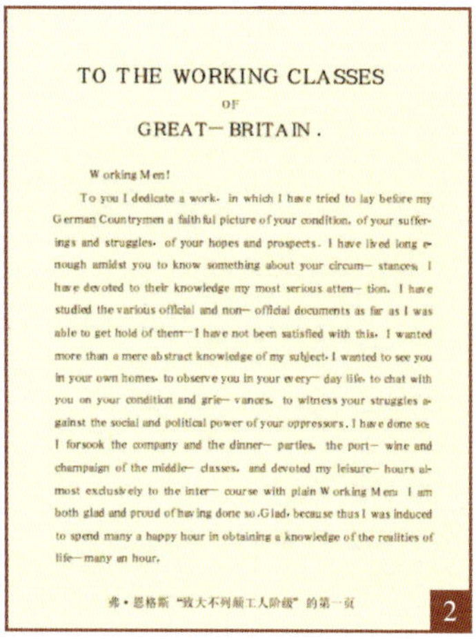
TO THE WORKING CLASSES
OF
GREAT—BRITAIN.

Working Men!

To you I dedicate a work, in which I have tried to lay before my German Countrymen a faithful picture of your condition, of your sufferings and struggles, of your hopes and prospects. I have lived long enough amidst you to know something about your circum— stances; I have devoted to their knowledge my most serious atten— tion. I have studied the various official and non— official documents as far as I was able to get hold of them—I have not been satisfied with this, I wanted more than a mere abstract knowledge of my subject, I wanted to see you in your own homes, to observe you in your every— day life, to chat with you on your condition and grie— vances, to witness your struggles against the social and political power of your oppressors. I have done so: I forsook the company and the dinner— parties, the port— wine and champaign of the middle— classes, and devoted my leisure— hours almost exclusively to the inter— course with plain Working Men: I am both glad and proud of having done so. Glad, because thus I was induced to spend many a happy hour in obtaining a knowledge of the realities of life—many an hour,

弗·恩格斯“致大不列颠工人阶级”的第一页

2

图 7 《英国工人阶级的状况》（1.德文版封面；2.英文版首页）

① 《英国工人阶级状况》的德文第一版 1845 年在莱比锡出版，第二版于 1892 年出版。英译本已出过两版（1887 年纽约版和 1892 年伦敦版）。

图8 19世纪50年代伦敦工人的工作房与宿舍

建筑物是用鲜红的,但时间一久就会变黑的砖修成的,就给人一种特别阴暗的印象";位于曼彻斯特西北的波尔顿,"即使在天气最好的时候,这个城市也是一个阴森森的讨厌的大窟窿";而斯托克波尔特,"在全区是以最阴暗和被煤烟熏得最厉害的地方之一出名的";即使在埃士顿—安得—莱因,一个按照新的比较有规则的体系建筑起来的新工厂城市,仍有一些被煤灰弄得又脏又黑的街道,其面貌"无论从哪一点来说,都不比该区其他城市的街道好一些";至于斯泰里布雷芝,在走近它的时候,"看到的第一批小屋就是拥挤的,被煤烟熏得黑黑的,破旧的,而全城的情况也就和这第一批房子一样"。由于工业革命期间,英国"人口以令人难以相信的速度增长起来,而且增加的差不多全是工人阶级","工人阶级的状况也就是绝大多数英国人民的状况"。恩格斯围绕工人阶级的状况而揭示的问题,正是工业革命期间英国城市的主要环境问题。城市环境的恶化对工业革命来说最具灾难性。

恩格斯认为,工业革命期间英国城市环境的恶化造成了令人惊愕的结果。其中,最为典型的是生活在这种环境之下的工人在体格、智力的下降和社会道德的堕落。工人所患的各种各样的职业病,更是工厂劳动的性质本身和劳动环境的直接产物。造成这种局面的主要因素是工业污染。

在工业革命时期,随着英国城市人口增加、城市规模发展而来的,便是公共卫生状况的恶化。垃圾成堆、污水横流也就构成了那时英国许多城市的基本外貌。一切腐烂的肉皮菜帮之类的东西都散发着对健康绝对有害的臭气,而这些臭气又不能自由地流出去,势必要污染空气。正是这些东西散发出制造疾病的毒气;被污染的河流冒出来的水蒸气也是一样。

图9 纪念恩格斯的纪念邮票(1.恩格斯诞生135周年纪念,中国,1955;2.恩格斯诞生140周年,中国,1960,图为恩格斯在第一国际海牙代表大会上发表演说时的形象,第一国际是无产阶级第一个群众性国际革命组织,恩格斯为了满足工人阶级斗争的需要,为创立工人阶级的革命政党和国际中心,经过了长期的理论和实践的准备,于1864年9月28日在伦敦建立了第一国际;3.德国,1970;4.前苏联,1970)

《英国工人阶级的状况》一书既是一部英国产业革命史,又是一部关于英国环境问题的经典文献。经典的作用在于它为后人提供了认识现实问题的经久参照。

恩格斯与马克思对国际共产主义运动的影响是巨大的。他和马克思一起发表的《共产党宣言》和他整理出版的《资本论》,至今仍然是无产阶级革命的基本理论和战斗的武器。

恩格斯逝世后,许多国家先后召开各种类型的纪念会并发行纪念邮票,缅怀他的丰功伟绩和表示追思之情。

1.4 阿尔贝特·施韦泽

阿尔贝特·施韦泽[①](Albert Schweitzer,1875—1965),是法国著名的哲学家、神学家、医生、管风琴演奏家、社会活动家和人道主义者,为黑人患者服务,第一次世界大战时致力于禁止核武器试验运动,获1952年诺贝尔和平奖。他还是生态伦理学的创始人。

阿尔贝特·施韦泽于1875年1月14日生于德、法边界阿尔萨斯省的小城凯泽尔贝格(当时属于德意志帝国)。特殊的地理环境使他精通德、法两种语言,在9岁时,就成了演奏风琴的能手。1898年在巴黎大学和柏林大学学习,获得哲学和神学博士学位,1899年任圣尼古拉斯教堂传教士之职。1901年任斯特拉斯堡大学神学院院长。

1904年,在哲学、神学和音乐方面已经拥有巨大声望的他得知刚果缺少医生,便决定到非洲行医。历经九年的学习,他在38岁的时获得了行医证和医学博士学位。1913年,施韦泽夫妇来到法属非洲的兰巴雷内(现在属于加蓬),在那里,主要靠巴赫作品演奏会的收入创建了自己的诊所(丛林诊所和兰巴雷内医院),从事医疗援助工作,为当地居民治病,50年如一日,历尽艰辛,直到与世长辞。1965年9月4日,阿尔贝特·施韦泽逝世,享年90岁。

图10 阿尔贝特·施韦泽

阿尔贝特·施韦泽主要贡献是:

第一,为非洲黑人患者服务。阿尔贝特·施韦泽作为法国哲学家、音乐家、传教医师,为非洲黑人患者服务。他平易近人,宽人克己,谦逊友好,这种品质给人以深刻的印象。他生活上克勤克俭,艰苦朴素,以便囤其所有来创办兰巴雷内医院。他在学术上孜孜不倦的钻研精神,他对人类自由与和平的热爱,他在为非洲人民服务上所表现的自我牺牲精神,终于使他在1952年获得了诺贝尔和平奖。

第二,反对核军备和核试验。第一次世界大战期间,他致力于禁止核武器试验运动,1957—1958年,他为反对核军备和核试验做过四次演说,为人类和平事业做

---

① 又翻译为阿尔贝特·史怀哲。

出了贡献。

施韦泽有一名言："以某些生物无用或植物没有感觉为理由,无缘无故地杀死一个动物或毁坏植物是不道德的。"

第三,创立"生命伦理学"。1915年,他置身非洲丛林追念第一次世界大战蔑视生命的悲剧,提出了"敬畏生命"(Ehrfurcht Vor Dem Leben)的理念,将伦理学的范围由人扩展到所有生命,成为生命伦理学的奠基人。1923年,他的《文明的哲学:文化与伦理学》一书出版,书中提出了敬畏生命的伦理学思想,为西方生态伦理学奠定了理论基础。1963年,他托友人编辑的《敬畏生命:50年来的基本论述》一书集中地体现了他的基本观点。他认为,伦理的基本原则是有界限的,伦理学将必然被扬弃;生命没有等级之分;敬畏生命;无界限的伦理学必然得到承认;敬畏生命的伦理学把肯定人生和伦理融为一体。从此,《敬畏生命》成为他在生命伦理学方面的代表作。

阿尔贝特·施韦泽曾被评为《时代》周刊封面人物(1949年7月11日),他的传奇经历于1957年被拍成电影。他被称为非洲之子、非洲圣人、20世纪人道精神划时代伟人、巴赫作品的权威解释者、著名学者以及人道主义者。阿尔贝特·施韦泽具备哲学、医学、神学、音乐四种不同领域的才华,是一位了不起的通才、具有卓越成就的世纪伟人。

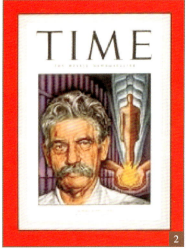

图11 阿尔贝特·施韦泽(1.施韦泽在非洲,1933;2.《时代》周刊封面人物,1949年7月11日)

2

主张戒烟、禁烟的帝王

2.1 坚决抵制烟草的英国国王詹姆斯一世

詹姆斯一世（James I，1566—1625），英国国王。同时也是苏格兰国王詹姆斯六世（James VI）。他颁发了著名的《讨烟檄》，发动了反吸烟运动。

詹姆斯一世发动反吸烟运动起因于1600年，当时烟草如狂风暴雨般席卷英国，与跳舞、骑马、打猎、玩牌一样，成了绅士们时髦生活的基本内容。甚至连高贵的女王伊丽莎白一世①也从1601年开始吞云吐雾。榜样的力量是巨大的，抽烟从此没有了等级界限，全社会都争相效仿。

1603年，伊丽莎白一世去世时，英格兰已经是欧洲最富裕的国家。其原因之一，应归功于英国在烟草贸易中的统治地位，当时对烟草征收每磅两便士的税。

1603年3月，詹姆斯登基，他虽然继承了伊丽莎白一世的王位，但他对伊丽莎白女王纵容的烟草政策不以为然。

一年后，他便发表了一篇轰动一时的匿名文章《对烟草的强烈抗议》（Against Tobacco）。在文中，他强烈谴责抽烟"不仅是一大恶习，也是对上帝的极大亵渎；上帝赐予人类的美好礼物都被这恶浊的烟草气息肆意践踏污染了"。他还言辞犀利地指责抽烟：看着恶心，闻着可恨，有害大脑，损伤肺腑，奇臭无比，使人如陷万丈深渊。然而，詹姆斯一世发现自己的观点竟无人响应，英国人还是烟不离嘴。

詹姆斯一世为了促进禁烟运动取得成效，以其强硬的态度取得反吸烟运动的坚强地位，他又亲自起草并颁发了著名的《坚决抵制烟草》（A Counterblaste to Tobacco）的文章，是世界上第一批反对吸烟的论著之一，人们称其为"讨烟檄"。文中说："你应该毫无羞愧地抛弃这污秽玩意儿，接受它是不可饶恕的愚蠢，使用它是天大的过错。它是一种伤目、刺鼻、害脑、坏肺的丑恶东西。"

与此同时，詹姆斯一世于1604年10月17日又发布命令，将烟草的进口税由

图12 英格兰的詹姆斯一世，苏格兰的詹姆斯六世

---

① 伊丽莎白一世（Elizabeth I，1533—1603），名叫伊丽莎白·都铎。1558年11月，伊丽莎白的同父异母的姐姐玛丽一世去世，伊丽莎白继承王位。1559年1月15日，伊丽莎白正式加冕成为英格兰的女王。1603年3月24日，伊丽莎白一世在里士满王宫去世，她终身未嫁，因此被称为"童贞女王"。

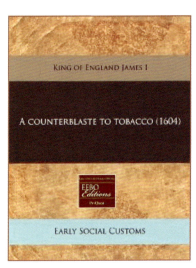 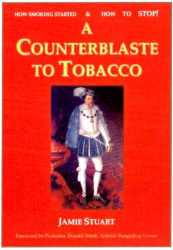 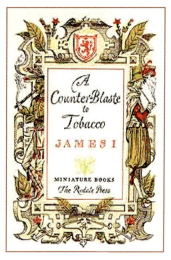

图 13 詹姆斯一世著名的《坚决抵制烟草》（不同时期出版的不同版本）

原来的200%提高到4000%，每0.5千克烟草的关税从2便士提高到6先令8便士。同时，下令禁种、禁买烟草，禁止从西班牙、葡萄牙输入烟草，并派人捣毁了烟店和烟田。詹姆斯一世还处死了嗜烟的贵族沃尔特·罗利，随后又将贵族司徒雷德充军，因为他在英国国会里写了"所有的烟草全是天国来的"这句话。

反吸烟运动和他的文章不同，严厉举措产生了令人意外的结果。为了躲避税收，英国人干脆自己种起了烟草，而走私的勾当更是愈演愈烈。走私者们另辟蹊径,把烟草送到了更深更远的地方——英国的穷乡僻壤。

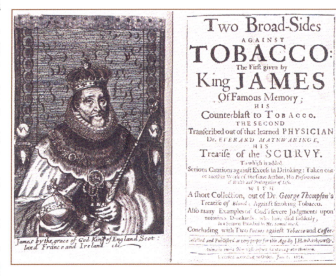

图 14 詹姆斯一世发表的两篇讨烟檄文（两篇讨烟檄文，即《对烟草的强烈抗议》（Against Tobacco）和《坚决抵制烟草》（A Counterblaste to Tobacco），直到他去世大约50年后，他的名字才被公示于1672年出版的吸烟杂志的扉页上）

2.2 不丹反烟圣贤：夏宗法王

不丹的圣贤——夏宗法王夏琼·阿旺·南嘉（Shabdrung Ngawang Namgyal，1594—1651），于1629年制定了公共场所禁烟法。

西藏人夏琼·阿旺·南嘉生于 1594 年。从 8 世纪到 16 世纪，不丹当地首领之间多年处于苦难的战争和斗争之中，17 世纪初，夏琼·阿旺·南嘉来到不丹，促使全国实现了统一，并成为不丹佛教王国的创始者——夏宗法王。在他统治的 35 年间，全国各地兴建了很多宗堡和寺庙。他负责组建了全国性的行政机构，并制定了包括禁烟在内的许多法令。

不丹王国成立时，作为不丹的奠基人，夏琼·阿旺·南嘉于 1629 年禁止在政府建筑物内吸烟的同时，制定了公共场所禁烟法。当时一些佛教学者以为"烟草"可能是指鸦片，但政府禁烟法明确指出禁的是烟草，从而统一了全国的认识，使禁烟法得到顺利推进。

夏琼·阿旺·南嘉制定的禁烟法产生了历史性的影响并一直延续到今天，因此，不丹的反烟具有传统性。不丹的反烟禁烟之所以成功，是因为不丹不需要担忧是否会疏远选民或是特殊利益团体。不丹既不种植烟叶，也不生产卷烟。这意味着政府不需要安抚任何烟民或卷烟厂工人。税收收入也不是一个需要担忧的问题。烟民逐步减少，吸烟人数所占人口比例不到 5%，吸烟者还不到 200 万人。

图 15 不丹的圣贤——夏宗法王

2004 年 12 月 17 日，不丹政府宣布全国禁烟令，成为世界上第一个全面禁烟的国家。此后，居民不准在公共场所抽烟，也不准在任何户外地点抽烟。当地商店不准卖任何烟草产品，多次违反者可能被吊销商业执照。无法戒烟的居民可以自己进口少量的烟，并缴纳 100% 的进口税。按政府估计，全国只有 1% 左右的人口抽烟。

2.3 主张禁烟的土耳其帝王：穆拉德四世

穆拉德四世（Murad Ⅳ，1612—1640），于 1612 年 7 月出生在伊斯坦布尔，是艾哈迈德一世及希腊人苏丹皇太后克塞姆苏丹（Kösem Sultan）的儿子。他在宫内密谋下登基，继承患有精神病的叔叔穆斯塔法一世的王位。他登基时年仅 11 岁，于是他的母亲克塞姆苏丹"垂帘听政"。1632 年，他在近卫军和法官们的全力支持下，平息了曾称霸一时的耶尼塞里军团的叛乱，使首都伊斯坦布尔和各省区的秩序

图 16 穆拉德四世

得以恢复。他随即解散耶尼塞里军团，废除向基督教各国征集儿童以补充军源的惯例，重新组建了新军。他以铁腕治理国家，摆脱了其前几任苏丹执政时期闺房统治的局面，使国情有所好转。1640年2月，穆拉德四世死于肝硬化，年仅28岁。

穆拉德四世在伊斯坦布尔严禁酒精、烟草及咖啡。违反禁令的会被处死。他会穿便装在晚上巡查街道及客栈，检查禁令实施的情况。若他看到任何人使用醇酒或烟草，便会当场将其处死。

2.4 主张禁烟的中国明代崇祯皇帝

明思宗朱由检（1611—1644），是中国明朝第十六位皇帝，1627年至1644年在位，年号崇祯。他在位时曾两次下诏禁止种烟和吸烟。

明思宗朱由检生于1611年2月6日，是明光宗第五子，明熹宗异母弟，母为淑女刘氏。朱由检于天启二年（1622）年被册封为信王。天启七年（1627）熹宗去世，由于没有子嗣，朱由检受遗命继承皇位，时年18岁。第二年改年号为"崇祯"。

朱由检继位后大力铲除阉党①，勤于政事，节俭朴素，曾六下"罪己诏"，是一位年轻有为的皇帝。但在位17年间，大旱不断，疫病蔓延，农民起义高涨，关外清朝势大，已处于内忧外患交集的境地。1644年，李自成军攻破北京后，朱由检于1644年4月25日在煤山自缢身亡，终年34岁，葬于十三陵思陵。

明代嘉靖（1522—1566）和万历（1573—1620）年间，烟草向各地发展，天启年间（1621—1627）无论南北皆有不少烟民。当时，喜好者有之，反对者亦有之。一些上层人士认为烟草侵占粮田，弃本求末，有害身体，主张禁烟，但朝廷尚无行动。一直到崇祯年间（1628—1644），崇祯皇帝下诏禁烟。

据杨士聪《玉堂荟记》卷四记载，中国明代崇祯皇帝于崇祯十二年（1639）和崇祯十六年（1643），两次下诏禁止种烟和吸烟②。1639年思宗朱由检又下令，凡私有兜售淡婆姑（即烟草）及售于外人者，不论多寡，均斩首示众。1643年，驰禁兴贩烟酒，听从民便，须加等纳税，不遵者仍依律治罪。

图17 中国明朝崇祯皇帝朱由检

---

① 阉党，是明代依附于宦官权势的官僚所结成的政治派别。明朝宦官专权十分严重。英宗时的宦官王振，宪宗时的宦官汪直皆曾树有觉羽，但至武宗时宦官刘瑾专权，阉党势力开始形成。

② 袁庭栋. 中国吸烟史话. 北京：商务印书馆，1995：142-143.

3
主张戒酒禁酒的帝王和政治家

3.1 中国夏禹王戒酒防微

《帝鉴国说》①其六"戒酒防微"中记载禹时仪狄作酒。禹饮而甘之,遂疏仪狄,绝旨酒,曰:"后世必有以酒亡国者。"②

即大禹③之时,有一人叫做仪狄④,善造酒。他将酒进上大禹,禹饮了仪狄的酒,觉得甚为甘美。但是他说:"后世之人,必有放纵于酒以致亡国者。"于是疏远仪狄,再不许他觐见。并排除旨⑤酒,决不允许以酒进御。只允许在祭祀、燕乡⑥的场合才可以用酒。

大禹是一位有远见卓识的政治家。他能见微知著,因而主张"防微杜渐",消灭隐患于未然。虽然古代祭祀神灵,供奉祖先,宴会盛典,都少不了酒。但纵饮过度,不但内生疾病,而且外废政务,以致乱亡之祸势不可免。所以大禹谨始虑微,预以为戒。

因此,大禹的戒酒防微,不仅显示了他作为君王具有的远见卓识,更是对后世执政者的重要启示。

图18 夏禹王(画像,〔南宋〕马麟)

---

① 张居正,陈生玺,贾乃谦,等. 帝鉴国说. 上海:学林出版社,2010.
② 出自北宋刘恕《资治通鉴外纪》卷二。
③ 大禹,是中国圣贤系列中领先的几位人物之一,古代夏部落的领袖,以治黄河水患闻名。
④ 仪狄,相传夏禹时一位擅长酿酒的人。
⑤ 旨,即美好。
⑥ 燕乡,是古代士大夫以上阶层人士参加的宴会,有一定的仪式。

3.2 中国古代周公颁布戒酒令

中国春秋战国时代，酒在社会生活中的影响愈加深广。到殷商时代，酒已成为社会物质文化生活不可缺少的部分，饮酒丧德助长了殷人的腐败堕落之风，甚至影响了国家的兴亡。西周初年周公旦为限制饮酒而颁布的《尚书[①]·周书·酒诰》中，以散文的形式记载了周公发布的戒酒令，不准人们再酿酒、饮酒。这便是中国历史上第一道戒酒令。

《酒诰》是周公命令康叔在卫国宣布禁酒的诰词。周公平定武庚的叛乱以后，把幼弟康叔封为卫君，统治殷民。卫国处在黄河和淇水之间，是殷商的故居。殷人酗酒乱德，周公害怕这种恶劣习俗会酿成大乱，所以命令康叔在卫国宣布戒酒令，不许酗酒。又把戒酒的重要性和禁止官员饮酒的条例详细告诉康叔。史官记录周公的这篇诰词，写成《酒诰》。《酒诰》虽然是对殷民而发，实际上是对周王朝及诸侯各国臣民下的禁令。令王侯不准非礼饮酒，规定凡是民众聚饮，统统处以死刑，并规定不照禁令行事的执法者，同样有杀头之罪。

《酒诰》分三段。第一段教导卫国臣民戒酒。第二段告诉康叔关于饮酒的历史教训。第三段教导康叔要强制官员戒酒。

《酒诰》反映了周公改造恶俗的思想，后世给予高度评价。

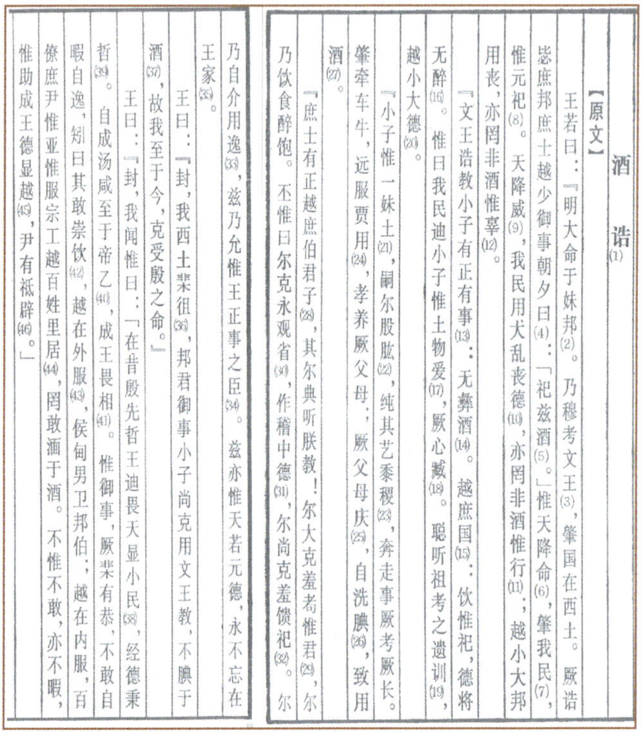
酒诰(1)

【原文】

王若曰：『明大命于妹邦(2)。乃穆考文王(3)，肇国在西土。厥诰毖庶邦庶士越少御事朝夕曰(4)：「祀兹酒(5)。」惟天降命(6)，肇我民(7)，惟元祀(8)。天降威(9)，我民用大乱丧德(10)，亦罔非酒惟行(11)；越小大邦用丧，亦罔非酒惟辜(12)。

『文王诰教小子有正有事(13)：无彝酒(14)。越庶国(15)：饮惟祀，德将无醉(16)。惟曰我民迪小子惟土物爱(17)，厥心臧(18)。聪听祖考之遗训(19)，越小大德(20)。

『小子惟一妹土(21)，嗣尔股肱(22)，纯其艺黍稷(23)，奔走事厥考厥长。肇牵车牛，远服贾用(24)，孝养厥父母；厥父母庆(25)，自洗腆(26)，致用酒(27)。

『庶士有正越庶伯君子(28)，其尔典听朕教！尔大克羞耇惟君(29)，尔乃饮食醉饱。丕惟曰尔克永观省(30)，作稽中德(31)，尔尚克羞馈祀(32)。尔乃自介用逸(33)，兹乃允惟王正事之臣(34)。兹亦惟天若元德，永不忘在王家(35)。

王曰：『封，我西土棐徂(36)，邦君御事小子尚克用文王教，不腆于酒(37)，故我至于今，克受殷之命。』

王曰：『封，我闻惟曰：「在昔殷先哲王迪畏天显小民(38)，经德秉哲(39)。自成汤咸至于帝乙(40)，成王畏相(41)。惟御事，厥棐有恭，不敢自暇自逸，矧曰其敢崇饮(42)，越在外服(43)，侯甸男卫邦伯；越在内服，百僚庶尹惟亚惟服宗工越百姓里居(44)，罔敢湎于酒。不惟不敢，亦不暇，惟助成王德显越(45)，尹有祗辟(46)。」

图 19 《尚书·酒诰》

---

① 《尚书》，是中国最早的一部史书，“尚”与“上”通用，“书”原来就是史。由于这部书所记载的是上古的史事，所以叫《尚书》。《尚书》记事的内容，上起原始社会末期的唐尧，下至春秋时的秦穆公。《尚书》按时代先后，分为《虞书》《夏书》《商书》《周书》四个部分，共100篇。

3.3 澳大利亚禁酒政治家奥马利

图20 金·奥马利

金·奥马利（King O'Malley，1858—1953），是澳大利亚政治家。他于1910年至1928年间在澳大利亚首都堪培拉推行禁酒。

金·奥马利于1858年7月4日[①]出生在美国堪萨斯州。童年就读于纽约市的一所小学，后来跟随他叔叔在银行做保险和房地产推销员，走遍美国各州。1886年返回澳大利亚昆士兰。1893年，他抵达南澳大利亚州，又担任了流动保险推销员。1896年至1899年他成为南澳大利亚议会的议员。1901年，他被选为澳大利亚工党议员。1901年至1917年是澳大利亚联邦议会众议院的议员。奥马利还当选为民政事务部部长（Minister for Home Affairs）和第二（1908）和第三（1910）费舍尔劳动部（Fisher Labor Ministry）部长。此外，他作为一位公众人物曾选择堪培拉作为国家的首都，并建议在那里建立联邦银行，向商人和农民提供小额低息信贷。在他去世之前，一直是澳大利亚议会议员。1953年12月20日，金·奥马利逝世，享年95岁。

1896年，在南澳大利亚州选举中他险胜保守派宗教领袖。他获胜的重要因素是得到了妇女选民的支持，因为他当推销员时，就在妇女当中有相当的知名度，妇女们赞赏他的宣传和呼吁，他说酒店是出"醉汉"的地方，酒精是"摇晃眩晕的果汁"，喝醉的人就变成了落基山飞来的秃头鹰、恶魔和无赖。因此，他呼吁禁酒。

奥马利在首都墨尔本特区于1911年成立时，通过当时还在墨尔本的联邦国会

图21 澳大利亚首都墨尔本特区（1.红色区域为特区的地理位置；2.墨尔本特区远景图）

---

① 他的传记作家拉里诺耶（Larry Noye）说，他出生于7月2日。澳大利亚议会手册记载是7月4日。

立法将之定为禁酒区。这个法令被称为"奥马利的禁酒令"。他滴酒不沾，在澳大利亚首都特区负责禁酒。

墨尔本特区（Australian Capital Territory，ACT）是澳大利亚首都领地（又译作澳大利亚首都特区），大体位于澳大利亚的悉尼和墨尔本之间，环绕着堪培拉市，建于1911年，是澳大利亚联邦的政府所在地，是澳大利亚面积最小但人口最为稠密、教育程度最高的州及领地层级行政区，是众多政府机构、办事处、大使馆及科学教育机构的集中地。公园与保护区覆盖了该领地53%的土地，被称为"森林首都"。

澳大利亚有不少地方曾经禁酒，包括首都堪培拉曾在1910年至1928年间禁酒。当时，在澳大利亚各处偏远地区分布许多禁酒的原住民社区，如果从外地将酒运入这些社区会受到严重惩罚，使用的载具也可能会被充公。在北领地的禁酒地区，所有用来运酒的运输工具都会被没收，且不得上诉。

然而，禁酒令逐步被解除。1927年，澳大利亚联邦国会从墨尔本搬至堪培拉后，通过法案废除了奥马利的禁酒令。一些墨尔本的周边城镇曾长时间禁止卖酒(不限消费)。阿斯科特溪谷（Ascot Vale）在刚设立时是禁酒小镇，但很快就有在城镇外缘设立旅馆，不再禁酒。与之相似，农村小镇米尔都拉（Mildura）在1887年刚设立时也是禁止卖酒，但酒随时可以从附近的温特沃斯（Wentworth）买到，最终禁令被解除。

4
主张禁毒的帝王与政治家

4.1 中国清代禁毒皇帝：雍正

雍正（1678—1735），是中国清代皇帝，他颁布了世界历史上第一个禁烟诏令，标志着中国禁烟历史的开端。

雍正在位13年，在政治上采取多种措施以巩固自己的皇位，注意同少数民族的关系及外交关系。在经济上执行传统的重农抑末方针。对清廷机构和吏治，做了一系列改革，强化密折制度、创立军机处①、推广奏折制度、整顿吏治、设立"摊丁入亩"②、火耗归公③和改土归流④

图22 中国清代雍正皇帝

制度。与此同时，雍正对当时的鸦片贸易极为重视。

雍正前期严格执行海禁，但后因考虑沿海百姓疾苦，于雍正五年（1727）开放洋禁。允许百姓往南洋贸易。海禁施行于福建、广东两省。雍正的鸦片政策是：贩卖毒品，严惩不贷，严格区分药用鸦片与毒品鸦片烟，毒品严禁，药用不干涉，且照顾小本商人的正当利益。

雍正七年（1729），鉴于鸦片政策执行不力的情况，雍正皇帝正式颁布了中国乃至世界上的第一个禁烟诏令，它标志着中国禁烟历史的开端。

雍正皇帝颁布的禁烟诏令，明确规定："定兴贩鸦片者，照收买违禁货物例，枷号一月，发近边充军，私开鸦片烟馆引诱良家子弟者，照邪教惑众律，拟绞监候；为从，杖一百，流三千里，船户、地保、邻佑人等，俱杖一百，徒三年；兵役人等借端需索，计赃，照枉法律治罪；

---

① 军机处，作为皇帝的秘书班子，为皇帝出主意、写文件、理政务。其特点是处理政事迅速而机密。军机大臣直接与各地、各部打交道，了解地方情形，传达皇帝意旨。此机构存在200年，直至清末。
② 摊丁入亩，是一项重大的赋税改革。中国自古就有人丁税，成年男子，不论贫富，均须缴纳人头税。雍正实行改革，将人丁税摊入地亩，按地亩之多少，定纳税之数目。地多者多纳，地少者少纳，无地者不纳。
③ 火耗（亦称"耗羡"），是一种附加税。火耗归公，即火耗一分为三：一份给地方官养廉，一份弥补地方亏空，一份留地方公用。这样，既增加了财政收入，又有助于廉政。
④ 改土归流，是一场严重的斗争，即废除土司制度，改为州县制度。打击和限制了土司的割据和特权，有利于民族地区的经济文化发展。

失察之汛口地方文武各官，并不行监察之海关监督，均交部严加议处。"①

雍正禁毒之举，虽然影响深远，但由于雍正颁布的禁烟诏令尚未确定吸食鸦片的罪名，也没有禁止鸦片进口，因此，美、英等国家遂钻了此禁令的空子，继续把大批鸦片贩运到中国，进行罪恶的鸦片贸易。

4.2 中国清代禁毒皇帝：道光

道光帝，名爱新觉罗·旻宁（1821—1850）。满族，嘉庆十八年（1813）被封为智亲王。嘉庆二十五年（1820）7月25日，嘉庆病逝后，他于同日继位，第二年改年号为"道光"。他是清入关后的第六个皇帝，在位30年（1820—1850）。道光三十年正月丙午日（1850）病逝于圆明园慎德堂内，终年69岁，葬于慕陵（今河北省易县西）。道光帝颁布《钦定严禁鸦片烟条例》，成为中国历史上第一部综合性的禁烟法典。同时，发动了中国历史上，也是世界历史上第一次大规模的禁烟运动。

18世纪70年代，英国开始把鸦片大量输入中国。到了19世纪，鸦片输入额逐年增多。英国资产阶级为了抵消英中贸易方面的入超现象，大力发展毒害中国人民的鸦片贸易，以达到开辟中国市场的目的。19世纪初输入中国的鸦片为4000多箱，到1839年猛增到4万多箱。英国从这项可耻的贸易中大发横财。由于鸦片输入猛增，导致中国白银大量外流，并使吸食鸦片的人在精神上和生理上受到了极大摧残。如不采取制止措施，将要造成国家财源枯竭和军队瓦解。

道光处于这样的历史转折的关键时刻，"守其常而不知其变"。来自东南海上的鸦片流毒使他寝食不安。于是，清政府决定严禁鸦片入口。

1838年，道光帝颁布《钦定严禁鸦片烟条例》，将清廷历次发布的有关禁贩、禁吸、禁种的规定合编为59条，成为中国历史上第一部综合性的禁烟法典。

1839年，道光皇帝再次颁布《查禁鸦片章程》，集历次禁烟法令之大成，是清朝时期一部系统、全面的单项禁烟法。从此，清政府在鸦片问题上经过"弛禁"与"严禁"之争后，最终明确了"严禁"的

图23 中国清朝道光皇帝 （画像）

---

① 杨飞，乔海东.雍正禁毒：拟绞监候.文史博览，2012（2）.

政策。

1839年年初，道光任命林则徐为钦差大臣到广东禁烟，发动了中国历史上，同时也是世界历史上第一次大规模的禁烟运动。

1840年6月，英国远征军到达中国海面，鸦片战争爆发。

1842年8月29日，清政府与英国签下了中国近代史上的第一个不平等条约——《南京条约》。此后，清政府又与法美等国签订了中法《黄埔条约》和中美《望厦条约》，使中国开始沦为半殖民地、半封建的社会。

《清宫补闻》中记载：道光在签署《南京条约》之前的晚上，彻夜不眠，绕殿逡巡，不停地拍案叹息，等上谕发下后，他连连流泪，说是对不起祖宗。

历史学家的评价认为，1840—1842年的鸦片战争，是封建的中国变为半殖民地半封建的中国的转折点。随着鸦片战争的爆发，以及随之而来的鸦片贸易的合法化，禁吸、禁贩、禁种、禁制法令的解除，中国近代史上的所谓"弛禁"时期又开始了。

在鸦片战争前的20年间，道光力图继承嘉庆帝的遗志，勤政图治，克勤克俭；他也曾裁定西陲，严禁鸦片流毒，以重现盛世的辉煌。但是道光的性格疑虑犹豫、反复无常，加之社会弊端积重难返，他的治国之举成效甚微。

4.3 禁毒先驱林则徐

林则徐（1785—1850），是中国清代朝廷主张严禁鸦片的代表，1839年震惊世界的虎门销烟使他成为世界禁毒先驱。

林则徐，字元抚，又字少穆，晚号俟村老人，乾隆五十年（1785）八月三十日生于中国福建侯官县（今福州市）。童年家境清寒，父亲是私塾老师，母亲陈氏帮助家计。4岁即跟随父亲早出晚归，开始启蒙读书。嘉庆二年（1796）乡试第一名，1798年13岁中秀才，1804年19岁中举人，1805年第一次到北京会试落榜，回福建教书。1806年应房永清邀请，到厦门担任文书。1807年，入福建巡抚张师诚幕府。1811年26岁随张师诚进京，第三次参加会试，中进士，被选入翰林院任庶吉士[①]。1816年赴江西南昌，任乡试副考官。1819年赴云南，任乡试考官。1820年3月任江南道监察御史[②]，6月任杭嘉湖道，修海塘。道光元年（1821）因父病返乡。1822年任浙江盐运使，整顿盐务。1823年任江苏按察使[③]。1824年任江苏布政使[④]。1827年任陕西按察使。不久任江宁

---

① 庶吉士，亦称庶常，是中国明、清两朝时翰林院（带有浓厚学术色彩的官署）内的短期职位。由科举进士中选择有潜质者担任，目的是让他们可以先在翰林院内学习，之后再授各种官职。情况有如今天的见习生或研究生。

② 御史，是监察性质的官职。

③ 按察使，是中国古代官名。清代的按察使管司法监察邮驿。

④ 布政使，是中国古代官名。清代的布政使管行政财政。

布政使。1830年年底任湖北布政使。1831年任河南布政使，年底任河东河道总督。1832年7月5日任江苏巡抚，连续五年，防灾、抗灾、救灾放赈，为民请命，片刻无暇，贤名远扬。1837年任湖广总督。1838年提出禁烟六策。1839年年初遵旨入觐北京，8日间皇帝接连召见八次，授钦差大臣衔，南下广东主理禁止鸦片事宜。同年6月3—25日，在广东虎门公开焚毁鸦片，震惊国际，被誉为世界反毒、禁毒先驱。1840年任两广总督。鸦片战争爆发，在广州六次打退英军。英军北犯，林则徐因功获罪，被革职。1841年四品衔赴浙江军营，6月革职发配伊犁。途中调往河南抗水灾。虽然抗灾立功但仍发往伊犁。1842年年底到达伊犁。1845年走遍南疆八城，治水成绩卓著。同年11月解除流放，年底署理陕甘总督。1846年任陕西巡抚，抗灾。1847年任云贵总督，改革矿业，正确处理回汉矛盾。1849年8月引疾告归，10月离开云南。1850年4月回到福州，11月5日被咸丰皇帝任命为钦差大臣赴广西。1850年11月22日，林则徐在广东潮州普宁县行馆逝世，享年66岁。

林则徐为禁毒做出的重大贡献

提出禁烟主张对中国禁烟起了巨大推动作用

中国清代道光皇帝虽然一贯主张禁烟，但长期没有效果。林则徐在湖北实心查办，立即取得显著成效，不但使道光看到了成功的希望，而且为全国禁烟起到推动作用。林则徐的几篇奏折，对鸦片危害分析得最为深刻，对重治吸食的必要性阐述得

图24 林则徐

最为透彻，对反对重治吸食言论驳斥得最为有力，这对道光增强严禁决心，其潜化作用不可低估。他于道光十九年（1839）四月六日附片密陈，建议"将夷人带鸦片来内地者，应照化外有犯之例，人即正法，货物入官，议一专条"。道光皇帝接受建议并于5月13日批准颁布实施《洋人携带鸦片入口治罪专条》。

林则徐在广东禁烟是内禁最彻底，外禁最坚决的典范

1838年冬林则徐抵达广州主理禁止鸦片事宜，宣誓："若鸦片一日不绝，本大臣一日不回，誓与此事相始终，断无中断之理。"

关于内禁，林则徐在邓廷桢[①]等人的紧密配合下，在两广进行得最认真，无论拿获的烟犯、烟土烟膏或烟具，都远远超过其他省区。共计拿获烟犯3032名，占

---

① 邓廷桢（1776—1846），江苏江宁（今南京）人。历任浙江宁波，陕西延安、榆林、西安诸知府，湖北按察使，江西布政使，陕西按察使等职。道光六年（1826）任安徽巡抚，至道光十五年（1835）升任两广总督。1836年6月，赞同弛禁鸦片。1837年春即由弛禁转为严禁。1839年年初上奏道光帝，决心与钦差大臣林则徐"共矢血诚，俾祛大患"，成为林则徐的亲密同僚。1840年1月调任闽浙总督，7月，英舰进犯厦门，他亲督水师击退侵略军，嗣因投降派诬陷，与林则徐同时革职，充军伊犁。后起用为陕西巡抚、陕甘总督，在西北大力组织垦荒。1846年病逝于西安，归葬于南京麒麟门外。

拿获总数的30%以上；收缴烟土烟膏843776两，接近收缴总数的五分之二，收缴烟具89434件，约占总数的一半。

关于外禁，林则徐雷厉风行，坚决从事，英商义律①等慑于林则徐的正气，被迫缴出鸦片近2万箱。1839年6月3日开始，将勒令英国毒品贩子缴出的鸦片1188127千克，在广东虎门海滩当众销毁。虎门销烟沉重地打击了英国鸦片贩子，在中华禁毒史上谱写了光辉的一章，轰动国际。在历史上，林则徐的英名永垂不朽，一直激励着后人。

林则徐内禁最彻底，外禁最坚决，成为中国坚定禁毒的典范。

林则徐身处逆境，仍以国家民族的利益为重，坚持禁烟主张，再次强调"鸦片之为害甚于洪水猛兽"。

由于英国为维护鸦片贸易，悍然发动鸦片战争，攻下定海，北上天津，道光帝为求妥协了事，竟然把责任全推到林则徐身上。鸦片战争后，清政府匆忙割地赔款、签订不平等条约，林则徐明知禁烟如赴汤蹈火，但事关国家和人民的根本利益，他把自己的祸福荣辱置之度外。其决心斩钉截铁，掷地有声。道光二十二年（1842）八月，林则徐自西安赴新疆伊犁时作诗留别家人。诗中"苟利国家生死以，岂因祸福避趋之"一句表现了国家利益高于个人安危的思想，这种高尚的爱国情操，为一切爱国人士树立了一个光辉的榜样，尤其值得学习和敬仰。

国际影响与历史评价

林则徐禁毒不仅受到中国人民的普遍尊敬，而且产生了深远的国际影响。林则徐逝世后，全国哀悼，福州建祠奉祀。咸丰元年（1851），咸丰帝赐祭葬，谥号"文忠"。清光绪三十一年（1905）在福州建"林文忠公祠"（1982年改为"林则徐纪念馆"）。之后，于1905年澳门建立了"林则徐纪念馆"；在沙角炮台下矗立"虎门林则徐纪念碑"；在虎门设立有"林则徐销烟池旧址"。1985年，广东省深圳市在蛇口工业区珠江口左岸赤湾左炮台旁，竖立林则徐全身铜质塑像。1994年8月18日，伊犁"林则徐纪念馆"落成开馆；2007年11月22日，陕西省"蒲城林则徐纪念馆"开馆；为了纪念民族英雄林则徐，中国福建省福州市仓山区白湖亭将街心小公园改建立成"林则徐广场"。

在美国纽约市区华埠中心、东百老汇街前端的"林则徐广场"中心，赫然耸立着一座林则徐的铜像。2005年6月26日国际禁毒日当天，纽约市政当局将华埠东百老汇街命名为"林则徐街"。英国伦敦的"杜莎夫人蜡像馆"②中陈列有林则徐蜡像。1996年6月7日，中国科学院北京天文台闽籍天文学家陈建生院士发现了一颗小行星，按照国际小天体命名委员会的规定，命名为"林则徐星"③。

1929年5月27日，中国卫生部全国禁烟委员会向国民政府提出，以每年的

---

① 查理·义律（Charles Elliot），是英国驻华商务监督。1840年2月，英国政府任命的副全权代表。
② 伦敦的杜莎夫人蜡像馆设立于1835年，是全世界最负盛名的蜡像馆，陈列着世界各国的伟人、名人和明星的蜡像，其制作之精巧，达到以假乱真的地步。
③ "林则徐星"在火星与木星之间，沿椭圆轨道以4.11年的周期绕太阳运动。

图25 林则徐纪念馆（1.福州林则徐纪念馆祠门额题"林文忠公祠"；2.澳门林则徐纪念馆；3.林则徐销烟池；4.陕西蒲城林则徐纪念馆；5.虎门林则徐纪念碑；6.纽约华埠的林则徐铜像；7.伊犁林则徐纪念馆铜像）

6月3日即林则徐虎门销烟日为禁烟纪念日。

1985年，为纪念清代民族英雄林则徐诞生200周年，中国人民邮政特别颁发了纪念邮票。纪念邮票共两枚。第一枚是林则徐画像，衬以他"苟利国家生死以，岂因祸福避趋之"的诗句。第二枚邮票图案选自人民英雄纪念碑浮雕《虎门销烟》。

林则徐禁烟、销烟当时就受到了马克思的称赞。1858年，马克思在其所著的《鸦片贸易》中大声痛斥鸦片贸易，对林则徐在东方的禁烟壮举称赞不已。

林则徐研究专家邵纯[①]认为，林则徐

---

① 邵纯，林则徐研究专家、原新疆维吾尔自治区党校副校长，曾出版《林则徐西出阳关》《林则徐为官之道》《人生楷模林则徐》《历史巨人林则徐》等林则徐研究专著。

图 26 1985 年中国发行的《林则徐诞生 200 周年》纪念邮票

是一位伟大的爱国主义者，他为官 30 年，始终爱国、爱民、勤政、廉政、抗灾、救灾、禁毒、禁赌、发展生产、大兴水利、研究金融、促进商业、发展矿业，力主民族和睦，并突破了时代的局限，成为清代开眼看世界的第一人。在这一系列的贡献中，尤以禁毒的壮举闻名天下，影响深远，虎门销烟是爱国爱民的典范。林则徐爱国爱民，无愧世界禁毒先驱[1]。

蔡敦祺[2]指出，林则徐爱国爱民，逆境中创造新光辉。鸦片战争爆发后不久，道光皇帝就以"办理不善"的罪名将林则徐革职。林则徐从 1840 年革职到 1845 年复官，前后六年，其中流放新疆四年左右。在流放新疆的四年，林则徐创造了令人惊叹的伟大功业。他在新疆加强塞防，屯垦戍边，开发边疆；倡导民族平等，促进民族团结。林则徐始终坚守"苟利国家生死以，岂因祸福避趋之"的信念，很好地诠释了"爱国爱民"典范这一光辉形象，在逆境中创造新的辉煌。

萧致治[3]认为，禁烟是林则徐一生最突出的政绩，也是他一生中最具时代特征的光辉篇章。当时英国、美国等国家和东南亚各地也流行吸食鸦片，鸦片毒害已成为一个世界性问题。但此前各地各国，尚无严禁鸦片的记载。大张旗鼓严禁鸦片的，当时只有中国的林则徐，所以说林则徐是世界禁毒的先驱，中国禁烟是世界禁毒史上的一块丰碑，一点也不为过。

林则徐诸多优秀品德集中到一点，是在他的全部生命中，特别是身居高位以后，燃烧着对中华民族高度的责任感。这种强烈的至死不渝的责任感派生出来具体的业绩，就是热爱祖国、热爱人民、严禁鸦片、发展生产。林则徐的品德和业绩，不仅感染着整个中华民族，而且成为世界的一代伟人，至今影响着中国和世界。

---

[1] 邵纯. 研究专家眼中的林则徐：爱国民无愧世界禁毒先驱. 福州新闻网，2009-06-10.
[2] 蔡敦祺，林则徐研究专家，香港林则徐基金会理事，长篇传记小说《林则徐》的作者。2001 年，长篇小说《林则徐》由鹭江出版社出版后，在内地文坛引起轰动，并荣获全国"五个一工程"奖。
[3] 萧致治，林则徐研究专家、武汉大学历史系教授、《林则徐全集》主任编委，先后出版《鸦片战争研究》《林钦差与鸦片战争》《外国学者论鸦片与林则徐》《鸦片战争与林则徐研究备览》《鸦片战争史》等书，1997 年获精神文明建设"五个一工程"奖和国家图书奖提名奖。

4.4 哥伦比亚扫毒总统巴尔科

比尔希略·巴尔科·巴尔加斯（Virgilio Barco Vargas，1921—1997），是哥伦比亚政治家和外交家，哥伦比亚自由党领袖，1986年至1990年任哥伦比亚总统。1989年8月19日，巴尔科总统正式宣布全面扫毒。由此，巴尔科被称为扫毒总统。

巴尔科于1921年9月17日出生在哥伦比亚东北部省份北桑坦德省的库库塔（Cúcuta），1936—1943年先后就读于哥伦比亚国立大学和美国麻省理工学院。1943年涉足政治，进入议会下议院，1947年加入自由党。1948年由于自由党左翼领袖盖坦被刺杀，自由党同保守党发生内战，20世纪40年代末他流亡美国，1954年返回哥伦比亚，以帮助两党通过和平进程谈判，1957年两党达成协议，成立全国阵线。1958年他成为参议院议员、公共工程部部长，1961年任驻英国大使，1962年回国。1966年他当选哥伦比亚首都波哥大市长，1974年他成为世界银行主管。1977年担任驻美国大使。

1986年巴尔科以58%的选票当选第35任哥伦比亚总统（任期1986年8月7日至1990年8月7日）。执政后，他努力推进政治改革与和平进程，支持反贫穷计划，重新与左派游击队展开对话和打击毒贩。1990年卸任后，他担任驻英国大使到1992年，随后退出公共生活，1997年5月20日在波哥大去世。

巴尔科当选哥伦比亚总统期间，重视打击麦德林卡特尔集团的毒品走私等犯罪活动，囚禁其头目埃斯科瓦尔。

1988年1月，政府颁布"捍卫民主法"，推进扫毒取得一定成绩。据统计，1988年，政府共逮捕贩毒分子5253名，缴获可卡因1.8万千克，捣毁古柯种植园154个，毒品加工厂826个。还摧毁了72条用于毒品走私的秘密飞机跑道，缴获了大量的武器弹药和通信设备。

巴尔科总统的扫毒措施，引起了毒王们更加丧心病狂的报复和恐怖活动，制造了一起又一起的暗杀惨案，触目惊心，惨不忍睹。仅1988年，哥伦比亚约有2960人被贩毒集团杀害。1988年1月24日，哥伦比亚国家总检察长洛斯·毛罗·奥约斯被害；1989年8月安蒂奥基亚省警察局局长金特罗上校和著名法官加西亚遇刺身亡；1989年8月18日自由党领袖、总统候选人加兰被枪杀；1990年3月22日爱国联盟的总统候选人贝尔纳多·哈拉米略饮弹身死；1990年4月26日，"四·一九"运动总统候选人卡洛斯·皮萨罗被枪

图27 比尔希略·巴尔科·巴尔加斯

杀。这些巴尔科总统的一个个忠实战友，国家著名的反毒义士们先后倒在毒枭们的枪口之下。

在这种生死决斗血腥恐怖的严峻情况下，有的人保持沉默，有的人辞职，有的人在金钱的诱惑之下成了毒贩的帮凶和代理人。巴尔科总统既不彷徨，更不退缩，而是更加坚定、更加猛烈地展开扫毒运动。在卡洛斯·加兰被害当晚，巴尔科总统号召全国人民向贩毒集团全面开战，发誓坚决挖掉威胁民族生存的这一"毒瘤"。

1989年8月19日，巴尔科总统正式宣布全面扫毒。全面扫毒战争开始后，政府出动2万多名军警，直捣毒贩老巢。在贩毒集团活动猖獗的麦德林等十大城市实行宵禁，在三天的搜捕中，包抄了毒贩们600多处窝点，没收可卡因6000多千克，各种飞机143架，汽车数百辆，船只数十艘，逮捕了上万名毒贩[①]，给予贩毒集团沉重的打击。

与此同时，恢复同美国的引渡条约，并联合玻利维亚、秘鲁和美国共同扫毒。巴尔科还与司法部长格鲁夫先后出访美国，协调同美国的扫毒行动，争取到美国6500万美元的紧急援助，争取到西欧一些国家的援助。他还主持了美国、哥伦比亚、玻利维亚和秘鲁四国首脑会议，签署了著名的《卡塔赫纳声明》，形成国际扫毒的新格局。

除了武装禁毒和争取国际援助之外，巴尔科总统还从经济上冻结贩毒集团在银行的存款，并逮捕了"洗钱专家"，以控制毒品交易的经济咽喉。

在巴尔科总统领导下，哥伦比亚政府在半年内出动军警扫毒2000多次，逮捕和拘留了一万多名贩毒分子，缴获了400多架贩毒飞机、几百辆汽车、70多艘船只，大量的武器弹药，没收了价值40亿美元的可卡因和数亿美元的非法财产。更重要的是，击毙了三号毒枭罗德里格斯·加查，逮捕了奥万多、奥乔亚和莱德尔等麦德林集团的全部首犯。麦德林集团企业为避免灭顶之灾，要求与政府和解，并且释放了七名人质，交出了一批武器、弹药，交出了若干毒品加工厂[②]。1991年6月19日，麦德林卡特尔的头号首领埃斯科瓦尔向政府投降。这场反毒大战因此取得了关键性的胜利。

鉴于巴尔科总统的扫毒绩效，联合国1989年的《外交世界公报》将他评选为"世界政治家"，以表彰他不惧贩毒集团的人身威胁，坚决开展扫毒运动的勇敢献身精神。

---

① 周本寅，戴炳源，杨华. 走私贩毒面面观. 郑州：河南人民出版社，1993：92.
② 周本寅，戴炳源，杨华. 走私贩毒面面观. 郑州：河南人民出版社，1993：93-94.

5

催生 FDA 的总统：西奥多·罗斯福

西奥多·罗斯福（Theodore Roosevelt，1858—1919），人称"老罗斯福"①，美国历史学家、政治家，美国第 26 任总统（1901—1909）。1906 年他促使国会通过《纯净食品和药品法》和《肉类检验法》，对养畜和肉类加工企业进行稽查和实施强制卫生标准。国会修正了该法案，以免小型屠宰场的不合卫生标准的产品损害出口和国内市场。他的独特个性和改革主义政策，使他成为美国历史上最伟大的总统之一。

西奥多·罗斯福于 1858 年 10 月 27 日出生在纽约市一个富商之家，父亲是银行家。1876 年，罗斯福进入哈佛大学。1880 年哈佛毕业后进入哥伦比亚大学法学院，一年后他得到进入纽约州下议院的机会，于是他从法学院退学，开始公务生涯。1882—1884 年任纽约州众议员。1895—1897 年任纽约市警察局局长。1897 年被任命为助理海军部长。1898 年当选为纽约州州长。1900 年被共和党全国代表大会提名为副总统候选人，经选举获胜当选副总统。1901 年 9 月麦金莱总统遇刺身亡，他依法继任总统，时年 42 岁，成为最年轻的美国总统。1904 年再次竞选，获得连任。

罗斯福执政期间，对内以"改革家"面貌出现，借助政府权力管理和监督私人经济活动，特别是发起保护自然资源的"社会诊治工业文化综合征"运动，得到明显效果。1909 年卸任，去非洲科学考察。1910 年任《展望》杂志副主编。1912 年 6 月在共和党全国代表大会上与塔夫脱竞选总统候选人提名失败。另成立民族进步党，以雄麋为标识。该党提名他为总统候选人。由于共和党发生分裂，民主党人威尔逊获胜。不久，他又重入共和党，民族进步党自行解散。1913 至 1914 年去南美旅行，率领探险队到巴西亚马孙河热带丛林探险。1919 年 1 月 6 日，罗斯福在自

图 28 西奥多·罗斯福

---

① 因为西奥多·罗斯福是第 32 任总统，富兰克林·罗斯福的远房堂叔，又是富兰克林·罗斯福夫人的伯父，所以现在人们通常称西奥多·罗斯福为"老罗斯福总统"。

己的居所内平静地离世，享年60岁。

西奥多·罗斯福在总统职位上，以调解煤矿罢工、促进公平交易、加强对铁路运输和跨州贸易的监管和规范、调停日俄战争、开凿巴拿马运河以及在总统任内开创了诸多先例[①]而闻名。特别是在调停了日俄战争和解决食品安全和环境保护方面做出了巨大贡献。

西奥多·罗斯福总统的早餐催生了美国食品药品监督管理局（FDA）。有一天，罗斯福总统吃早餐时看一本名为《屠场》[②]的小说，看着看着，突然，他大叫一声把桌子上的香肠火腿之类，连着盘子扔到了窗外，把周围的人都给吓坏了。

当时的美国，正处于所谓的镀金时代，社会财富急剧增长的同时，也伴随着假货横行，假药和伪劣食品充斥于市场之中，在言论自由的保护下，这一代美国记者热衷于揭露黑幕，而黑幕如此之多，简直不乏猛烈抨击的素材。

食品市场的极端混乱，老罗斯福早就因此尝到过苦头[③]。罗斯福总统连任以后，在1905年12月，向国会明确表示："我建议应该颁布这样一部法律，对州际贸易中标签不实的和掺假的食品、饮料和药品予以规制。这样一部法律将保护正当的生产和贸易活动，将保障消费者的健康和福祉。"但即便如此，立法活动也是艰难万分，甚至可以说毫无实质性进展。

直到1906年2月，《屠场》出版，这本书迅速在图书市场走红，很快被翻译成17种文字，直接导致美国出口到欧洲

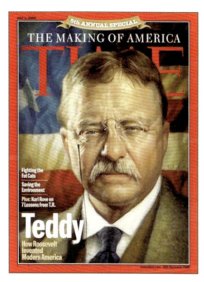

图29 西奥多·罗斯福荣登《时代》封面人物

---

① 西奥多·罗斯福在总统任内开创了诸多先例。1901年首次邀请一位黑人在白宫共进晚餐；任命第一个犹太人成为内阁部长；麦金莱遇刺后，罗斯福成为第一位接受特勤部门全天候保护的总统；第一位在总统官方肖像上打领带，自此成为美国总统肖像的着装惯例；第一个从副总统继位总统，并于下次大选中获胜连任者；1906年，罗斯福成为首位获得诺贝尔和平奖的美国人；他推动巴拿马运河工程，将纽约与旧金山之间的水路航程缩短了8000英里（约1.4万千米），并视察巴拿马运河区，开创现任总统出国访问的先例。

② 《屠场》（也译为《丛林》）一书，是以揭露真相为己任的新闻记者阿普顿·辛克莱（Upton Sinclair）所写。书中揭露了他在达哈姆家族的联合畜产品加工厂里的所见所闻，"在那里，从欧洲退货回来的火腿，长了白色霉菌，切碎后填入香肠；仓库存放过久已经变味的牛油，重新融化，添加硼砂、甘油去味后，返回顾客餐桌；在香肠车间，为制服成群结队的老鼠，到处摆放着有毒面包做的诱饵，毒死的老鼠和生肉被一起铲进绞肉机；工人在一个水槽里搓洗油污的双手，然后水槽里的水用来配置调料加到香肠里去；人们早已习惯在生肉上走来走去，甚至直接在上面吐痰，而有的工人是结核病患者……一个工人不慎滑进了正在滚开的炼猪油的大锅里，谁也没有注意到。几天以后，人只剩下了一副骨架，其余的连同所炼的猪油一起拿到市场上去出售了。"据说就是这副骨架，终于让老罗斯福崩溃。

③ 1898年，老罗斯福曾带领一支志愿骑兵队去古巴参加美西战争。当时就因大量罐装肉制品都是变质食品，导致他的部下非战斗减员达数千人之多，且上百人死亡。

的肉类骤减了50%。这时美国人非但没有唾骂作者，反倒把《屠场》一书拼命寄往白宫，试图唤起总统的重视。

在《屠场》的巨大影响之下，罗斯福总统邀请辛克莱到白宫进行了一场讨论，辛克莱说服了总统派人调查此事的真伪。当罗斯福总统看到由劳动部部长尼尔和社会工作者雷诺兹对肉类加工业的调查报告后，发现《屠场》所描述的只不过是冰山一角。触目惊心的事实，让老罗斯福既愤怒又颇感犹豫，但他最终决定将此报告公之于世。

这份报告所引发的愤怒至极的民意，可以从国会最终的投票数63比4中一窥究竟。以威利①起草的蓝本为基础的《纯净食品和药品法》和《肉类检验法》于1906年6月30日正式获得通过。相关法案则于1907年1月1日正式生效。今天人们公认这部对美国社会影响深远的法案主要由威利、老罗斯福和辛克莱推动完成。西奥多·罗斯福和华盛顿、杰弗逊、林肯并称为美国历史上最伟大的总统，被誉为20世纪美国最伟大的总统。

西奥多·罗斯福总统在推动食品药品立法的过程中，强调政府的权力要对市场进行某种管制。这种对市场的干预企图，导致了共和党的分裂。然而，最终非但没有让国家和大多数民众因此遭受重大损失，反倒受益匪浅，他也就此成为美国历史上最知名的总统之一。2006年，在老罗斯福去世差不多90年之后，美国最有影响力的《时代》杂志将他做成封面人物，标题是：缔造美国。今天，FDA的权威性不仅对美国，而且对全球都有重大影响。

---

① 哈维·华盛顿·威利（Harvey Washington Wiley），化学家，美国农业部化学物质局局长，曾经起草了相关法案的蓝本，即后来得以通过的《纯净食品和药品法》，并四处游说国会通过该项法案。但他的努力收效甚微。威利为此奋斗了整整25年，失败了190次。其间，他本人就曾哀叹，推动国会立法，就像攀登一个永无休止的山坡，看不到顶端在哪里。为了纪念威利为推动此法案的成立所历经的不懈努力，《纯净食品和药品法》也经常被称为《威利法案》。

6 历史学家

6.1 爱德华·吉本

爱德华·吉本（Edward Gibbon，1737—1794），英国近代史学家。他在《罗马帝国衰亡史》中首次指出：罗马帝国的衰亡源于一种重金属元素——铅。

爱德华·吉本1737年4月27日生于伦敦附近的普特尼（Putney）镇，父亲是国会议员。吉本10岁时母亲去世，由姑母抚养，由于姑母辅导，读了包括《罗马史》《史学概论》等许多古希腊罗马的人物传记，启发了他对古典时期历史的兴趣。在进入大学之前，他对希腊文和拉丁文都已打下良好基础。1752年，吉本14岁时被父亲送往牛津，不到15岁就考入牛津大学玛格德琳学院。当时天主教受到英国上流社会的排挤，他父亲将他送到瑞士洛桑，交给一位基督教新教导师。在洛桑期间，他参加过伏尔泰的聚会，学会了法语，开始用法语写作其第一部作品《论文学研究》（1761年出版）。

1758年，21岁的吉本回到伦敦，做了两年军官，同时博览群书，由于受伏尔泰的影响，不再信仰宗教。1763年，他前往欧洲大陆旅游。他从伦敦出发，先在巴黎，随后前往瑞士洛桑，翻越阿尔卑斯山进入意大利，访问了都灵、米兰、佛罗伦萨、比萨等城市，最后，到了罗马。当时的罗马，早已不是一千年前帝国全盛时的世界中心了，但残破的庙宇、废弃的宫殿、依稀可辨的壁画，向世人诉说着这座古城当年的辉煌与荣耀。1764年他在罗马废墟上，萌发了撰写罗马帝国史的念头。

1770年吉本的父亲去世，他开始经商，定居伦敦。两年后，他开始写作《罗马帝国衰亡史》，并出入上流社会的俱乐部。1774年进入国会。1776年《罗马帝国衰亡史》第一卷出版，取得成功。1781年《罗马帝国衰亡史》第二卷和第三卷出版。1782年他定居洛桑，继续书写后三卷。1787年6月27日夜，写完最后一章，回到英国。1788年将所有手稿全部出版。吉本撰写《罗马帝国衰亡史》前后整整花了20年时间，全书共六卷71章，120多万字。后来，他又回到洛桑，书写他的《回忆录》，直到1793年才回国。1794年1

图30 爱德华·吉本（油画）

月16日，这位伟大的历史学家在伦敦家中去世，年仅56岁。

爱德华·吉本对历史研究的贡献是多方面的。特别是在《罗马帝国衰亡史》的研究中，首次提出"罗马帝国的衰败源于一种重金属元素——铅"的论断。他认为，在罗马帝国时期，铅是应用最广泛的金属，王公贵族使用的容器都是用铅铸成的，整个罗马城的输水管道也都是用铅制成的。这一因素成为罗马帝国衰败的原因之一。

爱德华·吉本的论断被后来的研究所证实。现代科学研究证明，铅是一种有毒的重金属元素，它通过消化道或呼吸道进入人体血液，贮存于体内各脏器，影响人体的神经器官系统，中毒者导致死亡，慢性中毒者会影响人的智力发育、身体发育。据悉，罗马贵族由于天天使用铅制成的容器，体内含铅量过高，智力以及身体一代比一代差，终于反抗不了日耳曼人的进击，最后亡国。

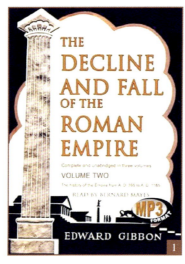

图31 爱德华·吉本著《罗马帝国衰亡史》（1.原版封面，1788；2.黄宜思，黄雨石译的中译本封面，商务印书馆，1997）

考古发现也表明，罗马人骨骼中含铅量高于同时代的其他民族，也高于现代人。美国明尼苏达大学的萨拉·比塞尔博士对赫库兰努姆发现的骨骼所进行的化学分析发现，铅浓度达到了84微克/克，这个数据相对于古希腊山洞发现的含3微克/克铅的骨骼，以及现代美国人和英国人骨骼中20~50微克/克的铅含量，被认为是很高的①。罗马帝国亡于铅摄入过多的论断得到学术界的广泛认可。

6.2 李约瑟

李约瑟（Joseph Terence Montgomery Needham，1900—1995），英国近代生物化学家和科学技术史专家，他长期致力于中国科技史研究，撰有《中国科学技术史》②，为研究中国古代毒物学史提供了重要资料。

李约瑟，字丹耀，别号十宿道人、胜冗子。1900年12月9日，李约瑟生于伦

---

① A clue to the decline of Rome. The New York Times, 1983-05-31.
② 《中国科学技术史》（Science and Civilization in China），也译为《中国的科学与文明》。

敦的一个知识分子家庭，为独子。1914年夏，入爱尔兰诺普顿郡昂德尔公学学习。1918年10月，入剑桥大学冈维尔与凯斯学院选习生理学、解剖学和动物学，后改习生物化学。1922年毕业于剑桥生物化学专业，1924年获哲学博士和科学博士双学位。1936年在剑桥大学创办科学史讲座，任康福德-麦克劳林基金会司库。1937年，在鲁桂珍①等三名中国留学生的影响下，他醉心于中国古代科学文明，刻苦学习汉语，转而研究中国古代科学、技术与医学。1941年，当选为英国皇家学会会员（FRS）。1942年秋，受英国皇家学会之命，到中国援助战时科学与教育机构，在陪都重庆建立中英科学合作馆，结识了大批的中国科学家与学者，并结下深厚的友谊。在中国的四年期间，李约瑟广泛考察和研究中国历代的文化遗迹与典籍，为他日后撰写《中国科学技术史》做了准备。1944年2月，在重庆中国农学会的《中国与西方的科学和农业》的演讲中，首次提出近代科学为何在西方诞生而未在中国发生的著名的"李约瑟难题"②。1945年年初，任英国驻华大使馆科学参赞。1946年春，李约瑟离任，赴巴黎任联合国教科文组织自然科学部主任。两年之后，返回剑桥，先后在中国助手王铃博士和鲁桂珍博士的协助下，开始编写系列巨著《中国科学技术史》。

中华人民共和国成立后，李约瑟博士先后八次来中国考察，大规模地搜集中国科技史资料，实地了解新中国的政治、经济、科学和文化的发展情况。其间于1950年成立英中友好协会，亲任会长至1964年。1952年6月，参加"调查在朝鲜和中国的细菌战事实国际委员会"，并兼任秘书长，赴中国东北及朝鲜战场进行实地调查。1954年，李约瑟著《中国科学技术史》第一卷导论，由剑桥大学出版社出版，轰动西方汉学界。1955年，他应聘参加了由世界和平理事会发起成立的国际科学委员会，调查美国军队在朝鲜战场和中国东北使用细菌武器的罪证。从1967年至1976年担任冈维尔与凯斯学院院长。

退休后，他以个人藏书为基础建立了东亚科学史图书馆。1983年6月，在图书馆基础上在剑桥成立了李约瑟研究所，李约瑟任义务所长，鲁桂珍任义务副所长。1995年3月24日，李约瑟在剑桥寓所辞世，享年95岁。骨灰安葬在研

图32 李约瑟博士

---

① 鲁桂珍（1904—1991），是一位南京药剂师的女儿，金陵女子大学毕业生，1937年留学英国，1989年9月15日，鲁桂珍与李约瑟结为伉俪。

② "李约瑟难题"是一个启发式的问题，作者借助它展开自己对中国古代科学与社会的思考，他的中国科学史课题计划就是为回答这些问题而制订的。这些问题被科学史家称为"李约瑟难题"，吸引各国学者深思与求解。

究所门前的菩提树下。

李约瑟的主要贡献是撰写出版世界闻名的巨著《中国科学技术史》，改变了国际社会对中国人只会农业和艺术的观感。记载了许多医学史、农史和中国古代与毒理学有关的鲜为人知的历史事件与证据。他的收集史料、注重实地考察、模拟实验与技术复原研究、比较科学史、内史与外史研究相结合和国际大协作的研究方法给历史研究以新的重要启示。他的著作为著述《中国：发现和发明的国度》提供了证据。在李约瑟的指导下，罗伯特·坦普尔[①]根据李约瑟提供的证据在《中国：发现和发明的国度》[②]一书中介绍了中国的100个"世界第一"，其中有关毒物与毒理学的研究成果见表91-6-1。

表91-6-1 《中国：发现和发明的国度》中有关毒物方面的发现与发明

序 号	发明项目	简 述
13	米酒	公元前1000年，中国人发明了米酒。
14	弓箭	中国人于公元前8世纪发明了弓箭。公元前200年中国人已发明了弩弓。它主要用于狩猎和打仗，可卧射、立射、骑射，威力甚大。而欧洲的意大利在公元10世纪才使用弓，比中国晚了1200年。
25	化学武器	利用毒气进行化学战的历史，在中国至少可以追溯到公元前4世纪早期。在墨家早期著作中，就有关于利用风箱把在炉子内燃烧的芥末释放出来的气体打入围城敌军隧道的记载。这比第一次世界大战中德国利用堑壕芥子气早2300年。中国人使用的化学武器有下列几种："粪弹"是毒气弹的雏形；"飞砂弹"是将一管火药放在陶罐里，火药的成份是生石灰、松香、有毒植物的乙醇提取物。把这种武器从城墙上放下去，随即炸开，致命毒物四散；"催泪弹"，公元2世纪中国人便使用催泪弹，它所产生的烟雾很快地使人泪如泉涌；海脉油、四川漆和海星等毒汁可使敌人声音嘶哑；火矛包含着砒霜和一般的毒物。1540年贝林古西奥所著的《烟火药学》一书中说，火矛被燃后，就吐出"炽热的火舌，有两三步远，使人毛骨悚然"。在欧洲，直到1580年，砷才作为一种深受欢迎的东西，但在17世纪它被汞烟球所代替，这是当时中国奉献给世界的礼物之一。
44	白兰地与威士忌	公元前126年，中国人发明了白兰地和威士忌，直到1570年这种制酒法才传到欧洲，并引起欧洲人的轰动。制白兰地酒欧洲人比中国人晚了1400年左右。
70	初级砷提炼法	公元3世纪，中国著名炼丹家葛洪发明了初级砷提炼法。砷是制造火药的原料之一，西方比中国得到提炼法砷晚了几百年。

[①] 罗伯特·坦普尔（Robert Temple，1945— ），是美国肯塔基路易斯维尔大学人文、科学史和科学哲学客座教授，中国清华大学科学技术与社会研究中心兼职教授，英国皇家天文学会会员，拥有梵语和东方学的学位。著有《中国的100个世界第一》《水晶太阳之谜》和《天狼星之谜》。

[②] 《中国：发现和发明的国度》，1986年出版。该书有两种中文译本，1995年译为中文版，由21世纪出版社出版；2003年再度译为中文，由人民教育出版社出版，书名为《中国的创造精神：中国的100个世界第一》。

此外，李约瑟在中国科技史中记载了荆轲刺秦的故事和毒字音表，为研究中国古代毒物学史提供了重要资料。

李约瑟在书中指出，"毒"字的音韵随着汉字发音的标准化和受地方方言的影响而有所不同。1067年司马光发表了对陆法言的《切韵》所做的解释，并在"韵表"中将文字按照宋代的发音重新排列。在司马光之后，公元1150年郑樵《通志略》的语音表，把字置于坐标系统中。从右至左的横轴以字首辅音"分度"，从上至下的纵轴以元音及尾音"分度"，也可用来按乐符分类(从上算起第三排)，而上列各字的位置按四声排列①。其中有"毒"字的音韵定位（从上算起第十六排）（图33）。这对于研究中国古代"毒"字的起源与演变提供了重要证据。

李约瑟博士研究中国科学技术史的巨大成就享誉国际学术界，1968年8月，在巴黎第12届国际科学史和科学哲学联合会上被授予"乔治·萨顿奖章"。同年，又荣获意大利"伦纳多奖"。1974—1977年当选为国际科学史与科学哲学联合会的科学史分会主席。1980年，中国科学院自然科学史研究所授予李约瑟为该所名誉教授。中国科学技术委员会于1983年11月授予他自然科学一等奖。1990年5月17日，中国科学院紫金山天文台经国际小行星组织批准，将中国天文工作者新发现的四颗小行星之一（国际编号2790）命名为"李约瑟星"。1990年7月，日本福冈市授予其第一届福冈亚洲文化奖特别奖。1992年10月22日，英国女王伊丽莎白二世为表彰李约瑟数十年为增进英中友谊做出的贡献，在白金汉宫授予他"御前顾问"勋章。

李约瑟不仅终生献身于中国科技史事业，还带动和培养了一批优秀的科技史学家。因此，1994年6月8日，他被选为首批中国科学院外籍院士。同年，联合国教科文组织授予其"爱因斯坦奖"。

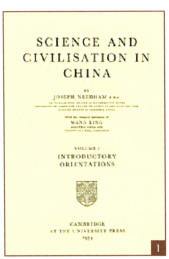
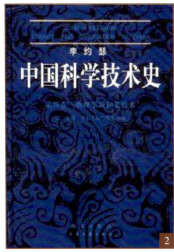

图33 《通志略》的语音表中"毒"字的位置（倒数第四行左第四字）

图34 李约瑟著《中国科学技术史》（1.第一卷导论1954年英文版；2.中译本封面）

---

① 李约瑟. 中国科学技术史：第1卷导论. 北京：科学出版社，1973：76-79.

第92卷

化学家、生物科学家

本卷主编 史志诚

卷首语

在世界毒物研究的历史上，化学、生物科学与生态学家功不可没。

化学家在人们的记忆中深刻无比。在回顾他们的贡献时，必先想起制服"死亡元素"——氟的法国化学家莫瓦桑；想起敢于向食品安全状况开战，游说西奥多·罗斯福总统，建议颁布《纯净食品和药品法》，促使美国食品药品监督管理局（FDA）成立的美国农业化学家哈维·华盛顿·威利。美国地球化学家克莱尔·帕特森发现铅污染的严重性并在制止含铅汽油的使用中做出重大贡献，他开创的实验方法，改变了环境和医学研究工作。英国化学家罗伯特·史密斯因治理英国工业污染而著称。

生物学为人类健康做出了无与伦比的重大贡献。15世纪被称为德国植物学之父的海欧纳莫斯·博克撰写了《草药典》，提出食用植物和药用植物的概念。18世纪中叶，中国清代植物学家吴其濬观察和记录了许多有毒植物及其毒性，并将毒草作为第九类列入《植物名实图考》专著。20世纪50年代末，美国的海洋生物学家蕾切尔·卡逊发表的《寂静的春天》，发现和揭示了滥用滴滴涕等长效有机杀虫剂造成的环境污染和生态破坏，该书引发了美国乃至全世界的环境保护运动，对全球环境保护、立法与社会管理、生态学、生物学、毒理学的发展产生了重大影响。

当生物学开始关注新的生态学领域的时候，生态学迅速发展起来。提出"食物链"的查尔斯·萨瑟兰·埃尔顿、现代植物化感作用的开拓者埃尔雷·利昂·赖斯，均为推动现代生态学的发展做出了贡献。

1 化学家

1.1 海因里希·罗塞

海因里希·罗塞（Heinrich Rose，1795—1864），是德国矿物学家和分析化学家。他制定了以硫化氢为主的系统定性分析法。

海因里希·罗塞于1795年8月6日出生在德国柏林。青年时代的他在杰尔格瓦（Jelgava）当一名药店学徒，为研究化学奠定了基础。后来，他移居到柏林，博士生导师是乔斯·雅各布·贝齐里乌斯[①]。1823年海因里希·罗塞任柏林大学教授。1830年，他当选为瑞典皇家科学院的外籍院士。1864年1月27日，海因里希·罗塞去世，享年68岁。

海因里希·罗塞的贡献主要是：

1829年，罗塞制定了以硫化氢为主的系统定性分析法。同年，他编著的《分析化学教程》中，首次明确地提出和制定了系统定性分析法。

1844年，罗塞赴多个国家深入调查矿产。其间，他发现1801年查尔斯·哈切特（Charles Hatchett）所发现并命名的新元素"铌"，实际上是一种钽铌混合物，或称为不纯的铌（Pelopium），其中铌和钽（Tantalum）并存。因此，他于1846年宣布：他重新发现了化学元素铌（Niobium），并证明它与钽有所不同[②]。

图35 海因里希·罗塞

[①] 乔斯·雅各布·贝齐里乌斯（Jons Jakob Berzelius，1779—1848），瑞典医生和化学家。他被称为"现代化学之父"。

[②] 鉴于铌和钽发现的经过特别且性质相近，1950年国际理论与应用化学联合会（IUPAC）对这两个化学元素的命名取自希腊神话：尼俄柏（Niobe）和坦塔罗斯（Tantalus）（尼俄柏是坦塔罗斯的女儿，坦塔罗斯是宙斯的儿子）。

1.2 罗伯特·安格斯·史密斯

罗伯特·安格斯·史密斯（Robert Angus Smith，1817—1884），是英国化学家、首任碱业检察员，因治理英国工业污染而著称。

史密斯于1817年2月15日出生于格拉斯的一个制造商家庭。13岁时进入格拉斯哥文法学校接受古典教育。这时他的哥哥约翰正在格拉斯哥大学学习化学。受哥哥的影响，他也阅读了化学家普里斯特利的著作和其他科学著作。大学毕业后，他做过家庭教师。一次在德国游览的时候，德国化学家李比希①对他产生了影响。

图36 罗伯特·安格斯·史密斯

1883—1841年，史密斯出于对化学的兴趣和对李比希的崇拜进入德国吉森大学，在李比希的指导下学习和工作，1841年被授予博士学位。在吉森期间，史密斯进一步学习了德国的语言、文学和哲学；1841年年底回到英国后翻译出版了李比希的著作《论植物的氮化营养原理》（On the Azotized Nutritive Principles of Plants）。李比希关于科学在社会中的作用的见解，成为史密斯日后首要关注的问题和他在卫生学领域工作的动力。

1842年，史密斯成为化学家普莱费尔②的助手。在和普莱费尔的合作中，史密斯度过了他的余生，并始终进行化学研究。

1845年史密斯当选为"曼彻斯特文学与哲学协会"的成员，1855—1866年间历任该协会的名誉秘书、副会长和会长。针对当时曼彻斯特的恶劣环境状况，该协会积极呼吁卫生改革。1857年，史密斯当选为皇家协会会员。史密斯以一个科学家的身份终生致力于改善环境的工作。

自1876年以后，史密斯还担任了《河流防污法》（The Rivers Pollution Prevention Acts）的检查员。这使他有条件能充分运用化学知识，从较为全面的角度来考虑

---

① 尤斯图斯·冯·李比希（Justus von Liebig，1803—1873），德国化学家，他最重要的贡献在于农业和生物化学。他创立了有机化学，发现了氮对于植物营养的重要性，因此也被称为"肥料工业之父"。

② 普莱费尔（Lyon Playfair，1818—1898），是曼彻斯特皇家学院（Manchester Royal Institution）的化学教授。

污染治理的问题。不幸的是，由于长年繁重的劳动和恶劣环境的影响，史密斯的健康状况每况愈下。

1884年5月，当罗伯特·安格斯·史密斯正准备起草紧急命令的时候，却与世长辞了，享年67岁。

史密斯的主要贡献是：

第一，首先提出"酸雨"概念，创造了"酸雨"一词。

史密斯最突出的贡献是1852年研究空气污染的过程中，发现了雨水被酸化。指出工厂排出废气中的二氧化硫、二氧化碳与一氧化氮达到一定程度时，不仅恶化空气的品质，使得雨水变酸，而且这种气体会使居民产生咳嗽、气喘症状。在1872年出版的《空气和降雨：化学气候学的开端》著作中，他突出地论述了空气质量问题，并首先提出"酸雨"概念，创造了"酸雨"（Acid Rain）一词，因而这本书也成为世界上第一本关于酸雨的著作。后来许多科学家引用他的著作，并称他为"酸雨之父"。

第二，治理英国工业污染。

19世纪中叶的英国，随着工厂雨后春笋般成长，高大的烟囱林立，加上无数传统的壁炉，处处浓烟滚滚。除煤烟外，在英国一些城市还存在其他对健康有害的污染物。其中，制碱也因采用路布兰制碱法而产生危害尤甚的副产品。

路布兰制碱法的基本过程是用普通的盐加硫酸处理生成硫酸钠，再与石灰石和煤一起煅烧而生成纯碱（碳酸钠），其主要副产品是盐酸（氢氯酸）。平均使用一吨的盐就能产生半吨的盐酸。

19世纪60年代初，来自制碱厂所在地的土地所有者的抗议引起英国政府对空气污染问题的重视。1862年，德比勋爵正式提请上院组织调查。1862年8月调查报告予以公布。1863年3月斯坦利勋爵（Lord Stanley）提交了一项议案，同年7月该议案被作为《碱业法》予以通过，试行期为五年。法案条款包括：要求所有的制碱厂凝结至少95%的盐酸；任命一名检察员；通过检察员向郡法庭提起民事诉讼，以对损失进行索赔。该法案的通过标志着中央政府直接干预污染治理的开始。

负责实施该法案的政府部门是商务部。它首先的一项工作就是成立制碱业检查团（Alkali Inspectorate），任命史密斯兼任检察员。史密斯接受任命之后，立刻制定检查计划，着手执行《碱业法》。他的四个助手分别被派往利物浦、曼彻斯特、纽卡斯尔和格拉斯哥，自己继续留在曼彻斯特。

为了达到《碱业法》规定的95%的盐酸冷凝标准，史密斯和他的工作组以及厂主们面临的关键问题是采用一种有效的冷凝法，必须使用"酸塔"。实践证明，这一设备的广泛应用取得了巨大成功。在《碱业法》下注册的64家碱厂都达到了法定的凝结量，盐酸的平均排放量减少到1.28%，其中的26家还达到了100%的凝结。与五年前相比，释放到大气中的盐酸大大减少了。

1868年7月，上院通过了一项关于无限期延续1863年《碱业法》的议案，这给予史密斯莫大鼓舞。他开始投入更多的时间来进行有关大气的系统的科学研究。在1839年报告中，他提出进行卫生改革，建立"化学气候学"。

与此同时，史密斯开始思考如何处理更广泛的大气污染问题，并努力尝试在两个主要问题上对《碱业法》进行修改和完善。首先是关于盐酸气体的测量问题，其次是如何处理其他的有害气体。1872年的报告中史密斯指出："化学工厂大量的增加，而限制废气排放的权力并没有随之增长……曾在一段时期很奏效的《碱业法》，正日益失去价值。当制碱厂集中于一处，他们哪怕释放1%的废气都将是个大祸害。"因此，史密斯建议对《碱业法》进行修改，增加"进入并检查"制碱厂之外的生产盐酸的工厂的权力，以便运用一种更精确的容量测量法来检测盐酸，并将硫酸和硝酸厂置于检查范围内。史密斯的建议得到了采纳。1872年，碱业管理的职责由商务部转到地方政府部门。1874年《碱业法》（1863）修正案在议会上得以通过。

1879年至1881年间，史密斯先后提交了三份议案，反复强调皇家委员会报告中所体现的原则，这最终促成了1881年《碱工厂管理法》的通过。该法案由史密斯亲自制定，在三个方面加强了管理。

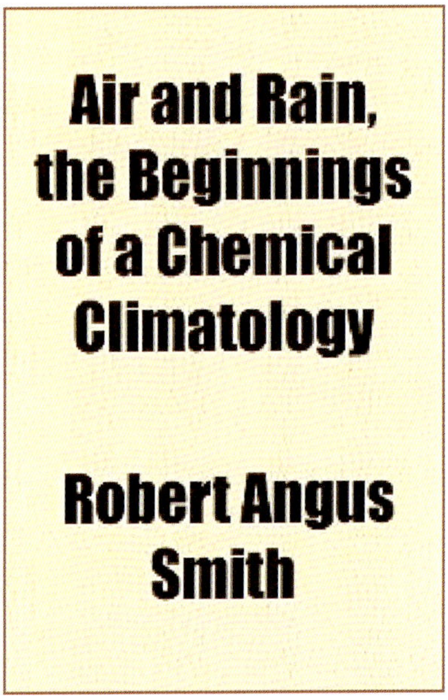

第一，将废气排放的固定标准扩大到了硫酸和硝酸；

第二，在固定标准形成之前，将新型工厂置于"最切实可行措施"检验之下；

第三，授权地方政府部门，一旦能设计出合适的管理措施，就通过紧急命令展开对水泥厂和盐厂的检查控制。

该法令还任命了五位副检查员和助理，史密斯则被提升为检查长，其年薪从800英镑上涨到1000英镑。1881年法案的实施为治理工业污染提供了法律保证。

在皇家协会的《1800—1900年科学论文目录》中收集了史密斯的大约50篇论文，其中约有30篇涉及水和空气质量方面的内容。著有《消毒剂与消毒法》（*Disinfectants and Disinfection*，1869）和《空气和降雨：化学气候学的开端》（*Air And Rain: the Beginnings of a Chemical Climatology*，1872）。此外，1941年他还翻译出版了李比希的著作《论植物的氮化营养原理》（*On the Azotized Nutritive Principles of Plants*）。

他在《科学与社会进步》一文中曾倡导市政官员干预因污染引起的社会问题，主张政府官员介入社会问题的解决，而他自己则成为这一主张的先行者。

史密斯领导的检查团通过适当有效的方式，将专业知识与行政工作相结合，并不断地推进国家环境立法的进步与完善，为英国后世的科学家和政府工作人员树立了典范。

去世后，他的论文和著作被收藏在曼彻斯特的欧文斯学院（Owens College）图书馆。

图37 史密斯著《空气和降雨：化学气候学的开端》一书封面（1872）

1.3 西奥多·乔治·沃姆利

西奥多·乔治·沃姆利（Theodore George Wormley，1826—1897），美国化学家。

西奥多·乔治·沃姆利于1826年4月1日出生在美国宾夕法尼亚州的沃莫利斯伯格（Wormleysburg）。此后不久，全家搬到了宾夕法尼亚州的卡莱尔，度过了他的童年。1843年在迪金森学院文法学校学习，之后进入费城医学院学习，于1849年获得了学士学位。1852年在俄亥俄州立大学任化学和自然科学教授，1854年在哥伦布的斯塔林医学院（Starling Medical College）①任化学和毒理学教授，1867年任国家天然气俄亥俄州专员。1869—1874年在俄亥俄州地质调查局从事化验工作。1877年转到宾夕法尼亚大学医学系，继续任化学和毒理学教授，从事微量化学和毒理学研究。1897年1月2日，西奥多·乔治·沃姆利在费城的家里去世，享年70岁。

西奥多·乔治·沃姆利的主要工作是研究毒药的微量化学，在宾夕法尼亚大学期间，学校资助他著书立说，使他成为美国微量化学的开拓者，世界毒药微量化学研究的典范。他的妻子帮助他完成书中的关于毒药在显微镜下的插图。

1869年，沃姆利写了第一本关于毒药的书——《毒物的微量化学》（Micro-Chemistry of Poisons，1869）。书中介绍了毒物引起生理机能的变化、病理学以及与法律的关系，意外中毒和自体中毒，附录中编辑了毒物的微量检测方法和血液微量数据，供医疗、法学家、医生和一般化学家参考。

沃姆利关于毒药和化学品的微量显微镜下鉴定方法在许多法律案件中做证，业界给予了很高的评价。

图38 西奥多·乔治·沃姆利

---

① 也有译为椋鸟医学院。

1.4 哈维·华盛顿·威利

哈维·华盛顿·威利（Harvey Washington Wiley，1844—1930），是美国农业化学家。被誉为"《纯净食品和药品法》之父"。他创立的机构，后来演变成为举世闻名的美国食品药品监督管理局（FDA）。

哈维·华盛顿·威利于1844年10月18日出生在美国印第安纳州杰斐逊县肯特村一农民家庭。1863年入汉诺威大学人文系。1864年南北战争期间在印第安纳志愿军第137团服役，任下士。次年返回学校继续学业。1867年获学士学位后转入印第安纳州医学院。1871年获医学博士学位。毕业后，威利留在学院任化学教授。1873年主持印第安纳州第一个化学实验室。1874年在哈佛大学取得理学士学位后，成为新创办的普度大学化学教授。1878年在德国柏林大学，参与多种有机焦油衍生物课题的研究工作，并成为德国化学学会的会员。1881年在印第安纳州当化学师。1883年起为美国农业部的首席化学家。1907年1月1日至1912年3月15日任美国FDA专员。

图39 哈维·华盛顿·威利

1912年他68岁时从政府机构退休后，这位斗士并没有离开他为之奋斗的食品安全事业，他创建和执掌《好管家》（Good Housekeeping）杂志的食品、卫生和健康部门，他和同仁一起独立地对肉、面包、面粉等进行检测，并将结果公布在杂志上，利用媒体的影响力对政府进行监督，逐渐形成了杂志富有责任的品牌形象。

1930年6月30日，哈维·华盛顿·威利在华盛顿特区家中逝世，葬于阿灵顿国家公墓，享年86岁。

威利的主要贡献是：

第一，向恶劣的食品安全状况开战。1883年，威利成为美国农业部的首席化学家以后，他开始向让人愤怒的食品安全状况开战[1]。在他的主持下，化学局出版了由八部分组成的《食品和食品掺假》报告，揭示许多食物普遍存在掺假问题。威利认为，美国经济结构的变迁，促使了食品、药品供给的转型，他把那些所谓的秘方、药膏、药械中充满的鱼目混珠的情况，称为"最卑劣与无耻的恶"。

1902年威利担任美国农业部化学局局长后，威利进一步把一批有志于改革现行食品监管制度的志愿者组织起来，将一些常见的添加剂（如硼砂和苯甲酸钠）注入他们体内，看会产生什么效果。这些志愿

---

[1] 在19世纪末20世纪初的美国，城市化进程加速，大批农村人口进入城市，乡村集市上利欲熏心的商人为了赚取更高利润，肆无忌惮地在食品中添加各种添加剂和替代物。食品安全失控引起社会的不安。

者被称为"试毒小组"(Poison Squads)。结果,证明那些添加剂对人体非常有害,可能会导致多种疾病。在确凿的证据面前,威利希望通过严格的药品立法,规定所有药品都要在标签上真实地说明所含成分。

但是,当时的美国奉行自由放任政策,宪法中的商业条款不允许联邦政府去规制产品生产。从1879年1月20日到1906年6月30日,美国国会试图规制食品和药品的动议有190次之多,但屡遭挫败。威利深感他所做的一切,犹如登山爬坡般艰难。

为了获得更大的政治影响力,他联合联邦妇女俱乐部的成员,举行各种演讲,指出掺假食品的巨大危害。他还向各州的领袖们提出建议,控制药品和食品的商业销售。1905年至1906年,威利在《克林斯周刊》上发表12篇文章,揭露药品掺假现象。此外,威利还去游说西奥多·罗斯福总统,建议颁布一部法律"以管制州间贸易中的食品、饮料和药品的掺假和伪造商标行为"。

在威利的影响和带动下,美国医学会也以自己的方式向国会施加压力,即向每一个参议员提交了一份呼吁食品药品立法的陈情书。

第二,促成《纯净食品和药品法》的出台。鉴于威利以及记者们造成的强大社会舆论压力,罗斯福总统命令劳动部部长和社会工作者对肉类加工业进行彻底调查。当让人震惊调查报告公之于世的时候,引发了更为强大的舆论风潮。

1905年12月,罗斯福总统向国会传递了一个重要信息:"我建议应该颁布这样一部法律,对州际贸易中标签不实的和掺假的食品、饮料和药品予以规制。这样一部法律将保护正当的生产和贸易活动,将保障消费者的健康和福祉。"

1906年6月30日,在失败了100多次之后,威利参与最后一稿拟定的《纯净食品和药品法》,在美国国会以63票对4票的绝对优势获得通过。尽管法律中并没有出现威利的名字,但他还是被认为是这部法律的真正作者。这部法律,奠定了美国现代药品法的雏形与骨架,直接催生了美国食品药品监督管理局。这一天,《肉类检验法》(Meat Inspection Act)也获得通过。《纽约时报》欢呼:"民众可以享受纯净食品和真正药品的时代来临了!"

第三,农业部化学局演变成美国食品药品监督管理局成立。随着法律的完善,农业部内分别成立了食品和药品检查委员会和科学专家顾问仲裁委员会。在农业部审查年度经费预算支出会议上威利积极争取专家预算。在威利时期,农业部化学局的人员从110人发展到146人,经费预算也从155000美元增加到963780美元。威利创立的机构——农业部化学局后来演变成举世闻名的美国食品药品监督管理局(FDA)。

威利于1905—1906年间在《克林斯周刊》上发表了12篇文章,揭露药品掺假现象。威利著有《美国制糖工业》《农业

图40 在农业部预算支出会议上(左第一人是威利,1911)

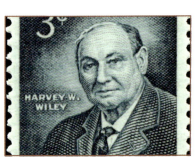

图41 美国政府发行纪念威利博士的邮票（1956）

分析的原理与实践》《食品及其伪造》《不要只靠面包》和《人类营养学原理》等专著。

在威利逝世后，报纸刊登出了大幅标题——"妇女们为这位29载厨房守护者的离去而哭泣"。人们称威利是"人丛中的一座高山，好斗的一头雄狮"。威利的离去，被人们惋惜地称为"厨房里的保护神没了"。

由于威利直接推动了美国食品和药品的立法，因此被誉为美国"《纯净食品和药品法》之父"。现在的美国，几乎是世界上对食品、药品监管最为严格的国家，有着100多个分支机构的FDA，有几千名科学家在为它工作，护卫着人们的饮食和健康。

威利一手创办的美国官方分析化学师协会（Association of Official Analytical Chemists，AOAC），直到现在依然以他的名字来颁布大奖。在威利逝世26年后的1956年，美国邮政局发行了以他的头像为图案的邮票来纪念他对《纯净食品和药品法》的贡献。此外，美国多处建筑也都以他的名字命名。

1.5 亨利·莫瓦桑

亨利·莫瓦桑（Henri Moissan，1852—1907），法国著名化学家。因制得单质氟而获得诺贝尔化学奖，也由于受有毒气体的侵蚀而过早去世。

莫瓦桑1852年9月28日生于法国巴黎。父亲是一位铁路职工，凭借微薄的收入，勉强维持一家人的基本生活，无钱供子女读书。莫瓦桑12岁才勉强进了小学。18岁时，即1870年他被迫离开家在巴黎的一个名叫班特利的老药店当学徒。在工作中他获得了许多化学知识，并且曾经利用自学的知识救活过一位企图服砒自尽的人。

1874年他通过考试，获得了中学毕业证书。1877年又通过考试，获得了大学毕业证书和学士学位。他十年如一日长期自学，后来考上了法国著名化学家弗里曼的实习生（相当于现在的研究生）。他还经德勃雷教授的指导，通过了《论自然铁》的论文答辩，荣获巴黎大学物理学博士学位。1880年在巴黎农艺研究院获博士学位。1886年任巴黎药学院毒物学教授。1888年被选为法国医学科学院院士。1889—1907年任巴黎大学无机化学教授兼巴黎药学院的名誉教授。1900年被选为巴

图42 亨利·莫瓦桑

黎科学院院士。1891年被选为法国科学院院士。由于他制取了单质氟，并在无机化学的研究中做出了重大贡献，因而被授予1906年度诺贝尔化学奖。

1907年2月6日，莫瓦桑得了阑尾炎，手术虽然很成功，但是他的心脏病却加剧了。他终于认识到多年以来一直没有关心自己的健康，他不得不承认："氟夺走了我十年生命。"

1907年2月20日，莫瓦桑——这位在化学实验科学上闪烁着光芒的科学家被夺走了宝贵的生命，年仅55岁。

莫瓦桑的主要贡献是：首次制取出纯氟单质（单质氟）。莫瓦桑于1880年开始研究氟及氟化物，他总结戴维的方法，用氢氟化钾在氢氟酸液体中电解，在1886年6月26日首次制取出纯氟单质（单质氟，F_2），轰动了化学界。

然而，制备单质氟有一段艰难的历程。莫瓦桑开始想用氟化磷和纯氧气进行实验，结果没有成功。后来，他创造电解的条件，用电解法制取氟。莫瓦桑首先制出合格但有毒的氟化砷和氟化磷，在其中加入少量的氟化钾，研磨均匀，安装好电解装置，接通直流电。开始，反应顺利，阳极上有气泡出现，但过了一段时间，阳极上覆盖上一层砷或磷，慢慢地反应停止了。莫瓦桑也觉得自己全身软弱无力，心脏剧烈地跳动，呼吸急促而困难。获救之后，莫瓦桑顾不上休息，就开始继续做实验，他用了四天的时间，把一块萤石磨成一个U形管，管中放入氟化砷、氟化磷和氟化钾的混合物。U形管的两端装上电极，接通电源。很快，在阳极上方，冒出一个接一个的气泡。被称作"死亡元素"的单质氟，终于制取出来了。这是1886年6月26日出现的奇迹。当时，莫瓦桑年仅34岁。

莫瓦桑制出氟以后向法国科学院提交了书面报告。科学院派了一个三人组成的专家组，对他的实验进行鉴定。莫瓦桑经过准备，在专家面前重复了他的实验，接通电流后，他的装置好像不听话了，几十分钟过去了，竟然一个气泡也不产生。莫瓦桑非常恐慌，反复操作，但装置始终不能产生氟的气体，这使他十分羞愧和焦急。专家们鼓励他过几天重做。事后，莫瓦桑仔细检查了他的装置，发现实验失败的原因是氟化钾加得太少，因而使U形管不导电，所以没有氟产生。三天以后，他再一次在专家组面前表演他的实验时，顺利地收集了4升氟的气体。

在莫瓦桑离析出单质氟四个月之后，他被任命为巴黎药学院的毒物学教授，同

图43 莫瓦桑和他制氟的装置 (1.莫瓦桑在实验室；2.当时所用的实验装置)

时他建造了一座私人实验室进行科学研究，在毒理学岗位上工作了13年之久。在这一段时间内，他继续改进氟的制法，用铜的电解容器代替价格昂贵的铂制的仪器进行了规模较大的试验，每小时能产生5升氟。他研究氟的提纯，将氟通过氟化钠以除去其中的氟化氢，后来又改用液态空气冷凝后进行分级蒸发的方法来除去氟中的杂质氟化氢。

1890年，莫瓦桑通过碳与氟的反应制备了许多氟碳化合物，其中最引人注目的是四氟代甲烷，是利用氟与甲烷或氯仿或四氯化碳的作用制得的，沸点只有−15℃。这项工作，使他成为20世纪制冷剂氟碳化合物（氟利昂）的先驱。1900年，他制备的气态的六氟化硫成为一种优良的气体绝缘材料。他还先后合成了铂、碱土金属、铱、镁的氟化物以及五氟化碘和硝酰氟。此外，莫瓦桑还研究了陨石、陨铁、巴西和南非的含有金刚石的岩石，发现了石墨。

1892年，他发明了高温反射电炉，在高温坩埚中装有石墨电极，接通电源后会产生3500℃的高温。这种电炉能熔化当时人们认为难熔的碳、硼、钨等，再次轰动化学界。1893年他用电炉在高温下制出碳与铁、碳与银的合金。1894年他用液态碳在铁质模型中急剧冷却，生成高密度的碳晶体，成功地制造出世界第一颗人造钻石，这使他成为世界上第一个制造人造金刚石的化学家。

莫瓦桑数十年从事无机化学的科研和教学工作，发表过2000多篇科学论文（论著），他著有《氟及其化合物》《电炉》等著作。其中《氟及其化合物》是他将研究氟的成果编辑而成的一本研究氟及其化合物的制备和性质的重要资料。

莫瓦桑在获得诺贝尔奖的第二年去世后，世界化学界对他表示沉痛的哀悼。不久，他的妻子路更也因哀伤过度去世了。他们的独生子路易，把他父母的遗产20万法郎（其中包括1906年瑞典诺贝尔基金会10万法郎的奖金）全部捐给巴黎大学作为奖学金，一个叫莫瓦桑化学奖，用以纪念他的父亲；另一个叫路更药学奖，用以纪念他的母亲。

2006年，为纪念莫瓦桑获得诺贝尔化学奖100周年，法国发行了纪念邮票。

图44 纪念莫瓦桑获得诺贝尔奖100周年纪念邮票（法国，2006）

1.6 弗里茨·哈伯

弗里茨·哈伯（Fritz Haber，1868—1934），是一位功过参半的德国化学家。他因发明工业合成氨方法于1918年获得诺贝尔化学奖。但在第一次世界大战中，哈伯担任化学兵工厂厂长时负责研制和生产氯气、芥子气等毒气，并使用于战争之

图45 弗里茨·哈伯

中，造成近百万人伤亡，遭到了美、英、法、中等国科学家们的谴责。

弗里茨·哈伯于1868年12月9日出生在德国西里西亚布雷斯劳（现为波兰的弗罗茨瓦夫）的一个犹太人家庭。高中毕业后，哈伯先后到柏林、海德堡、苏黎世上大学。上学期间，他还在几个工厂中实习，得到了许多实践的经验。读大学期间，哈伯在柏林大学霍夫曼教授的指导下，写了一篇关于有机化学的论文，并因此获得博士学位。1894年在卡尔斯鲁厄大学物理化学系得到了一个助教的位置，1906年哈伯成为卡尔斯鲁厄大学的化学教授。

1911年的一天，德国皇帝威廉二世赴卡尔斯鲁厄大学的电化学研究所召见了哈伯，邀请他到柏林担任新成立的凯撒·威廉物理化学及电化学研究所的所长，其用意是借他研制新奇武器。这时，德国正在积极准备一场帝国战争。从此，哈伯在1911年开始既担任所长，又兼任柏林大学教授。

第一次世界大战中，哈伯担任化学兵工厂厂长，负责研制生产氯气、芥子气等毒气，并使用于战争之中，造成近百万人伤亡。毒气战最终不仅没有给德国人带来胜利，却让哈伯陷入了众叛亲离的境地。哈伯的妻子克拉克也是化学博士，很清楚毒气的危害。当她恳求丈夫放弃这种惨无人道的武器时，丈夫不仅咒骂她，还声称毒气是"尽快结束战争的人道武器"。哈伯认为，作为战争工具的毒气，并不比"天上飞的弹体"更残忍。这些言行遭到来自国际科学界的一致谴责。在愤怒和无奈之下，克拉克用哈伯的手枪自杀身亡。

第一次世界大战结束后，哈伯开始从海水中提取黄金的试验，希望能借此来支付协约国要求的战争赔款①，但耗时七年，最后宣告失败。

1933年，随着纳粹的上台，哈伯由于犹太人的身份接连受到迫害。他被迫离开了为之热诚服务几十年的祖国，流落他乡。首先他应英国剑桥大学的邀请，到其相关的实验室工作。4个月后，以色列的希夫研究所聘任他领导物理化学的研究工作。

1934年，哈伯因心脏病发作逝世。

哈伯的贡献

第一，空气中取氨对农业增产的贡献。1904年，哈伯担任维也纳马古里（Margulies）兄弟的科学顾问，兄弟俩对新的工业固氮方法很有兴趣。通过氮和氢的混合气体，在催化剂的作用下，可以连续合成氨。但是，最大产率总是受到氨平衡的制约。于是，哈伯在两位企业家答应给予大力支持的条件下，开始研究合成氨的工业化生产。他在研究氨的平衡的过程中，经过反复试验研究，终于在1909年取得成功。哈伯安装的一个似小型工厂的热交换器，每小时生产数百毫升液氨，而且能耗极低。工业化合成氨的成就使哈伯

---

① 德国战败后，协约国要求其赔偿价值相当于5万吨黄金的战争赔款。

成为第一个从空气中制造出氨的科学家，使人类从此摆脱了依靠天然氮肥的被动局面，加速了世界农业的发展。哈伯也从此成了世界闻名的大科学家。

第二，"哈伯定律"用于毒理学研究。哈伯虽然不是一位毒物学家，但"哈伯定律"（Haber定律）却深深地影响着毒理学。吸入毒物学家对"哈伯定律"的解释是，相同产品中的药剂在空中的传播浓度和在空中的暴露时间将会产生相似的生物反应。"哈伯-韦斯反应"（Haber-Weiss）是一种用来研究自由基基本结构的毒理学方法。

此外，哈伯在研究固氮过程中，也设计了计算气体干涉仪以及用于煤矿中的警告甲醛气体危险堆积物的仪器。第一次世界大战在1914年秋天爆发后，哈伯在组织150个科学家和1300个技术人员研究战争毒气武器的同时，还要找出应对毒气的工具——防毒面具。参加研究工作的裴迪南·弗卢里后来成为维尔茨堡大学的工业卫生学和毒理学的直接领导者，负责研究战争的毒性气体、动物实验和工业卫生学实验。这个团队用田鼠、老鼠、几内亚猪、狗、猴子以及马来做实验。这些资料在战后公开之后，无疑对毒理研究具有一定的参考价值。

哈伯的过错

哈伯是毒气战的罪人。1914年第一次世界大战爆发，民族沙文主义所煽起的盲目的爱国热情将哈伯深深地卷入战争的漩涡。他所领导的实验室成了为战争服务的重要军事机构。哈伯承担了战争所需的材料的供应和研制工作，特别在研制战争毒气方面。他曾错误地认为，毒气进攻乃是一种结束战争、缩短战争时间的好办法，

图46 第一次世界大战时期的弗里茨·哈伯

从而担任了第一次世界大战中德国施行毒气战的科学负责人。这个46岁的科学家，不仅专门为部队派遣科研人员，还亲临前线选定氯气部队的驻扎地点。

根据哈伯的建议，1915年1月德军把盛装氯气的钢瓶放在阵地前沿施放，借助风力把氯气吹向敌阵。第一次野外试验获得成功。该年4月22日德军在其发动的伊普雷战役中，向6千米宽的前沿阵地上于5分钟内施放了180吨氯气。约一人高的黄绿色毒气借着风势沿地面冲向英法阵地（氯气比重较空气大，故沉在下层，沿着地面移动），进入战壕并滞留下来。这股毒浪使英法军队感到鼻腔、咽喉疼痛，随后有些人窒息而死。英法士兵被吓得惊慌失措，四散奔逃。据估计，英法军队约有15000人中毒，死亡5000多人。这是军事史上大规模使用杀伤性毒剂的现代化学战的开始。

使用毒气，进行化学战，在欧洲各国遭到人民的一致谴责。科学家们更是指责这种不人道的行径。

诺奖风波

1918年12月，瑞典皇家科学院宣布当年的化学奖获得者是德国人弗里茨·哈伯。瑞典皇家科学院认为哈伯获奖当之无愧。理由是他在九年前发明的工业化合成氨法，"使人类从此摆脱了依靠天然氮肥的被动局面"。消息传来，全球哗然。一

些科学家指责这一决定玷污了科学界。但也有一些科学家认为，科学总是受制于政治，科学史上许多发明既可用来造福人类，也可用于毁灭人类文明；哈伯发明合成氨，可以将功抵过。

此时距离战争结束仅一个月，哈伯刚被战胜国列入战犯名单。这个消息像一颗重磅炸弹，把整个科学界炸得沸沸扬扬。来自英法两国的科学家尤为激愤。在他们眼里，哈伯是个彻头彻尾的战争魔鬼。

然而，在得知自己获奖消息后的哈伯，由于害怕自己会被当作战犯审判，于是躲在瑞士的乡下。哈伯很清楚在过去的几年里自己在战场上犯下了怎样的罪行。

1920年，哈伯的名字被从战犯名单里剔除，瑞典皇家科学院为他举行了迟到的授奖仪式。哈伯曾经做过的那些并不光彩的往事，也渐渐开始被国际同行们谅解。

迟到的忏悔[①]

毒气弹在战争中一次又一次惨无人道的灾难性杀伤，使哈伯越来越受到世界爱好和平人民的强烈谴责。在这种谴责下，哈伯开始反省自己对人类文明犯下的滔天大罪，内心十分痛苦。1917年，他毅然辞去他在化学兵工厂和部队的所有职务，以向那些在毒气弹中痛苦死去或终身残疾的人谢罪。

但哈伯的忏悔已太迟。整个第一次世界大战中，有130万人受到化学战的伤害，其中有9万人死亡，幸存者中约有60%的人因伤残离开军队。这些都与哈伯研制化学武器、指挥化学战有关。

当瑞典科学院考虑到哈伯发明的合成氨对全球经济巨大的推动作用，决定给他颁发1918年唯一的诺贝尔化学奖时，哈伯面对接踵而来的掌声与唾骂，也对自己曾经的行为进行了深刻反思。哈伯平静地说："我是罪人，无权申辩什么，我能做的就是尽力弥补我的罪行。"

哈伯之死

1933年希特勒篡夺了德国的政权，建立了法西斯统治后，开始推行以消灭"犹太科学"为己任的所谓"雅利安科学"的闹剧。法西斯当局命令在科学和教育部门解雇一切犹太人。

哈伯由于犹太人的身份接连受到迫害。他所领导的研究所被强行改组，他的名字也被要求改为"犹太人·哈伯"（Jew Haber）。

1933年4月30日，哈伯发表了一份反对种族政策的声明："40多年来，我一直是以知识和品德为标准去选择我的合作者，而不是考虑他们的国籍和民族，在我的余生，要我改变认为是如此完好的方法，则是我无法做到的。"然而，这份声明丝毫没有改变他的处境，在纳粹政权的迫害下，这个深爱着祖国的人，不得不流亡他乡。他在去以色列希夫研究所的途中，因心脏病发作于1934年1月29日在瑞士逝世。

历史评述

在世界历史上，人们对哈伯的功过是非产生的激烈争论，褒贬不一。赞扬哈伯的人说：他是用空气制造面包的圣人，像

[①] 李妍妍，王胜强. 德国化学天才哈伯——毒气弹魔鬼. 中国国防报，2006-02-28.

一个可能"解救世界粮食危机"的科学天使，为人类带来丰收和喜悦。化学家推崇他在物理化学和电化学领域的开拓性工作；农学家赞扬他为农业提供了最急需、最重要的肥料；企业家感谢他开创了固氮工业；军事家承认他提供了重要的军火原料和化学武器。诅咒他的人说：他是魔鬼，给人类带来灾难、痛苦和死亡。毒气的受害者则诅咒他应该下地狱；史学家谴责他首开化学战的先例。因此，哈伯留在身后的则是两张交互隐现的脸庞：一张是"奠定现代氮肥工业基础"的科学天使，一张是开毒气战先河的战争魔鬼。①由此可见，对哈伯的评价具有了两面性和独特性。

哈伯虽然被迫离开了德国，但是德国科学界和人民并没有忘却他，就在他逝世一周年的那天，德国的许多学会和学者，不顾纳粹的阻挠，纷纷组织集会，缅怀这位伟大的科学家。

哈伯的功过是非究竟如何，需要从这位化学家一生所走的辉煌而又坎坷的道路去找原因。不过，人们也有意见一致的地方，即无论是写科学史，还是战争史，都要提到他的名字——弗里茨·哈伯。

1.7 艾尔伯特·霍夫曼

艾尔伯特·霍夫曼（Albert Hofmann，1906—2008），是瑞士化学家，在研究麦角碱类复合物的药用效果时，无意中发现迷幻药麦角酸二乙胺（LSD）②，他同时也是第一个尝试这种药物的人。被称为"迷幻药之父"。

霍夫曼 1906 年 1 月 11 日出生于瑞士北部城镇巴登。他的父亲在当地一家工厂从事工具制造工作，一家人生活在租来的公寓中。霍夫曼从小喜欢研究自然，童年的大部分时间都在户外。长大后霍夫曼进入了苏黎世大学攻读化学专业，并于 1929 年获得博士学位，时年仅 23 岁。同年，霍夫曼成为瑞士巴塞尔市一家主要生产精

图 47 艾尔伯特·霍夫曼

---

① 王波.获得诺奖的战犯：曾是一战德国毒气战负责人.中国青年报，2010-01-20.

② 麦角酸二乙胺（Lysergids，简称 LSD），是一种无色无臭无味的液体，始于德国，它是从麦角真菌中提出的麦角酸与其他物质合成而得，属于半合成的生物碱类物质。LSD 的有效剂量很小，为微克水平，以致肉眼很难察觉，因此常常以其他物质掺入赋型为各种片剂、胶囊或将其水溶后滴于一片吸水纸上。LSD 是已知药力最强的迷幻剂，使用者的感受可以从感知增强到出现幻觉，对时间、空间、声音等产生错乱，情绪变化起伏无常，注意力不集中，对事物的判断力和对自己的控制力下降或消失，常会出现突发的、危险的、荒谬的强迫行为。长期或大量服用 LSD 除了出现抽象思维障碍外，还会出现严重的毒副作用，杀伤细胞中的染色体，导致孕妇流产或婴儿的先天性畸形。

神科用药的山德士（Sandoz）制药公司的药剂师。

1972年，66岁的霍夫曼从山德士制药公司退休，生活在风景如画的瑞士山区的一处宅子里。霍夫曼有四个孩子，其中一个儿子因酗酒而酒精中毒在53岁就死去。

2008年4月29日，霍夫曼因心脏病发作在瑞士巴塞尔附近的家中去世，终年102岁。

霍夫曼的业绩与影响

意外合成了LSD后发现其致幻效果

1938年，他在研究一种可以刺激呼吸和循环系统的药物时，无意中合成了为人所熟知的迷幻剂LSD，但是当时他并没有发现它的致幻效果。直到1943年4月16日，霍夫曼在实验室工作时不小心将一些LSD药粉洒到了手上，随后他很快出现迷幻状态，大约过了两个小时后这种状态才渐渐消失。19日，霍夫曼有意服用了非常小剂量（仅0.25毫克）的LSD，30分钟后迷幻状态再次出现，无法再继续工作的他骑着自行车飞奔回家，直到医生到来后他的情绪才逐渐平静下来。霍夫曼一生中服用过大约20次LSD，最后一次服用是在1972年。后来LSD的狂热追捧者将4月19日定为"自行车日"。

山德士制药公司生产首批LSD药片

1947年，在认识到LSD用于治疗的可能性后，山德士制药公司于1948年生产并出售了第一批LSD药片，主要用途是治疗酒精中毒和其他心理紊乱症状。

LSD在医学方面有积极治疗作用

LSD在没有进入流行文化之前的十几年中，经常被用于吗啡已失效的情况下为癌症晚期患者减轻苦痛，也用来治疗那些病入膏肓服用任何药物都没有什么反应的精神病患者。在重度精神病治疗中，医生将其作为打开患者思想大门的钥匙。因此，LSD在医学上有着积极的治疗作用。著有《美丽新世界》一书的作家赫胥黎①对迷幻药有深刻的阐述，他在罹患癌症后曾用LSD减轻自己的痛苦。

1966年LSD被全面禁用

20世纪60年代，LSD的精神类药物深深影响了美国流行文化。这种致幻药物被数百万追求刺激的欧美青年所滥用，成为嬉皮士运动的一部分。许多音乐家、诗人、画家都自称从中找到了灵感。更为严重的是LSD也带来了大量的心灵创伤，有人服用LSD后开始以杀人取乐，还有人在迷幻状态下跳楼自杀，导致大量的不良社会后果。LSD被称为"疯子药""邪恶的发明"，招致现代骂名。1966年，美国政府宣布LSD为非法药物，从此它在全世界遭到封杀。

有"LSD教父"之称的反文化明星、心理学博士、哈佛大学讲师蒂莫西·利里是美国LSD文化的代表人物，他对LSD的滥用起了推波助澜的作用。霍夫曼本人一直认为LSD是危险的，他认为蒂莫西·利里和其他人随便推销这种药物的行为是一

---

① 赫胥黎（Aldous Leonard Huxley，1894—1963），是著名的生物学家T.赫胥黎（Thomas Henry Huxley，1825—1895）之孙，著名的诗人。1932年创作的《美丽新世界》让他名留青史。书中引用了广博的生物学、心理学知识，为我们描绘了虚构的福特纪元632年即公元2532年的社会，一个从出生到死亡都受着垄断基因生物控制公司和政治人物控制的社会。

种"犯罪"。

霍夫曼多次指出,应该像控制吗啡的使用那样控制 LSD 的使用。在 1979 年写成的《LSD:我的问题孩子》一书的前言中,霍夫曼这样写道:"错用和滥用导致 LSD 成了我的问题孩子。"他还在书中写道:"LSD 迄今为止的历史已经足以证明如果对其效用进行错误的判断,如果把它当作一种快乐仙丹,就会导致灾难性的后果。"

百岁老人的感言

2006 年 1 月 11 日,精神矍铄的霍夫曼在家中度过了 100 岁生日。世界媒体纷纷涌向他所居住的伯格市采访这位"LSD 之父"。瑞士联邦主席莫里茨·洛伊恩贝格尔向霍夫曼祝贺生日,并尊称他为"人类意识的伟大研究者"。霍夫曼还参加了 2006 年 1 月 13 日至 15 日在瑞士巴塞尔举行的以 LSD 为主题的国际研讨会。

霍夫曼面对世界媒体,仍然把 LSD 称作"灵魂之药",对全世界禁用 LSD 的现状表示沮丧。他表示,LSD 不会让人上瘾,并始终坚信这种药物能对精神病的治疗发挥作用。他的生日愿望是希望对 LSD 的禁令能够解除,使之能够用于医学研究。当然,他也不忘警告说,LSD 不是快乐仙丹,如果不加选择地使用,后果会很危险。

当被问及是否为无意中制造出一个恶魔感到后悔时,霍夫曼答道:"不会。我可以老实地说我从未后悔,因为我一再地指出 LSD 的危险性。即使没有 LSD,不稳定的人也可能做出更糟的事,譬如改用海洛因等。但主要的一点是,LSD 乃是在以生产新药为目的的研究过程中发现,我不是为了制造迷幻药才去发现它的。"

社会媒体的评价

尽管霍夫曼的发明一直备受争议,但这位天才化学家对人类科学研究的贡献毋庸置疑。

现代媒体报道指出,作为杰出的化学家,霍夫曼所取得的成就得到了世人的肯定。首先,不可否认 LSD 在医学上有着积极的治疗作用。正如 LSD 的发明者、瑞士化学家霍夫曼面对世界媒体为自己辩护说:"我造出 LSD 是为了用于医学目的,人们滥用它不是我的错。"人类应该像对待吗啡那样对待 LSD,吗啡是止痛药,但是服用过多会上瘾,应该控制使用。他希望 LSD 能够重新被用于医学研究尤其是精神病药物的研究,从而摆脱恶名,造福人类。其次,霍夫曼还研究发明了许多其他重要的药品,其中包括治疗产后出血的甲基麦角新碱(Methergine),而产后出血是造成产妇分娩死亡的主要原因。

此外,霍夫曼一生撰写了大量著作和 100 多篇科研文章,为人类的科学研究留下了宝贵的财产。英国编辑的一份"天才排行榜"中将发明了迷幻药的霍夫曼列在了第二位。

图 48 百岁老人:艾伯特·霍夫曼(2006)

1.8 克莱尔·帕特森

克莱尔·帕特森（Clair Patterson，1922—1995），是美国地球化学家。他发现铅污染的严重性并在制止含铅汽油的使用方面做出了重大贡献。他开创的实验方法，改变了环境和医学研究工作。

图49 克莱尔·帕特森

帕特森，1922年6月2日出生于艾奥瓦州的Mitchellville，1943年毕业于艾奥瓦州格林内尔学院化学系。此时，他遇见了他后来的妻子劳瑞。之后，他们在艾奥瓦大学取得分子光谱学硕士学位。

第二次世界大战期间（1939—1945），他们曾参与研制原子弹的"曼哈顿计划"。先后在芝加哥大学、橡树岭和田纳西州接触质谱分析。第二次世界大战结束后，他们回到芝加哥大学研究红外线，劳瑞成为红外光谱学家。克莱尔·帕特森于1950年毕业于芝加哥大学，获得博士学位，并继续攻读博士后一年。1952年克莱尔·帕特森到加利福尼亚州帕萨迪纳理工学院研究地球化学。

帕特森的主要贡献

发现铅污染的科学家

克莱尔·帕特森在研究地球年龄的过程中，发现了来自大气的铅污染。特别是当他获得博士学位后，开始关注有毒金属产生的不良后果。从1965年开始，他发布铅污染与人类环境的报告，提醒社会公众注意工业污染源如何通过环境和食物链导致铅含量增加的问题。由于他的研究报告遭到某些企业的公开反对，于是他又进行了一系列的测试，证明了汽车燃料与环境中铅的污染有关。结果表明，空气中的铅在1923年前微乎其微，而后来的含铅汽油时代逐年急剧攀升，到1965年铅含量约为原来的1000倍。他还比较出现代人的骨骼比老年人的遗骸样本铅含量高出数百倍。

1965年，他在《污染和人类的自然环境》的出版物中，将公众关注的由于工业污染源导致铅含量增加的问题，环境中的铅通过食物链进入人体的机制讲得十分清楚。但又一次遭到一些工业企业的反对，有的科学家质疑他的实验方法。然而他坚持应当停止在汽油中添加四乙基铅。

帕特森在1970年之前在美国参议院听证会的发言，呼吁政府应当关注空气和水的铅污染问题。他曾发表《陨石与地球》（1956）、《污染和人类的自然环境》（1965）等多篇论文。

测定地球年龄的第一人

克莱尔·帕特森在美国加利福尼亚州帕萨迪纳理工学院期间，成为利用光谱分析仪器进行研究的专家，当时，能够利用这种设备和技术进行研究的专家不是很多。从此，他开始研究地质和矿物，分析古代铁岩石和陨石，及至研究地球的年龄。他发明了一种能对微量铅进行同位素发现的方法，他认为铅-206和铅-207都是铀变来的，测定海相沉积物并作为地壳平均值，对陨石进行测定，发现了铅同位素组成的线性关系。于是，他根据测定岩石矿物中铀裂变的最终产物——铅的相对丰度确定了地球的年龄为45.5亿年。

为了克服分析过程中的某些干扰，帕特森建立了一个特别实验室，对室内空气进行专门的过滤和净化。进入这个实验室必须穿戴专门配备的用具，就像一个外科手术室一样。1948年，帕特森就此发表了他的论文。

克莱尔·帕特森关于含铅汽油污染的研究所取得的成果，促成1970年美国颁布了《清洁空气法》，为淘汰含铅汽油做了立法准备。1973年美国环境保护局宣布将含铅汽油减少为60%~65%，并最终于1986年从所有汽油中除去铅。

社会影响

克莱尔·帕特森不仅在制止美国使用含铅汽油方面产生重大影响，而且他开创的光谱分析的实验方法进一步完善了后来环境科学和医学研究的技术与方法。

克莱尔·帕特森去世后，世界各地为了表达对克莱尔·帕特森的敬意，将南极洲一个偏远的小山峰以他的名字命名，一个小行星也以他的名字命名。

2

生物学家

2.1 蕾切尔·卡逊

蕾切尔·卡逊（Rachel Carson，1907—1964），美国的海洋生物学家、科学作家，她的名著《寂静的春天》引发了美国乃至全世界的环境保护事业。

蕾切尔·卡逊于1907年5月27日出生于美国宾夕法尼亚州的斯普林达尔的农民家庭，1929年毕业于宾夕法尼亚女子学院，1932年在霍普金斯大学获动物学硕士学位。毕业后先后在霍普金斯大学和马里兰大学任教，并继续在马萨诸塞州的伍德豪海洋生物实验室攻读博士学位。1932年，由于她父亲去世，母亲需人赡养，经济条件不允许她继续攻读博士，只能在渔业管理局找到一份兼职工作，为电台专有频道广播撰写科技文章。

1936年卡逊通过了严格的考试，作为水生生物学家，成为渔业管理局第二位受聘的女性。她的部门主管认为她的文章具有文学性，不适宜在广播中使用，建议她投到杂志，居然被采用了。1937年，出版社建议她整理出书，这时她的姐姐去世，需要抚养两个外甥女，经济上也需要支持。因此，1941年她在《大西洋月刊》上发表了他的处女作《在海风的吹拂下》（Under the Sea-Wind），描述海洋生物，获得好评。

1949年，渔业管理局更名为"鱼和野生动物管理署"，她晋升为出版物主编。这时她开始撰写第二部著作，但15次被不同的杂志退稿，直到1951年被《纽约人》杂志以《纵观海洋》的标题连载。由《自然》出版了《我们周围的海洋》（The Sea Around Us）一书，连续86周荣登《纽约时代》杂志最畅销书籍榜，被《读者文摘》选中，获得自然图书奖，并使卡逊获得两个荣誉博士学位。

由于经济情况有了保障，1952年卡逊辞职，开始专心写作，1955年完成她的第三部作品《海洋的边缘》（Edge of the Sea），又成为一本畅销书并获奖，还被改编成纪录片。尽管卡逊对这部电影耸人听闻的手法和任意曲解的改编不满，拒绝和电影合作，但这部电影仍然获得了奥斯卡奖。

她抚养的一个外甥女在36岁去世了，留下一个5岁的儿子，她收养了这个孩子。为了给这个孩子一个良好的成长环境，同时照顾已经年届90的老母亲，她在马里兰州买了一座乡村宅院。正是这个环境促使她关心一个重要的问题，并产生了她最重要的作品《寂静的春天》（Silent Spring）。

1958年，马萨诸塞州一位鸟类保护区的管理员给她写了一封信，告诉她滴滴涕

图50 蕾切尔·卡逊

造成保护区内鸟类濒临灭绝,希望她能利用她的威望影响政府官员去调查杀虫剂的使用问题,她觉得最有效的方法还是在杂志上提醒公众,但出版界不感兴趣,她决定要写一本书。由于她是一位有世界影响的科学家,因此,她得到著名的生物学家、化学家、病理学家和昆虫学家的帮助。她逐步掌握了许多由于杀虫剂、除草剂的过量使用,造成野生生物大量死亡的证据。其间于1960年,卡逊被诊断出得了乳腺癌,于是她加快了写作进度。她用了四年的时间,以更文学化的、更生动的方式于1962年完成了《寂静的春天》的书稿,并在《纽约人》上连载,引起强烈关注。同年,《寂静的春天》出版。

卡逊针对商业资本家和农场主为追逐利润而滥用农药,导致了一些地方由原来"到处可以听到鸟儿的美妙歌声",如今变得"异常寂静了,再也没有鸟儿歌唱",繁荣春天悄然绝迹的现象,向人们发出忠告:农药对人类的利弊应全面权衡,正确估价,合理使用。她指出:春天的寂静,环境的污染,最终会威胁人类的生存。呼吁制止使用有毒化学品的私人和公共计划,这些计划将最终毁掉地球上的生命。

《寂静的春天》出版之前,她就受到了以杀虫剂等化工产品生产商和农业部支持的各种媒体的攻击,骂她是"一个歇斯底里的妇女"。正式出版后,许多大公司都施压要求禁止这本书的发行,反对者大都来自化工厂、制药厂、农业部以及部分科研机构,他们指责卡逊的书在科学上不够严密,有误导读者的嫌疑。还有人指责卡逊没有资格在农药领域发言,因为她没有受过专业的化学训练。一些农药厂商和农场主还联合向法院控告卡逊的书毁坏了他们的声誉,影响了他们产品的销路。然而,出版前后的种种施压和辱骂都无济于事,反而在社会上引起更大的反响,卡逊收到了几百封要求她去演讲的请柬,这本书成为美国和全世界最畅销的书。

杀虫剂开始引起全社会的广泛关注。1963年,卡逊应美国国会的邀请,出席国会报告《寂静的春天》。当时使议员们大为震惊,掀起轩然大波。同时,在哥伦比亚广播公司的电视节目中,卡逊和化学公司的发言人进行了一场辩论,这时她的病情已经很严重,但她尽量克制。直到第35届总统约翰·肯尼迪在一份调查报告中支持了卡逊,事情才得以结。

1963年年底,她被选为美国艺术和科学学院院士并获得许多奖项,包括奥杜本学会颁发的奥杜本奖章和美国地理学会颁发的库兰奖章。最重要的是引起美国政府的重视,她最后一次在公众中露面就是在参议院调查委员会上做证,从而导致1972年在美国全面禁止滴滴涕的生产和使用,美国厂家开始向国外转移,但其后世界各国纷纷效法,几乎全世界已经没有滴滴涕的生产厂了。《寂静的春天》成为促使环境保护事业在美国和全世界迅速发展的导火线。

1964年4月14日,蕾切尔·卡逊因乳腺癌不治逝世,时年56岁,终生未婚。

在她去世后,1980年美国政府追授她为美国对普通公民的最高荣誉——总统自由奖章。

卡逊的主要贡献

发现和揭示了滥用滴滴涕等长效有机杀虫剂造成的环境污染和生态破坏

20世纪50年代末,当美国环境问题开始凸现时,卡逊花费了四年时间,阅遍美国官方和民间关于使用杀虫剂造成危害情

图 51 蕾切尔·卡逊的一生（1.童年时代的卡逊；2.在约翰·霍普金斯大学；3.海洋生物学家；4.1952 年在家中开始专业写作和研究生涯；5.调查滴滴涕给鸟类造成的影响；6.大自然是她唯一永远的恋人〔TIME 杂志〕）（以上照片摘自《三思科学》电子杂志，蕾切尔·卡逊纪念专刊，2002 年 5 月 27 日）

况的报告，在此基础上，写成《寂静的春天》一书，将滥用滴滴涕等长效有机杀虫剂造成环境污染、生态破坏的大量触目惊心的事实揭示于美国公众面前，引起美国社会的震动，并推动全世界公众对环境污染问题的深切关注。

卡逊在书中对世人提出警告，如果人们不断地在环境中添加化学毒素，将会给人类健康带来严重威胁。她举出的例子中，最引人注意的是一些鸟种的实例，尤其是对上万只的鸟在 1960—1961 年死于英国乡间各地的报道，更是震撼人心。鸟类是反映环境中毒素及杀虫剂浓度的最好指标，因为鸟类和人类接触极为频繁，它们的行为、数量一旦有所改变，马上会被人发现，加上鸟类在生态环境中分布极广，又占据食物链中不同的部位，所以任何环境污染，都会影响到鸟种的数量、习性，而使人警觉。南极企鹅体内的滴滴涕，足以证明滴滴涕的污染已遍布世界上的每一个角落，成为全球性污染第一个警告。

卡逊不忘科学家的本色，当她发现滴滴涕可能对生态造成危害时，决定将事实写出。她开始与了解杀虫剂的专家通信，不眠不休地搜集所有相关的研究数据，证明滴滴涕对生物具有毁灭性的杀伤力。她在书中写道："这是一个工业占主导地位的时代，任何挣钱的方法，无论其代价有多大，都很少遇到挑战。"看来，这句话直到今天仍然适用。

《寂静的春天》不仅是一本唤醒大众的读物，也是极为深入浅出的科学报告。书中的前半部，由土壤、植物、动物、水源等一路环环相扣的生态网络，举出实证说明化学药剂对大自然的连锁毒害。后半部针对人类生活所接触的化学毒害问题，提出强烈警告。人类想控制自然的结果，却使生态破坏殆尽，也在不知不觉中累积毒物于自身甚至遗祸子孙。

促进了世界环境保护事业的发展

《寂静的春天》出版后几个月内就卖出了 50 万册，成为美国乃至全世界最畅销的书，影响后来的环境保护事业的发展。同时在西方国家引发了全民大讨论，被公认为是西方现代环保运动的开山之作，产生了历史性的影响，成为人类环保意识觉醒的标志。卡逊也被公众誉为"环保运动之母"。

1968年，来自10个国家的30位专家在罗马成立"罗马俱乐部"，研究人类的环境问题。1970年3月1日，国际社会科学评议会在日本东京召开"公害问题国际座谈会"，发表《东京宣言》。同年4月22日，由美国一些环境保护工作者和社会名流发起了一场声势空前的"地球日"运动。最重要的是引起美国政府的重视，1970年美国政府成立了国家环境保护局。世界自然基金会和绿色和平组织等国际环保组织相继成立。

1972年6月联合国在瑞典的斯德哥尔摩召开了"人类环境会议"，发布了《人类环境宣言》。《人类环境宣言》第一次呼吁全人类要对自身的生存环境负责，要求人们与自然进行有效合作，把保护环境同和平与发展统一起来，作为人类的共同目标去实现。这次会议无疑是世界环境保护工作的一个重要里程碑，它加深了人们对环境问题的认识，扩大了环境问题的范围，冲破了以环境论环境的狭隘观点，把环境与人口、资源和发展联系在一起，力图从整体上解决环境问题。会后，西方发达国家开始了对环境的治理，工作重点是制定经济增长、合理开发利用资源与保护相协调的长期政策。20世纪70至80年代，许多国家在治理环境污染上不断增加投资。美国和日本的环境保护投资占国民生产总值的1%~2%。1992年6月，全世界183个国家的首脑、各界人士和环境工作者聚集在里约热内卢，举行联合国环境与发展大会，就世界环境与发展问题共商对策，探求协调今后环境与人类社会发展的方法，以实现"可持续发展"。里约热内卢峰会正式否定了工业革命以来的那种"高生产、高消费、高污染"的传统发展模式，标志着环境保护和经济发展相协调的主张成为人们的共识。之后，联合国多次主持召开全球环境大会，颁布了多项环境公约。

《寂静的春天》成为人类认识持久性有机污染物过程的一座里程碑

从20世纪40年代起，人们开始大量生产和使用滴滴涕等剧毒的持久性有机污染物（POPs）类杀虫剂以提高粮食产量。到了20世纪50年代，这些有机氯化合物被广泛使用在生产和生活中。这些剧毒物的确在短期内起到了杀虫的效果，粮食产量得到了空前的提高。巨大的成功掩盖了杀虫剂大量进入空气、水、土壤等各种环境介质，在生物体中蓄积的危害。《寂静的春天》的出版，在当时的社会掀起了轩然大波，对那些把剧毒的POPs类杀虫剂作为"杀手锏"的人来说，无异于当头棒喝。而日后的事实却证明了卡逊的预言，这些剧毒物对环境及整个生物链造成的巨大破坏是无法弥补的。

由于《寂静的春天》的广泛影响，美国政府开始对书中提出的警告做调查，最终改变了对农药政策的取向。她最后一次在公众中露面就是在参议院调查委员会上做证，从而导致1972年在美国全面禁止滴滴涕的生产和使用。世界各国纷纷效法相继颁布了滴滴涕禁令，这种曾被誉为"神药"的高效广谱杀虫剂，从这些国家的土地上逐渐消失了。

在联合国环境规划署主持下，为了推动POPs的淘汰和削减，保护人类健康和

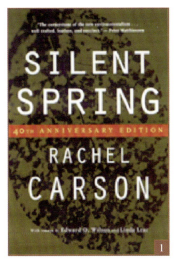
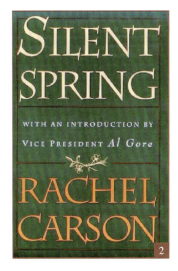

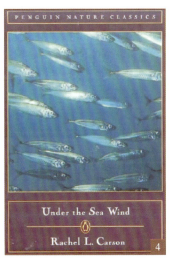
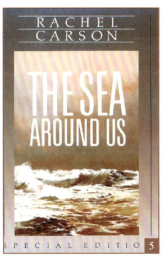
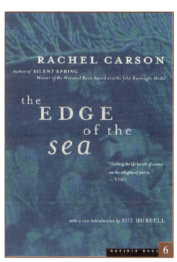

图52 蕾切尔·卡逊的主要著作（1—2.《寂静的春天》，不同的英文版本；3.《寂静的春天》中文版，科学出版社，2007；4.《在海风的吹拂下》；5.《我们周围的海洋》；6.《海洋的边缘》）

环境免受POPs的危害，国际社会于2001年5月23日在瑞典首都共同缔结了《关于持久性有机污染物的斯德哥尔摩公约》，首批列入公约控制的POPs中包括《寂静的春天》提到的滴滴涕等有机氯农药，成为国际社会在有毒化学品管理控制方面迈出的极为重要的一大步。如今"协调、和谐、绿色的春天"正在成为人类奋斗的目标。

促进了生态毒理学的发展

卡逊的著作《寂静的春天》的出版对生态毒理学诞生具有极大的促进作用。该书向人们描述了使用化学农药给生态计划带来的严重后果，加深了人们对化学农药的全面认识，人们开始全面审视化学农药的功与过、利与弊，并使人们意识到环境污染不仅使生物个体受到毒害作用，环境污染最终会使整个生态系统受到毒害，从而破坏生态系统的平衡。

卡逊的四部重要著作

《在海风的吹拂下》（Under the Sea-Wind），是1941年出版的第一本科普著作，主要描述海洋生物。可惜的是正值第二次世界大战期间，只卖出了不到2000册。

《我们周围的海洋》（The Sea Around Us），是1951年完成的一部书稿。1952年，该书出版，当年就卖了20万册。这本书是"科学知识和发自内心的个人情感的神奇结合"，因为全书自始至终贯穿了一个主题，就是对生命的尊敬。美国的宗教界人士曾指责卡逊没有在书中提到上帝，她回答说："起码对于我来说，相信进化论和相信上帝创造世界，是完全不矛盾的。我把进化论看作是上帝创造生命所用的方法，这方法是如此完美，我们研究这一方法，正是为了更加尊敬上帝，更好地敬畏他所创造出来的方法。"该书获得美国国家科技图书奖。颁奖仪式上，卡逊说："世界上没有所谓的'科技文学'，科学的目的是发现和揭示真相，而真正的文学的目的也是如此。"

《海洋的边缘》（The Edge of the Sea），1955年出版。

《寂静的春天》（Silent Spring），在1962年6月，美国的《纽约人》杂志分三次发表了缩写本，并于9月出版全书。书中收集数千篇研究报告和文章，与有关领域的权威专家沟通、交流，最终用无可辩驳的事实阐述了农药对环境的污染，用生态学的原理分析了这些化学杀虫剂给人类赖以生存的生态系统带来的危害，指出人类用自己制造的毒药来提高农业产量，无异于饮鸩止渴，而人类的春天也会在寂静中默默地枯萎。

社会影响

《寂静的春天》中文版由吕瑞兰翻译，科学出版社于2007年出版；繁体中文版由李文昭翻译，晨星出版社于1997年出版。

《寂静的春天》对全球环境保护、立法与社会管理、生态学、生物学、毒理学的发展产生了重大影响。她在书中指出："有史以来第一次，每一个人从生到死都被迫与危险的化学药剂联系在一起。"美国历史学家托马斯·邓禄普评论说："美国人确信科学是好的，化学品是必要的，他们的使用由完全可以信赖的专家掌管着，它的副作用完全可以忽略不计。"《寂静的春天》正是在这样一个背景下出版的。还有一位评论者说："她只用了几千个词就使这个世界走向了新的方向。"[1]

1962年，美国产生了"环境保护"这一词条；已有40多个提案在美国各州通过立法限制杀虫剂的使用。

1963年，美国科学委员会主席支持卡逊对农药的看法；肯尼迪总统在一份报告书中支持了卡逊的见解。

1965年，美国国会通过了美国第一个水资源保护法律——《水质法》。

1968年，来自10个国家的30位专家在罗马成立"罗马俱乐部"，研究人类的环境问题。

1969年，美国联邦政府农药委员会竭力主张限制农药使用；美国环境政策条例

---

[1] 葛兰农，等.科技与巫幻.余吉孝，译.北京：中国友谊出版社，2008：186.

图 53 纪念蕾切尔·卡逊诞辰 75 周年邮票（1981）

正式实施。

1970 年，美国环境保护局成立，并制定了国家环境保护法。

1970 年 3 月 1 日，国际社会科学评议会在日本东京召开公害问题国际座谈会，发表《东京宣言》，提出"环境权"要求。同年 4 月 22 日，由美国一些环境保护工作者和社会名流发起了一场声势空前的"地球日"运动。

1972 年，美国通过了《联邦水污染控制法》和《联邦杀虫剂控制法》，列出了禁止使用、暂停使用和限制使用的农药清单，滴滴涕、艾氏杀虫剂、锹氏杀虫剂、氯丹和七氯杀虫剂等被禁止生产、使用；联合国人类环境会议召开，第一次将环境问题纳入世界各国政府和国际政治的事务议程，并设立了"世界地球日"。

1972 年 6 月，联合国在瑞典的斯德哥尔摩召开了人类环境会议，试图通过国际合作为从事保护和改善人类环境的政府和国际组织提供帮助，消除环境污染造成的损害。会议发布了《人类环境宣言》。

1975 年，在美国最常用的艾氏剂等被禁用。

1976 年，美国通过《有毒物质控制法》，杀线虫剂二溴氯丙烷和一些除草剂被列进了禁止使用的清单；成立了美国农业环境组织。

1977 年，美国取消使用来蚁灵。

1978 年，美国取消使用氯丹和七氯。

1979 年，美国限制使用 2,4,5—T（三甲氧苯基）。

1981 年 5 月 28 日，为了纪念蕾切尔·卡逊诞辰 75 周年，美国发行了纪念邮票。

1992 年 6 月，联合国环境与发展大会在里约热内卢召开。"环境与发展"成为世界环保工作的主题。

2.2 阿瑟·高尔斯顿

阿瑟·高尔斯顿（Arthur Galston，1920—2008），是耶鲁大学的生物学家和生物伦理学家。曾从事除草剂、二噁英的研究。学术界称他是一位发生意外的植物生物学家。

阿瑟·高尔斯顿生于 1920 年。他在伊利诺伊大学毕业获得博士学位。早期在美国加州理工学院任副教授，从 1955 年起，转到耶鲁大学任教。

1990 年退休后，他在耶鲁大学的社会与政策研究中心、跨学科的生物伦理中心

图 54 阿瑟·高尔斯顿

工作，并给耶鲁大学的本科生讲授生物伦理。仅 2003—2004 年听"生命伦理学"课程的学生就有 460 多名。2008 年 6 月 15 日，阿瑟·高尔斯顿去世，享年 88 岁。

高尔斯顿的主要贡献

发明植物生长激素

1943 年，阿瑟·高尔斯顿在伊利诺伊大学作为博士研究生，开始研究将复合碘苯甲酸①作为一种植物生长激素，试图使大豆较早开花结果，以缩短大豆的生长期。但在家庭牧场使用过程中发现，如果过度使用这种化合物，会使大豆落叶并造成灾难性损失。此时，更使高尔斯顿担心的是这种化合物是否会对人类和环境造成负面影响。

研究二噁英毒性

1979 年，阿瑟·高尔斯顿在耶鲁大学研究除草剂，发表了关于二噁英②，主要是 TCDD，毒性的审查报告。动物测试表明，在饮食量中即使是"微乎其微"的二噁英也会对健康造成不利影响。此后，对二噁英的全面研究和有关动物生物活性报道的科学文献中，表明二噁英与软组织肉瘤、非霍奇金淋巴瘤、霍奇金病和慢性淋巴细胞白血病具有相关性。其间美国国家毒理学计划（National Toxicology Program）也将二噁英作为"已知人类致癌物"。

反对使用"橙剂"

1951 年，美国从事生物战的福特·德特里克③的科学家，以 1947 年高尔斯顿发现植物生长激素会造成大豆落叶为依据，在马里兰州开始研究和选择脱叶剂，最终制成有毒的脱叶剂——"橙剂"（Agent Orange）。后来，美国空军将其作为植物落叶剂在东南亚地区和越南战争中使用。

从 1965 年开始，高尔斯顿游说他的科学同事和政府停止使用"橙剂"。高尔斯顿和美国遗传学家马修·S. 梅塞尔森（Matthew S. Meselson）呼吁美国国防部调查"橙剂"的毒理学和对人类的影响。1971 年，美国总统理查德·尼克松决定禁止该物质的使用。高尔斯顿多次访问越南和中国。1971 年周恩来总理和居住在上海的柬埔寨诺罗敦·西哈努克亲王分别会见了他。

主要著作

阿瑟·高尔斯顿撰写关于植物生物学、生理学与除草剂等方面的论文 300 多篇，编辑了两本关于生物伦理的书。

---

① 2,3,5-三碘苯甲酸（2,3,5- Triiodobenzoic Acid，TIBA）。

② 二噁英类目前已知有 210 多种化合物，其中 TCDD 具有来源多、分布广、毒性最强等特点，成为二噁英家族中最受人们关注的一种环境污染物。TCDD 即 2,3,7,8-四氯二苯并-对-二噁英（2,3,7,8-tetrachlorodibenzo-p-dioxin）。

③ 福特·德特里克（Fort Detrick），是位于美国马里兰州的一所美国军方医学研究中心。曾在 1943—1969 年作为美国的生物武器的研究中心使用。

3

植物学家

3.1 海欧纳莫斯·博克

海欧纳莫斯·博克（Hieronymus Bock, 1498—1554），是德国植物学家、医生、德国早期的植物学之父。著有《草药典》，记载了许多药用植物和有毒植物。

海欧纳莫斯·博克于1498年出生在德国的海德巴赫（Heidesbach）。1519年在巴符州海德堡大学学习。1523年他与伊娃维克多结婚，并在茨魏布吕肯（Saarbrücker）当了九年教师。后来他成为王子路德维希（Ludewig）①的医师并主管路德维希伯爵花园。

1523年，路德维希伯爵去世的时候，博克是一个新教徒。路德维希的继任者腓特烈二世（Freidrich Ⅱ）②不喜欢博克并辞退了他。博克失去了工作之后，去霍恩巴赫（Hornbach）担任路德派在霍恩巴赫的牧师，一方面行医，另一方面利用自己的业余时间研究植物学。

海欧纳莫斯·博克作为路德派③传教士，1533年获得了终身职位的路德部长，居住在霍恩巴赫一直到1554年去世。其间20多年里，博克从医学转到与医学有关的植物学研究。

他从法国阿登（Ardennen）山脉到瑞士的阿尔卑斯山，特别是在欧洲中部对药用植物进行了全面的观察和记录，取得了宝贵的第一手资料。

1554年2月21日，海欧纳莫斯·博克在普法尔茨州的霍恩巴赫去世，享年56岁。

博克著有《草药典》，第一版约在1539年出版，第二版1546年年初出版，

图55 海欧纳莫斯·博克

---

① 路德维希伯爵（1473—1523），是菲利普二世的长孙。
② 腓特烈二世（1712—1786），史称腓特烈大帝。
③ 路德派是新教的主要宗派之一，也是最早的新教教派，以马丁·路德（Martin Luther, 1483—1546）宗教思想为依据。教义上主要强调因信称义，故亦称信义宗，认为人要得到上帝的拯救，不在于遵守教会的规条，而在于对上帝的信心；不在于个人的功德或善行，而在于上帝给人的恩赐。人因着信被上帝称为义人，信徒都可通过祈祷直接与上帝沟通。

图 56 海欧纳莫斯·博克著的《草药典》（1.封面；2.扉页作者画像；3.葡萄树 Weinrebe；4.黄杨树 Boxwood；5.山毛榉 Beech Tree；6.苹果树 Apple Tree；7.橡子树 Oak Tree；8.桑树 Mulberry Tree；9.酸橙树 Lime Tree）

1552年出版的拉丁版为图文并茂版，由大卫·坎德尔①绘有精细的手工彩色插图。之后有众多的版本（包括希腊语、法语、意大利语和德语）和重印。

《草药典》中约有700种草药。植物的生态和分布区域主要涉及欧洲，特别是德国、威尔士和英格兰。每种植物介绍其名称、特征和用途。食用植物如葡萄树、苹果树等，还描述花的营养，类似食品指南；药用植物如黄杨树、桑树、酸橙树等，介绍医疗用途，每种植物能治什么病；有毒植物如大戟属、栎属的橡树、山毛榉属等。

《草药典》中的一些植物插图中包含有《圣经》的故事。例如，苹果树上缠绕一条大蛇，正是《毒蛇的诱惑》故事中亚当与夏娃在伊甸园的幸福生活。这种编著和插图的方式也体现了海欧纳莫斯·博克作为牧师刻意传教的一种选择。这一举措也使海欧纳莫斯·博克在新教的传教士与教徒当中更加知名。

《草药典》这一巨著的出版，无可争议地增补了植物学、医学和药理学研究的新成果，使博克成为当时最著名的植物学家。在德国历史上称为文艺复兴时期"德国植物学之父"的植物学家有三位，即海欧纳莫斯·博克（1498—1554）、奥托·布隆费尔斯（Otto Brunfels，1489—1534）和莱昂哈德·福克斯（Leonhard Fuchs，1501—1566），可见海欧纳莫斯·博克在德国植物学的学术地位。

3.2 吴其濬②

吴其濬（1789—1847），中国清朝官员、植物学家。研究毒草及其毒性，并将毒草作为第九类列入《植物名实图考》专著。

吴其濬，字瀹③斋，号吉兰，别号雩娄农。河南省固始县城关镇人，嘉庆进士，1817年中一甲一名进士（状元），受任翰林院修撰。1818—1840年，两次任乡试正考官（1819年广东、1838年浙江），两次主管学政（1832年湖北、1838年江西）、两次入值南书房（1831年、1834年），这些经历使他一方面能够读到皇家四库书籍，收集大量资料；另一方面，能够利用来往各地的机会，对植物进行实地考察。1821—1829年，因父母相继病故，吴其濬在家守丧，曾开辟东墅园地进行植物种植实验，取得第一手资料，打下坚实的写作基础。1840—1846年，他历任湖南、浙江、云南、山西等地巡抚。作为封疆大吏④，他勤于政事，同时也利用"宦迹

---

① 大卫·坎德尔（David Kandel），是一位木刻艺术家，他的植物木刻成为早期的经典作品。他在海欧纳莫斯·博克著的《草药典》中绘有550个设计准确、技艺精湛的包括人像、圣经故事、动物和地形视图等的植物木刻作品，使《草药典》成为文艺复兴时期和中世纪植物学的重要代表作品。
② 濬，音jùn。
③ 瀹，音yuè。
④ 古代省一级长官。

半天下"的有利条件,所到之处,不断采集标本、考察生态、了解矿物、征询群众、考核名实,竭尽公余全部精力,撰写成《植物名实图考》和《植物名实图考长编》等专著。

吴其濬于1846年辞职。1847年卒于故乡。

吴其濬的主要贡献

开创中国现代植物志之先河

吴其濬留心观察中国各地植物,依据耳闻目见并辑录古籍中的有关记载,积30年之功,著成《植物名实图考》和《植物名实图考长编》等专著。

《植物名实图考》全书共38卷,分为谷类、蔬类、山草类、隰草类、石草类、水草类、蔓草类、芳草类、毒草类、群芳类、果类、木类等12大类,记载植物1714种,附图1800余幅。其中毒草类共44种。《植物名实图考》收录的植物遍及中国19个省,所记植物地域范围之广和种类之多,都远远超过历代本草。比李时珍著《本草纲目》所载植物增加了500多种。其科学价值,一是通过亲身调查和对古籍的考证,纠正了一些本草学家的错误。在每一类下,记述若干种植物,包括名称、形态、颜色、性味、产地及用途等,力求与实际情况一致。二是每一种植物的描述都配有根据实物绘成的植物图。有些图精确程度可资鉴定科和目,有的甚至可以鉴定到种。三是很多植物后来中文名定名以其为依据。

《植物名实图考长编》是将历代古籍中有关植物的各种记载和论述汇编而成,共22卷,收载植物838种,约89万字。全书分谷类、蔬类、山草、石草、蔓草、水草、毒草、果类、木类等10余类,每类植物中又分许多种。重点收录各种植物的形态、产地、药性及用途等。书中著录有专谱,如《芍药谱》《桐谱》《菊谱》《打枣谱》《蚕书》《茶经》《牡丹谱》等。它是研究植物学、生药学的重要文献。

调查云南铜矿和其他矿产

吴其濬还对矿产进行了调查和研究,并著有采矿方面的专著《滇南矿厂图略》。此书由他编纂,徐金生(东川府知府)绘辑。根据严中平《清代云南铜政考》序推测,此书成书于道光二十四至二十五年(1844—1845)。是主要介绍云南东川铜矿和其他矿产的著作。

主要论著与影响

吴其濬著的《植物名实图考》和《植物名实图考长编》两部名著,在他去世后的第二年(1848),由当时的太原知府陆应榖于太原刊刻发行。

此外,他还编著了《滇南矿厂图略》《云南矿厂工器图略》《滇行纪程集》《军政辑要录》《奏议存汇》《治淮上游论》《念余阁诗钞》及《弹谱》等。

吴其濬一生为官,公余之时搜求本草,研究药性,观赏植物,描绘精图。《植物名实图考》开中国现代植物志之先河,在中国植物学史上占有重要地位。《植物名实图考》不同于历代的本草书,它开始摆脱了单纯实用性并向植物学著作过渡,接近现代的植物志,为后人进一步研究中国植物提供了宝贵资料。现代植物学家借助它来确定某些植物的中文名称,了解其用途,受到了国际国内学者的推崇。

吴其濬故乡——河南省固始县人称他为"清代状元植物学名家"。现在固始县秀水街道大皮村有吴其濬墓，1986年被定为河南省第二批文物保护单位。固始县蓼城街道中山大街21号是吴其濬故居、吴氏世大夫祠。

东墅植物园位于今固始县城东南郊外李家花园村。吴其濬曾为守孝居乡八年。其间，他选择固始城东史河湾地十多亩，辟建植物园，取名"东墅"（即今天俗称的李家花园），是吴其濬研究植物的场地，现为栽培、研究植物的实验地。

图57 吴其濬植物学专著（1—2.《植物名实图考》，1848年由陆应穀刊行；3.中华书局出版，1963；4.《植物名实图考校释》，中医古籍出版社，2008）

图58 吴其濬故居（河南省固始县蓼城街道中山大街21号）

4 动物学家

4.1 罗伯特·埃文斯·斯诺德格拉斯

罗伯特·埃文斯·斯诺德格拉斯（Robert Evans Snodgrass，1875—1962），英裔美籍昆虫学家，蜜蜂解剖学的奠基人。

斯诺德格拉斯1875年7月5日生于美国密苏里州，在少年时代就对动物的生活产生浓厚兴趣，15岁时因公开宣布信仰进化论而被校方开除。他曾参与保护鸟类生存环境的工作，通过自学开始从事专项性的研究工作，擅长解剖各种动物，1895年入斯坦福大学主修动物学。毕业后先后在华盛顿州立大学、斯坦福大学任教。1906年在美国农业部昆虫局的E. F. 菲利普斯博士的指导下进行蜜蜂的解剖学研究。1962年9月4日，斯诺德格拉斯逝世。

斯诺德格拉斯发表学术论文100多篇，关于蜜蜂的学术专著有《蜜蜂的解剖》（1910）、《蜜蜂的解剖与生理学》（1925）、《昆虫形态学原理》（1935）等。1953年原西德埃伯哈德-卡尔大学授予他名誉博士学位。

图59 罗伯特·埃文斯·斯诺德格拉斯

4.2 卡尔·沃·弗里希

卡尔·沃·弗里希（Karl von Frisch，1886—1982），是德国著名昆虫学家，昆虫感觉生理和行为生态学创始人。曾荣获1973年诺贝尔生理学或医学奖。

卡尔·沃·弗里希于1886年11月20日生于奥地利维也纳。1905年中学毕业后，进入慕尼黑大学学习动物学。1910年获哲学博士学位，被慕尼黑大学动物研究所聘任为助教，1912年任动物学和比较解剖学副教授。1921年任罗斯托克大学动物研究所教授和所长。之后在波兰布雷斯劳大学（今弗罗茨瓦夫大学）、慕尼黑大学、奥地利格拉茨大学等处任教授，1950年重返慕尼黑动物研究所。在连续担任18年国际蜜蜂研究会副主席后，1962年被选为该会的主席，任职到1964年。1982年6月12日逝世。

弗里希从1909年开始研究鱼类的颜

图 60 卡尔·沃·弗里希

色变化，继而研究鱼类和蜜蜂的辨色能力，1919 年以后专门从事蜜蜂视觉、嗅觉和信息传递的研究。他否定了过去学者认为蜜蜂只能感知光的强度、不能分辨光的色泽的错误论断，肯定了鱼类和蜜蜂均能分辨光的色泽，并阐明了单个的采集蜂重复采访同一种植物花蜜和花粉的行为机制，即蜜蜂在采访花蜜和花粉的同时接受了该花朵的色泽、形状、香味、滋味的综合刺激，奠定了动物感觉生理学研究的基础。他还发现蜜蜂用一种特有的"舞蹈"作为"语言"向同类表达蜜源的方位和距离。1949 年又发现蜜蜂能感知偏振光，可借助太阳辨认方位，因此荣获 1973 年诺贝尔生理学或医学奖。

卡尔·沃·弗里希发表论文 170 多篇。著有《蜜蜂的生活》（Aus dem Leben der Bienen，1977，第 9 版；中译本，1983）、《蜜蜂及其视觉、嗅觉、味觉和语言》（Bee, Their Vision, Chemical, Senses, and Language，中译本，1962）、《舞蹈的蜜蜂》（1966）、《蜜蜂的舞蹈与定向》（Tanzsprache und Qrientierung der Bienen，1967）、《一个生物学家的回忆》（1967）、《作为建筑师的动物》（1974，同年出英文版）、《十二个小同屋人》（1979）等。

卡尔·沃·弗里希先后获得伯恩大学（1949）、苏黎世大学（1955）、格拉茨大学（1957）、哈佛大学（1963）、蒂宾根大学（1964）和罗斯托克大学（1969）的名誉博士学位，是许多学术团体和学会的荣誉会员。1960 年获奥地利科学与艺术勋章等多种荣誉奖。1974 年获原东德杰出贡献十字金星勋章和绶带。

4.3 宋大祥

宋大祥[①]（1935—2008），是中国蛛形学与无脊椎动物学家，中国动物学界学术带头人之一，中国科学院院士。他对蟹蛛科、狼蛛科、平腹蛛科和肖蛸科的许多种属分类问题的研究，为蜘蛛毒素的深入研究与开发奠定了基础。

宋大祥生于 1935 年，浙江绍兴人，1953 年毕业于江苏师范学院（原东吴大学，今苏州大学）生物系。1955 年于华东师范大学动物学研究班（相当于硕士学位）。毕业后，任教于哈尔滨师范学院。1957 年考取中国科学院动物学研究所甲壳动物学研究生，1961 年毕业后留所从事科研工作。1979 年被派往法国留学。先后任中国科学院动物学研究所副所长、无脊椎动物学研究室主任。1999 年受聘于河北大

[①] 宋大祥原名朱予铭，又名朱锡文，当年报考东吴大学时得到一位姓宋的辅导老师的指导，而这位宋老师家没有儿子，感恩图报的朱予铭就在父母的支持下改名为宋大祥。

图 61 宋大祥

学,担任河北大学生命科学学院博士生导师。1999年,宋大祥当选为中国科学院院士。

宋大祥曾担任第13届中国动物学会理事长,中国科学和技术委员会委员,全国自然科学名词审定委员会委员,中国动物名词审定委员会主任,中国科学院生物分类区系学科发展专家委员会委员,中国濒临物种科学委员会委员,中国人与生物圈国家委员会委员等学术职务。《动物分类学报》的主编,《生物学通报》副主编,《中国动物杂志》副主编,《蛛形学报》副主编,法国国际蜘蛛文献中心(Centre International de Documentation Arachnologique,CIDA)的理事。

2008年1月25日,宋大祥在保定河北大学附属医院去世,享年74岁。

宋大祥长期从事甲壳动物与蛛形学动物的系统学研究。早期主要研究甲壳动物桡足类、枝角类及环节动物蛭类的分类区系和生物学。提出中华绒螯蟹生殖洄游受阻是其减产的主要原因,在学术上首次揭示了医蛭的生殖全过程。20世纪70年代末,宋大祥开始从事蛛形学动物的系统学研究。他先后赴法国巴黎自然历史博物馆、美国纽约自然历史博物馆、斯密桑研究院、哈佛大学比较动物学博物馆、原西德柏林工科大学生物学研究所、法兰克福圣肯堡博物馆、梅茵茨哥登堡大学、斯图加特国家自然博物馆、韩国蛛形学研究所、日本东京自然博物馆等地进行访问和合作研究。解决了蟹蛛科、狼蛛科、平腹蛛科和肖蛸科等科中的许多种属的分类问题。同时对纺器、听毛、染色体、精子的发生和传送精子的交接器进行了研究,对某些分类单元的系统学提出新的见解。建立了两个新亚科14个新属,发现300余新种,为中国蜘蛛研究以及蜘蛛毒素的深入研究与开发奠定了基础。

他在有毒蜘蛛生物学研究方面有新的突破。

第一,他观察到蜘蛛捕食时一般用螯肢的牙刺穿虫体体壁,注入毒液使之麻痹。结网蜘蛛如捕捉大型昆虫,则先用足从纺器拉出丝捆缚食物,再注入毒液,然后运到隐蔽处取食。取食时先吸食猎物的体液,再注入消化液,将猎物的柔软组织消化后(体外消化),再吸入蜘蛛体内。

第二,雄蛛之间的格斗也可能撕咬致死。有的雄蛛自切被咬的步足,以避免毒素扩散。

第三,关于传说雄蛛在交配后常被雌蛛捕杀问题,他认为,一般情况下在雌蛛接受交配的情况下,雄蛛不会有危险。但也因品种而异。多数种类的雄蛛在交配后可以安然离去。甚至像有"黑寡妇"坏名声的毒寇蛛,雄蛛在交配后也通常可以逃避,可是苍白园蛛的雄蛛在交配时总是会被雌蛛所捕食。[①]

宋大祥积极推动中国蛛形学会的成立

---

① 宋大祥. 蜘蛛毒生物学. 河北大学学报:自然科学版,2000,20(3):209-214.

和《蛛形学报》的出版，为中国现代蜘蛛学研究和蛛形学的发展做出了重要贡献。

此外，他十分关注有毒有害生物入侵问题。进入21世纪，他针对海南省有毒有害生物入侵问题，提出了六条建议。即加强环境保护，提高环境质量，以生物防治手段对抗生物入侵；建立和完善快速的防止外来物种入侵的反应机制，把外来物种控制和扑灭在始发地，不让其扩散；建立长效的检验检疫把关合作机制，加强内检和外检的合作；避免盲目引进外来物种，注意保护海南生态平衡；加强对转基因生物的防范；恢复农业、林业部门原先在机场、码头、车站以及交通要道上设置的检疫关，截断外来物种的入侵渠道。①宋大祥发表论文200余篇。著有《蚂蟥》《中国农田蜘蛛》《中国蜘蛛》（英文）、《中国淡水·足类志》以及《中国动物志》中有关"淡水桡足类""蟹蛛科""平腹蛛科"和"肖蛸科"等卷。其中《中国淡水·足类志》和《农田蜘蛛》分别获科学院二、三等奖。

宋大祥认为，蜘蛛研究与人类生活密切相关。尽管研究蛛形动物是一项比较小的工作，但任何具体工作，都要认真去做才能成功，因为它代表着一个国家的形象。中国的科学家对自己本国的动物资源更要加快研究，特别是中国蛛形物种占世界该物种的10%以上，有很多别的国家没有的物种。中国在这个方面的研究取得进展，就是对整个世界的贡献。②

宋大祥去世后，河北大学进一步确立了蛛形学在中国的研究中心地位，并全力向动物毒的开发应用和节肢动物的分子系统学方面拓展，这一切，宋大祥功不可没。

---

① 据报道，2006年入侵海南省的外来生物已多达160余种，其中较为严重的椰心叶甲、美洲斑潜蝇、蔗扁蛾和飞机草等十多种有毒有害生物，对海南热带高效农业发展和生态省建设带来不良影响。尤其是椰心叶甲，自2002年6月在海口及三亚入侵暴发成灾后，扩大到17个市县，受害面积650万亩，受害棕榈科植物260余万株，受害的椰子、槟榔、棕榈植物产量下降60%~80%，经济损失达1.5亿元。

② 李广增. 宋大祥——揭开"蜘蛛王国"的神秘面纱. 华夏星火，2000（5）.

5

生态学家

5.1 查尔斯·萨瑟兰·埃尔顿

查尔斯·萨瑟兰·埃尔顿（Charles Sutherland Elton，1900—1991），是英国动物学家、动物生态学家。首次提出的"食物链"一词和动物生态学理论，成为后来生态毒理学的重要定理之一。

查尔斯·萨瑟兰·埃尔顿于1900年3月29日出生在英国利物浦。父亲是著名的教育家，从小受到良好的家庭教育，并对自然界的动植物很感兴趣。1922年毕业于牛津大学动物学系。后来，他的整个学术生涯是应用研究的生命科学方法把自然史引入生态学，探讨动物与其自然栖息地环境之间的相互关系。1923年、1924年和1930年，他三次跟随北极探险队进行生态调查。1926年至1931年，他对动物物种的种群数量的波动尤感兴趣。为此，他开始研究英国的老鼠和田鼠种群的类似问题。

图62 查尔斯·萨瑟兰·埃尔顿

1922年，亚历山大·卡尔·桑德斯（Alexander Carr-Saunders）撰写的《人口问题：人类进化的研究》[1]使他得到了启发，并应用于人口波动理论研究动物。1913年，他勾勒出生态学的三个主要原则：

第一，强调学习生物体生理功能的重要性，而不是仅仅研究某一个特定器官的生理功能；

第二，评价动物"行为和生理现象"与所在自然环境之间关系；

第三，研究植物生命与动物生存之间的生态相关性。

1932年，埃尔顿在牛津大学建立动物种群研究所[2]，成为收集动物种群波动数据的中心。同年，他创办《动物生态学杂志》并担任第一任主编。1936年，他被任命为牛津大学和科珀斯克里斯蒂（Corpus Christi）学院动物生态学高级研究员。

第二次世界大战期间，动物种群研究所被赋予一项重要任务，即探寻有效控制大鼠、小鼠和家兔的方法。从此，埃尔顿开始了长达20年的调查，了解动物和它们之间的相互关系，包括动物在草地、树林和水环境条件下的生态关系。他退休

---

[1] 《人口问题：人类进化的研究》（Population Problem: A Study in Human Evolution），该书概述了人口过剩与植物和动物的连锁效应，以及对人体的影响。

[2] 动物种群研究所（Bureau of Animal Population），也译为动物种群局。

后，还在热带地区做了一些研究。他曾研究自然保护区的管理问题，1949年他帮助建立了自然保护局。

1953年，埃尔顿当选为英国皇家学会院士，并于1970年获得学会颁发的达尔文奖章。

1991年5月1日，查尔斯·萨瑟兰·埃尔顿在英国牛津去世，享年91岁。

埃尔顿的主要贡献

埃尔顿于1927年首次提出"食物链"一词。据他自己说是受到中国俗语"大鱼吃小鱼，小鱼吃虾米"的启发。食物链是一种食物路径，它联系着群落中的不同物种。食物链中的能量和营养素在不同生物间传递着。食物链很少包括六个以上的物种，因为传递的能量每经过一阶段或食性层次就会减少一些。煤炭、石油的产生也是通过光合作用而得到的能量，如果我们能直接使用光能，就有望获得最大的能量。如果一种有毒物质被食物链的低级部分吸收，如被草吸收，虽然浓度很低，不影响草的生长，但兔子吃草后有毒物质很难排泄，会在它体内积累；鹰吃大量的兔子，有毒物质会在鹰体内进一步积累。美国国鸟白头鹰之所以面临灭绝，并不是被人捕杀，而是因为有害化学物质滴滴涕逐步在其体内积累，导致生下的蛋皆是软壳，无法孵化。

旅鼠—北极狐的食物链，也是埃尔顿最早发现的。就在毕业分配之时，加拿大的哈得逊湾专门加工北极狐毛皮生产公司招聘生物专家。他们急需一位熟悉极地动物生态的学者当顾问。埃尔顿凭借他对北极动物较多的了解和扎实的基础知识，有幸应邀出任。哈得逊湾毛皮公司加工的毛皮，都是向居住在北极的爱斯基摩人收购来的。埃尔顿在查阅历年毛皮收购的账本时，发现了旅鼠—北极狐的食物链这个非常有趣的现象。

1927年，埃尔顿提出生态学是研究生物（包括动物和植物）怎样生活和它们为

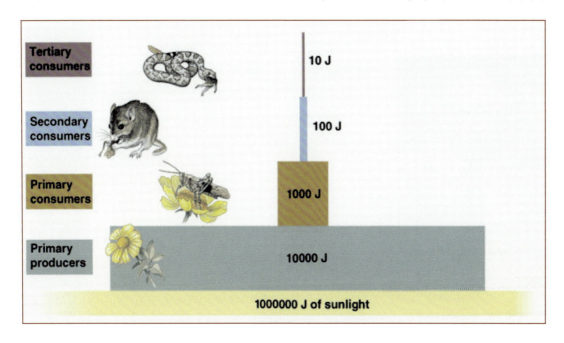

图63 埃尔顿的数量金字塔理论（图中J表示"J型增长"〔J-shaped Growth〕）

什么按照自己的生活方式生活的科学。还将生态学的概念进一步发展为生态位（Niches）与数量金字塔。

主要论著与影响

埃尔顿著有《动物生态学》（Animal Ecology）（伦敦：Sidgwick and Jackson，1927）。该书多次重印。《动物的生态环境》（The Ecology of Animals）（伦敦：Methuen，1946）。《动物和植物入侵的生态学》（Ecology of Invasions by Animals and Plants）（伦敦：Methuen，1958），芝加哥大学出版社于 2000 年重印。《动物群落的格局》（Pattern of Animal Communities）（伦敦：Methuen，1966；第二版，伦敦：Chapman & Hall，1979）。

埃尔顿于 1927 年出版的《动物生态学》，标志着动物生态学学科的诞生。进而使生态学成为研究生物有机体与其周围环境相互关系的科学。埃尔顿提出的"食物链"一词，进一步延伸到生物链理论的形成和不断完善，为今天的生态安全与环境保护提供了理论基础。

自然界的生物总是相互依赖，彼此制约。它们之间似乎有一条无形的链条，巧妙地连成了一个完整的生命之网，维系着自然界的生态平衡。

5.2 埃尔雷·利昂·赖斯

埃尔雷·利昂·赖斯（Elroy Leon Rice，1917—2000），是现代植物化感作用的研究开拓者与践行者。

埃尔雷·利昂·赖斯于 1917 年 1 月 31 日出生在美国俄克拉荷马州爱德蒙附近的一个农场。他在农场的生活造就了他对植物的浓厚兴趣。1942 年他从俄克拉荷马大学毕业。第二次世界大战期间，他在美国空军当过短暂的通信兵，并从空军被招收到芝加哥大学，1947 年毕业并获得博士学位。之后，他在俄克拉荷马大学植物学系从事微生物学研究 30 多年。其间，他于 1962 年成为教授；1967 年晋升为俄克拉荷马州大学教授。赖斯于 1981 年退休。

他先后获得多项奖励。1955 年获"优秀教学奖"；1984 年获俄克拉荷马州科学院"年度科学家奖"；1995 年芝加哥大学校友会授予他"专业成就奖"；1996 年，获得了"莫里斯克奖"①。赖斯还是《化学生态学杂志》（Journal of Chemical Ecology）董事会的成员和编辑。

2000 年 8 月 9 日，赖斯在家中安详地

图 64　埃尔雷·利昂·赖斯

---

① 莫里斯克奖（Molisch Award），是为纪念植物学家汉斯·莫里斯克（Hans Molisch，1856—1937）而设立的奖项。他在植物光合作用研究方面曾做出重大贡献。

离世，享年 83 岁。

赖斯的主要贡献

现代植物化感作用的研究开拓者

20 世纪 70 年代中期，埃尔雷·利昂·赖斯根据莫利希①的定义对植物化感作用进行了深入研究。1974 年，赖斯出版了植物化感作用的经典著作《化感作用》（Allelopathy）。他集植物化感作用研究近 40 年的成果，定义化感作用为："一种植物（包括微生物）通过向环境释放化学物质而对另一种植物（包括微生物）产生直接或间接的伤害作用。"赖斯的定义中认为化感作用的物质是由植物所释放的化学物质，并强调了化感作用的结果对其他植物或微生物是有害的。

后来的研究表明，植物释放化学物质不仅对其他植物有害，有时对自身也有毒害作用。特别是在作物、人工再生林方面表现明显，所以自毒作用（Autotoxic Chemical）也认为是化感作用的一个方面。同时许多植物释放的化学物质对一些植物也是有益的，即使同一种化学物质在不同浓度和条件下常常也能表现出有害和有益两方面的作用。因此，1984 年赖斯在《化感作用》第二版中，将化感作用较完整地定义为：植物或微生物的代谢分泌物对环境中其他植物或微生物有利或不利的作用。同时，将有益作用和自毒作用补充到化感作用的定义中，认为化感作用含有相互促进和相互抑制两方面的作用。

应用现代植物化感作用的典范

赖斯也是现代植物化感作用的实践应用者。

赖斯通过对美国中南部俄克拉何马草原中废弃植物的研究，证明了化感作用在植物演替中起着不可替代的作用。美国俄克拉何马草原废弃地的植物演替经历先锋杂草（2~3 年）、一年生牧草（9~13 年）、终年生成束牧草（30 年）和草场四个阶段。为什么先锋杂草会迅速消退，而牧草能维持数十年的时间？赖斯的研究揭示主要是先锋杂草产生毒素抑制自己和其他先锋杂草，使其迅速消退，而一年生的牧草不受先锋杂草的化感作用，但它们也产生能抑制土壤固氮微生物的有毒物质，而使土壤的含氮量维持在很低的水平，这样一些对氮营养要求高的终年生牧草则不能生存。如果向牧场中人工增加氮肥，则可以加速这一过程，使得废弃地能快速恢复成优良的牧场。

通过对典型化感作用的自然现象研究，不仅揭示了自然界化感作用的存在，也阐明化感作用在自然界植物群落的形成、演替中占有重要的意义，成为化感作用研究中的里程碑。不仅如此，他还培养了一批博士和硕士，这些学生们大多继续从事植物化感作用研究，对植物化感作用在世界范围的研究工作起了极大的推动作用。

主要著作与影响

赖斯发表 100 多篇论文，著有《化感作用》（Allelopathy）（科学出版社，1974，1983，1984）。第二版中全面论述了化感作用，特别提供了有关生态学和农艺

---

① 莫利希（Mulish），奥地利科学家，曾于 1937 提出"植物化感作用"这一术语，又称植物毒素抑制作用，并定义为：指植物植株向环境中释放某些化学物质，影响周围其他植株生理生化代谢及生长过程的现象。具有化感作用的物质称作化感化合物（Allelochemical）。

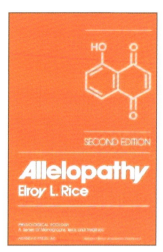

图 65 赖斯著《化感作用》（第二版）

问题的许多重要信息，引用参考文献 1000 多个。成为生态学家、园艺学家、植物学家、植物病理学家、植物化学家、农业科学家以及植物育种者有价值的信息来源。

他还著有《病虫害防治与自然的化学品》（Pest Control with Nature's Chemicals）（1983 出版，1986 年被译为俄文）。

他最后撰写的《杂草和植物病害的生物防治》（Biological Control of Weeds and Plant Diseases，1995），主要介绍应用化感作用取得的进展，在书中他建议农业科学家面对粮食和饲料不断增长的需求，应当应用化感作用以提高作物产量和与环境的相容性，达到农业可持续发展的目的。

赖斯的专著和对化感作用清晰的定义极大地推动了植物化感作用的研究。从此，化感作用的研究在世界范围内得到重视，不断取得了许多新的重要成果。只是部分学者认为植物化感作用应局限在高等植物范围，而不应包括微生物。

1994 年 9 月 5 日，国际化感作用学会（International Allelopathy Society）在印度新德里成立。鉴于赖斯所做的突出贡献和影响，学会决定设立"赖斯奖"（Rice Award），奖励在化感作用研究方面取得成就的科学家。

第93卷

研究毒药的医药学家

本卷主编 史志诚

卷首语

医药学有数千年的历史，无论是以扁鹊、华佗、张仲景、孙思邈、李时珍为代表的中国传统医药学家，还是以希波克拉底、尼坎德为代表的希腊古代医药学家，乃至现代的药理学和生理学与病理学家，他们拥有的宝贵的医药知识和临床经验，是人类同疾病做斗争的经验总结，是世界灿烂文化的重要组成部分。他们不仅为维护人类健康，而且为世界卫生事业做出了巨大贡献。

医药学家对毒理学的贡献在于他们促进了中世纪毒理学从药理学中分离出来成为一门独立的学科；在于他们发现了许多毒物的毒理机制，为中毒的诊断、治疗与预防提供了科学依据；在于他们丰富和发展了医药学本身并形成了新的药理毒理学和临床毒理学。

在药理学家里，中国药物化学家汤腾汉开展军用毒剂化学检验研究，成为该研究领域的先驱者之一。中国生化药理学家周廷冲，首次阐明梭曼磷酰化乙酰胆碱酯酶的老化机制，证明梭曼磷酰化酶老化的实质，从而为毒剂防治中的药物设计指明了方向。

特别值得赞叹的是，医药学家为突发药害事件和环境污染事件的科学处置做出了重大贡献。1959—1960年，当人们发现"反应停"可能具有致畸胎性时，美国食品药品监督管理局（FDA）的药理学家弗朗西斯·奥尔德姆·凯尔西，因防止"反应停"进入美国市场而成为美国最受尊敬的公务员之一。日本熊本学园大学医学教授园田正纯，在日本熊本"水俣病"事件中，被誉为"水俣病研究第一人"和"水俣病救助者第一人"。他从1960年开始，几乎走遍了所有水俣病患者的家庭，挨家挨户地为患者诊断、治疗，并为他们出庭做证，在"水俣病"案件审理中发挥了关键作用，帮助"水俣病"的受害者赢得了诉讼的最终胜利。

1

中国传统医药学家

1.1 扁鹊

扁鹊（约前407—前310），是中国春秋战国时期的著名医学家，他在毒理学方面的贡献是将"毒酒"麻醉剂应用在精湛的外科手术。后世称他为"麻醉术的鼻祖"。

扁鹊，姓秦，名越人，中国渤海鄚州（今河北省任邱县鄚州镇）人[①]。中国春秋战国时期的著名医学家，世人称扁鹊。

扁鹊自公元前386年前后即"为人舍长"，随长桑君[②]"出入十余年"，承长桑君授以《禁方书》，"以此视病，尽见五脏癥结"。在诊断上，他以"切脉、望色、听声、写形"与针药并用，综合治疗虢太子[③]的"尸厥"症。虢君感动地说："有先生则活，无先生则捐弃沟壑，长终而不得反！"于是名闻天下。他以砭石弹刺，成功治疗秦武士面部痈肿。秦国太医令李醯"自知技不如也"，而使人刺杀秦越人于秦国[④]。

扁鹊著有《扁鹊内经》九卷，《外经》十二卷，《扁鹊镜经》一卷等书籍，但这些书都已佚失，流传下来的仅有《黄帝八十一难经》[⑤]（简称《难经》）二卷。《难经》一书是扁鹊广集前人和民间医学经验，填补《内经》之不足的一部杰作。其书虽然理深义晦，词致简速尚存有可议之处，但后世多家注释阐发，大大便利了后世学者。扁鹊的事迹还记载于《史记》《韩诗外传》《战国策》《说苑》等古代典籍。

图66 扁鹊画像（中国宫廷医学所收）

[①] 一说为山东长清人。还有人据《陈璋圆壶》《陈璋方壶》铭及古陶文等，认为他是临淄附近的郑阳人。
[②] 长桑君是战国时的神医。传说扁鹊与之交往甚密，事之唯谨，乃以禁方传扁鹊。见《史记·扁鹊仓公列传》。
[③] 虢太子，虢国的太子，名字叫元徒。
[④] 据传：扁鹊神医被李醯暗害以后，秦、赵、齐、鲁之地的人们无不痛哭流涕，内丘蓬山一带的人更是悲愤万分。他们为了感戴扁鹊的厚德崇恩，冒着生命危险，赶到秦都咸阳，偷偷把扁鹊的头背回来，埋葬在蓬山脚下、九龙水旁，并在旁边修建了扁鹊庙，树碑立石，刻记扁鹊在世时的盛德，尊称他为"神应鹊王"。
[⑤] 《黄帝八十一难经》以问答解释疑难的形式编撰而成，共讨论了81个问题，故又称《八十一难》。全书所述以基础理论为主，还分析了一些病症。其中一至二十二难为脉学，二十三至二十九难为经络，三十至四十七难为脏腑，四十八至六十一难为疾病，六十二至六十八难为腧穴，六十九至八十一难为针法。

扁鹊的主要贡献是：

第一，最早反巫兴医的倡导者。扁鹊在行医活动中，坚持朴素的唯物观点，反对巫术，实行科学的医术，是中国医史上反巫兴医最早的倡导者。他提出医有六不治：骄恣不论于理，一不治也；轻身重财，二不治也；衣食不能适，三不治也；阴阳并，藏气不定，四不治也；形羸不能服药，五不治也；信巫不信医，六不治也。扁鹊行医的毕生，注重实践，他负笈行医，周游列国，随俗为变，广泛吸取和总结了古代民间医学经验，为中国最早开创和总结民间医疗经验的医学家。他在实践中变石针为铁针，并最早使用艾灸法，是中国针灸疗法的奠基人之一。

第二，"毒酒"麻醉剂应用于外科手术。扁鹊在毒理学方面的贡献是他将"毒酒"麻醉剂应用在精湛的外科手术中。《神医扁鹊的故事》[①]载，虢国被晋灭后，虢太子逃难寻恩师扁鹊到了蓬山一带（今河北省内丘县神头村），患了"绞肠痧"（阑尾炎），扁鹊及时发现，并立即用"毒酒"麻醉，剖腹洗肠，成功地做了外科手术。后来经过精心调治，太子很快痊愈。《列子·汤问篇》载："鲁公扈、赵齐婴二人有疾，同请扁鹊求治。扁鹊治既，同愈。""扁鹊遂饮二人毒酒，迷死三日，剖胸探心，易而置之，投以神药。既悟如初，二人辞归。"

扁鹊诊秦武王"疡"疾，治虢太子"绞肠痧"和发明使用毒酒麻醉剂，从记载看要比华佗的事迹早得多，在其以前典籍中没有发现其他的成功外科手术和运用麻醉剂治病的记载。因此，扁鹊可称得上外科及麻醉术的鼻祖。

此外，在医学方面的贡献有三方面。一是提出经络藏象学说。扁鹊提出病邪沿经络循行与脏腑的深浅，由表入里传变。他沿足阳明胃经、手少阳三焦经、足太阳膀胱经的循行，循经取穴，进行针刺治疗，抢救垂危的病患。二是主张四诊（望、闻、问、切）合参。扁鹊"特以诊脉"为其专长，在望诊上有造诣。因此，在诊断学上"能言病之所在，闻病之阳，论得其阴；闻病之阴，论得其阳。病应见于大表，不出千里，决者至众，不可曲止也"。三是采取辨证论治与综合治疗方法，曾经把患病的人从昏迷中抢救过来，综合应用多种疗法，成为中国医学史上进行辨证论治和施行全身综合治疗的奠基人。

扁鹊医术在中国、日本、朝鲜及东南亚一些国家以及美国等地都有很大的影响。日本医界不但对扁鹊医学上的贡献有较高的评价，而且非常崇拜，同视之为医者之祖，倍加精研，对扁鹊《难经》有数家注释和阐发。阿拉伯医圣阿维森纳在他的医典中收载了扁鹊《难经》中有关脉学的论述。美国的医学家还将扁鹊的贡献编入外科教科书[②]。

在中国，扁鹊以卓越的医疗技术和高尚的医德医风，在广大民众中树立了崇高威信，使广大民众产生了无限的敬仰。人们为了纪念扁鹊的丰功伟绩，在陕西、山西[③]、河北、山东、河南等省建立了多

---

① 郑一民. 神医扁鹊的故事. 北京：新华出版社，1985.
② 美国的外科教科书《戴维斯·克里斯托费》（Davis-Christopher：Textbook of Surgery）已出版第11版。
③ 由于扁鹊生活于春秋末期，处于三家分晋时期，山西是晋侯所居之地，扁鹊曾受诏为赵简子治病，因此他行医到过山西，山西现有两处扁鹊墓，一处位于永济县清华镇，一处在长治附近的潞城县。

个纪念地，充分肯定了扁鹊在中国医学史上的突出贡献和深远历史影响，也反映了"扁鹊名闻天下……随俗为变"的历史事实。据《陕西通志》《临潼县志》等史、志评述，越人入秦而遇害，陕西临潼扁鹊墓为真墓。其他各地的扁鹊墓是群众为怀念他而修的衣冠冢。

1.2 华佗

华佗（约145—208），中国东汉时期的医学家，应用毒物于麻醉术，被誉为中国的希波克拉底。

华佗，名旉，字元化，汉冲帝永嘉元年（145）出生在豫州沛国谯县（今安徽省亳州）一个普通士族家庭。华氏家族本是一个望族，其后裔中有一支定居于谯县以北十余里处一个风景秀丽的小华庄。至华佗时家族已衰微，但家族中对华佗寄托了很大的期望。从其名字来看，名"旉"，乃负载之意，"元化"是化育之意。华佗自幼刻苦攻读，习诵《尚书》《诗经》《周易》《礼记》《春秋》等古籍，逐渐有了较高的文化素养。

图67 华佗

在华佗成长的过程中，除受到中原文化的熏陶外，盛产药材的家乡也给他以不少的影响。华佗的故乡谯县自古就是一个药材的集散中心，出产的"亳芍""亳菊"早已闻名天下。幼年的华佗在攻读经史的同时，也留心医药，当地父老传说他曾在泥台店一带读书养性，学医识药。

华佗年轻时，在徐州一带访师求学，"兼通数经，晓养性之术"。当时朝廷中的一些有识之士，对华佗的品行、学识很为赏识，沛相陈圭推荐他为孝廉①、太尉②黄琬请他去做官，都被他婉言谢绝，专志以医为业，矢志不移。

华佗行医，并无师传，主要是精研前代医学典籍，在多年的医疗实践中，善于区分不同病情和脏腑病位，对症施治。逐步在医药学术上兼通各科，尤以外科为最负盛名。他行医四方，足迹与声誉遍及安徽、江苏、山东、河南等省。曹操③听闻华佗医术精湛，征召他到许昌做自己

---

① 沛相相当于县令，孝廉是汉武帝时设立的察举考试，以任用官员的一种科目，孝廉是"孝顺亲长、廉能正直"的意思。

② 太尉，中国秦汉时中央掌军事的最高官员，秦朝以"丞相""太尉""御史大夫"并为"三公"。

③ 曹操（155—220），字孟德，沛国谯（今安徽亳州）人。东汉末年杰出的政治家、军事家、文学家、书法家。三国中曹魏政权的缔造者，以汉天子的名义征讨四方，对内消灭二袁、吕布、刘表、韩遂等割据势力，对外降服南匈奴、乌桓、鲜卑等，统一了中国北方，并实行一系列政策恢复经济生产和社会秩序，奠定了曹魏立国的基础。曹操在世时，担任东汉丞相，后为魏王，去世后谥号为武王。其子曹丕称帝后，追尊为武皇帝，庙号太祖。

的侍医。

当时，曹操常犯头风眩晕病，经华佗针刺治疗而痊愈。但华佗为人耿直，不愿侍奉在曹操身边，甚至认为做侍医是可耻的职业，于是就以妻子有病，以及回家取方药为由，一去不再返回。曹操多次写信催促华佗，又派人偷偷察看，才知华佗不愿为侍医，遂将华佗逮入狱中。有人曾向曹操请求宽恕华佗，曹操不听劝说，竟于汉献帝建安十三年（208）将华佗杀害①。

华佗在毒物学上的杰出贡献是：

第一，发明"麻沸散②"，开创应用毒物于麻醉术的先河。华佗的麻沸散，其组成药物现已不可确知，但据现代学者考证，包含有乌头、曼陀罗等，其麻醉效果已为现代实验研究与临床应用所证实。

第二，"刮骨疗毒"流传于世。民间流传着两个故事。其一，《三国志》中有一段华佗为关公"刮骨疗毒"的故事。说的是三国时，关羽攻打樊城，遭到曹仁500名弓弩手的乱箭阻击，右臂中一弩箭，箭头有毒，毒已入骨，右臂青肿，不能运动，遂请华佗医治。华佗检视后，发现是乌头箭毒③所致，需行刮骨治疗。于是征得关羽同意施行手术。当时未做麻醉，关公饮了几杯酒，华佗乃下刀割开皮肉，直至于骨，见骨已青，遂用刀刮骨，沙沙有声，帐上帐下见者皆掩面失色。而关公饮酒食肉，谈笑弈棋，全无痛苦之色。华佗刮去骨上之毒，敷上疮药，进行缝合。术后关羽即觉右臂伸舒自如。其二，有一次华佗给一个船夫看病，这个船夫的肚子痛得非常厉害。华佗见他两腿屈曲，声音细弱，病势沉重。经过全面诊察，断定他患的是肠痈（阑尾炎）。于是，华佗拿出一包"麻沸散"让船夫喝下去。不一会儿，船夫像酒醉似的，昏昏沉沉地睡着了。华佗拿出手术刀，把他的肚皮剖开，果然看到溃烂的阑尾。华佗将坏死的阑尾割除，止住血，把肚皮缝好，在伤口涂上药膏。船夫醒过来后，肚子就不大痛了。华佗又开了些药给他吃，大约一个月后，

图68 中国古代印刷品，描述华佗为大将关羽施行"刮骨疗毒"手术的情景

---

① 曹操杀害了华佗后，常感到内疚后悔，特别是他的爱子曹冲病重时，更是非常后悔杀了华佗，令儿子的病得不到治疗。

② 有研究认为，保留在医书《华佗神方》中的麻沸散，是由羊踯躅、茉莉花根、当归、菖蒲四味药组成的。

③ 乌头有猛毒，古代作为箭毒，涂在箭头上射人猎兽，中箭即倒。其实，毒箭猎兽、伤人，致猎物倒地、战将落马，并非骨肉之痛，而是因为毒物袭击了心脏和神经系统。现代研究证明，乌头中含有乌头碱，过量的乌头碱可使感觉和运动神经麻痹、迷走神经兴奋，能直接作用于心肌，造成心律失常。

伤口就长好了。

第三，总结民间治疗经验应用到中毒治疗。华佗善于总结民间治疗经验应用到中毒治疗。如以温汤热敷，治疗蝎子蜇痛；用青苔炼膏，治疗马蜂蜇后的肿痛；用紫苏治食鱼蟹中毒；用白前治咳嗽；等等。既简便易行，又收效神速。

华佗生前著有医书，临死时拿出写好的《青囊经》交给狱吏，说道："此书传世，可活苍生。"但狱吏不敢接受，华佗悲愤之余，只得将医书投入火中，一焚了之。此乃千古之憾事，历代托华佗之名而出的医书有数种，旧题华佗所著的《青囊经》《枕中灸刺经》和《中藏经》中，相传记载有华佗的一些学术经验与方术及药剂。

在中国，早在三国时，华佗就被魏国列为著名医家，后世誉称他是"外科学鼻祖"。华佗一生有弟子多人，其中彭城的樊阿、广陵的吴普和西安的李当之，皆闻名于世。

在国际上，华佗应用毒物于麻醉术，被誉为中国的希波克拉底。当华佗成功地应用"麻沸散"麻醉患病的人而进行腹部手术之时，世界其他国家的外科麻醉术尚处于摸索阶段。因此，美国的拉瓦尔在其所著的《药学四千年》一书中指出："一些阿拉伯权威提及吸入性麻醉术，这可能是从中国人那里演变出来的。因为，据说中国的希波克拉底——华佗，曾运用这一技术，把一些含有乌头、曼陀罗及其他草药的混合物应用于此目的。"

中国亳州市区内的华祖庵是华佗当年的居住地，他在华祖庵栽种中草药为民看病。后人为了纪念他，在原址建立了华祖庵。

华祖庵位于安徽亳州市永安街，始建于唐宋年间，由庙祠、故居、古东园三个院落组成。庙祠内外双狮雄踞，古木虬枝盘空，殿宇辉煌，肃穆庄严。华佗塑像，热诚慈祥，倔强飘逸，神采奕奕。馆内陈列《华佗神方》《华佗遗著》《中藏经》《华佗乡土别传》等著作，以及大量医史文献和文物展品，已成为世界研究华佗药术的中心，郭沫若题写了"华佗纪念馆"。时至今日，亳州一年一度的中药节还是以华佗的生日作为开幕时间，可以说，没有华佗，就没有亳州"药都"的美称。

此外，在常州东郊横林镇之北崔桥街刘家巷村东，还有一个华佗庵，东临芙蓉湖，与无锡玉祁交界。

图69 华佗纪念馆（1.郭沫若题写的"华佗纪念馆"；2.华祖庵大门，中立者为作者，2003）

1.3 张仲景

张仲景,中国东汉末年著名医学家,他提出的防治"瘟疫"、预防食物中毒方法与治疗食物中毒的方药,至今仍在流传应用,人们称他为"医圣"。

张仲景,名机,字仲景,中国东汉南郡涅阳县(今河南省南阳县)人①,出生于一个没落的官僚家庭。其父张宗汉曾在朝廷为官。由于家庭条件特殊,从小就接触了许多典籍。10岁时,就开始研读许多有关医学的书。他从史书上看到了扁鹊望诊齐桓公的故事后,对扁鹊产生了敬佩之情。这为他后来成为一代名医奠定了基础。

在灵帝时(约168—188),举孝廉,张仲景进入官场。在建安年间(196—219),又被朝廷派到长沙做太守。但他仍用自己的医术,为百姓解除病痛。在封建时代,做官的不能随便进入民宅,接近百姓。于是张仲景择定每月初一和十五两天,大开衙门,不问政事,让有病的百姓进来,他端端正正地坐在大堂上,仔细为群众诊治。

东汉末年,是中国历史上一个极为动荡的时代,农民起义的烽火此起彼伏,一时间战乱四起,百姓为避战乱相继逃亡,流离失所者不下数百万。由于战乱频繁导致瘟疫流行。建安年间,瘟疫大流行,前后达五次之多,使很多人丧生,一些市镇变成了空城,其中尤以死于伤寒病的人最多。②仅张仲景的家族,原有200多人,自汉献帝建安元年(196)以来,在不到十年的时间里,就死了三分之二,其中十分之七死于伤寒病。一些庸医便趁火打

图70 张仲景(蒋兆和画)

---

① 张仲景出生地东汉末年南阳郡涅阳至今仍有争议。一说涅阳在今河南省南阳市,一说涅阳故城在今南阳市与邓县之间的稂东镇,地属邓县。《水经注》:"涅阳,汉初置县,属南阳郡,因在涅水(今赵河)之阳,故名。陈邦贤定为南阳郡涅阳,范行准定为南阳蔡阳,嗣后廖国王、张炎考涅阳故城在今邓县稂东镇。尚启东考为南阳郡棘阳。

② 据史书记载,东汉桓帝时大疫三次,灵帝时大疫五次,献帝建安年间疫病流行更甚。成千上万的人被病魔吞噬,造成了空前的劫难。其中尤以东汉灵帝(168—188)时的公元171年、173年、179年、182年、185年等几次的疾病流行规模最大。

劫，不给患病的人认真诊脉，张仲景对这些人的行为感到非常气愤，痛加斥责。

面对瘟疫的肆虐，张仲景内心十分悲愤。他痛下决心，潜心研究伤寒病①的诊治，立志控制瘟疫的流行，根治伤寒病。从此他"勤求古训，博采众方"，刻苦研读《素问》《灵枢》《八十一难》《阴阳大论》《胎胪药录》等古代医书，继承《内经》等古典医籍的基本理论，广泛借鉴其他医家的治疗方法，结合个人临床诊断经验，研究治疗伤寒杂病的方法，并于建安十年（205）开始着手撰写《伤寒杂病论》。到建安十五年（210），终于写成了划时代的临床医学名著《伤寒杂病论》，系统地概括了"辨证施治"的理论，为中国中医病因学说和方剂学说的发展做出了重要贡献。

张仲景于建安二十四年（219）去世，享年69岁。晋武帝司马炎统一天下后的公元285年，张仲景的遗体才被后人运回故乡安葬，并在南阳修建了仲景墓。

张仲景的重大贡献在于：

第一，创立了中国传统医学的病因学说。张仲景在医学上取得了多方面的成就，是他最早创立了中医系统的病因学说，将形形色色的致病原因高度概括为三大类：一是由人体经络感受邪气后进入脏腑而致病的，其原因为人体内部脏腑虚损；二是致病邪气直接从皮肤进入人体四肢九窍，又经血脉相传，致使人体脉道不通而生病；三则包括了生活调养不当，如食物不洁中毒、古代枪械棍棒的伤害、毒虫猛兽的叮咬以及性生活的不节制等。

第二，系统地阐述了多种外感疾病及包括毒物与中毒等杂病的辨证论治与理法方药。张仲景所著《伤寒杂病论》总结了前人的医学成就和丰富的实践经验，集汉代以前医学之大成，并结合自己的临床经验，系统地阐述了多种外感疾病及杂病的辨证论治，理法方药俱全，在中医发展史上具有划时代的意义和承前启后的作用，对中医学的发展做出了重要贡献。而且，《伤寒杂病论》一书不仅为诊治外感疾病提出了辨证纲领和治疗方法，也为中医临床各科提供了辨证论治的规范，从而奠定了辨证论治的基础，被后世医家奉为经典。在流传的过程中，经原人整理编纂将其中外感热病的内容结集为《伤寒论》。

图71 张仲景著《伤寒杂病论》

---

① 张仲景所指"伤寒"在中国古代是对热性病的通称，并不是某一疾病的专门病名，古人常把疾病的诱因当作病原，所谓"人之伤放寒者则为热病"，意思是说，凡人受了风冷，就会患发热的病，认为一切发热的病，都是因受冷发生的，所以通称"伤寒"，因此"伤寒"二字，包括多种流行性热病。张仲景所著的《伤寒论》中的伤寒也正是该义，与现代的伤寒症无关。

《伤寒杂病论》的重要成就之一是确立了六经辨证体系。运用四诊八纲，对伤寒各阶段的辨脉、审证、论治、立方、用药规律等，以条文的形式做了较全面的阐述。对伤寒六经病各立主证治法，如"太阳伤寒"用麻黄汤；"太阳中风"用桂枝汤；阳明经证用白虎汤；阳明腑证用承气汤；少阳病用小柴胡汤等，归纳总结了不同的病程阶段和症候类型的证治经验，论析主次分明，条理清晰，能有机地将理、法、方、药加以融会，示人以证治要领。

《伤寒杂病论》另一突出成就是对中医方剂学的重大贡献。全书记述397条治法和113个医方，共计22篇，5万余字，提出了完整的组方原则，介绍了伤寒用汗、吐、下等治法，并将八法具体运用到方剂之中，介绍了桂枝汤、麻黄汤、大青龙汤、小青龙汤、白虎汤、麻黄杏仁石膏甘草汤、葛根黄芩黄连汤、大承气汤、小承气汤、调胃承气汤、大柴胡汤、小柴胡汤等代表名方。书中记载的方剂，大多疗效可靠，切合临床实际，一千多年来经历代医家的反复应用，屡试有效。由于张仲景所博采或个人拟制的方剂，精于选药，讲究配伍，主治明确，效验卓著，后世誉之为"众方之祖"，尊之为"经方"。

图73 张仲景纪念地（1.张仲景故里；2.中国河南省南阳为纪念张仲景建立的医圣祠，作者在医圣祠前的留影，2003）

第三，提出预防食物中毒方法与治疗食物中毒的方药。中国的饮食疗法可谓起源久远，张仲景在《金匮要略》中专门写了两篇食疗的文章，一篇叫《禽兽虫鱼禁忌并治》，另一篇则为《果实菜果禁忌并治》，列举了许多食物中毒及解救的方法。他告诫人们平素应注意防护，不要让外来邪气侵犯人体经络，还需坚持导引吐纳锻炼。

张仲景著有《伤寒杂病论》《辨伤寒》十卷、《评病药方》一卷、《疗妇

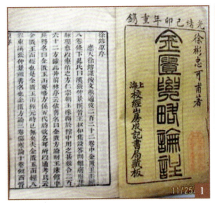

图72 张仲景著《金匮要略》（1.《金匮要略论注》，〔清〕光绪己卯年；2.〔汉〕张仲景著，《金匮要略》，山西科学技术出版社，2010）

人方》二卷、《五藏论》一卷、《口齿论》一卷。可惜都早已散失不存。见于文献著录的尚有《张仲景五脏论》《张仲景脉经》《张仲景疗妇人方》《五脏营卫论》《疗黄经》等。

张仲景的代表著作《伤寒杂病论》（又名《伤寒卒病论》）原书十六卷。这部著作在公元205年左右写成而大行于世。由于汉末战乱兵火而散佚，复得后世医家整理。到了晋代，名医王叔和加以整理编次。到了宋代，才渐分为《伤寒论》[1]和《金匮要略》二书。《伤寒论》专门讨论伤寒病。《金匮要略》主要论述内伤杂病。据统计，《伤寒论》载方113个，《金匮要略》载方262个，除去重复，两书实收方剂269个。

为了纪念张仲景，中国曾修祠、墓以祀之。明清以来留下较多的文物胜迹。分布各地的十大名医祠中都供有张仲景的塑像，反映了中国民间对张仲景的崇敬与缅怀。张仲景的故里河南省南阳有于明代建立的医圣祠，祠内有清代石刻"医圣祠"（1727）、"医圣张仲景故里"（1900），医圣祠于20世纪50年代以后经不断扩建增修，已焕然一新。仲景墓亭东西两侧建有行方斋、智圆斋、仁术馆、广济馆等。墓后为清代四合院式建筑，有正殿三间，中塑医圣张仲景像，东西厢房各三间，过殿三间。西院有医圣井、荷花池、池心亭等多个游览景点。1988年被国务院公布为全国重点文物保护单位。

1.4 孙思邈

孙思邈（581—682），是中国隋、唐两代伟大而著名的医药学家。开创了中国古代全面系统论述毒理学的先河，成为中国古代毒理学的开拓者之一。

孙思邈，约生于隋文帝开皇元年（581）[2]，京兆华原（今陕西省耀县孙家塬）人。

孙思邈少时体弱多病，从青年时代就立志以医为业，刻苦研习岐黄之术。成年以后，他曾隐居太白山（今陕西省境内），涉足大江南北，从事医学及炼丹活动。永徽三年（652）著成《备急千金要方》三十卷。咸亨四年（673）曾担任尚药局承务郎，上元元年（674）即称病辞归。永淳元年（682），著成《千金翼方》三十卷。同年，孙思邈逝世，享年101岁。

孙思邈历经隋唐两代，是一位知识渊博、医术精湛的医家。他诊病治疗，不拘古法，兼采众家之长，用药不受本草经书限制，根据临床需要，验方、单方通用，所用方剂，灵活多变，疗效显著。他对民

---

[1] 《伤寒论》后来出现许多版本，如《唐本伤寒论》（唐孙思邈）、《宋本伤寒论》（宋高继冲）、《金本注解伤寒论》（金成无已）、《宋本伤寒论》（明赵开美）及《康治本伤寒论》（日本）、《康平本伤寒论》（日本）和《桂林本伤寒论》《敦煌本伤寒论》（残卷）等版本。

[2] 关于孙思邈的生年说法很多，主要有三种，一般较公认的是生于隋文帝开皇元年（581）。另有生于西魏帝太统七年（541）；还有生于梁天监十四年（515）之说，这里取公认的说法。

图74 孙思邈画像

间医疗经验极为重视，经常不辞辛劳地跋山涉水，不远千里访寻，为得一方一法，不惜千金，以求真传。他不仅精于内科，而且兼擅外科、妇科、小儿科、五官科、眼科，并对摄生、食疗、针灸、预防、炼丹等都有研究，同时具有广博的药物学知识和精湛的针灸技术。

孙思邈为中国古代毒物系统研究与毒物学的发展做出了重大贡献。

第一，对毒物与中毒的救治进行了系统的论述①。在《备急千金要方·卷第二十四·解毒并杂治》中列专"解毒第一"其论一百，方三十九首；"解百药毒第二"其论一首，解毒二十八条，方十二首；"解五石毒第三"其论三首，方三十五首，证二十八条；"蛊毒第四"其论一首，方二十首。《备急千金要方·卷第二十五·备急》中，论六首，方一百三十三首，灸法二首。又专列了蛇、虎、蝎、蜂、蠼螋、射工、沙虱、蛭、水毒、猫鬼、马咬、蜘蛛、猘犬、狂犬以及各种"毒证"，都做了详尽方论、一毒多方。在《千金翼方·卷第二十·杂病下》中，对诸恶毒气病、毒气猫鬼、毒疰相然、蛊毒邪气、南方百毒瘴气疫毒、毒注、暴风毒肿等，皆提出了各种药方治法。同时，再次专列"蛊毒第二"，其论一首，方七首、灸法一首；"药毒第三"其方十二首；"金疮第五"其方六十二首；包括：止血方、箭在肉中不出、刀斧伤、弓弩所中方、中药箭解毒、腹中瘀血方等。在《海上方》中还有果毒、解酒、犬伤、蛇伤、蜈蚣、蝎伤、鼠伤、刺毒肿痛、破伤风等。其治法精遂、独特，其药方具有：简、便、效、廉的特点。

第二，提出了毒药攻邪治病的概念和思路。孙思邈认为"神尝百草，首创医药"，这是人皆共知的。但早在《周礼》中就有记载："毒药以供医事"，"毒药"指一切能用于治疗的药物，这是"毒药"一词的最早提出。《素问·脏气法时论》中记载，"毒药攻邪、五谷为养、五果为助"，此处提到的"毒药"，则是泛指治疗人体病邪，除了五谷与五果以外的有毒和无毒的药物，这是最早在医学上提出毒药攻邪治病的概念和思路。而孙思邈在其巨著《备急千金要方》《千金翼方》等典籍中对毒药攻邪治病的概念和思路广泛阐述，实践应用毒药毒物，进行诊治疗疾，既可用于疫疠的治法，又可广泛施治于各种杂病。承前启后，继往开来，开创了中国古代全面系统论述毒理学的先河。

第三，创新"以毒攻毒"疗法。孙思邈在他的著作中记载了以毒攻毒治病之

---

① 张世英. 药王孙思邈：古代毒理学的开拓者. 西北大学《毒理学史研究文集》第四集，2005.

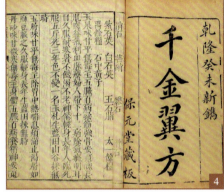 

图75 孙思邈的著作（1.《千金要方》，江左书林印；2.《备急千金要方》；3.《备急千金要方》卷七十二解毒及并杂治方；4.《千金翼方》；5.《千金翼方》，采药时节第一）

法。《海上方》中，用砒霜治牙疳病，"走马牙疳齿动摇，枣中包信①火中烧，更将黄柏同为末，患中捻些立便消"。用雄黄加不同药物治狂犬、毒蛇、毒蝎、蜈蚣咬伤，"蜈蚣蛇蝎毒非常，咬着人时痛莫当。我用灵丹随手好，自然姜汁和雄黄"。

孙思邈认为自然界中阴阳始终保持平衡状态，即有毒，必有反毒。"绿苔治好马蜂毒"的故事就是最好的说明。他在夏天一次纳凉时，看槐树上蜘蛛结的网。忽然一个大马蜂飞落在网上，蜘蛛爬过来，毫不客气地伏在马蜂身上欲想吃掉它。但没想到反被蜇了一下，缩成一团，肚皮肿起。后来从网上掉下来，爬在绿苔上打滚，把肚皮在绿苔上擦了几擦，肚皮好了。就这样往返好几次，后来终于把马蜂吃掉了。孙思邈想到：马蜂毒属火，绿苔属水，水能克火，所以绿苔治蜂毒。后来试验，绿苔治蜂毒果然灵验。在中国医史上孙思邈首次把解毒、备急、杂治等列入急救医学内容中，从而使"以毒攻毒"疗法纳入医学，对中外医药学产生了深远的影响。

第四，建立养生长寿理论，讲求卫生，反对服石。孙思邈在食疗、养生、养老方面做出了巨大贡献。孙氏能寿逾百岁高龄，就是他积极倡导这些方面的理论与其自身实践相结合的效果。

孙思邈一生医著颇丰，著有《备急千金要方》《千金翼方》《千金宝要》《海上方》《千金养生方》一卷、《千金髓方》《银海精微》等18种。

孙思邈的代表作《备急千金要方》和《千金翼方》是中国最早的医学百科全书，从基础理论到临床各科，理、法、方、药齐备，比较全面地总结了自上古至唐代的

---

① 信，即信石、砒石，经火毒性更大。经炼过者名砒霜。方中以大枣去核包白信石，湿纸两层包裹，置火中烧焦起烟止，待冷却后同黄柏研细粉状。先用淘米水漱口，再掺药于患处，流涎勿咽，每日两次，效果甚好。

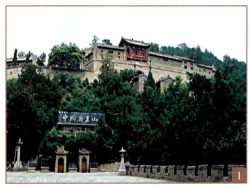

图76 孙思邈的纪念地（1.中国陕西耀县药王山外景；2.药王山上孙思邈的塑像）

图77 药王山碑刻（1.千金宝要碑刻，明隆庆六年；2.千金宝要碑刻〔局部〕目录中有：中毒第三，饮食中毒第四，解百药毒第五等）

多内容仍起着指导作用，有极高的学术价值，确实是价值千金的中国传统医学之瑰宝[①]。

孙思邈因其辉煌成就，在其生前就受到了人们的崇敬，后世尊之为"药王"，世称"孙真人"。他去世后，人们在其故乡——陕西省耀县孙家塬建有孙氏祠堂。

中国陕西省耀县药王山是孙思邈长期隐居之处，因民间尊奉孙思邈为"药王"而得名。药王山原名磐玉山、北五台山，五峰环拱、古柏苍翠、殿宇轩昂、碑石林立、风景优美，被列为全国第一批重点文物保护单位和省级风景名胜保护区。药王山有药王庙、拜真台、洗药池、太玄洞等孙思邈活动遗迹。庙前五通高大石碑上刻有孙思邈著《千金要方》内容。除大量的摩崖造像、石牌坊、石塔、动物石刻等文物外，还包括碑林存藏北魏到隋唐造像碑和历代记事碑三百余通。药王山的龟蛇碑具有镇宅避恶的意思，在当地人搬家、乔迁新居时大家都以能求到一副龟蛇拓片为荣。同时"药王山庙会"被国务院列入国家级非物质文化遗

医疗经验和药物学知识，丰富和发展了中国传统医药学与毒物学。该书内容一类是典籍资料，一类是民间单方验方，其中阐述了应用毒药治疗疾病，防治疫疬和施治于各种杂病的经验。特别是在《备急千金要方·卷第二十四·解毒并杂治》中，阐述了许多中毒的防治方法，其中包括：解食毒第一；解百药毒第二；解五石毒第三；蛊毒第四；胡臭漏腋第五；脱肛第六；瘿瘤第七；疯病第八。该著作广泛吸收各方之长，雅俗共赏，缓急相宜，时至今日，很

[①] 孙思邈认为"人命至重，有贵千金，一方济之，德逾于此"，故将他自己的两部著作均冠以"千金"二字，名《备急千金要方》和《千金翼方》。

产名录。

此外，孙思邈在日本也享有盛誉，尤其是日本名医丹波康赖和小岛尚质等对他十分崇拜。

1.5 李时珍

李时珍（1518—1593），中国明代著名的医学家、药物学家。所著《本草纲目》，总结了中国两千多年药物知识和经验，用比较科学的方法对收载的药物按照毒性大小重新进行分类。该书已有多种文字的译本，被称为"东方医学巨典"，是16世纪以前举世闻名的医药学巨著，近代药物研究的重要文献。

李时珍，字东璧，晚号濒湖山人。1518年生于蕲州（今湖北省蕲春县）的一个民间医生家庭。祖父为铃医。父李言闻，当地名医，曾封太医院吏目，是一位懂药草的医生。李时珍14岁中秀才，三次赴武昌乡试未中。

图78 李时珍画像（蒋兆和绘）

22岁弃儒从医，潜心医业。他发现虽然前人写过不少本草书，但药物品种不全，有的还有不少错误，如长此以往，则会谬误无穷。有一次，蕲州本地一位自命懂得医道的绅士，从一本老《本草》上讲得含混的药名中，误把草乌头当作川乌头配了一服药自己吃，结果中毒而死。又如，老《本草》上介绍巴豆的药性，"人服一颗人断气，老鼠吃了可以胖到30斤"。因此，30岁时李时珍立志重修本草。

1552年李时珍开始编写《本草纲目》。但是不久就暂时中断了这项工程。因为他治好了楚王朱英儿子的气厥病，被任命为医官。后来他又被推荐到京城的太医院。楚王和太医院都收藏有丰富的医学典籍和一些秘方，为李时珍的学习和进一步研究本草提供了便利。

当时，处于封建社会的庸医们整天谈论炼丹升仙之类，不关心医药学的发展。在这种情况下，不到一年时间，李时珍就托病辞归，重新投入《本草纲目》的编写当中。从此，他以惊人的毅力，阅读了上千种医药书籍，走遍江西、江苏、安徽、湖南、广东、河南、河北，行程万余里，采访四方。其中规模较大的一次是明嘉靖四十四年（1561）上武当山，跋山涉水，进行实地考察。历经27年的呕心沥血，于61岁那年（1578）写成《本草纲目》。

明万历二十一年（1593）李时珍去世，享年76岁。

李时珍在药物学、毒物学和医学方面做出重大贡献。在药物研究方面，他采取批判继承和调查研究相结合的研究方法研究每味药物，他总是先参考诸家本草，考核诸家异同，用自己观察试验结果，加以参证。他在毒物学方面的主要贡献是：

第一，发现曼陀罗的麻醉作用。李时珍在年轻的时候就听说，有一种神奇的植物叫曼陀罗，人们一见到它就会情不自禁地又唱又跳。李时珍费了一些周折，找到了这种植物，但没有发现有什么异常。为了探明究竟，取得第一手资料，他就冒着生命危险，亲自服下了曼陀罗，发现它有麻醉作用，甚至达到了精神恍惚，失去痛觉的程度。同时有使人兴奋的作用，少量可以治病，如若过量，在别人的暗示下，的确可以受人摆布。后来曼陀罗被广泛用于制造麻醉剂。

第二，探索解毒药物。古书上记载大豆能解毒，他为了试验，先给小狗吃毒物，再吃大豆，结果毫无作用。后来经过实验和自己亲自尝试，才发现大豆加上甘草，解毒效力才显示出来。在《本草纲目》中他记载了金银花能"伏硫制汞"、治"轻粉毒痛"①，表明金银花对某些重金属等无机毒物有一定的解毒作用。他还指出，甘草"通经脉，利血气，解百药毒。"②绿豆能解菰菌、砒毒。③

第三，正确鉴别有毒药物。李时珍在去世前，写了一个上书表遗给其子建元，命他送给皇帝。书表上说：经久远年代后，许多的药物有同物不同名的，有同名不同物的，有难以辨识的，有些分类不对的，有些药物有毒却和那些无毒的药形态相似，增加采药困难，这些都会影响治病的效果。还有些历代发现的新药，以前的书中还未记载，于是增补、订正了许多药物。再加上集解、辨疑、正误，详细地将其出产地、药物的气味、主治都记载于书中。希望皇帝能"特诏儒臣补注，成昭代之典"。没多久，神宗万历年间诏修国史，命令中外贡献四方文籍，建元将父亲遗表和《本草纲目》献给了皇帝。

第四，李时珍反对服食丹砂。李时珍以科学的态度，痛斥服食所谓"仙丹""仙果"以求长生不老的荒唐行为。他主张延年益寿，也深知延年益寿的道理和方

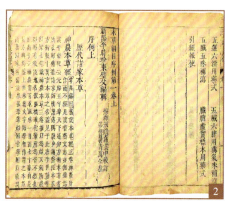

图79 李时珍著《本草纲目》（1.明刻版封面；2.清乾隆四十九年（1784）书业堂刻本；3.清光绪校正版；4.英文版封面，全六册）

---

① 轻粉，是由水银、白矾、食盐等混合炼制，升华制成的氯化亚汞的结晶体。辛寒，有毒。
② 现代研究认为，甘草有沉淀生物碱及药用碳样吸附解毒作用。甘草在肝脏中分解的葡萄糖醛酸与毒物结合也能解毒。甘草煎剂，甘草酸能显著降低多种药物的毒性。
③ 现代研究发现，绿豆含半胱氨酸，对食物中毒均有解毒作用。还有促进细胞氧化还原功能，使肝细胞机能旺盛，中和毒素，促进血细胞增生，阻止病原菌发育等作用。

法。当他看到楚王府崇尚仙术、迷信丹砂、设坛打醮、大搞迷信活动、幻想长生不死的情形，感到十分愤慨。

第五，主张少饮酒和戒酒。凡患有痔疮疾患者，无论内痔外痔，切忌多饮烈性白酒。李时珍曾说："烧酒，纯阳毒物也，与火同性。"并说"与姜蒜同饮，即生痔也。"后来的药学家也在《本草衍义补遗》中表示，经常饮酒之人，病深即发内痔。烧酒辛辣有毒，痔疮之人，切勿服用。

第六，关于山蛩治癌的可能性。《本草纲目》第42卷、湿生类记载山蛩①"有大毒"。他指出："大抵毒物只可外用，不敢轻入丸散中。""取一节烧灰，酒服之，治人嗜酒不已，过一节则毒人致死。"与此同时，李时珍又指出："烧黑，敷恶疮②。"由此可见，关于山蛩治癌的可能性李时珍已有一些认识。现代实验证明山蛩的毒性很低，而且具有抗癌作用③。这种认识上的差异，是受当时历史原因的限制，在所难免。

李时珍一生著述颇丰，除代表作《本草纲目》外，还著有《濒湖脉学》《奇经八脉考》《脉诀考证》《五脏图论》《四诊发明》《蕲艾传》《人参传》《痘疹证治》等10种著作。

1578年，李时珍著的《本草纲目》是一部植物学、药理学和毒理学兼备的历史名著，全书共52卷，分16部60类，190多万字，附图1092幅，药方11096个。共收载历代诸家本草所载药物1892种，其中植物药1094种，矿物、动物及其他药798种，有374种是李时珍新增的。在书中，把植物分为草部、谷部、菜部、果部和本部等5部，共30类，又把草部分为山草、芳草、湿草、毒草、蔓草、水草、石草、苔草、杂草等9类。

李时珍去世后，《本草纲目》于万历二十四年（1596）刻印成书，在南京正式出版（第一版称作金陵版）。1606年《本草纲目》首先传入日本、朝鲜，以后又流传到欧美各国，先后被译成日、法、德、英、拉丁、俄等十余种文字在国外出版，传遍五大洲，成为16世纪以前举世闻名的医药学巨著，西方称这部书为"东方医学巨典"。

为了纪念李时珍对人类医学和健康做出的伟大贡献，在中国湖北省蕲春县蕲州镇李时珍墓所在地竹林湖村建立了李时珍纪念馆。纪念馆由本草碑廊、纪念展览、药物馆、百草药园、墓园五大部分组成。1987年7月8日，邓小平亲笔题写馆名。建馆以来，在国内外产生了重要的政治和文化影响。本草碑廊是第一重院落，两旁白色墙壁上嵌着96块黑色大理石。石上刻有著名画家蒋兆和1983年所画的李时珍像、明末清初著名文学家顾景星撰写的《李时珍传》、明代文坛泰斗王世贞的《本草纲目序》以及从《本草纲目》中选的

---

① 蛩（音 qióng），指蟋蟀。
② 古人所说的"恶疮"即今之恶性肿瘤之类。
③ 现代实验结果表明：山蛩（Spirobolus bungii Brandt）的毒性很低，其醇、醚提取物能引起癌细胞膜改变，红染率提高，有丝分裂抑制，细胞核裂解，细胞崩毁、溶解。对癌细胞具有直接的损伤破坏作用。由此可见，山蛩不仅可以抑制癌细胞的有丝分裂，以杜其源，而且还可以在不损伤正常细胞的情况下，直接杀灭癌细胞，以截其流。是实际意义上的、杀灭癌细胞的"生物导弹"。

128种本药图。在碑廊的最后，还刻有李时珍次子李建元的《进〈本草纲目〉疏》和配诗的"蕲阳八景"古图。细细品来，韵味无穷。纪念展览馆内形式以封闭通柜为主，配以室内采光设备，展品主要有历史文物、文献、药物标本、图表、照片、画像、雕塑等1000余件，形象系统地介绍了李时珍的生平和《本草纲目》的伟大成就。藏品中有诸多古籍善本，尤以《本草纲目》自明清以来的各种版本弥足珍贵。此外尚有多幅古字画和近现代名人字画，这充分体现了历史名人纪念馆的收藏特色，融纪念性、专业性、科学性于一体。在墓园，大理石纪念碑上高高矗立着李时珍半身大理石像。在最高一层平台上，李时珍夫妇合墓及其父母合墓皆用青石砌成椭圆形封土堆，平台两侧建有濒湖亭、东壁亭和回春阁，以缅怀医圣。

图80 李时珍纪念馆（1.李时珍塑像；2.李时珍纪念馆入口）

2

希腊古代医药学家

2.1 希波克拉底

希波克拉底（约前460—前377），是古希腊著名医生，西方尊为"医学之父"。希波克拉底出生于小亚细亚科斯岛的一个医生世家，祖父、父亲都是医生，母亲是接生员。希波克拉底卒于公元前377年，享年83岁[1]。

希波克拉底的伟大贡献是：

第一，《希波克拉底誓言》提出医务人员的道德准则："不把毒药给任何人。"希波克拉底对后世的伟大贡献之一，是提

图81 希波克拉底

出"不把毒药给任何人"，并以此作为医务人员的道德准则。在古希腊，用毒物自杀是相当普遍的，而且政府允许提供致死剂量的毒芹，因此，中毒事件经常发生，对中毒者进行合理的诊治以及解毒剂的使用就变得十分重要。第一个对中毒者采取合理治疗的人是希波克拉底，大约在公元前400年，希波克拉底当时已经了解到在治疗或减轻中毒症状上，最重要的是要减少消化道对这些有毒物质的摄取。他所提到的各种毒药里也包括了铅，并于公元前370年就曾描述过铅中毒的症状。在某些治疗过程中，还使用在大麻、莨菪和曼德拉草溶液中浸泡过的"催眠海绵"作为麻醉剂。

希波克拉底作为古代最具影响力的医生，精通各种毒药。他在其著作中记载的药材多达400种，曾经使用过260种药物，主要来源于植物。如强心药海葱、瓜煎剂、黑藜芦；催吐药白藜芦、牛膝；麻醉药莨菪、罂粟；收敛药橡树皮；熏剂用硫黄、柏油、明矾；皮肤病用铅、铜、砷等。

---

[1] 关于希波克拉底的生卒年份有两种说法。意大利著名医学史家阿托罗·卡斯蒂廖尼在其所著的《医学史》中说：希波克拉底生于公元前460年或公元前459年，卒于公元前355年，活了104岁。另一种说法来自伯恩特·卡尔格德克尔著的《医药文化史》，说希波克拉底生于公元前460年，卒于公元前377年，活了83岁。但无论哪种说法，都能说明这位伟大的医生是长寿的。他提倡的健康的生活方式特别是运动在生活中的重要性，是他公开的长寿秘诀。

《希波克拉底誓言》（Hippocratic Oath）

"我以阿波罗及诸神的名义宣誓：我要恪守誓约，矢志不渝。对传授我医术的老师，我要像父母一样敬重。对我的儿子、老师的儿子以及我的门徒，我要悉心传授医学知识。我要竭尽全力，采取我认为有利于患病者的医疗措施，不给患病者带来痛苦与危害。我不把毒药给任何人，也决不授意别人使用它。我要清清白白地行医和生活。无论进入谁家，只是为了治病，不为所欲为，不接受贿赂，不勾引异性。对看到或听到不应外传的私生活，我决不泄露。如果我违反了上述誓言，请神给我以相应的处罚。"

第二，提出了著名的"体液学说"。希波克拉底最初成为正式医生时，古希腊医学还受到巫术迷信的禁锢。巫师们自称具备星相学知识，懂得治病和解毒用的草药，知道如何安抚恶魔、鬼魂，并用念咒文、施魔法、进行祈祷的办法为人治病。就这样，在本能和经验的积累下，使巫术经验医学逐渐形成。事实上巫术不会有什么疗效，患病的人不仅被骗去大量钱财，而且往往因耽误病情而死去。

图82 《希波克拉底誓言》手稿（美国国家医学图书馆）

希波克拉底完全超越了经验医学与僧侣医学，把医学发展成一种纯个性化的行业。为了抵制"神赐疾病"的谬说，希波克拉底积极探索人的机体特征和疾病的成因，提出了著名的"体液（Humours）学说"。他认为复杂的人体是由血液（Blood）、黏液（Phlegm）、黄胆（Yellow-bile）、黑胆（Blackbile）这四种体液组成的，四种体液在人体内的比例不同，从而使人具有不同的气质类型：即多血质（性情活跃、动作灵敏）、黏液质（性情沉静、动作迟缓）、胆汁质（性情急躁、动作迅猛）和抑郁质（性情脆弱、动作迟钝）。当四种液体不平衡时人就会得病。而液体失调又是外界因素影响的结果。所以他认为一个医生进入某个城市首先要注意这个城市的方向、土壤、气候、风向、水源、饮食习惯、生活方式等这些与人的健康和疾病有密切关系的自然环境。他对人的气质成因的解释虽然并不正确，但是他提出的气质类型的划分以及它们的名称，却一直沿用到现在。

第三，首次提出"预后"医学概念。公元前430年，雅典发生了可怕的瘟疫。许多的人突然发热、呕吐、抽筋，身上长脓疮，不久又引起溃烂、腹泻。瘟疫蔓延得非常迅速，随处可见来不及掩埋的尸首。当时，希波克拉底正在希腊北边的马其顿王国担任御医，听到这个消息后，他立即辞去御医职务，冒着生命危险，赶到雅典进行救护。到雅典后，他一面调查瘟疫的情况，探求致病的原因，一面治病，并寻找防疫的方法。不久他发现，城里家家户户均有染上瘟疫的人，唯有铁匠家一人未被传染。由此他联想到，铁匠打铁，整天和火打交道，也许火可以防疫，便在全城各处点起火来，以作消毒，并配以其他疗法，最终平息瘟疫。事后，希波克拉底写了一篇题为《预后》的医学论文。他指出，医生不但要对症下药，而且要根据对病因的解释，预告疾病发展的趋势、可能产生的后果或康复的情况。"预后"这个医学上的概念，正是由希波克拉底第一次提出来的，直到现在还在使用。

希波克拉底泛游希腊及小亚细亚，行医授徒，长期在医科学校任教。现存有60篇著作署以希波克拉底之名，总称《希波克拉底文集》（简称《文集》）。经研究，这些作品非一人一时之作，创作年代前后相差至少100年，且长短、风格、观点、读者对象各异。《文集》均用爱奥尼亚方言（当时希腊学术界使用的语言）写成，内容涉及解剖、临床、妇儿疾病、预后、饮食、药物疗法、医学道德、哲学等。杰出的有《流行病学》《圣病》《预后学》《箴言》等。在《箴言》中，辑录了许多关于医学和人生方面的至理名言，如"人生短促，技艺长存"，"机遇诚难得，试验有风险，决断更可贵"，"暴食伤身"，"无故困倦是疾病的前兆"，"简陋而可口的饮食比精美但不可口的饮食更有益"，"寄希望于自然"等，这些经验之谈脍炙人口，至今仍给人以启示。

《希波克拉底誓言》后来成为古代西方医生在开业时宣读的一份有关医务道德的誓词。1948年，世界医协大会据此制定了国际医务人员道德规范。《希波克拉底誓言》，至今仍在许多医学院校的毕业典礼上宣读。

为了纪念古希腊最著名的医学家希波克拉底，1965年，叙利亚发行了希波克拉底和阿维森纳①的纪念邮票。1966年，也门发行两枚纪念邮票。之后，伊朗和叙利亚分别发行了希波克拉底和阿维森纳的纪念邮票，匈牙利发行了希波克拉底的纪念邮票。1979年11月24日，国际希波克拉底研究所发行一枚以希波克拉底的塑像为主题的邮票。1985年圣马力诺发行邮票以纪念希波克拉底。

图83 希波克拉底纪念邮票（1.叙利亚邮票，1965年；2.也门邮票，1966年；3.国际希波克拉底研究所邮票，1979年）

---

① 阿维森纳（980—1037），亦称伊本·西纳，中亚哲学家、自然科学家、医学家。塔吉克人。他的著作达200多种，著名的有《哲学、科学大全》《医典》等。

2.2 卡尔·奥古斯特·尼坎德

卡尔·奥古斯特·尼坎德（Karl August Nicander），希腊医生、诗人和文法学家。他创制了多味生药配制的解毒舔剂，用于各种毒虫或毒兽咬伤的解毒与治疗。

图 84 尼坎德

尼坎德出生在小亚细亚爱奥尼亚(Ionia)市①的克拉罗斯（Claros），现在土耳其的伊兹密尔（Izmir）。在他成长和蓬勃发展的公元前 175 年至公元前 135 年间，正处于帕加马（Pergamum）的阿塔罗斯三世（Attalus Ⅲ）时期②，社会环境也促使他成为一位医学家。

尼坎德著有《解毒舔剂与解毒药》（*Theriaka Kai Alexipharmaka*），全书是以六韵步组成的长诗③。其中"解毒舔剂"最长，共 958 首诗。描述有毒动物（毒蛇、蝎子、蜘蛛、昆虫、蜈蚣）和它们咬伤的伤害状况，以及各种毒虫或毒兽咬伤的解毒与治疗方法。特别是他创制了多味生药配制的解毒剂，称为解毒舔剂。其中含有鸦片、番红花、胡椒、莨菪、甘松香和蜂蜜等。此外，还包括对蛇咬伤的预防，在蛇咬伤的皮肤处敷上由鹿的骨髓、蜡、玫瑰和橄榄油组成的药膏，含有 20 多个成分的万应药④，以及解除痛苦的自救方法等。"解毒药"共 630 首诗，介绍了毒物的解毒与治疗方法。此外，还列举了其他动物、植物和矿物毒药，包括乌头、白铅、铁杉和鸦片，连同其症状和具体的防治措施。治疗方法几乎全是草药，以及催吐用的橄榄油。

1997 年，阿兰·托韦德（Alain-Touwaide）等从巴黎法国国家图书馆馆藏

---

① 爱奥尼亚（Ionia），是古希腊工商业与文化中心之一，在小亚细亚西岸。

② 阿塔罗斯三世，是阿塔罗斯王朝（约前 170—前 133）的最后一位国王。阿塔罗斯三世是帕加马国王欧迈尼斯二世之子，在其叔阿塔罗斯二世去世后继承王位。阿塔罗斯三世（前 138—前 133 年在位）对于管理自己的国家一事几乎没什么兴趣，而把大多数时间用来研究医学、植物学和园艺。该王朝后来归顺罗马。

③ 六韵步组成的诗行是由六个韵律音步组成的一行韵文。在古典作诗法中，前四个音步为长短格或长长短格，第五个音步为长短短格，第六个音步为长长格的一行诗。

④ 万应药（Panacea），也称百病药，古代一种草药或其液汁的名称。

的10世纪的拜占庭[①]手稿中整理编辑成《尼坎德解毒舔剂与解毒药》注解本,从此,尼坎德的著作才得以面世。

尼坎德的著作被引用了很多世纪,许多成功的希腊和罗马的毒理学家都从他的著作中获得了有关毒理学的知识。

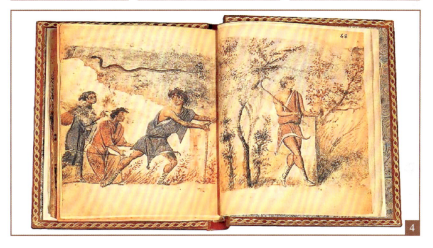

图85 尼坎德《解毒舔剂与解毒药》注解本(1.尼坎德《解毒舔剂与解毒药》注解本封面,法国国家图书馆(巴黎)拜占庭手稿;2—4.注解本中的插图,采自公元10世纪拜占庭手稿及希腊选集〔IX.211〕)

---

① 拜占庭,古国名。中国史籍称"大秦"或"海西国"。公元395年,罗马帝国分裂为东西两部,东罗马帝国以巴尔干半岛为中心,领属包括小亚细亚、叙利亚、巴勒斯坦、埃及以及美索不达米亚和南高加索的一部分。首都君士坦丁堡,是古希腊移民城市拜占庭旧址,故又称拜占庭帝国。

3 药理学家

3.1 奥斯瓦尔德·施米德贝尔

奥斯瓦尔德·施米德贝尔（Oswald Schmiedeberg，1838—1921），德国药理毒理学家，现代药理学的创始人之一，开拓了器官药理学与毒理学新领域。

奥斯瓦尔德·施米德贝尔于1838年出生于俄罗斯的波罗的海省（后来的拉脱维亚）的库尔兰（Kurland）。他在附近爱沙尼亚多尔帕特大学（今塔尔图大学）学医，受鲁道夫·布克海姆[①]的强烈影响。1847年在布克海姆创办的实验药理学研究所（Institute of Experimental Pharmacology）工作，1866年在布克海姆的指导下完成毕业论文《血液中氯仿浓度的测定》，获得医学博士学位。1868年在多尔帕特大学被任命为药理学讲师。1869年，当布克海姆离开多尔帕特大学去吉森大学时，他成为研究所的继任者。1872年被任命为药理学、营养学和医学史的教授，一直工作了46年。

1921年，奥斯瓦尔德·施米德贝尔去世，他的学生们为他举行了葬礼。

奥斯瓦尔德·施米德贝尔一生发表了200多篇论文和著作。其主要贡献是：

第一，提出器官药理学概念。在多尔帕特大学实验药理学研究所，施米德贝尔继鲁道夫·布克海姆之后发展了实验药理学，开始研究药物的作用部位，被称为器官药理学。为后来靶器官毒理学的发展奠定了理论基础。

第二，研究重要毒物的作用机制。在药理毒理研究方面，他针对当时人们关切的毒物中毒的沉重话题，对一些最重要的金属毒物、毒蕈碱、烟碱以及洋地黄进行深入研究。1874年，施米德贝尔从洋地黄植物中提纯了洋地黄毒苷，并证明是有效

图86 奥斯瓦尔德·施米德贝尔

[①] 鲁道夫·布克海姆（Rudolf Buchheim，1820—1879），德国药理学家。1845年从莱比锡大学获得了博士学位。之后在多尔帕特大学任药理学副教授，同时研究营养学、医学史和医学文献，他创办了第一个实验药物学研究所，1849年被选为药理学教授。1869年，在吉森大学任药理学和毒理学教授。奥斯瓦尔德·施米德贝尔是他的学生。

的强心成分，作用迅速，对急性心力衰竭的抢救作用极佳，是急救室必备的药品。

他还研究了烟碱和阿托品的药理作用；研究了氨基甲酸酯的化学结构和麻醉效果之间的关系；观察了摄取樟脑排泄过程；发现葡萄糖醛酸的还原性及其羟基化的形式。他还潜心研究黏多糖和黏蛋白，阐述了透明质酸的成分，并探讨其关系到硫酸软骨素、胶原蛋白和淀粉样蛋白的化学。

在药理学界，他和他的老师鲁道夫·布克海姆被称为"现代药理学的创始人"。

3.2 汤腾汉

汤腾汉（1900—1988），药物化学家，是中国军用毒剂化学检验研究的先驱者。

汤腾汉，1900 年 5 月 2 日出生于印度尼西亚爪哇省阿拉汗，祖籍福建省龙溪县。侨居印尼，从小目睹侨民寄人篱下之苦。辛亥革命成功后，当地华人兴高采烈地集资创办了中华学校，他入校读中国史地，逐明爱国之理。1915 年，毕业后升入当地中学，因不满学校的殖民教育内容，于 1917 年回国入上海南洋中学，又遇方言难懂而转读日本东亚高等预备学校。不到一年，积愤于日本军警欺侮中国学生，遂于 1918 年返国考入南京工业专科学校机械系，获特优生待遇。在"五四运动"中他参加了由李大钊等发起成立的"少年中国学会"，踊跃上街游行，抵制日货。1920 年，考入天津北洋大学冶金系，此时他偏爱化学。他利用该校学生可直接转学到欧美学校之便，于 1922 年赴德国柏林大学化工系留学，后转药学院专攻药物化学，1926 年毕业，获德国颁发的药师证书。随后继续在柏林大学攻读学位，从事中药麻黄的生药和微量化学研究，于 1929 年获理科博士学位。1930 年回国，任山东大学教授，兼任化学系主任。1935—1936 年，任北洋大学工学院教授。1936—1938 年，任山东大学教授，兼任理学院院长。1939—1946 年，任华西协和大学教授，兼任药学系主任[①]。1946—1951 年，任同济大学教授（其间于 1946—1953 年，兼任上海科发制药厂总工程师、厂长）。

1951 年 10 月，他应邀参加军事医学科学院工作，任军事医学科学院研究员、药物系副主任、主任。1958—1963 年，任

图 87　汤腾汉

---

① "七七事变"后，山东大学内迁。他冒着种种危险，携妻女经香港、越南入云南、四川，辗转三月有余，于 1939 年抵达成都，任华西协和大学教授，其后兼任药学系主任。

军事医学科学院药理毒理研究所所长。1963—1969年任军事医学科学院副院长。1956年，加入了中国共产党。他是全国政协第一、第二、第三届委员和第五届特邀委员，曾担任中国科学院化学专门委员会委员，全国卫生科学研究委员会药物专门委员会委员，卫生部药典委员会1953年版通讯委员、1963年版主任委员，中国药学会副理事长，全军医学科学技术委员会常委等职①②。

1988年6月23日，汤腾汉教授在北京逝世。

汤腾汉的主要贡献是：

第一，较早地将现代光谱技术应用于毒物、药物的分析研究。从20世纪40年代始，他在致力中草药剂及化学试剂研制的过程中，较早地将极谱、光谱、色谱等现代技术应用于毒物、药物的分析研究。他在德国获得博士学位的论文是《麻黄的微量化学研究》。回国后，他研究了益母草、当归、半夏、蛇床子、使君子、酸枣仁、熊掌、薄荷、金银花、甘松、石榴皮等中草药，擅长做化学成分全面分析。首次对山东地产威灵仙含有的十几种成分逐一进行了分离和结构鉴定，生理试验表明威灵仙具有相当强的麻醉能力，确定了它使动物发生中毒的剂量。他还探寻洋金花等天然药物在军事医学领域的应用价值。

1951年，中央军委决定成立军事医学科学院。汤腾汉应邀参加军事医学科学院药物系的筹建工作，亲自指导开展药物分析研究。该系在短时间内便建立起光谱分析、仪器分析、非水滴定、纸层析等方法，应用于化学毒物和药物的分析测定，为轻工业部和卫生部门解决乙醚、铋化合物生产、砷剂检测等实际问题。他献身于军事医学领域药物化学研究工作，培养了几代药学专门人才。

第二，研究降低药物毒性反应的测定方法。汤腾汉认为，药品是一种特殊商品，其质量关系着亿万民众的安危，建议国家通过药典规定主要品种的质量。他用三种药典方法和两种改良法进行了有机砷化合物中砷含量的比较试验，证明分析结果一致，在药典修订时选用了操作最简捷的方法。

第三，参加组建药理毒理研究所。1955年，他参加军事医学代表团赴前苏联参观考察，回国后，即参加组建药理毒理研究所工作，并担任所长。他组织了第一代神经性毒剂中毒治疗复方的研制，指导了对国际军用毒剂、火箭推进剂、抗毒药物、复方制剂的定量分析方法研究，成为中国军用毒剂化学检验研究的先驱。20世纪80年代，军事医学科学院的重大科研成果"战时特种武器伤害的医学防护"，荣获首次国家级科技进步奖特等奖，作为主要组织领导者之一的汤腾汉因其贡献显著受到表彰，解放军总后勤部授予他荣誉证书③。

第四，主编《化学试剂及其标准》。20世纪30年代，中国的化学制药和化学试剂生产几乎是空白，进口西药价格昂贵。1935年前后，由于苏北鲁南地区流

---

① 蔡定国，卢涌泉.我国著名药物化学家汤腾汉教授.药学通报，1981，16（9）：555-557.
② 薛愚.中国药学史料.北京：人民卫生出版社，1984.
③ 曹金鸿.怀念汤腾汉老师.军事医学科学院院报，1988-07-15.

行黑热病，他出资和同事们合办了永生化学制药公司，在天津设厂，生产药品和化学试剂。与此同时，他为了在科技领域赶上国际水平，多年坚持收集各种规格的外国化学试剂，指导科研人员对国产化学试剂进行质量对比检查，拟定了暂定规格标准，写成《化学试剂及其标准》一书，为发展中国的化学试剂生产和标准化做出了贡献。

此外，他主编药理学刊物。汤腾汉一生重视学术刊物，以此当作培养专业人才的园地，倾注了很多心血。抗日战争期间，他在极其困难的条件下受命主编《中国药学会会志》，三年中连续出版了三卷，收载专著和研究论文。"文化大革命"前十余年间，他应聘担任《药学学报》编委、主编。1958年，在他的倡导下，创办和主编了《药学文摘》（现名《国外医学药学分册》），为药学工作者掌握本专业国外学术动向以及汲取新知识、新技术提供了方便。他作为卫生部教材编审委员会特约编审，认真审定和评阅了一批药物化学专著和高等院校教材。由于他博学多才，诲人不倦，被学生和同行誉为"活字典"。

汤腾汉主编有《化学试剂及其标准》一书。他一生发表许多论文，代表作有：《中药麻黄的生药和化学研究》（科学报告，国立山东大学，1931：2-10）、《蛇床子之化学研究》（中国化学会会志，1936，4（4）：324-334）、《山东酒曲之研究》（中国化工学会会志，1936，3（1）：15-27）、《有机砷药物的测定法》（药学学报，1955，3（1）：25-32）、《血液中微量锑的测定法》（药学学报，1956，4（4）：347-352）。他的《制造骨胶之研究》论文，获1937年中国工业化学征文一等奖。

3.3 弗朗西斯·奥尔德姆·凯尔西[①]

弗朗西斯·奥尔德姆·凯尔西（Frances Oldham Kelsey，1914—2015），是医学博士，药理学家。美国食品药品监督管理局（FDA）的医师，她因防止沙利度胺（"反应停"）进入美国市场而闻名于世，成为美国最受尊敬的公务员之一。

弗朗西斯·奥尔德姆·凯尔西于1914年7月24日生于不列颠哥伦比亚省科博尔希尔（Cobble Hill）。15岁高中毕业。然后就读于加拿大麦吉尔大学学习药理学。1934年获得学士学位。1935年获得药理学硕士学位。

1935年，著名研究员、医学博士尤金·杰林（Eugene Maximillian Geiling）[②]在

[①] 婚前的名字是弗朗西斯·凯思琳·奥尔德姆。1942年，她在芝加哥大学任教时与教员弗里蒙特·埃利斯·凯尔西（Fremont Ellis Kelsey）博士相识，1943年结婚。

[②] 尤金·杰林（Eugene Maximillian Geiling，1891—1971），出生在南非奥兰治自由邦，1911—1915年在南非大学获得学士学位、硕士学位和博士学位，1917年进入美国伊利诺伊大学。1923年获得美国约翰霍普金斯大学医学院的医学博士学位。1921—1935年，在约翰霍普金斯大学药理学系任教，1935年在芝加哥大学药理学系任教。

芝加哥大学设立了一个新的药理学部,要求研究生参与工作。1936年凯尔西申请到芝加哥大学药理学系,于1938年获得博士学位后,留在芝加哥大学任教。1945年她离开芝加哥大学,与她的丈夫和两个女儿转到南达科他州,在南达科他州大学药理学系任教(其间她在《美国医学协会杂志》担任评审工作两年,同时在小的社区做临时医生)。1960年她受雇于华盛顿特区的美国食品药品监督管理局(FDA),在那里工作了45年后,于2005年90岁时退休。

其间,凯尔西博士于1962年极力反对将"反应停"引入美国市场,使美国的新生儿免受"反应停"之害。时任美国总统的约翰·肯尼迪授予她"文职人员功勋金质奖章"①。1963年,凯尔西出任FDA药物调查处处长。1968年升任科学调查办公室主任。

凯尔西的主要贡献是:

第一,参与磺胺酏剂的毒理研究。凯尔西在芝加哥大学药理学系攻读博士学位的第二年,即1937年,美国一家公司用二甘醇代替酒精做溶媒,配制磺胺酏剂,在未做动物实验的情况下,投产后全部进入市场,用于治疗感染性疾病,结果导致了一次药物灾难。面对这一灾难性事件,芝加哥大学药理系的尤金·杰林开始对磺胺药和二甘醇的毒理机制进行了研究。此时,凯尔西很快就投入工作,与尤金·杰林博士一起研究磺胺酏剂的毒性。经调查研究证明,107人死亡都是由于使用二甘醇作为溶剂引起的药害,其发生原因是二甘醇在体内经氧化代谢成乙二酸和乙二醇酸,这些酸类与活性药物在肾小管内形成结晶,致肾脏损害。因此,有毒的二甘醇是作为溶剂使用的,磺胺酏剂事件实际上是含二甘醇的磺胺中毒事件,与磺胺药本身无关。

这起药物事件导致美国国会加强药品监管,1938年,美国国会通过了《联邦食品、药品和化妆品法》,同年凯尔西顺利完成了学业,并获得了博士学位。

第二,极力反对将"反应停"引入美国市场。1960年,当凯尔西博士还是一位新到任的FDA官员时,她首次着手处理梅瑞(Richardson-Merrell)公司销售一种名为酞胺哌啶酮的镇静药的申请,这种药品(通用名"反应停",沙利度胺)在欧洲被大量用于妊娠后的晨吐。作为"反应停"审查员的凯尔西博士在FDA查阅医学文献时,发现了1960年12月31日发表在《英国医学杂志》上的医生来信,信中描述了服用"反应停"的患者所发生的周边神经病变,一种胳膊和腿脚的强烈刺

图88 弗朗西斯·奥尔德姆·凯尔西

---

① 文职人员功勋金质奖章(The President's Award for Distinguished Federal Civilian Service),也译为"总统联邦文职人员杰出服务奖""杰出公民服务勋章",是1957年6月27日由艾森豪威尔总统签署的联邦政府10717命令成立的,其目的是让总统认识到平民出身的官员或雇员,并授予优秀官员或文职雇员,作为联邦政府为民事服务的最高荣誉奖。肯尼迪总统将该奖项限制在每年五人。

痛。凯尔西立刻想到，药品可以通过胎盘在母体和婴儿间传播。特别是她发现"反应停"在欧洲有与神经损伤有联系的报道，而梅瑞公司没有提供这些报告。于是，凯尔西博士对梅瑞公司产生不信任感，一方面立即联系梅瑞公司，要求对这种副作用做出恰当解释；另一方面，要求对"反应停"进行更好的详细的测试。结果引起了梅瑞公司的不满，对她横加指责并施加压力。

正当凯尔西向梅瑞公司要求提供该药的安全性资料时，欧洲越来越多的畸形婴儿正在出生，但却无人知晓畸形胎儿产生的原因。此时，澳大利亚产科医生威廉·麦克布雷德（W. G. McBride）在1961年英国《柳叶刀》杂志上报告"反应停"能导致婴儿畸形[1]。在麦克布雷德接生的产妇中，有许多人产下的婴儿患有一种以前很罕见的畸形症状——海豹肢症，患儿四肢发育不全，短得就像海豹的鳍足。而这些产妇都曾经服用过"反应停"。直到1961年11月德国医生伦兹博士[2]确定"反应停"是其祸根时，打算申请该药的梅瑞公司于1962年3月将其申请从FDA撤回。

凯尔西阻止了一场悲剧。否则，成百上千身体残缺的婴儿将会降生在美国。新闻记者，莫顿·梅兹（Morton Mintz）在1962年7月15日的《华盛顿邮报》上，介绍了凯尔西的作为和自己的看法。这篇文章见报半个月后，凯尔西博士接受了当时的美国总统肯尼迪亲自为她颁发的"文职人员功勋金质奖章"。

"反应停"导致的灾难促使美国国会通过立法，赋予美国FDA职权要求制药商证明它们的产品是安全有效的。此外，凯尔西博士协助撰写了对现在工业化国家几乎所有临床试验进行管理的条例，并成为对这些条例进行监督的首位官员。

随着FDA被赋予更多的权力，凯尔西博士着手与FDA监管机构的同事共同撰写了药物测试的规章，这些规章首创了人体试验必须经过三个完全分开的阶段，并加强了对人类的保护和利益冲突方面的规则。这些规章已被全世界采用。就像历史学家卡朋特博士所讲的那样："在确定现在的现代临床科学条款和次序方面，她

图89 肯尼迪总统为凯尔西颁发"文职人员功勋金质奖章"（凯尔西博士领奖时身着黑色礼服、手持白色坤包，端庄而有活力。这张照片成为美国FDA监管机构的标志性图片。1962年8月）

---

[1] 当时市场销售的"反应停"的商品名是德苯多克斯（Debendox）。1981年他又发表一篇关于药物德苯多克斯的文章，证明它明显地导致兔子产下怪胎。

[2] 维杜金德·伦兹（Widukind Lenz，1919—1995），是一位杰出的德国儿科医生、医学遗传学家和畸形学家。

和FDA发挥了巨大作用。"

凯尔西为防止"反应停"进入美国市场而闻名于世，成为美国最受尊敬的公务员之一。她将成千上万的新生儿从"反应停"的危害中拯救出来，她被视为现代药品监管制度的助产师。正因为这双重角色，她受到大家的颂扬。

1963年，芝加哥大学医学与生物科学学院校友会授予她"金钥匙奖"（Gold-Key Award）。

2001年，87岁的凯尔西博士被美国FDA选入全国妇女名人堂①。

2006年，美国国家妇女与家庭研究中心②授予她"鼻祖奖"。

2010年，美国FDA以她的名字命名了"凯尔西奖"。9月15日，FDA局长玛格丽特·汉堡授予凯尔西博士首个凯尔西奖。这项奖项在凯尔西博士做出杰出贡献半个世纪之际创立。该奖项将每年授予一位FDA员工。

2010年9月13日《纽约时报》发表纪念文章，赞扬"凯尔西是为人类健康做出巨大历史贡献的伟人和标志性人物，是人类健康的守护神"。

2010年，哈佛大学肯尼迪政府学院教授丹尼尔·卡朋特在《信誉与权力》③一书中写道："她对我们今天认为理所当然的科学体系产生了巨大的影响。"

图90 弗朗西斯·奥尔德姆·凯尔西（1.2001年87岁的凯尔西博士被美国FDA选入全国妇女名人堂；2.2005年美国FDA授予凯尔西荣誉博士；3.2006年，美国国家研究委员会妇女与家庭授予她"鼻祖奖"）

---

① 国家妇女馆名人堂（The National Women's Hall of Fame），是一家致力推选和庆祝美国伟大女性的成就、全美最古老的会员制组织。其使命是："展现伟大的女性，激励所有的一切！"入选的名人是在艺术、体育、商业、科学、教育、政府、人文和慈善事业中做出优异成绩、受人尊敬和具有社会影响力的女性。

② 国家妇女与家庭研究中心（National Research Center for Women & Families），是一个非营利、无党派的研究教育和宣传组织，旨在促进成人和儿童的健康和安全。每年在年度午宴上颁发鼻祖奖（Foremother Award），表彰优秀妇女一生的成就。负责国家研究中心妇女与家庭的主要工作人员还负责管理肿瘤防治基金。

③ 丹尼尔·卡朋特著《信誉与权力》（普林斯顿大学出版社，2010），是一部介绍美国FDA历史的权威性著作。

3.4 周廷冲

周廷冲（1917—1996），是中国生化药理学家，中国科学院生物学学部委员，从事生物活性因子的分子生物学研究，首次阐明梭曼磷酰化乙酰胆碱酯酶的老化机制，证明梭曼磷酰化酶老化的实质，从而为毒剂防治中

图91 周廷冲

的药物设计指明了方向。

周廷冲1917年3月4日出生于浙江省富阳县。1935年在上海医学院学习，1940年大学最后一年在中国红十字会救护总队附属医院实习，曾参加中国红十字会救护队，任小队长，做前线医疗救护工作。1942—1944年，在重庆歌乐山中央卫生实验院药理学室工作期间，曾为八路军办事处完成"食盐安全"化验工作。1945年4月，在英国牛津大学贝利奥学院进修，获药理学博士学位。1948年，在美国康乃尔大学酶化实验室从事酶学研究。1949年，在美国波士顿麻省总医院从事生物化学研究。1949年3月，进入李普曼教授的实验室做博士后研究辅酶A。

中华人民共和国成立后，他和妻子黄翠芬回国，在山东白求恩医学院工作，筹建药理教研室并编写药理学讲义。1953年，调到军事医学科学院组建药理系，领导血吸虫病防治研究工作。他与前苏联专家凯林（А. Келцн）共建毒理学实验室，并举办第一期"防化毒理训练班"，为中国人民解放军培养了第一批军事防化毒理学专业人才。1956年，他以中国军事医学代表团团员身份赴前苏联考察访问。

1958年，军事医学科学院由上海迁到北京后，药理系、药物系及化学系合并扩大，成立药理毒理研究所（今毒物药物研究所）。他先后任第二大组（相当于研究室）组长等职，负责芥子气的预防与治疗、火箭推进剂的毒理学及防治研究、神经性毒剂生化作用机制研究、抗疟药研究。

1970年周廷冲被调往国防科委十三院四所任副所长，教授英语和药理学。1978年重新回到军事医学科学院药理毒理研究所，继续开展科研工作。1979年组建基础医学研究所，并任第一任所长。1979年和1984年，曾出访法国、比利时及日本，两次参加李普曼学术讨论会。1981年赴美国参加美国毒理学会第20届会议及有机磷中毒防治专题讨论会，并做短期考察。1984年心脏病发作，由于健康原因不再担任所长职务，专职从事科研工作。

1996年10月20日，周廷冲在北京逝世。

周廷冲的主要贡献是：

第一，辅酶A有关的供体酶和接受体酶的研究证实了李普曼的预测。1949年3月，周廷冲在美国进入诺贝尔奖金获得者、生物化学大师、辅酶A的发现者李普

曼教授的实验室里做博士后研究。当时，正值一个轰动整个生化界的划时代成就的形成时期，即一个新的辅酶（CoA）刚被发现和命名。但辅酶A作为乙酰基载体的机制尚未充分研究，对辅酶A在中间代谢中的通用性也不甚了解。

周廷冲的任务是证实李普曼的预测，进行与辅酶A有关的供体酶和接受体酶的研究。他分离了乙酰硫激酶，成功地证明了细菌的供体酶系统（乙酰基活化酶和辅酶A及乙酰磷酸）可以代替三磷酸腺苷—辅酶A—乙酸盐—乙酰硫激酶供体系统，与鸽肝接受体酶系统杂交，完成了芳香胺的乙酰化反应。并与苏达克（M. Soodak）首先发现了氨基葡萄糖的乙酰化反应。他阐明了乙酰基活化的两步酶催化反应，即先在供体酶系统催化下，将供体的乙酰基转移给辅酶A，生成乙酰辅酶A，再在接受体酶系统催化下，将乙酰辅酶A的乙酰基转移到接受体上，从而完成乙酰化反应。杂交实验的成功说明乙酸的活化及利用是由两个独立的酶系统完成的。细菌中活化反应的酶系统和动物中利用乙酰辅酶A的酶系统间可以偶联。生物界乙酰载体反应系统具有通用性。李普曼对他的这一研究成果给予了很高的评价。

第二，首次阐明梭曼磷酰化乙酰胆碱酯酶的老化机制。梭曼（Soman）是神经性毒剂中最难防治的一种毒剂，梭曼磷酰化乙酰胆碱酯酶由一种可以被重活化的状态迅速转变为一种不能被重活化的状态（老化现象），是梭曼难以防治的重要原因。但在20世纪60年代初期，对梭曼磷酰化酶的老化机制是不清楚的。周廷冲敏锐地抓住这一课题，参照二异丙基氟磷酸酯及沙林的老化研究文献，组织人员进行酶的提纯，采用同位素示踪技术研究梭曼磷酰化乙酰胆碱酯酶老化的机制。实验证明，梭曼磷酰化酶老化的实质是毒剂残基上烷氧基团的去烷基反应，而梭曼磷酰化酶不能被重活化，是由于老化反应太快的原因，而且这一反应是受乙酰胆碱酯酶自身催化的。这一结论的理论意义在于它阐明了梭曼磷酰化乙酰胆碱酯酶老化的分子基础。这是防化医学中的重大进展，在国际上居领先地位。这一成果的实用意义在于指出重活化剂的研究对梭曼磷酰化酶将是徒劳的，梭曼中毒的防治研究应用从中毒过程的其他环节加以解决，从而给药物设计指明了方向。

周廷冲领导的小组还发现梭曼等有机磷毒剂一个致死剂量以上引起中毒时，组织中有游离毒剂存在。梭曼等有机磷毒剂的水解产物在有胆碱酯酶存在的条件下，可以被G类毒剂水解酶催化重新合成毒剂。这些发现丰富了有机磷毒剂毒理学的内容，在国际上居领先地位。

周廷冲领导的研究室因在梭曼磷酰化乙酰胆碱酯酶老化机制研究中做出显著成绩，1963年被军事医学科学院授予集体三等功。1987年，他的《梭曼与乙酰胆碱酯酶作用的生化机制》成果获国家自然科学奖二等奖、军队科技大会二等奖，他于1989年荣立二等功。

第三，开展糜烂性毒剂的损伤和防治研究。糜烂性毒剂是一类毒性很大的持久性毒剂，可通过多种途径进入人体，引起严重损伤甚至死亡。第一次世界大战中，硫芥中毒伤亡占总伤亡人数的一半。第二次世界大战中，美军曾称之为"毒剂之王"。战后关于硫芥的资料陆续公开，但关于其中毒的防治研究各国仍保密。在此情况下，周廷冲决定对糜烂性毒剂的损伤和防治开展研究。周廷冲等在20世纪50

年代末及60年代初期，领导这一课题的开展。他们观察不同动物中毒规律，进行不同染毒途径中毒动物的实验治疗，进行硫芥毒理学、硫芥解毒药的筛选、解毒药的药理及临床疗效研究，评价了中药处方300多个及西药处方100多个，最后提出了能救治一个致死量硫芥中毒的方案。

第四，对抗硫芥中毒的药物的研究。乙烷二硫代磷酸二钠是有效的对抗硫芥中毒的药物，给予大白鼠0.5克/千克剂量能对抗一个致死量硫芥中毒。后来在家兔及狗的实验中却发现此药不但不能挽救硫芥中毒动物的生命，反而会促进其死亡，而药物对照组并不显示明显毒副反应。受治疗动物出现兴奋和呕吐，尸检时发现消化道平滑肌痉挛并有肠套叠发生。周廷冲敏锐地意识到这是副交感神经机能亢进的症候。检查血液发现胆碱酯酶活性消失，他由此推想乙烷二硫代磷酸二钠在体内可能与硫芥结合，生成一个类似神经毒剂的化合物，硫代磷（硫）酸盐有可能作为工具药用于硫芥侦检。后来别人的实验完全证实了这一预想。

第五，G类神经性毒剂研究。G类神经性毒剂是一类强烈的胆碱酯酶抑制剂。它在体内或体外可被G类毒剂水解酶催化水解成无毒产物。此酶广泛分布于动植物及微生物界。20世纪50年代末，周廷冲设想用纯化浓缩的G类毒剂水解酶或许可以作为G类神经毒剂的解毒剂而用于中毒的预防或治疗，因而组织专家部分提纯了这种酶，制成生物制品。实验结果在家兔、豚鼠、猫及猴等多种动物身上得到证明，当注射剂量足够时，可对抗一个致死量的梭曼中毒，动物存活良好，不出现任何不良症状。这一结果当时在国际上是领先的。到目前为止，提纯所用的酶源是猪肝、鱿鱼神经节及蟾蜍血清，对人体来说均属异性蛋白，故不能用于人体。但它开辟了以生物制品用于神经性毒剂防治的一个新的方向。现在正在利用人血清高密度脂蛋白为材料深入研究，并考虑用基因工程方法制备人肝G类毒剂水解酶。

诺贝尔奖获得者李普曼逝世前半年在《崛起时代的漫长生活》一文的首页上写道："赠给周廷冲，您曾帮助我辨析中间代谢的迷津。"

周廷冲是中华人民共和国第一代有成就的科学家之一，是中国科学院生物学学部委员，军事医学科学院学术委员会主任，国家生物膜和膜工程开放实验室学术委员，国家北京生物大分子开放实验室学术委员，吉林大学酶工程开放实验室学术委员，卫生部福格地（Forgaty）基金会评选委员会委员，总后勤部医学科技委员会副主任委员，总后勤部医学科技成果评审委员会委员，第四军医大学兼职教授，国务院学位委员会第一届、第二届学科评议组成员。

周廷冲曾担任中国药学会副理事长，中国药理学会常务理事及副主任委员，北京生物化学会副理事长，中国生化学会理事，《中国药理学报》《中国科学》《科学通报》及《生物化学与生物物理学报》编委，《生物化学杂志》副主编。

3.5 玻·罗兰博·霍姆斯德特

玻·罗兰博·霍姆斯德特（Bo Roland Holmstedt，1918—2002），是瑞典药理毒理学家，研究源于植物和动物活性物质的毒理学和药理学取得成果。

玻·霍姆斯德特于1918年5月24日出生在瑞典南部的卡尔斯克鲁纳（Karl-

图92 玻·罗兰博·霍姆斯德特

skrona），在斯德哥尔摩的卡罗林斯卡研究所完成了从预科到博士的学业。1951年，获得药理学博士，被任命为药理学助理教授。1952年获得医学博士学位（当时还没有毒理学博士的设置）。1960年晋升为副教授，1964年成为瑞典第一位毒理学教授。在卡罗林斯卡医学院组建了毒理学和环境医学研究所。1974年，他当选为瑞典皇家科学院院士。之后，在美国休斯敦、得克萨斯州贝勒大学担任不同的学术职务和客座教授。他经常应邀讲学，参加许多药理学和毒理学期刊的董事会，参加国内外的许多科学社团组织的成员。他是瑞典毒理学会的第一任理事长，美国和欧洲毒理学会的成员。1983—1986年，担任国际毒理学联盟（International Union of Toxicology，IUTOX）的主席。2002年1月9日因脑梗死去世，享年83岁。

玻·霍姆斯德特的研究虽然涉及好几个领域，但每个领域都与毒理学相关并具有重要的临床意义。

20世纪40—50年代，他研究了有机磷酸酯类化合物与胆碱酯酶的抑制效果。在此期间，他做了一次有关染色体改变与白血病与有机氯农药林丹的报告，在公众中引起不必要的恐慌[1]。为此，他获得了国际毒理学界的认可。

1967年，他参加了美国国家科学基金会和斯克里普斯海洋学研究所主办的远征亚马孙丛林的考察活动。在这次远征中，他和他的同事发现了该地区印第安部落使用的致幻物质，进一步丰富了精神药品的研究领域。由此，他成为哈佛大学研究医药植物学（Medical Botany）的顾问和伦敦林奈学会的成员。

20世纪60年代初，他利用休假的时间在休斯敦贝勒医学院学习和考察化学分析、气相色谱和质谱分析应用于生物医学研究的新方向。回到瑞典后，他与拉格

---

[1] 小海斯.农药毒理学各论.陈炎磐，夏世钧，译.北京：化学工业出版社，1990：237.

纳·拉哈格（Ragnar Ryhage）等科学家合作发明了一种两阶段的分子分离耦合气相色谱仪和质谱仪，先称为碎片质谱法，后来称为选择离子监测，不仅用于验证和扩展早期的原型类抗抑郁药（去甲替林），抗精神病药（氯丙嗪）的药代动力学和药理学研究，而且为新药开发，药物依赖和临床精神药理学的研究开辟了新的途径。

在毒理学研究方面，他在有毒化合物的作用机制、药物、代谢物、酶抑制剂、精神药理学和传统药物等领域进行了开拓性的工作。在对神经毒气塔崩（Tabun）抑制胆碱酯酶的研究方面，他第一个表明，阿托品对实验动物具有保护和对抗作用。此外，还研究了毒药的作用及其对神经系统的各种毒性机制，参加与公众健康有关的化学品风险评估，以及谋杀案中毒物的检测和被怀疑中毒发生的可能性。

他对药理学的历史和文化甚感兴趣，他与诺贝尔医学委员会秘书戈兰·利莉杰思蒂兰（Goran Liljestrand）教授合写的《药理学》于1963年由帕加蒙出版社出版。书中描述了现代药理学和毒理学的发展史，学科的创始人和他们最重要的贡献，成为深受读者喜爱的一部畅销书。他发表科学论文250篇，其中1980年发表的《毒性机制与危害评估》在毒理学界产生了重要影响。1987年他获得美国毒理学会奖。

纵观玻·霍姆斯德特的一生，他始终保持着对源于植物和动物活性物质的毒理学和药理学研究的兴趣和高度热情。他在毒理学方面的贡献在国内和国际上得到公认。1961年，他曾担任世界卫生组织（WHO）专家咨询小组杀虫剂组的成员；1968年，作为研究鱼类甲基汞问题的专家；1971年任WHO农药安全使用委员会的主席；1974年担任WHO依赖性的药物体液检测委员会主席。

他是瑞典毒理学协会的一名名誉成员，是代表欧洲毒理学会作为国际毒理学联盟（IUTOX）董事会的成员。

2002年，在他去世的那一年，临床药理学中心、美国国立卫生研究院高级顾问阿特金森（Atkinson）博士和卡罗林斯卡临床药理研究所教授福尔克·斯杰韦西特在《神经精神药理学》杂志上发表了悼念文章，回顾了玻·霍姆斯德特为毒理科学事业做出的贡献。

瑞典毒理学会和欧洲毒理学联盟（EUROTOX）设立了"玻·霍姆斯德特纪念基金"（Bo Holmstedt Memorial Fund, BHMF）。在欧洲毒理学联盟年会上还组织了"玻·霍姆斯德特纪念讲座"。

4 生理学与病理学家

4.1 弗朗西斯·马戎第

弗朗西斯·马戎第（Francois Magendie，1783—1855）[①]，是法国生理学家。著有《箭毒对动物的作用》。

弗朗西斯·马戎第，1783年10月6日出生于法国。1813年，他在医学院从事解剖、手术和生理学教学。1819年，他当选为医学科学院院士。1826年前后，他先后在巴黎主宫医院、圣路易斯医院以及巴黎高等医学院从事医学专业教育。1830—1855年，马戎第主持法兰西学院医学系的工作，成立了法国第一个生理学实验室。当时他的工作助理克劳德·伯尔纳[②]后来成为著名的生理学家。其间，他于1831年当选为瑞典皇家科学院外籍院士。1855年10月7日，弗朗西斯·马戎第逝世，享年72岁。

弗朗西斯·马戎第的主要贡献是：

第一，研究了毒物和重要药物的作用及其制备方法。1819年，他发现吐根的活性成分依米丁。他研究箭毒对动物的作用，并对马钱子碱进行了深入研究。此外，还研究了鸦片中的吗啡、氢氰酸、巴豆油、氰化钾、那可汀、可待因、藜芦碱、奎宁和辛可宁等。他创新药理学的研究方法，为基础药理学的研究奠定了基础。

1809年，弗朗西斯·马戎第和迪莱里（R. Delille）合著的《箭毒对动物的作用》一书出版，这是一部研究箭毒对动物作用的专著。他著的《新药剂使用汇编》于1821年在巴黎出版，1827年在卡斯泰拉纳再版。他在法兰西学院讲授的生理学教科书于1842年出版。

第二，发现和描述了马让迪孔。弗朗西斯·马戎第在活体解剖的实践中发现了蛛网膜下腔连接第四脑室的孔。后来的学者称之为马让迪孔（Foramen of Magendie），亦称马让迪孔，即第四脑室内侧孔。其位置在第四脑室膜状顶部的内侧开口，与蛛网膜下腔相连。

医学界称弗朗西斯·马戎第是一位法国生理学家，是实验生理学的先驱。然而，在他取得重大研究成果，对科学做出

图93 弗朗西斯·马戎第

[①] 法语译为：弗朗索瓦·马让迪。
[②] 克劳德·伯尔纳（Claude Bernard，1813—1878），法国实验生理学家，法兰西学院院士。

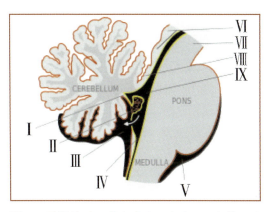

图94 马让迪孔（箭头是马让迪的孔，即第四脑室外侧孔。Ⅰ.后髓帆；Ⅱ.脉络丛；Ⅲ.蛛网膜下腔的西斯特纳 Cerebellomedullaris；Ⅳ.中央运河；Ⅴ.四叠体；Ⅵ.脑桥；Ⅶ.前髓帆；Ⅷ.脑室管膜衬；Ⅸ.蛛网膜下腔）

重大贡献的时候，也是他备受争议的时期。争议的焦点是：要不要进行活体解剖。弗朗西斯·马戎第坚持，进行生理学实验需要进行必要的动物活体解剖，如对神经系统的实验、脊髓神经观察等等。而反对的观点认为：活体解剖是虐待动物，是故意使实验动物受到不必要的折磨。于是，在学术界关于"动物实验与活体解剖"的争议持续了一段时间。因此，他也是一位推动反对活体解剖与改革活体解剖运动的发起人和参与者。后来，一些科技史学者著书描述了当时的争议，对后来医学乃至科学都具有不可否认的推动作用。

4.2 克劳德·伯尔纳

克劳德·伯尔纳（Claude Bernard, 1813—1878），法国的生理学家和哲人，实验生理学之父。他发现箭毒能使肌肉松弛，并提出"药源性疾病"的新概念。

克劳德·伯尔纳，1813年7月12日生于巴黎的圣朱利安（Saint-Julien）村。早期他在当地镇上的耶稣会学校接受教育，之后到里昂学院学习期间，他很快离开学院，在药店当药剂师。他在闲暇时间，尝试着编写了一个杂耍喜剧和五幕话剧。1834年，他21岁时领着戏组前往巴黎演出，结果被评论家劝阻，认为他在戏剧方面还不够专业，并敦促他研究医学。

伯尔纳接受了这个建议，他进入官方的巴黎主宫医院（Hotel-Dieu Hospital），成为实习医生。就这样，他被带进了生理学家——弗朗西斯·马戎第所在的医院。1841年，他以官方预备生的名义进入法兰西学院开始了医学研究。1847年他被法兰西学院任命为副教授，作为弗朗西斯·马戎第的助理，从事实验医学研究。1855年，弗朗西斯·马戎第去世后，他接替马戎第成为教授。

在此期间，克劳德·伯尔纳于1854年被选为索邦（Sorbonne）大学新成立的生理学研究院教授和首任主席。1864年，他

图95 克劳德·伯尔纳

在经费不足的情况下，在国家自然博物馆植物园①建立了一个实验室，并组建了一个教授团队开展研究工作。1868年，他成为自然历史博物馆生理学教授。同年，他离开了索邦大学，又回到法兰西学院。1868年，他被选为瑞典皇家科学院院士。此外，他还是法国科学院院士、法兰西研究院院士和医学院院士。

克劳德·伯尔纳于1878年2月10日逝世，享年64岁。法国在巴黎为他举行了国葬，他被埋葬在拉雪兹神甫公墓②。这是以前从未被授予的法国人对科学家的最高的荣誉。

克劳德·伯尔纳在毒物学方面的主要贡献是：

第一，发现箭毒能使肌肉松弛。研究毒药的生理作用是他最喜欢的一个研究项目，他将自己的注意力投入箭毒（Curare）和一氧化碳气体的研究方面。1844年，他进行有关箭毒的试验，指出箭毒对动物的肌肉具有较大的渗透能力，有些野兽中了毒箭以后，肌肉会变得软嫩起来，这是因为箭毒能使肌肉松弛。

第二，首次提出"药源性疾病"的新概念。1856年，克劳德·伯尔纳在巴黎做了题为《药物和毒物的作用》的演讲，这是历史上首次关于药物毒理学的演讲。人类在使用药物诊治疾病过程中，由于药物或其代谢产物所引起的与治疗目的无关的不良反应，致使机体某一（些）器官或组织产生机能改变或器质性损害，而出现的各种临床症状或体征，称为药源性疾病。

此外，在医学方面的贡献是：

第一，明确胰腺的机能。克劳德·伯尔纳证明胰腺腺体分泌物在消化过程中具有重要意义。这一成就为他赢得了法国科学院实验生理学奖。

第二，提出肝脏储存肝糖并能转化为葡萄糖。肝糖与糖尿病的发生有因果关系。

第三，1851年，他注意到颈交感神经与血流的关系，进一步建立了血管、运动神经、血管扩张与收缩的机制。

第四，他在晚年提出了"身体内所有的活命机制的目的是保持内环境恒定"的理论。

克劳德·伯尔纳是19世纪法国伟大的生理学家和哲人。后世生理学家公认，在胰腺的消化机能、肝脏的糖原生成机能、血管运动机制、箭毒和一氧化碳等毒物的作用机制等方面的研究是与伯尔纳的名字分不开的。

图96 克劳德·伯尔纳正在讲课（作者：Léon Augustin L'hermitte）

---

① 法国国家自然博物馆位于塞纳河左岸的巴黎第五区，是法国历史最悠久、规模最宏大的自然科学类博物馆。它的前身是1626年建成的皇家药用植物园，后来演变为侧重自然研究的皇家植物园。1636年，国王路易十三接受了德拉博斯的请求，签署法令确认建立"皇家公园"，并决定设立植物学、化学和解剖学的研究、教学机构。博物馆占地达22公顷，聚动物园、植物园、高山公园、古建筑、实验室、图书馆和暖房于一体，有许多研究者在这里工作。

② 拉雪兹神甫公墓（La Chaise Cemetery）。拉雪兹（La Chaise, 1624—1709），又称拉雪兹神甫，法国耶稣会教士，路易十四的忏悔神甫，巴黎一公墓冠其名，称拉雪兹神甫公墓。

为了纪念克劳德·伯尔纳，巴黎法兰西学院的实验室悬挂了纪念牌。1979年，在他逝世100周年之际，法国发行了纪念邮票。

图97 纪念克劳德·伯尔纳的纪念牌（在巴黎法兰西学院的实验室悬挂一个包有贵金属的纪念牌。1847—1878年克劳德·伯尔纳曾在这里工作）

图98 纪念克劳德·伯尔纳的邮票（1. 1979，法国；2. 1990，实验生理学之父，提出肝脏储存肝糖并转化为葡萄糖）

4.3 阿尔弗雷德·伏尔皮安

阿尔弗雷德·伏尔皮安（Alfred Vulpian，1826—1887），是一位法国医师和神经科医师。他发现马钱子碱是一种箭毒，是一种神经肌肉阻断剂，可致使肌肉瘫痪。

阿尔弗雷德·伏尔皮安，1826年1月5日生于法国巴黎。青年时代，他想进入巴黎高等师范学院，但未能如愿。于是在巴黎自然博物馆获得了一个技术员岗位。从1844年开始，他在弗卢朗①的指导下在博物馆的实验室接受基础科学和医学培训。1850年，他开始了医学研究。1853年他继续在弗卢朗的指导下完成《颅神经的起源》论文，获得博士学位。1857年，他成为"中央局"的医生。1861年为医院的医生，又成为巴黎医学院的教授。与此同时，他继续担任弗卢朗在自然博物馆研究比较生理学的助手三年(两个学年)。1869年，成为学院

图99 阿尔弗雷德·伏尔皮安

---

① 皮埃尔·弗卢朗（Pierre Flourens，1794—1867），是一位法国医生，法兰西学院解剖学教授，法国科学院院士。以研究神经系统、脑和脑的机能而闻名，是神经解剖学及其实验方法的先驱之一，被称为脑生理学家。弗卢朗是一位导师，阿尔弗雷德·伏尔皮安是他的得意门生之一。

的医学专科解剖学和生理学的第一个成员。1875 年，他担任法兰西学院院长。1876 年当选为科学院院士。1878 年他被授予荣誉军团勋章。1881 年辞去院长职务，于 1882 年被任命为名誉院长。

1887 年 5 月 18 日，阿尔弗雷德·伏尔皮安在巴黎逝世。

伏尔皮安的主要贡献是：

1856 年，伏尔皮安发现肾上腺髓质产生活性成分，称之为肾上腺素。

1857 年，伏尔皮安宣布马钱子碱是一种箭毒，这种生物碱作为神经肌肉阻断剂致使肌肉瘫痪。

1872 年，他证实了细菌在血液中的存在，并创建了"菌血症"一词，特指细菌存在于血液之中。从此，他成为新细菌学的发起人之一。

1873 年，他描述了无色血液成分——血小板的性质和血液凝固的机制。

此外，他应用病理解剖学的方法研究临床表现共济失调的机制，观察脊髓和肌肉营养障碍的前期病变与帕金森病的关系。

伏尔皮安著有《继发性肺部感染》（1860）、《神经病理学》（1879—1887）、《生理学教程》和《有毒药剂》（1882）等。

伏尔皮安是 19 世纪下半叶法国医学的领军人物。为了纪念伏尔皮安，1960 年在巴黎医学系附近的安托万·杜波依斯（Antoine Dubois）大街，竖立了他的纪念碑。碑的上部是他的大理石雕像，下部基座上刻有他的名字。

图 100 阿尔弗雷德·伏尔皮安（1. 20 岁的伏尔皮安；2. 素描：实验生理学家阿尔弗雷德·伏尔皮安，作者：Jules Le Petit）

图 101 阿尔弗雷德·伏尔皮安纪念碑（巴黎）

4.4 原田正纯

原田正纯（1934—2012），是日本熊本学园大学医学教授。在日本熊本发生的因汞污染引发的"水俣病"事件中，被誉为"水俣病救助者第一人""水俣病研究第一人"。他从1960年开始，几乎走遍了"水俣病"患者的所有家庭，挨家挨户地为患者诊断、治疗，并为他们出庭做证，在"水俣病"案件审理中发挥了关键作用。1973年3月，"水俣病"受害者赢得了诉讼的最终胜利。

图102 原田正纯

原田正纯于1934年9月14日出生在日本鹿儿岛县，1960年从熊本大学医学部研究生院精神医学专业毕业后开始研究"水俣病"[①]。1964年在熊本大学医学研究科获得医学博士学位。此后一直在熊本大学医学部精神神经科担任讲师、副教授，直到1999年3月退休。

1999年，原田正纯在熊本学园大学社会福利学部担任教授，2002年在熊本学园大学开设"水俣病学"课程讲座，2005年在校内创办了"水俣病"学研究中心，担任主任、顾问。

2012年6月11日晚，在国内外为公害病患者诊疗达半个多世纪的原田正纯因患急性骨髓性白血病在熊本市的家中去世，享年77岁。

在公害病——"水俣病"研究方面，原田正纯最大的贡献是证明"水俣病"可以通过母婴传播。这项经母体遗传的研究成果曾获得"日本精神神经学会"大奖，他也被誉为"水俣病"研究和救济第一人。

在反公害运动中，原田正纯站在受害者立场上，把日本公害状况公之于世界，此举为他带来了很多崇高的荣誉，但在1990年以前的日本，却是很难得到官方和财界的理解。他永远站在患者立场，把"水俣病"看成复杂的社会问题来解决，在不同年代、不同场合为患者活动提供专业支持，毫不留情地批评行政力量在"水俣病"发生和认定过程中的种种失误。1972年，在原田正纯陪同坂本忍的日本小姑娘出席的在瑞典斯德哥尔摩召开的第一届联合国人类环境会议上，他使"水俣病"给所有出席会议的人们留下了触目惊心的印象。所有这些使他成为日本具有世界声誉的环境活动家。

原田正纯不仅为"水俣病"患者看病

[①] "水俣病"是由于当地居民长期食用含有甲基汞的海产品所致，甲基汞来自日本氮肥公司向附近海域排放的废水，甲基汞侵入脑神经细胞引起一种综合性疾病。受害者大脑皮质发生病变，出现隧道视野、运动失调震颤、语言障碍等症状。这种综合性疾病首先于1953年在日本九州的熊本水俣发生，当时由于病因不明，故称为"水俣病"。

长达半个世纪之久,而且还走访了日本各地,访问了世界各国的公害与环境污染状况,在相关场合介绍、报告和揭发公害与环境污染问题。在日本国内,他的足迹遍及"水俣病"、三池煤矿粉尘爆炸事故引起的一氧化碳中毒、多氯联苯米糠油中毒等发生的地区。在国外,他涉足加拿大、中国、巴西的汞污染,韩国的温山病,越南战争引起的枯叶剂污染,印度的博帕尔事故,菲律宾美军基地污染,以及中国癌症村等公害现场。在从事这些活动时,他出于一个专业医生的责任感,一生从未停止关于公害病的活动。

原田正纯一生著书不断,岩波书店出版的《水俣病》是国际"水俣病"研究的入门书和经典著作。该书虽初版于 1972 年,但一直畅销不衰,到 2011 年已经重印发行了 45 版,并先后出版了英语、韩语、印度尼西亚语等近 10 种语言版本。该书中文版于 2012 年出版。此外,还著有《水俣学讲义》等。

原田正纯是日本"水俣病"研究第一人,他给日本医学界留下的名言是:"医生必须再次回到患者中去,向患者学习";"因为我是医生,我要为我的患者说话"。作者将水俣病准确地记录下来,使更多的人了解其真相。

1976 年 11 月,原田正纯应中国科学院之邀,在中国各地宣讲"水俣病"。由于"水俣病"事件本身所具有的重要的历史性和普遍性意义,2012 年《水俣病》中译本面世,对正处于工业污染和环境抗争高发期的中国无疑具有特别重要的借鉴意义。

原田正纯著述范围广、影响大,在神经学、精神医学、公害论、水俣学、环境福利学等领域造诣深厚。尽管在注重实验研究甚于临床研究的日本医学学科体系中,他只能是"万年的副教授",但这样一位悲喜交结的人物及其从事的事业,引起世界上研究日本公害史学者的广泛注意。

在原田正纯的影响下,继医生之后,日本法律、经济、社会、文化等各界知识分子纷纷介入帮助"水俣病"患者,受害者的反抗迅速演变成一场反公害社会运动。在斯德哥尔摩会议举行后一年,第一批起诉日本氮肥公司的 28 个家庭获得胜诉。在接下来的 40 年中,日本法院先后判定国家为此承担责任,村山富市、鸠山由纪夫内阁也先后提出两大法案,对患者进行补偿和赔偿。

2011 年 4 月 30 日,在"从水俣到福岛——思考核电站事故和水俣病"的集会上,原田正纯在讲演中呼吁从开始就进行全面的健康状况调查才是吸取"水俣病"教训的正确态度。

2012 年 6 月 11 日下午,约 1300 人列席了原田正纯的追悼会。原田正纯人生的最后时刻,葡萄牙女歌手 Amalia Rodrigues 的歌《亲爱的你并未真正离开》陪伴着他,人们的评论是:"不屈不挠的原田医生一辈子守候在公害事件受害者身边。"

图 103 原田正纯著作《水俣病》和《水俣学讲义》

第 94 卷

毒理学与毒素学家

本卷主编 史志诚

卷首语

在历史上，毒理学是治疗学和实验医学的基础。毒理学作为一门研究外源性化学物及物理和生物因素对生物体的有害效应及其作用机制，进而预测其对人体和生态环境的危害的严重程度，为确定安全限值和采取防治措施提供科学依据的科学，越来越受到社会立法、医疗、环境保护、突发事件应急处置等各个领域的关注。20世纪以来，随着现代毒理学的发展，出现了许多新兴的分支学科，涌现出一大批毒理学家，从事毒理学研究的科学家为了人类的健康和社会的和谐奉献着他们的聪明才智。

今天，有许多值得我们缅怀的毒理学家。如被学术界誉为毒理学之父的帕拉塞尔苏斯，这位瑞士科学家的名言"所有的物质都是毒物，没有什么物质没有毒性。药物与毒物的区分在于适当的剂量"被誉为毒理学第一定理，从此启蒙了毒理学。又如法国的毒理学家奥尔菲拉，之所以成为近代毒理学的创始人，是因为他的名言"进入人体的毒物蓄积在一定的组织中"，被誉为毒理学第二定理。他最先提出，只有人体的内脏中用化学分析法分离出毒物来，才能够对中毒案件做出公正的裁判。从此奠基了现代毒理学的基础。

毒理学与毒素学家为我们今天的生态安全、食品安全以及生物安全做出了重大贡献，我们将永远记住他们的丰功伟绩，以此激励现在从事毒理学科学研究、教育和为公众服务的专家；我们将永远缅怀他们的高尚品格和科学精神，并将此作为人类与毒物斗争的精神财富；我们也将继承他们的遗志，将毒理学科学事业继续发扬光大！

1 毒理学家

1.1 帕拉塞尔苏斯

帕拉塞尔苏斯（Paracelsus，1493—1541）[①]，是瑞士科学家、医生和炼金术士，在药理学、毒理学、治疗学等诸多领域都做出了前所未有的重要贡献，在学术界被誉为毒理学之父。是最著名的德国文艺复兴改革者。

帕拉塞尔苏斯，1493年12月10日出生于瑞士的艾因西德伦（Einsiedeln），父亲是没落的贵族后裔，一位医生兼冶金家，曾经给那些去修道院的香客们治病。1502年，帕拉塞尔苏斯的母亲去世之后，父亲作为市政府的一名医生，同时执教化学。由于他的患者都是与矿物和冶炼设备打交道的，因此，使他对化学和医学产生了兴趣，并且成为与工业有关的医学专家。年轻的帕拉塞尔苏斯倔强、顽固、独立性很强，他在一个以化学和医学至上的家庭环境中成长起来，并把父亲作为自己行为的榜样，决心要像父亲一样成为医生或化学家。

帕拉塞尔苏斯成长的年代正处于文艺复兴人文运动时期。那个时代许多文人智者对古迹、古籍和古希腊、古埃及以及拉丁的作家、哲人、医生和科学家十分崇拜。帕拉塞尔苏斯曾在欧洲的几所大学里学习，在奥地利学习矿物学和金属学，在伍兹堡的艾伯特三点论[②]的引导下对炼金术和占星学产生兴趣。1510年和1516年，他在意大利费拉拉（Ferrara）大学分别获得医学学士学位和博士学位。

为了开阔视野和丰富自己的知识，体验一些经历，他于1517年至1526年周游了欧洲、英伦三岛、埃及和圣地耶路撒冷，并利用旅游间隙在维也纳、科隆、巴黎和蒙彼利埃学习。其间他于1524年返回到维里查（Villach），担任市政医生之职。他还去过英国康沃尔和瑞典的锡矿，并在荷兰和威尼斯担任过军医。

1526年，他不安定的生活得到改变。那年瑞士巴塞尔的人文学家和出版商约翰内斯·弗罗本因长期受到腿病的折磨，他

图104 帕拉塞尔苏斯

[①] 帕拉塞尔苏斯的原名是菲利浦斯·奥瑞勒斯·包姆巴斯托斯·冯·霍汉海姆（Theophrastus Aureolus Bombastus von Hohenheim）。

[②] 艾伯特的理论包括了三点论，即合作、专业度和社会责任。

的医生建议他进行截肢来挽救他的生命。弗罗本请帕拉塞尔苏斯为他看病，经过很短时间的治疗便痊愈了。不久弗罗本的好朋友，居住在荷兰鹿特丹的伊拉兹马斯给帕拉塞尔苏斯写信描述他的病情并请教治疗方法。帕拉塞尔苏斯为他开出了处方，伊拉兹马斯的病通过他的治疗也有所好转。也许基于治愈这样和其他疾病所获得的名声，帕拉塞尔苏斯被任命为巴塞尔大学校长，同时担任巴塞尔地区参议会的官方医生，一个与被雇佣者和流浪者打成一片的人受到了不可思议的欢迎。

在大学期间，他打破传统，用德语教学，向当时医学的权威进行挑战，他公开烧毁盖伦和阿维森纳的著作，谴责几个世纪以来医学上的退步。令人遗憾的是，帕拉塞尔苏斯在破除传统旧观念时，对古代著作中正确的东西也进行了抵制。他的行为不被学生理解，不被同事接受。面对来自各方面的抨击，仅仅两年时间，他怀着愤愤不平的心情离开了巴塞尔大学，重新回到流浪医生的生活。最后，他被请去给主教治病。

1541年9月24日，壮志未酬的帕拉塞尔苏斯病逝在萨尔斯堡，年仅48岁。

帕拉塞尔苏斯的伟大贡献在于：

第一，确立了"毒物"的定义。确立"毒物"的定义是帕拉塞尔苏斯最为重要的贡献。1603年他在《第三防御》（Third Defense）一书中指出："所有的物质都是毒物，没有什么物质没有毒性。药物与毒物的区分在于适当的剂量。"[1]他明确指出化学物质的剂量和它的毒性之间的关系是毒理学的中心问题。"毒物"定义的确立，意味着以"毒物"为研究对象的毒理科学开始萌芽。

第二，创新毒理学的若干基本理论。一是帕拉塞尔苏斯首次提出"毒物是化学物"的概念。他在1567年出版的第一本关于职业病的著作《矿工病与矿山病》中论述了金属粉尘及烟雾引起的肺病和其他疾病。二是检测生物体对化学物的反应需要进行实验观察和研究。他鼓励应用动物实验进一步鉴定化学制剂的效果，既包括良性反应，又包括毒性效应。三是应当注意区别治疗作用和毒性作用。他提倡将铁应用到药品中，以预防毒性较高的有毒物质锑的影响。他提出了剂量—反应的概念："剂量唯一能决定的是该物质不是毒药。"他认为疾病是集中在某一特定部位（靶器官），相信位于特定部位的疾病能够把毒性扩展到某一特定位点（靶器官）。因此，治疗用的化学制剂在身体的某个特定部位的某个特定位点应当最大限度地发挥其药效。他提出的疾病是集中在某一特定部位（靶器官）的观点，进一步发展就是今天现代毒理学的靶器官毒理学。

第三，提出了职业毒理学、法医毒理学和环境毒理学的一些基本概念。帕拉塞尔苏斯与其他科学家一起，在研究职业性铅中毒、汞中毒、煤烟和烟垢的毒性危害等方面做出了贡献，提出了职业毒理学、

---

[1] 也有翻译："所有的物质都是毒物，没有毒性的物质是不存在的，只是剂量区分它是毒物还是药物。"（原文：All substances are poisons, there is none which is not a poison. The right dose differentiates a poison and a remedy.）

法医毒理学和环境毒理学的一些基本概念。他的这些革命性思想、观点和方法以及研究范围，不仅在当时为近代毒理学的诞生奠定了理论基础，而且至今仍然是现代毒理学理论的重要组成部分。

第四，提出以毒攻毒观点。他和他的后继者支持以毒攻毒观点：即体内有什么毒，就用类似的毒去治疗该毒（相似原则），不过关键在于剂量的掌握。他提出人体本质上是一个化学系统的学说。疾病可能是由于元素之间的不平衡引起，但平衡的恢复可以用矿物的药物而不用有机药物。他试图把医学和炼金术结合起来，把无机盐金属和矿物质引入医疗之中，成为一种新的医学化学科学，当时称之为医疗化学。每一种疾病都有一种特效的化学治疗法。他创造了鸦片酊并将其应用到了治疗学。因此，他反对旧时的含有许多成分的万灵药，而主张服用单一的物质作为药剂。这对于专科疾病的研究，有助于把有益和有害的药物加以区别。

此外，帕拉塞尔苏斯在医学研究方面提出了医学的四个基本支柱理论。他认为医学应该有四个基本支柱：哲学、天文学、化学以及医德。行医是一项神圣的使命，建议医生们要牢记这一点。他还总结了枪伤的医疗方法，发现了"呆小病"①。

帕拉塞尔苏斯著有《第三防御》（*Third Defense*，1603）；关于职业病的著作《矿工》，对毒理学做出了重大贡献。医学著作有关于治疗烧伤的名著《官方医学》（*Authoritative Medicine*，1527）；阐述医学问题和用若干章节讲解枪伤医疗方法（*Grosse Wundartzney*，1536）；《外科论著》（1565）。此外，还有几本历书。

正如历史学家评论的那样，帕拉塞尔苏斯和他的时代是一个转折点。帕拉塞尔苏斯在动荡的生涯中，能够完成的全部科学成果和他的贡献，最大的影响是：发现和启蒙了毒理学。

帕拉塞尔苏斯逝世后，人们称他为化学之父，材料医学的变革者，医学的改革者，现代化疗的教父，药物化学和毒理学的创始人。

为了纪念帕拉塞尔苏斯以及他在药理学、治疗学等诸多领域做出的重要贡献，一些国家分别发行了纪念邮票。1949年12月14日，德国联邦邮电部和德国版权法办公室支持发行的德国社会福利系列邮票中有一枚是纪念帕拉塞尔苏斯的。1991年，奥地利为了宣传帕拉塞尔苏斯研究硫、汞、金、银、铅等元素的贡献，发行了纪念邮票。1993年海尔维邮票学会②也发行了纪念他的邮票。1993年，德国发行的纪念帕拉塞尔苏斯的邮票背景中，有汞、铜、铁、银、硫黄等炼金术符号，以显示帕拉塞尔苏斯在炼金术方面的贡献。

国际毒理学联合会编辑的《通讯》于1993年发表纪念帕拉塞尔苏斯诞辰500周年的文章，重温他的名言，称他为"毒理学之父"。

---

① "呆小病"（Cretinism），是阿尔卑斯山地常见的地方病，亦叫愚侏病。这是帕拉塞尔苏斯在阿尔卑斯山地考察时发现的，他认为该病与地方性甲状腺肿病（Endemic Goiter）有关。

② 美国海尔维邮票学会（AHPS），是1938年由六位瑞士邮票收藏家和三位美国邮票收藏家在费城创办的集邮协会。

图 105　为纪念帕拉塞尔苏斯发行的纪念邮票（1.德国邮票，1949 年；2.奥地利邮票，1991 年；3.海尔维邮票学会邮票，1993 年；4.德国邮票，1993 年）

1.2　阿贝·费利斯·方塔纳

阿贝·费利斯·方塔纳（Abbe Felice Fontana，1730—1805），意大利实验毒理学家。

方塔纳于 1730 年出生在意大利北部和奥地利接壤的一个小镇波默罗洛-特莱蒂（Pomarolo-Trentino），父亲是一位律师，皇室的公证员。少年时期在私立学校读书。18 岁那年，他去巴尔马跟随一个积极向上的自然科学调查员贝尔格雷多（Jesuit Jacopo Belgrado）学习，从那里回到帕多瓦后，在 1750 年到 1752 年间，他学习解剖学课程。后来由于家庭经济困难，又回到家乡，在当地学校做一名工作人员。此间，他阅读了大量的科研文献，使他爱上了实验科学，并于 1755 年获得了一个助教的职位。1756 年 9 月，方塔纳和他的老师进行肌腱、硬脑膜和腹膜等的研究。1757 年，著名生理学家哈利尔（Haller）收到了一篇方塔纳的论文。哈利尔在汇编他的书目时，收录了方塔纳的论文，使方塔纳的名字在科学界受到了关注。

1760 年，方塔纳在比萨定居，在比萨大学自然科学实验室工作。1764 年，方塔纳发现一些科学家对毒蛇的观察存在分歧，同时比萨盛产毒蛇，进行多方面的深入研究和差异比较实验十分方便，于是他便开始研究欧洲毒蛇——圆斑蝰和欧洲蝰蛇的毒液。研究结果发表于 1767 年，成为他"蛇毒专题论文"的第一部分。这时，方塔纳的人生发生了很大变化。他的才能受到维也纳皇室的重视，1765 年被任命为大学的逻辑学（数学）教授。1766 年年初，方塔纳被大公殿下召到托斯卡官邸，他让大公看一些在静水中发现的很少见的微生物。不久之后，他被任命为皇家实验

图 106　方塔纳

物理学家,并被授予比萨大学物理学主席。在大学,他的第一个研究课题是小麦锈病。与此同时,他继续进行肌肉兴奋性的研究。

除了科学研究之外,方塔纳还参与了为大公殿下修建著名的动物学博物馆和自然历史博物馆的创建工作。1775年博物馆向公众开放。方塔纳访问了巴黎和伦敦,进一步增加了大公博物馆的收藏数目。1796年,法澳战争期间,拿破仑进入佛罗伦萨。1799年大公殿下被迫离开佛罗伦萨,但是对于既属于皇室又属于整个国家财富的博物馆,方塔纳有义务保护它的完整。之后,方塔纳利用博物馆养花种草度过他晚年的时光。

方塔纳于1805年4月10日逝世,享年74岁。

方塔纳的主要贡献是:

第一,揭示毒蛇与蛇毒的研究中的误区。在技术条件有限的18世纪中后期,方塔纳已经开始尽可能应用定量的实验测试方法来辨别基础性的问题。在研究中他发现毒蛇毒液的组成成分可与乙醇生成沉淀,毒液有肌毒性作用,它不仅仅使血液凝固,自相矛盾的是也使血流处于液体状态。

为了回答"杀死相同大小的动物需要多少剂量的毒液?"这个问题,他设计了一种一端膨胀大为勺状的毛细管,在膨胀的一端装满毒液。通过这种方法,他把毒液注入纵向的手术切口中,两个切口加双倍剂量,同等剂量注射给每个组中12只实验动物,他发现杀死一只麻雀的剂量不能对一只鸽子造成致命的伤害。杀死四分之三的鸟类实验动物需要4倍剂量。对人来说,他指出毒蛇在第一次咬伤过程中(毒蛇很少咬第二次)释放的不足毒液可以杀死一条大狗,并计算出人体重是狗的三倍。因此,他强调毒蛇咬伤不完全使人致死。方塔纳还认为"毒蛇毒液的毒性随时间的延长变得更强"。通过间隔一定时间对实验中的12只被毒蛇咬伤腿的鸽子实施截肢手术。他指出:毒素在12~20秒内进入循环系统,如果截肢手术发生在毒素进入循环之前,鸽子就可以存活下来。

关于毒蛇毒液本质属性方面,他记述了毒液的可溶性质。不像凝固动物的血液和白蛋白那样,毒液可以在热水中溶解;在烈酒和油中毒液不溶解,相反,毒液能被酒精从溶液中沉淀出来。因为毒液与植物胶(阿拉伯树胶)有相似的性质,因此方塔纳把毒蛇的毒液命名为一种动物胶。这是第一个被自然科学家知晓的命名。直到1860年其他科学家研究毒液时才认清了毒液是蛋白毒性的特性机制。

关于毒液在动物血液中的作用的研究,方塔纳用连有毛细管的玻璃注射器进行了首次静脉注射毒液。他仔细检查了中毒后死亡12小时的动物尸体,他不仅观察到了凝血,而且还观察到了流动状态的血液和出血。他发现血液的一部分极高度分解,并透过静脉血管渗出到了组织中;同时,血液的另一部分发生凝固,很短时间就黏附着固缩。他重复了米德亚体外实验,改变毒液与血液的比例,发现血液不凝固。一个多世纪以后,在伦敦的哲学课本(1898)上记载着:被毒蛇咬伤致死的动物的血液仍然是流动的。

关于毒蛇咬伤致死原因的研究,方塔纳认为被毒蛇咬伤坐骨神经的动物当通过阻止毒液向四周组织扩散的方法来治疗时,动物能够存活很长时间或完全康复。毒液的作用在于血液本身。实验表明,致死性的疾病会使动物在很短的时间里死去，单个动物死于局部疾病（毒蛇咬伤）是由于毒液引起动物机体内部系统调节失常而造成的，血液部分凝固、部分溶解使动物体内的器官发生一种致死性的失调。毒蛇咬伤的部位发生一系列的变化，迅速肿胀变青。大静脉的血液淤滞凝固。血清渗入脂肪充满整个脂肪膜。内脏循环发生紊乱，且逐渐衰弱并最终停止。内脏中肺循环比其他组织的循环早停止。

针对当时有的科学家认为挥发性的碱（液氨或液氨和少量琥珀油的混合物）可能是特异的治疗毒蛇咬伤释放出的酸性物质的特异性药物的论点，方塔纳通过实验指出：毒液既不是酸，也不是碱。那种认为挥发性碱是治疗毒蛇咬伤的特效药物的问题还有待研究。他通过实验证明液氨在治疗蛇咬伤方面是无效的。然而，在治疗毒蛇咬伤的药物实验中，他没有找到特异的药物来治疗实验中毒的动物。

第二，研究毒蛇的牙齿与毒液注入动物体内的机制。1739 年，方塔纳读到了有错误导向的阿姆斯特丹和那不勒斯的盗印版本。于是，他开始近距离研究毒蛇的牙齿，并全面阐述了毒蛇咬伤动物并把毒液注入动物体内的机制。他纠正了 1702 年阿尔斯基（Areskne）博士报道中的一些错误之处，第一次叙述了毒蛇毒牙的中空结构特征。成为第一位正确描述了毒液通过导管、毒牙管而注入动物的作用机制的人。

第三，以毒物毒性试验判定毒物的毒

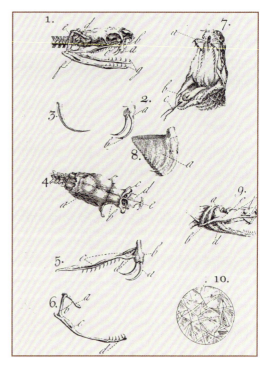

图 107 方塔纳描述普通毒蛇头部和蛇毒液的图片（图中 1c 和 5d 是上颌和能使牙齿运动的关节；1d，1e，和 6a，6b 是带有牙齿的下颌和吞咽猎物时所必需的运动支点；2a，2b 和 3 是中空结构的毒牙；7a 和 8a 是包裹食物的鞘或囊；9c 是毒腺，9e 是排泄管，9d 是在攻击时可以挤压毒腺排出毒液的肌肉；10 是显微镜下的一滴毒液。Richard Mead，1756）

性。方塔纳在《毒蛇论文集》①的第二部分的专题论文中描述了大量的毒物毒性实验，包括箭毒以及当地人用来饮用的桂樱②。当获得桂樱毒性实验的结果时，他曾经劝说大公禁止使用这些含有毒素的东西。

方塔纳著有《毒蛇论文集》，其第一部分被翻译成法文，在 1776 年传到巴黎，

---

① 《毒蛇论文集》的全名为《毒蛇（蝰蛇）论文集：美国的毒药、桂樱和植物性毒药》（*Treatise on the venom of the viper：on the American poisons，and on the cherry laurel，and some other vegetable poisons*）。

② 桂樱（Laurocerasus Officinalis），主产于热带。叶片类似于桂树叶，含氢氰酸，口尝鼻闻时都有一种苦杏仁或苦桃味。

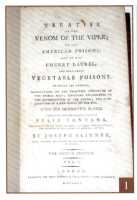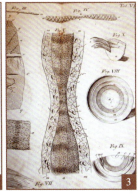

图 108 方塔纳论著及其插图 (1.《蛇毒论文集》；2.《蛇毒论文集》双册装，法文版，1781；3.插图)

他做了许多修改并增添了新的内容。1781年，《毒蛇论文集》的第二部分出版，增加了新研究成果，为双册装的法文版。1787年出版了英文版，并于1795年再版。

科技界评论方塔纳是一位有头脑、不知疲倦的工作者，在当时有限的条件下，他是一位仔细而具有开创性的研究专家，杰出的技术工作者。他在参与的许多争论中，显示了性格中坚韧不屈的一面，并在他发表的著作和论文中提出了许多新的观点。学术界称他为伟大的实验毒理学家之一，现代毒理学奠基人[1]。

在方塔纳逝世200周年的时候，大公博物馆于2005年10月15日至2006年2月19日举办了纪念方塔纳的临时展览和学术活动。

为了纪念方塔纳的学术成就，博物馆和学术界为他雕有塑像，发表专题纪念文集和画册。

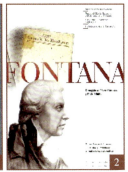

图 109 纪念方塔纳 (1.方塔纳的半身塑像；2.纪念方塔纳逝世200周年专集的封面；3.纪念方塔纳的画像)

1.3 奥尔菲拉

奥尔菲拉(Mathieu Joseph Bonaventure Orfila，1787—1853)，法国的毒理学家，近代毒理学的创始人，现代毒理学的奠基者。

奥尔菲拉于1787年4月24日出生在西班牙的米诺卡（Minorca）。学生时期他在数学、哲学、拉丁语、法语、英语和音乐方面都有优秀的成绩。13岁时已经能说

---

[1] HAWGOOD B J. Abbe Felice Fontana (1730—1805). Toxicon, 1995, 33: 591-601.

图 110 奥尔菲拉

一口流利的法语、拉丁语和英语。1804年，进入瓦伦西亚（Valencia）大学深造，对化学和数学产生了极大的热情。一年后，他获得了化学和物理方面的奖项。1806年，奥尔菲拉去巴塞罗那，一家商业协会同意让他以自费去马德里，之后在巴黎进一步深造化学。他与该协会签订了合同，该合同规定：他花一定时间进行学习，学成之后回巴塞罗那担任化学系主席，在他学习期间，他每年可以收到相当于1500法郎的资助。他在马德里经过短暂的停留，于1807年6月9日回到巴黎工作。这时法国和西班牙宣战，由于国籍问题，奥尔菲拉面临投放监狱的危险。不过，因著名的化学家沃奎林（Vauquelin）的担保，他免于牢狱之灾。由于战争，巴塞罗那的赞助者不再资助他，而他的一位商人叔叔给了他一笔钱，其间他被巴黎医学院录取。1811年10月27日，学校授予他医学学位。毕业后，由于停止了资助，奥尔菲拉身陷窘境，于是开始了私人授课。

1816年，他加入法国国籍，成为巴黎科学研究院的一员，他结合临床观察开始研究动物体内的毒物，除了研究医学之外他还研究法律，同年他成为法国国王——路易三世的皇家御医，并且在法国大学取得一席之地。四年后，他成了医学院创立人之一。在被评为医学化学教授后的1819年，他以法医学教授的身份进入医学院的评委会。其间，他对毒理学颇感兴趣，所授之课大多涉及毒理学内容。1831年至1848年担任学校教务长。1853年1月1日，奥尔菲拉给巴黎医学院捐献12.1万法郎，作为奥尔菲拉博物馆的一半资金。

1853年3月12日，奥尔菲拉因肺炎在巴黎逝世。

奥尔菲拉作为现代毒理学的奠基者，其贡献在于：

第一，首次提出毒理学是一门独立的学科。奥尔菲拉在1813年出版了为他赢得声誉的第一部专著《毒物与毒理学概论》[①]，在书中他首次提出毒理学是一门独立的学科。他从临床、病理及法医学观点论述了毒理学。这本书的独特贡献是，它不仅将以往的分散资料加以汇总从而使其得到明显的统一性和应用性，而且论述了如何发现毒物及其病理特征，奠定了病理学作为侦破手段的地位。

奥尔菲拉于1817年出版的第二部著作《医学化学元素》侧重于毒物化学，他提出阳性的化验结果是诊断中毒的必要条件，并建立了许多分析化验程序。因此，在毒理学作为一门独立学科成立的时候，人们已经认识到分析化学与法医学的相互联系是全部毒理学的重要组成部分，而且从事这项工作的人员，尤其是化学家，将成为公认的毒理学家。

奥尔菲拉还十分重视临床毒理学的研

---

① 有的文献将《毒物与毒理学概论》译为《毒物与毒理学的治疗学》，也有的将书名译为《矿物、植物和动物中提取出的毒物概论，考虑到病理学和法医学方面》。

究，于1818年出版了第三部著作《论及中毒的诊断与治疗》，指出毒理学作为一个区别于其他科目的学科需要更为广泛的定义，毒理学是一门研究毒物的学科。他的许多成果都是来自亲自对几千只狗的中毒反应结果的观察。他认为一些药物混合而成的解毒药剂是无效的。通过实验他推荐了一些疗法，如人工呼吸和一些解毒剂，如蛋清、牛乳、食盐、醋、柠檬汁、肥皂、五倍子果和锻制钱。可见他所提出的解毒剂包括了一些能吸附或排出毒物，或中和酸、碱的物质。

奥尔菲拉的第四部著作《法医教程》《Traite to Mediane Legale》是1823年出版的关于法医学的书。它的第一版就是内容丰富的著作，两册分别为737页及503页。之后奥尔菲拉1831年问世的第五部著作《尸体腐烂变化》和1841年主要研究由砷引起的中毒的病理变化的第六部著作，都是关于法医学的书。

第二，研究"剂量-反应"关系取得新进展。奥尔菲拉于1814—1815年反复研究小剂量毒物在狗身上的作用。他在法国用几千条狗做实验，系统地观察当时认为有毒物质与生物体之间的"剂量-反应"关系，结论是："小剂量毒物引起的疾病与较大剂量引起的极为相似，在病理变化方面也观察到同样现象。"他详细记录了小剂量麦角引起神经症状和一次大剂量或长期小剂量导致的坏疽。

第三，用尸检材料和化学分析方法作为中毒的法律证据。奥尔菲拉所处的年代，无论在人身上还是在动物身上，对剂量重要性的认识几乎完全是根据临床观察。奥尔菲拉在当时是一流的法医专家，他精通化学并将之应用到犯罪的现场调查。他在法庭上提供严谨的化学证据，可以对受害者的器官进行鉴定，不仅可以让法官信服，而且可以让陪审团信服。可以说，他是历史上第一位在法庭上系统地用尸检材料和化学分析方法作为中毒的法律证据的毒理学家。奥尔菲拉认为，毒理学与其他学科的区别在于它是研究毒物的科学。奥尔菲拉的科学成就为以后一些德国科学家在实验毒理学、中毒机制取得成果打下了基础。同时，也为毒理学专业教育和培训做出了重要贡献。

第四，重新审视将佛学和法学合并的问题。由于毒药与神秘学的早期发展之间有着紧密的关系，因此，奥尔菲拉指出：对于致命的中毒的法律证据的化学分析是必要的，但查明中毒原因的设计方案，必须包括检查有意投毒还是事故造成的验尸报告以及化学分析。这一论述不仅使毒理学进入启蒙时期，而且成为近代毒理学的时代标志。毒物分析和中毒检测的发展也

图111 奥尔菲拉与他的著作《法医教程》（1823）

从此开始。奥尔菲拉提出的查明中毒的设计方案在现代毒理学这一特殊领域中仍然继续引用。

奥尔菲拉发表230篇论文,著有六部重要的毒理学著作以及三部医学著作,奥尔菲拉的毒理学著作通过翻译和传播影响了世界毒理学的发展。

第一,《毒物与毒理学概论》,1813年出版。这本书很快被译成几种文字。几年之内英文译本不仅见于英国,也见于美国。在美国费城出版了500多页的优秀英译本。书中《对中毒或窒息的急救》还译为英文、德文、瑞典文、意大利文和葡萄牙文并发行了四种版本。

第二,《医学化学元素》,1817年出版。该书在1817年到1851年共发行了八种版本。

第三,《论及中毒的诊断与治疗》。

第四,《法医教程》,1823年出版。

第五,《尸体腐烂变化》,1831年出版,主要介绍中毒案件的尸体变化以及如何挖掘尸体寻找中毒迹象。

第六,《罕见的砷中毒》,1841年出版,主要介绍由砷引起中毒的病理变化。

奥尔菲拉是国际上公认的毒理学创始人。他的名言是:"进入人体的毒物蓄积在一定的组织中。"他最先提出,只有人体的内脏中用化学分析法分离出毒物来,才能够对中毒案件做出公正的裁判。

奥尔菲拉获得过许多荣誉,担任过巴黎议员全委会成员、塞纳河公共教育部委员会成员和医生慈善联合会终身主席。还获得查理三世勋章,古罗马军团勋章。

1987年,西班牙毒理学会为了纪念奥尔菲拉诞辰200周年,在他的出生地法国米诺卡举行了一次科学会议,并将他的半身雕像安放在广场上。

图112 奥尔菲拉与为纪念他的半身雕像(法国米诺卡)

1.4 罗伯特·克里斯蒂森

罗伯特·克里斯蒂森(Robert Christison,1797—1882),英国爵士、医生,苏格兰毒物学家。

克里斯蒂森爵士于1797年7月18日生于英国爱丁堡,在皇家高中毕业后进入爱丁堡大学,于1819年毕业。然后,在伦敦约翰·阿伯内西(John Abernethy)爵士和威廉·劳伦斯(William Lawrence)的指导下,做研究工作。不久又在巴黎师从罗比克(P. J. Robiquet)学习分析化学,

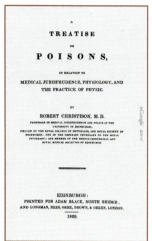

图113 罗伯特·克里斯蒂森与他的著作《论毒物与法医学、生理学和医学实践的关系》

使他在这个特殊的研究领域里迅速成长为一名权威。1829年他发表的著名的《论毒物与法医学、生理学和医学实践的关系》是在大量调查研究过程中取得的成果。为了证明毒药的毒性作用，他曾经毫不犹豫地服用大剂量的卡拉巴尔豆①，大胆地在自己身上实验。1829年，由于在医学法理学和毒理学方面的造诣，他在苏格兰获得内科医师的桂冠。从那时开始直到1866年，他在许多刑事案件的审理中被称为"做证人"。

克里斯蒂森于1832年放弃了医学法理学的职位，从事医学、毒理学与中毒治疗工作直到1877年。在同一时间，他也作为临床医学教授，并以教授的身份一直工作到1855年。

克里斯蒂森著有《论毒物与法医学、生理学和医学实践的关系》一书，1829年出版。这是第一本以英语写的关于毒物学的教科书。

此外，还著有《肾脏颗粒变性》（1839）和《英国药典评注》（1842）。

作为毒理学家和医学法理学家，1848年克里斯蒂森被维多利亚女王任命为医师，1871年被封为男爵。

并师从著名毒理学家奥尔菲拉学习毒理学。1822年他回到爱丁堡大学做医学法理学（Medical Jurisprudence）教授，并在这个基础上以医学法理学为研究方向，组织研究工作。1838年和1846年担任英国爱丁堡皇家外科学院院长，1838—1840年和1846—1848年担任爱丁堡皇家内科医学院院长，1875年当选英国医学协会主席。

1882年1月23日，罗伯特·克里斯蒂森爵士在爱丁堡逝世，享年85岁。

克里斯蒂森在医学法理学和毒理学方面均做出了卓越的贡献。他对毒药的研究

1.5 路易斯·莱温

路易斯·莱温（Louis Lewin，1850—1929），是世界著名的药理学家、毒理学家和医学史学家，是一位敏锐的科学家和优秀的教授。

---

① 卡拉巴尔豆，是卡拉巴豆属（Calabar Bean, Physostigma）有毒植物，含有毒扁豆碱（Physostigmine）。

图114 路易斯·莱温

莱温于1850年11月9日生于德国西部的一个小镇塔克尔，童年和青年时期受到了严格的初级和高等学校的教育，包括文学基础和语言启蒙教育。早年他被自然科学研究特别是医学所吸引，1871年在柏林大学开始进行学术研究，1875年获得医学学位，1876年他晋升为内科医生。在这期间他在专家的领导下进行了一段时期的研究。1881年他成为柏林药学研究所的一名助理研究员。此时他决定专攻药学和毒理学，他的杰出的工作使他在1894年获得教授的头衔。

从1874年到1929年的55年生涯中，莱温坚持不懈地进行独创性研究。他的许多著名的教材在医学和药理学界影响很大。78岁时，他因脑出血而瘫痪，致使他的工作不得不暂时停下来。幸运的是他的脑机能尚未损伤，在他的妻子和朋友的精心护理下，他又重新回到了工作岗位上，继续进行研究、写作，甚至巡回演讲。1929年12月1日，莱温逝世于柏林，享年79岁。

莱温教授对科学的贡献可以分为三类：第一类包括他在解剖学、生理学、药理学、毒理学以及与研究理化特性相关的病理学。第二类包括他的著名的教材和参考书，其中包含着他自己大量的实验数据，汇聚了从其他阅读材料和其他来源的大量惊人的信息。第三类是他对医学史，特别是毒物史的贡献。在毒理学领域的主要贡献是：

第一，推动了毒物与中毒机制的深入研究。莱温研究的兴趣十分广泛。在无机毒物方面，他研究铋、砷、锰、铅、镉、铜中毒；锑、磷、铜的毒理学；铁的药理和治疗作用等。他最早调查研究表明铅中毒可能是从枪击伤口对金属的吸收而发生的。

在有机毒物方面，他研究甘油、丙烯醛、氯仿的药理学和毒理学；氢氰酸、氰化钾、氨气、三甲苯、硝酸盐和乙炔的毒性；高含量酒精以及慢性镇静剂的作用。此外，还研究了碘仿、苦味酸、水杨酸的毒理学。在防腐剂的研究中，他发现了防腐剂和有制酵作用的麝香草酚。

在植物毒方面，他研究植物含有的可能引起幻觉的物质。他首次研究了慢性吗啡成瘾性，对麻醉剂进行了调查研究。其研究范围不仅包括鸦片及其衍生物，而且还有许多具有麻醉或非毒性特征的其他物质。例如：他对奇异的草药卡瓦胡椒（Kava）的叶子和果实、印度大麻以及其他麻醉剂进行了实验研究。他发现了具有奇怪的麻醉特性的眩晕药物，后来命名为"莱温眩晕药"（Anhalonium Lewinii）。

他在生物碱研究领域中最为感兴趣的除了鸦片、可卡因、士的宁等在治疗眼炎使用的药物外，还重点研究了颠茄类的阿托品、天仙子胺、东莨菪碱、毛果芸香碱和毒扁豆碱。他特别重视带有洋地黄基团的相关物质，如箭毒、毒毛旋花苷及其在化学上具有相关性的物质，并进行了大量的调查研究。他在霉变的马铃薯中，发现了较古老的毒物茄碱。

在动物毒方面，他不仅研究蛇毒、蛆虫毒素，而且从西班牙苍蝇中获得干斑蝥酚并阐明了干斑蝥的中毒原理。

在毒物分析方面，他在研究毒物对血液毒性的过程中改进了血液分光光度计和分析方法，总结了一氧化碳中毒的光谱学。莱温还是最早研究血液中乙炔气体的专家之一。

他在研究动物中毒方面，首次观察了血液对紫外光的吸收状况，血液中红外线吸收状况。从生理学的角度，他研究了毒物通过绵羊皮肤的吸收机制。他第一次发现刺猬对致死性毒物有较强的免疫力。

此外，对麻风病的治疗和各种感染性的疾病如炭疽病也有一些研究。

第二，关注药物毒性的研究。莱温在1899年出版了他撰写的著名的《药品的副作用》（ Die Nebenwirkungen der Arzneimittel ）一书。书中收集了大量关于如何处理剧毒和轻微毒性药物以及药物治疗过程中患者的表现和过敏反应的珍贵资料，从毒理学和药理学角度对药物活性进行了界定，进一步明确了各种药物的不良反应和副作用这两个概念的区别。

1924年，莱温出版了《致幻剂》（ Phantastica ）专著，这是一部关于有争议植物使用和误用的经典著作，包括鸦片、可卡因、海洛因、大麻、飞伞菌、天仙子、曼陀罗、酒精、卡瓦胡椒、咖啡、茶、可可和烟草等。在药理学和毒理学研究论著中具有里程碑意义。

第三，重视毒物与中毒历史的研究。莱温在他的著作中体现了一个毒理学家对世界历史的见解。在古植物、动物以及古老药物等历史研究中，莱温发表了许多文章和具有医学特性的有趣书籍。促使他写作的原因一是与他的实验研究相关，二是由于他对医学和社会的兴趣。例如，他进行了与洋地黄苷相关的箭毒研究，其中一些是关于心脏毒性的，他在1894年以专题形式发表了题为《箭毒》的论文。

在1920年出版的《一氧化碳中毒》（ Die Kohlenoxydvergiftung ）一书中，莱温系统地讨论了一氧化碳中毒的历史、统计、药理、毒理、临床、病理和社会学等方面的内容。特别是包括了丰富的历史材料。

1920年出版的《世界历史中的毒物》（ Die Gifte in der Weltgeschichte ）是一部世界毒物史。之后于1992、2000和2007年多次出版。莱温引用了从古到今的许多教材，包括从远古到今天的各种毒物，具有很高的科技史价值和学术价值。对一个普通人来说，几乎不可能相信他在有限的空间和时间内，仅仅一个人编辑了如此耗费多、信息量大的工作。

莱温在药理学、化学、法医学、毒理

图115 莱温的毒理学著作封面（1—4.《世界历史中的毒物》分别为1920、1992、2000和2007年版；5.《致幻剂》，1924）

学、临床和实践以及纯研究型的 60 多种期刊上发表了 200 多篇研究论文。著有 30 多种书籍，其代表著作有《毒理学教科书》（Lehrbuch der Toxikologie），1885 年出版，1897 年再版，1929 年出第 4 版时书名改为《毒物与中毒》（Gifte und Vergiftungen）。

莱温知识渊博、兴趣广泛，出版了很多作品，在毒理学领域是一位非常有影响的人物。同时，他还是一位内科医生、能够将自然科学和人文科学引入他的事业的哲学家。人们在怀念他的时候，总要提起他著名的座右铭，即："超越杰出的科学就是智慧，聪明的从事科学，追求科学，应用科学，这是来自生活和用于生活更有价值的时刻。"

莱温去世后，人们对他给予了很高的评价。莱温作为一个毒理学家，几乎没有任何一个专家能像他那样对各种学科领域进行实验研究。莱温和所有伟大的科学家一样，是一个具有显著特征和坚持原则的人。他憎恨任何形式的商业活动，敌视高压策略，以及药厂极度夸大的广告。他的去世，不仅是他精心钻研领域的同行们的极大损失，也是科学界弟子们乃至整个人类的损失。

1.6 杜聪明

杜聪明（1893—1986），是中国台湾医学界的一代宗师，台湾蛇毒研究的奠基人与播种者。

杜聪明，字思牧，1893 年 8 月 25 日生于中国台湾淡水百六戛贫寒农家，幼年丧父，养成节俭的习性。9 岁入书房启蒙，11 岁入沪尾公学校并寄宿在沪永吉街，17 岁以第一名的成绩毕业。同年又以第一名考进当时的最高学府"台湾总督府医学校"，1914 年毕业。1915 年负笈日本，考进京都帝国大学医学部，研究内科学，获医学博士。1921 年任教于台北医学专门学校（台大医学院前身）。1922 年升任该校教授。1928 年在《台湾民报》发表《关于汉医学研究方法之考察》。1937 年任职于台湾大学医学部教授，战后受聘为医学院院长。1946 年 2 月 9 日被推选为台湾医学会会长，4 月当选为台湾科学振兴会理事长，7 月当选为台湾医学会会长。

1953 年，杜聪明离开台湾大学。1954 年创办高雄医学院，担任院长，直至 1966 年退休。1967 成立"杜聪明奖学金委员会"。1972 年出版《杜思牧家言》。1986 年 2 月 25 日去世，享年 93 岁。

杜聪明一生贡献于中国台湾地区的医学教育。他除了自己研究外，还为药理学的门生定出三个研究方向：中药、鸦片、蛇毒。他认为中药是中华民族的国粹，拥有五千年的历史。虽然欧美、日本也曾做过不少中药成分的分析研究，但整个中医体系的精髓还是应该由中国人自己来把握。鸦片与蛇毒，是当时社会所面临的重大问题。前者，在日本殖民政府的鸦片专卖制度推动下，严重危害台湾人民的身心健康；后者，则是因为天然地理环境适合蛇类生长，酿成屡见不鲜的毒蛇伤人惨剧。他发明的尿液检查法和减量弁毒疗法，从蛇毒中提炼镇痛剂，自木瓜叶中制

图116 杜聪明

成赤痢病特效药,不仅获得极高的药理学成就,而且济世救人无数。在毒理学研究方面,杜聪明的突出贡献主要是:

第一,中国台湾地区第一位反毒专家。日本占领台湾时,面对鼎盛的吸鸦片风气,有两派不同主张,即渐禁论与严禁论。相关部门最终裁决采纳渐禁主张,并建立对日本政府最为有利的鸦片专卖制度。

渐禁政策虽然收到了一些效果,但1920年,此地吸食鸦片的人口减少为2.5万人。但这样的成果依然不能令充满新思想的知识青年满意。以蒋渭水为代表的台湾民众党对于相关部门处理台湾鸦片问题的消极态度非常不满,曾数度上书,要求强制治疗鸦片瘾者,但都被殖民政府拒绝了。台湾民众党在请愿无效的情况下,便状告到上海去,由"中国国民拒毒协会"转送日内瓦国际联盟。这时,在国际压力下,相关部门才急忙决定设置台北更生院为鸦片矫治所,授命杜聪明为所长。与此同时,杜聪明进入鸦片专卖局担任"嘱托"①,研究慢性吗啡中毒治疗法。

杜聪明检验过鸦片成分后,发现台湾的专卖局所制造的鸦片烟膏中,吗啡含量仅为5%,其中又只有11%的量会通过鸦片烟枪。根据这些数值估算,真正进入鸦片瘾者体内的吗啡量,其实相当低微。他认为断绝鸦片瘾应该不是一件困难的事。1929年4月受台湾的专卖局嘱托,他研究鸦片烟膏及鸦片副产物的性质及反应等实验研究。1945年11月他任台湾地区戒烟所所长,继续推行他的减量戒毒疗法及尿液检查法。

第二,首创毒瘾尿液筛检法。1929年3月,杜聪明带着弟子邱贤添来到乞丐收容所爱爱寮②,设了一间医疗室,开始免费为其中染有鸦片瘾的人除瘾。经过半年的努力,效果非常显著。于是,杜聪明对于自己发明的治疗方法更有信心了。1930年更生院成立,病床由20张增加到150张。在此期间,杜聪明增收了许多拥有医学和化学背景的研究生,研究鸦片瘾者的生理及行为,包括瘾者的死因、死亡率、自杀率与犯罪的关联等。这些实验结果后来提交国际联盟,成为鸦片瘾研究方面的权威性学术资料。1931年,杜聪明在实验室首创了借尿液筛检方法(禁药尿检法)以确定是否吸毒。后来,尿液检查法的发明最为世人称道,至今仍然是检验服用毒品和违禁药者最为便捷的方法。

第三,发明减量弁毒疗法。在临床治疗方面,杜聪明采用鉴于禁断疗法和渐减疗法之间的方法,他在患者药物里加入少量吗啡,抑压瘾者迷走神经的紧张状态,缓和患者的禁断症状,以减轻戒瘾者的痛苦。这个方法非常管用,许多吸食鸦片多

---

① 嘱托,为临时编制人员,职位可高可低,弹性很大。
② 爱爱寮在当时台湾万华市郊的贫民窟中,是一栋红砖筑成的矮屋,里面住满了贫困潦倒的失意人,相当于一间私人慈善机构。

年的老烟枪只花了一个月，就断瘾出院。到 1945 年，台湾只剩下五六百名鸦片瘾者。1946 年 6 月，更生院完成它的历史任务，结束营业。在它存在的 17 年里，共矫正了数万名鸦片瘾君子，解决了在当时非常严重的社会问题。

第四，调查研究蛇伤治疗方法。台湾地处亚热带，山林乡间常有蛇类出没。据统计，台湾本土蛇类共有 51 种，其中 15 种为有毒蛇。除了分类学研究之外，早期台湾蛇毒研究多集中在血清学和血清治疗法，对于台湾蛇毒的药理与毒理作用在 1930 年以前没有人研究过。1930 年年末，杜聪明开始研究蛇毒，首先调查统计 1904—1938 年间有记录的台湾毒蛇伤人的 1.2 万确实案例，并于 1941 年提出一篇长达 140 页的翔实论文《台湾毒蛇伤人之统计报告》。接着，他研究蛇毒的毒理作用及其致死原因，然后进一步针对毒理作用研究治疗方法。后来，他的团队陆续发表了一系列的蛇毒药理的研究报告，为研究治疗方法奠定了基础。

杜聪明一生的座右铭是"药学至上，研究第一"。著有《药理学概要》(1944)、《药理学教室论文集》《杜聪明言论集》《中西医学史略》(高雄医学院，1959) 等。

杜聪明在 72 年的医学教育与医学科学研究中，有门人三十、弟子三千，其中六人当选为"中央研究院"院士，大弟子李镇源被誉为蛇毒大师。

杜聪明是台湾蛇毒研究的关键人物，他不但挑选出蛇毒这项深具本土优势的研究素材，而且带领一批高素质的门生，为长期研究打下扎实基础，使得蛇毒研究成为当地唯一享誉国际的基础科学学科，蛇毒研究经久不衰，在国际学术界有相当影响。

杜聪明去世后，鸦片和蛇毒研究在中国台湾地区科学史上都各自留下了辉煌的一页。一些学者撰写专著，怀念这位济世救人的一代宗师。杨玉龄、罗时成著《台湾蛇毒传奇》（天下文化出版，1996），详细介绍了杜聪明的一生。杨玉龄[①]著《一代医人杜聪明》（天下文化出版，2002）。湖岛克弘著《杜聪明与阿片试食官》（玉山社，2001）。2005 年，在纪念

图 117 纪念杜聪明的书籍（1.《台湾蛇毒传奇》封面；2.《一代医人杜聪明》封面；3.《杜聪明与我——杜淑纯女士访谈录》封面）

---

① 杨玉龄，是中国台湾地区《天下杂志》资深文稿编辑，撰写《台湾蛇毒传奇》《肝炎圣战》等名著。

杜聪明博士逝世20周年之际,台湾文献馆联合台湾大学医学院共同出版了《杜聪明与我——杜淑纯女士访谈录》①。该书出版后,人们可以更好地了解这位做出了杰出贡献的医学界传奇人物的一生。

1.7 哈罗德·卡朋特·霍奇

哈罗德·卡朋特·霍奇(Harold Carpenter Hodge,1904—1990),是美国毒理学家,美国毒理学学会(SOT)的第一任会长。

霍奇,生于1904年。1925年在伊利诺伊州的卫斯理安(Wesleyan)大学获得学士学位,1927年发表第一篇科学论文。1930年,在艾奥瓦大学获得博士学位。1931年,他来到纽约的罗切斯特(Rochester)口腔学校,沉迷于对牙齿氟化物的研究。当时,人们都反对用氟(当时只是鼠的毒性实验),为了公众健康,他被任命在生物 化学部致力于牙齿的研究,包括氟化物的毒性。

在第二次世界大战初期,原子能委员会到罗切斯特联合医学院创办"曼哈顿工程",霍奇被选为药物毒理学这个分支的带头人。第二次世界大战后,美国的大部分气体中毒项目的发展是由霍奇的学生发起并承担的。1958年,当一个新的药学院成立时,霍奇成为它的第一任主席。

1970年,霍奇退休后,他来到旧金山的加利福尼亚大学直到1983年。他作为加利福尼亚大学药学院的名誉教授,在指导博士生的教育方面发挥了积极作用。霍奇博士于1990年10月8日逝世。

霍奇他一生发表了近300篇论文和5部著作。在"曼哈顿工程"实施过程中,霍奇领导了早期对铀和铍的吸入毒理研究、金属中毒和气体中毒方面的工作。他所取得的成就,在当时处于领先水平,也得到了国际上的认可。1957年,霍奇主编的《商品的临床毒理学》(*Clinical Toxicology of Commercial Products*)首版发行,最终发行了35版。由于该书对中毒和解毒有较强的临床实践性和指导性,因此,该书对美国毒物控制中心的成立具有重要意义。

1961年3月4日,霍奇被美国毒理学会的九位创立者选为会长。1962年4月15日召开的第一届美国毒理学会的年会上,他在开幕词中指出:"这将是一个历史性时刻。这个特殊的科学将吸引有相同兴趣或爱好的人走到一起。从现在开始,毒理

图118 哈罗德·卡朋特·霍奇

---

① 杜淑纯女士是杜聪明博士的长女,是此书的主要贡献者,服务于美国图书馆界。

学将有自己独立的声音。"他强调成员资格应建立在原创研究的基础上，也就是说要发表原创研究论文才有成为会员的资格。他鼓励法学开设毒理学课程。他在规划毒理学学科发展方面起到了积极的推动作用。他的执着、才能为许多毒理学专家树立了榜样。25年后，霍奇与其他美国毒理学会的创立者一起，在年会上被授予荣誉证书。

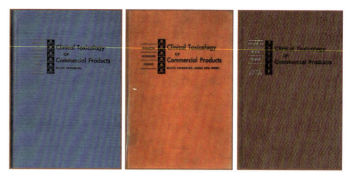

图119 霍奇主编的《商品的临床毒理学》不同版本

霍奇一生获得过很多的荣誉。伊利诺伊州的卫斯理安大学于1949年授予他名誉博士学位；西部预备役（Western Reserve）大学于1967年同样授予他博士学位。国际口腔研究机构授予他教育奖（1975）、口腔专业终身成就奖（1984）。1988年他获得瑞士专利研究基金、瑞士医学研究会和卡罗林卡机构联合颁发的预防齿科奖的资助。

霍奇所教过的药理系的学生以及研究生都很欣赏他，他讲的氟化物、食物中毒和毒理学发展史等课程堪称精品，吸引了许多研究生和博士后反复听读。霍奇博士逝世后，罗切斯特大学医学院成立了"霍奇纪念基金"。

1.8 勒内·萨豪特

勒内·萨豪特（René Charles Joseph Truhaut，1909—1994），法国毒理学家。

萨豪特于1909年5月23日出生在法国旺代省的普佐日（Pouzauges）。他在旺代省的拉罗什镇接受中学教育，然后去往巴黎。法国癌症研究的先驱之一的查尔斯（Charles Sannié）教授任命他为刚成立的癌症研究所的实验室主任，也就是现在著名的古斯塔夫·鲁西（Gustave Roussy）癌症研究所。1932年，当他获得巴黎医院寄宿学校药剂学专业的理学学士学位后，他就得到现代毒理学创始人之一的勒内·法布尔（René Fabre）院长的赞赏。接着，他被任命为塞纳河精神病医院药剂师。然后，他继查尔斯之后，成为癌症研究所化学和物理部的负责人。1947年，他继续撰写题为《内源性致癌物质的研究的贡献》的药学博士论文。然后，他被任命为实际工作的负责人，并在1948年成为毒理学副教授。1949年，成为美国国家科学院药剂学会员，1976年成为主席。他是巴黎第五大学（勒内·笛卡尔大学）制药和生物科学学院的毒物学研究中心研究人员。1952年，他获得了关于铊的生物学和毒理学研究的自然科学博士学位，并因此闻名于毒理学界。1956年，他提出了每日摄入量的概念。1960年，他接替勒内·法布尔成为毒理学系主席，并一直担任到 1978 年退休。1968 年，成为法国科学院会员。1972 年，成为法国医学科学院会员，1991 成为会长。1978 年，获得美国工业卫生协会（American Industrial Hygiene Association，AIHA）的"杨特纪念奖"（William Yant Memorial Award）；1981 年，获得世界卫生组织金奖。

1994 年 5 月 10 日，勒内·萨豪特在巴黎去世，享年 85 岁。

勒内·萨豪特的主要贡献是：

第一，提出了生态毒理学是一门独立的学科。1969 年 6 月，在瑞典首都斯德哥尔摩召开的由科学联合会国际理事会（International Council for Scientific Unions，CSU）的一个特设委员会组织的一次会议上，萨豪特第一次提出"生态毒理学"（Ecotoxicology）这一术语。他将生态毒理学定义为一门描述不同制剂对活的有机体，特别是对生态系统中的种群和群落的毒性效应的学科。这一贡献使他成为生态毒理学学科的奠基人之一。

第二，指出了生态毒理学这一新兴学科的研究目的和研究内容。1977 年，萨豪特发表了题为《生态毒理学：目的，原理和展望》[①]（*Ecotoxicology: Objectives, Principles and Perspectives*）的论文。该论文详细地介绍了生态毒理学这一新兴学科的研究目的和研究内容，并对该学科的发展提出了展望。

第三，研究铊的毒理学而闻名。1952 年，勒内·萨豪特与约瑟夫·查尔斯（Joseph Charles）在巴黎出版了他们合著的《铊，分析研究，生化，药效学和毒理学》（*Les Effets Biologiques du Thallium, Étude Analytique, Biochimique, Pharmacodynamique et Toxicologique*）一书，学术界对此书给予了很高的评价，从此萨豪特以研究"铊毒理学"而闻名。

萨豪特在主要科学期刊上发表论文 100 多篇。著有《氟中毒》[②]（*Les Fluoroses*，1948），介绍氟在工业卫生和食品卫生方面的重要性以及研究分析方法。他与勒内·法布尔合著《毒理学手册》[③]（*Précis de Toxicologie*，1960）。他编写的《职业病手册》[④]（1975）被重印多次，成为毒理学的经典之作。

图 120 勒内·萨豪特的毒理学专著（1.《氟中毒》，1948；2.萨豪特与勒内·法布尔合著的《毒理学手册》，1960）

[①] TRUHAUT R. Ecotoxicology: objectives, principles and perspectives. Ecotoxicology and Environmental Safety, 1977（1）：151-173.

[②] TRUHAUT R. Les fluoroses, leur importance en hygiène industrielle et en hygiène alimentaire, les méthodes analytiques applicables à leur étude. Paris：SEDES, 1948.

[③] TRUHAUT R, FABRE R. Précis de toxicologie. Paris：Société D'édition D'enseignement Supérieur, 1960.

[④] TRUHAUT R, SCHERRER J, DESOILLE H. Précis de médecine du travail. Paris：Masson, 1975.

从 20 世纪 50 年代起，勒内·萨豪特有许多兼职，经常出现在法国一些主要的国家机构（法国公共卫生高级委员会、国家农业委员会）和一些最负盛名的国际机构：职业病常驻国际委员会，国际劳工局，世界卫生组织（尤其是著名的专家委员会粮农组织/世界卫生组织），包括化学物的生态毒理学和毒理学委员会在内的众多欧洲共同体科学委员会，国际抗癌联盟以及国际纯粹与应用化学联盟（International Union of Pure and Applied Chemistry，IUPAC）。

1.9 肯尼斯·帕特里克·杜伯伊

肯尼斯·帕特里克·杜伯伊（Kenneth Patrick DuBois，1917—1973），美国毒理学家，美国毒理学会创始人之一。

肯尼思·帕特里克·杜伯伊，于 1917 年 8 月 9 日生于美国南达科塔州的阿伯丁（Aberdeen）。他是家中七个孩子中最年长的，在皮埃尔（Pierre）长大。高中毕业以后，他进入南达科塔州立大学，1939 年获得了化学与制药学士学位。之后，在南达科塔州农业试验站工作期间，他对毒理学最感兴趣。曾经发表了七篇文章，其中六篇是关于硒中毒以及砷能够消除硒的毒性的文章。

1940 年，他去了普渡大学并获得了药物化学硕士学位。其后不久，他到美国威斯康星大学的麦克安德尔实验室（McArdle Lab.），1943 年被授予生理学和生物化学博士学位。1943 年 6 月，成为芝加哥大学新创建的毒性实验室的成员。他在芝加哥大学药理学系工作了近 30 年，从研究助理提升至主管（1953）和教授（1956）。对他影响最大的是芝加哥大学毒性实验室第一任审查员和药理学系主任格林（E. M. K. Geiling），后来，杜伯伊接替其成为系主任。

1973 年 1 月 24 日，肯尼斯·杜伯伊死于肺癌，年仅 55 岁。他的去世不仅是他的家人、朋友、同学、同事的一个悲剧，而且使得他作为重要角色的已经规划好的毒理学发展蓝图的实施受到影响，他的逝世成为芝加哥大学毒理学的巨大损失。

杜伯伊教授从事毒理学的职业生涯近 30 年，他撰写的科研论文 200 多篇，参与了几部毒理学著作中的一些章节以及一些教科书的编写工作，其研究成果广泛应用于毒理学研究生的培养和医学教学。他培养的博士生有 25 名，并担任几名博士后的导师。他将数以百计的医学家和毒理学家介绍给他的博士生，鼓励他的学生无论从事学术研究还是从事其他研究都要努力工作。他也曾在美国药理学和实验疗法学会（American for Pharmacology and Exper-

图 121　肯尼斯·帕特里克·杜伯伊

imental Therapeutics，ASPET)、美国国家科学院-国家研究委员会(National Research Council/Nation Academy of Sciences，NRC/NAS)、美国食品药品监督管理局（FDA）、美国医学会（American Medical Association，AMA）及其他政府、军事、工业委员会服务。

杜伯伊的研究贡献还包括一些重要的论文，如《陶工的癌症研究》《天然产品和金属的毒理学研究》，以及《放射损伤机制的研究》等。他的研究重点是有机磷杀虫剂的毒理学作用机制。他最初的研究是证明阿托品对焦磷酸四乙酯（TEPP）和硝苯硫磷酯（E-605）的解毒效力。之后杜伯伊博士和他的同事还进行了以一系列的有机磷酸酯类毒理学研究为特点的研究和谢尔登·墨菲（Sheldon Murphy）阐发的以电位化效果为生化基础的研究。

肯尼斯·杜伯伊是美国毒理学会的创始人之一，曾担任第一届副会长（1961—1962）。他认为学会创办杂志非常重要，于是发起并担任《毒理学和应用药理学》的第一任主编，该杂志于1963年成为美国毒理学会的会刊。阿诺尔德·J. 莱赫曼（Arnold J. Lehman）和弗雷德里克·科尔斯顿（Fred Coulston）为编辑。杜伯伊还提名格林（Geiling）博士和奥艾廷金（W. F. von Oettingen）、萨尔曼（T. Sollman）为美国毒理学会的名誉会员。

1962年，杜伯伊主持了第一个年会的计划会议，并且安排了美国药理学与实验治疗学会的第一个秋季联合会议。之后的10年，他曾领导和服务于许多其他委员会，尤其是支持有关教育的委员会的工作。

1972年，美国毒理学会授予他"卓越贡献奖"，以表彰他为毒理学学科的建设所做出的贡献。杜伯伊认为，他在事业上曾经得到过许多其他的荣誉，但是毒理学会的荣誉奖是最有价值的奖项，因为它来自毒理学同行业和同事们对他的工作的肯定。

1.10 诺曼·奥尔德里奇

诺曼·奥尔德里奇（Norman W. Aldridge，1919—1996），英国毒理学家。

诺曼·奥尔德里奇生于1919年。1937年，年轻的他是一名化学实验室技师。1946年，在获得学位之后，他加入英国医学研究委员会（Medical Research Council，MRC）毒理学组。

1975年，诺曼·奥尔德里奇作为世界卫生组织协作实验室主任，英国医学研究委员会毒理学组的联系人，参与国际重大毒性事件的处置。在此前后他参与了历史

图122 诺曼·奥尔德里奇

上重大毒性事件的调查处置，主要是摩洛哥烹饪油污染事件、伊拉克谷物种子中毒事件、西班牙毒油事件、印度博帕尔农药厂泄漏事件和巴基斯坦有机磷农药—马拉松中毒事件。

由于他在毒理学方面取得的研究成果与工作影响，1977年奥尔德里奇成为约翰·巴恩斯奖①的第一位获得者，1985年成为分子毒理学部的副主任。他在萨里（Surrey）大学被任命为生化毒理学教授，在那里一直到退休。他是英国毒理学会理事长。1992年获得美国毒理学奖；1994年获得欧洲毒理学会贡献奖②。

诺曼·奥尔德里奇于1996年逝世，享年77岁。

诺曼·奥尔德里奇著有《毒理学：机制和概念》（Mechanisms and Concepts in Toxicology，1972）、《酶水解：有机磷化合物》（Enzymes Hydrolysing Organophosphorus Compounds，1977—1978）、《选择性和毒性的分子机制》（Selectivity and Molecular Mechanisms of Toxicity，1989）等。他主编的会议论文集有：《毒性机制研讨会论文集》（1970，伦敦）、《生物化学研讨会论文集》（1971）等。

诺曼·奥尔德里奇在国际毒理学界享有盛名。他先后担任欧洲医学研究委员会（MRC）毒理学组秘书长（1972—1987）、欧洲科学基金会毒理学项目资本助项目主席以及世界卫生组织（WHO）农药安全使用专家委员会主席（1973—1990）。

诺曼·奥尔德里奇是国际毒理学联合会的发起人之一。国际毒理学联合会于1980年成立后，他先后担任执行委员会成员（1980—1983）和秘书长（1983—1986）。

1.11 玛丽·阿姆杜尔

玛丽·阿姆杜尔（Mary O. Amdur，1922—1998），空气污染毒理学的先驱。被誉为空气污染毒理学之母。她是化学家，也是英国法国文学和音乐的爱好者。

阿姆杜尔生于1922年。1943年获得匹兹堡大学化学专业学士学位，随后，在康奈尔大学仅用了短短的三年时间研究锰和胆碱在大鼠骨骼形成中的作用，获得生化专业博士学位。她曾供职于哈佛大学公共健康学院（1949—1977）、麻省理工学院（1977—1989）和纽约大学环境医学研究所（1989—1996）。1996年，她退休以后，继续完成在纽约大学的科技论文，编辑手稿，整理她从事毒理学46年来的研究成果。尽管她的工作出色，成绩非凡，但在三个院所的学术岗位上，特别是在哈佛大学工作的近30年，她没有获得应有的终身教授的头衔。1998年2月16日，她从夏威夷度假返回的飞行途中因心脏病发作逝世。

---

① 约翰·巴恩斯奖（John Barnes Award），是英国毒理学会设立的奖项，每两年颁发一次。获奖者可以在英国的重点实验室做访问学者，以促进他们在毒理学研究方面取得更大的成果。

② 贡献奖（Merit Award），也称为优异奖。

图 123　阿姆杜尔

阿姆杜尔的主要贡献是：

第一，空气污染毒理学的创始人。阿姆杜尔博士是空气污染研究领域的一位杰出毒理学家。1948 年，她对美国宾夕法尼亚州多诺拉烟雾事件产生了兴趣。接受了调查硫酸雾刺激人肺部影响的任务。她的研究成果对于阐明气体和颗粒物对人和动物肺部的影响做出了突出的贡献，加深了我们对硫酸雾以及气体颗粒物混合物对肺部毒害作用的了解。她所做的工作，在国际上对空气污染标准的制定起到了重要作用。她从事的毒理学研究成果，对公众政策和公共卫生事业产生了深刻的影响。

第二，建立生理学动物模型。阿姆杜尔博士取得卓著成就期间，正值科学界以男性为主宰的时代。在这样的气氛中，她研究事业的进展受到多方阻挠。1953 年 7 月，阿姆杜尔博士和她的丈夫本杰明·阿姆杜尔用自己的钱购买实验动物，开展一些早期的实验。他们的实验结果表明短期刺激呼吸会产生长期影响。其研究报告在 1953 年 12 月美国科学促进会会议上发表。她建立的生理学动物模型，在 40 年里成为研究微粒和空气之间相互作用的基础。在她 67 岁时，阿姆杜尔将研究项目搬到了纽约大学环境医院研究所里，又从麻省理工学院的研究人员里选出了一个小组来继续她的工作。她获得了高级研究科学家的头衔。尽管她的成功研究也给她带来了一定的收入，但却没有薪水。

阿姆杜尔是《卡萨瑞特·道尔毒理学：毒物的基础科学》（*Casarett and Doull's Toxicology*）第二版至第四版的主编之一。

在阿姆杜尔的研究生涯中，她曾多次赢得褒奖。包括 1974 年美国工业卫生协会的卡明斯（D. E. Cummigs）纪念奖；1984 年美国工业卫生协会的亨利·史密斯（Henry F. Smyth）奖；1986 年毒理学会呼吸分会的职业学术成就奖；1989 年美国政府工业卫生会议的赫伯特·斯托金奖。使她最为快乐和期待的奖项是 1997 年获得的毒理学会优异奖，因为她是获得这一殊荣的第一位女性。然而，不幸的是，得奖一年后的 1998 年 2 月玛丽·阿姆杜尔逝世，这对空气污染毒理学的发展无疑是一大损失。

阿姆杜尔博士的直率特质、科学实力、公平诚实和智慧风范给毒理学界留下了深刻的印象，她对科学的求知欲、对毒理科学的贡献和她的个人魅力被人们牢记于心。

1.12　格汉德·扎宾德

格汉德·扎宾德（Gerhard Zbinden，1924—1993），瑞士毒理学家。

格汉德·扎宾德教授于 1924 年 9 月 5 日出生在瑞士中心山区靠近伯恩（Bern）的一

图 124 格汉德·扎宾德

个小村庄——伦世第。他的父亲是一位高中教师,也是一位活跃的政治家。在其父亲的熏陶下,他对自然科学尤其是动物与植物学方面产生了浓厚兴趣。他在伯恩城附近的一所医学院学习。在第二次世界大战期间他都留在伯恩城,并在伯恩大学病理学研究所和儿童医院接受培训。他 1951 年结婚,养育了四个孩子。扎宾德的家庭是一个令人羡慕的家庭,它为这位忙碌而又积极向上的科学家带来了无限的动力。

1955 年扎宾德改变研究方向,在巴塞尔霍夫曼罗氏有限公司(Hoffmann-La Roche)研究实验室从事试验药理学、毒理学和血液学工作。1959 年他接受了位于美国 Nutley 的霍夫曼罗氏公司的邀请,从事领导工作,成为该公司生物研究部门的负责人。1967 年,在扎宾德的事业达到顶峰之时,他离开了罗氏公司来到英国剑桥大学医学院从事独立的科学研究工作。他为能够再一次从事纯粹的医药科学领域研究工作而感到非常的舒心。

1970 年,扎宾德回到瑞士,成为苏黎世大学实验药理学和毒理药理学教授,又开始了毒理学研究。他特别关注心脏毒性化疗药物、毒性食品添加剂、神经系统的毒性损害,以及免疫毒理方面前沿学科的研究。由于环境危害、工业危害、人类与生物健康危害已经变得非常重要,因此有关毒理学方面的研究、可行性建议和专业知识则被广泛的关注。1975 年瑞士政府要求瑞士技术联合学院组建首个毒理学研究机构。当时,扎宾德作为大学的代表被推荐成为医学毒理学研究机构的负责人。扎宾德和他的合作者在一起开展了多项重要研究。其间,扎宾德和他的毒理学研究机构在整个学术界非常有名。他成为几个国际协会和研究机构的成员,在瑞士药理学学会中组建了毒理学分会。他是几个著名的毒理、药理、病理协会以及癌症研究协会的荣誉会员。他也是一些科学研究协会例如国家科学委员会、国家癌症机构和世界健康团体的顾问。1991 年扎宾德退休以后继续工作并环游世界。

1993 年 9 月 30 日,在与一种罕见的癌症长期抗争并进行过几次手术之后,格汉德·扎宾德不幸病逝,享年 69 岁。

扎宾德的主要贡献是:

第一,提出半数致死量测试指标。1981 年,扎宾德在《毒理学档案》发表了一篇名为《半数致死量测试在化学物质的毒理学评估上的重要性》的论文。用大量的资料分析半数致死量测试的用途,指出半数致死量测试化学物质与一般药物的急性毒性要比单一的化学方法可靠。因此,许多国家的政府规章都增加了化学物质(食物添加剂、化妆品、杀虫剂、化工用品)的半数致死量测试项目,成为毒理学评价的一个惯例。由于测定药物的毒理和毒性作用需要频繁使用大量的实验动物,扎宾德受到了许多批评和反对。因此,他不断提出一些取代使用整体动物对化学物质进行毒理学测定的方法。他引进细胞学方法和分子遗传技术来减少对实验动物的使用,保护动物免受不必要的痛苦。

第二,研发了新的维生素、镇静剂和

巴比妥类或哌啶类催眠药。扎宾德在霍夫曼罗氏公司期间，成功地研发了新的维生素、镇静剂和巴比妥类或哌啶类催眠药，例如甲乙哌酮（脑疗得）和巴比妥酸盐等；止痛类药物如地索吗啡、阿片全碱和复方对乙酰氨基酚（Ⅱ）（散利痛）；循环类药物如樟磺咪芬、苯丙香豆素、酒石酸盐醇和肝素钠(肝素)；抗生素类药物如磺胺异噁唑和异烟肼（利福平）以及许多其他产品。接着他又研发了一类全新系列的安定剂：苯二氮䓬类。例如甲氨二氮䓬（氯氮䓬），地西泮，美达西泮和随后的甲丙氨酯等其他药物。这些药物帮助成千上万的精神疾病患者解除了痛苦。同时也给罗氏公司带来了巨大的经济利益，使罗氏公司在纳特利建立了新的分子生物学研究中心，在医学和生物学领域中均起到了重要作用。

第三，提出实验毒理学发展的历史分期。扎宾德在1992年第6届国际毒理学大会上提出实验毒理学发展的历史分期。他认为实验毒理学的研究历史可划分为三个时代，即发现时代，从20世纪延续到21世纪初，其发展高峰期是20世纪80年代；生物机制探索时代，开始于20世纪40年代，发展高峰期在20世纪90年代，并将在21世纪继续延伸下去；个体表达时代，开始于20世纪80年代，21世纪初进入发展高峰时期。

扎宾德先后发表了320多篇学术论文，涉及某些食物残留的危害；细胞生长抑制剂对心脏和神经系统的毒性作用；药物对行为和免疫应答的影响等方面。他关注分子毒理学这个新的研究领域，研究由药物导致的基因缺陷和造成身体畸形的原因。特别是在为预防药物治疗带来的危害方面树立了典范。他留给科学界的信息是不懈地寻找更好的关于毒性作用的解释。他认为，在医药界，技术人员应该使用最好的技术开发一些特效药来减小不必要的副作用，同时也要将药物研究中动物的使用量降到最低。

扎宾德著有《毒理学研究进展》（1973，1976）、《大脑的调制和修补》（1992）、《人类、动物和化学药物》（1985）和《江河禾本科植物资源》（1992）等著作。特别是在《人类、动物和化学药物》一书中，列举了100多种化学物质的作用和毒理价值，讨论了毒理学方面的重大问题。

在其毒理学职业生涯中，从大学到企业再重新回到欧洲大学，从病理学到生理学，最后对毒理学越来越感兴趣，并且保持了一位科学家的研究活力，扎宾德显示了一位典型的瑞士人冷静、沉稳、儒雅、善良、开朗、谦虚，工作勤奋努力的形象。他的思维敏捷，总能立即抓住问题的关键，找到新的更好的解决方法，是许多毒理学家的挚友。他的一生对一个具有极强心理适应能力以及视野开阔、有创造力和献身精神的科学家来说可谓是一个典范。

随着毒理学的发展需要，扎宾德创立了个人出版社，将其命名为"M. T. C.出版社"。在这个出版社他还与他的朋友创建了研究与生命协会，通过传媒促进医学人员的继续教育。

2

毒素学家

2.1 弗朗切斯科·雷迪

弗朗切斯科·雷迪（Francesco Redi，1626—1696），意大利著名的内科医师，闻名于毒素学，也是一位著名的诗人。他发现了毒蛇和非毒蛇之间的不同之处。

雷迪于1626年2月18日出生在阿雷佐（Arezzo）市的一个贵族家庭，在充满学者和杰出人士的气氛中成长起来。他在大学学习医学和自然科学，获得哲学和医学博士学位。然后到佛罗伦萨成为一个家喻户晓的医师。被任命为德梅迪奇大公爵的第一医师。他与许多诗人、哲人以及早期的科学家常有来往。他热爱哲学、医学和诗歌，先后获得哲学、医学和诗歌三个学科的学位。因此，他是一位对诸多领域感兴趣的博学的生物科学家。由于疾病的困扰，他于1696年在比萨去世。在他逝世288周年那一年，国际毒素学会在他的出生地阿雷佐召开了第11届动物、植物及微生物毒素专题研讨会。

图125 弗朗切斯科·雷迪

雷迪发现了毒蛇和非毒蛇之间的不同之处。他的研究认为：所有的动物都会受到毒液侵袭，但体格较小的动物比大型动物更容易死亡。死亡发生提前或者延迟，与被咬的部位有关。有的动物被毒蛇咬后没有死，虽然毒液带来痛苦，但可以无须治疗而恢复。蛇毒如果口服是没有毒的，如果蛇毒混合在一杯葡萄酒里它就是没有毒的。蛇毒是从毒蛇的毒牙中流出的黄色液体。他还第一次对蛇毒进行了化学试验，结论表明，蛇毒不是酸性，不是碱性，也不是盐；它在热水中不凝固，在乙醇中可以沉淀。

毒蛇与蛇毒的研究只是雷迪人生中的一部分，他还对蝎子、蚂蚁、跳蚤和蜱等有毒动物进行过详细的调查研究，描述了它们的行为特征以及数量分布。

雷迪著有《雷迪医学文集》，人们在《雷迪医学文集》中看到他在显微镜下观察所制作的完美的有毒动物的图画。

他逝世后，以他的名字命名的"雷迪奖"是国际毒素学领域公认的最杰出的奖项。

2.2 爱德华·施茨

爱德华·施茨（Edward Schants，1908—2005），美国生物化学家，神经毒素专家。

爱德华·施茨于1908年8月27日出生在美国威斯康星州的哈特福德，在靠近斯巴达（Sparta）的家庭农场长大。在他获得了生物化学学士学位后，又在艾奥瓦州立大学获得硕士学位，在威斯康星大学获得博士学位。第二次世界大战期间施茨加入了美国军队，驻扎在离华盛顿不远的德特里克堡，在美国国家科学院和威斯康星大学细菌学部工作。1972年，生物和毒素武器公约实施后，施茨在威斯康星大学的食品研究所继续对新的毒素的研究。2005年4月28日，爱德华·施茨去世，享年96岁。

图126 爱德华·施茨

施茨在美国国家科学院和威斯康星大学细菌学部工作期间，建立了以研究生物武器为主的实验室。1946年施茨和他的同事纯化肉毒杆菌毒素，首次获得致命的肉毒杆菌毒素A型毒素。由于肉毒杆菌毒素经口摄入时是最致命的有毒化合物之一，肉毒杆菌作为生物武器的使用是非常有限的，因此，他主张A型肉毒毒素采取外用以用于医疗。如果进行高倍稀释后，A型肉毒毒素注入一个特定的肌肉，则用于眼睑痉挛、眼睑收缩的非手术治疗；某些疾病影响颈部的肌肉造成的"斜颈"治疗等。

施茨的研究工作推动了肉毒杆菌毒素肌肉松弛剂的发展。后来发现肉毒杆菌毒素可以清除脸部多余的线条和皱纹，被皮肤科医生用于美容。约有70个国家采用这一医疗技术。在美国，就有超过110万的人已经接受肉毒杆菌毒素注射技术用于除皱。目前正在研究应用肉毒杆菌毒素治疗偏头痛、慢性背部疼痛和多汗症的可能性。

1972年，生物和毒素武器公约实施后，禁止生产和储存生物武器，尼克松总统签署并责令停止德特里克堡的进攻性目的研究生物战剂。之后，施茨在威斯康星大学的食品研究所继续进行肉毒杆菌毒素的研究。由于人接触到或食用了被海洋"赤潮"污染的贝类就会中毒，而且目前尚无已知的解毒剂，因此，他转向与"赤潮"污染有关的石房蛤毒素（Saxitoxin）的研究。

2.3 芬德莱·E. 罗塞尔

芬德莱·E. 罗塞尔（1919—2011），美国的内科医师和毒物学家，国际毒素学会第一届理事长。

芬德莱·E. 罗塞尔，1919年9月1日生于旧金山。在第二次世界大战期间，曾担任过美国陆军军医，在冲绳（Okinawa）战役中获得了紫心勋章（Purple Heart）[1]和铜星勋章（Bronze Stars）[2]。

1951年毕业于美国罗马琳达大学（Loma Linda University）医学院，获得医学学位。之后，在洛杉矶县综合医院做实习生。在加州理工学院生物学部安东尼奥·凡·哈鲁贝尔特（Anthonie Van Harreveld）教授的指导下从事神经生理学研究。1953年，他发表了《虹鱼毒液研究》的论文，得到海军研究室的支持，从此继续研究更多物种的毒液，于是毒素和有毒动物的研究成为他整个的职业生涯的主要工作。1953年，他转到帕萨迪纳（Pasadena）亨廷顿医院的医学研究所工作。1955年他离开了亨廷顿来到南加利福尼亚大学，担任神经学、生物学和生理学教授，兼神经学研究实验室主任，南加利福尼亚大学医疗中心洛杉矶县毒液中毒中心主任。在南加利福尼亚大学的近30年间，他为毒素与有毒动物的研究培养了许多人才，做出了重大贡献。特别是他作为国际毒素学会（International Society on Toxinology，IST）的创始成员之一，并在1962年当选为首任理事长（1962—1966）。1981年，他成为亚利桑那大学药理学与毒理学系教授，在那里工作了15年。

芬德莱·E. 罗塞尔有许多同事和朋友，爱好收藏蒸汽机和老爷车。更为兴趣的是广泛收集蜘蛛、蝎子和响尾蛇。他在自己的家里建立门户网站。

罗塞尔于2011年8月21日在亚利桑那州凤凰城（Phoenix）辞世，享年92岁。

芬德莱·E. 罗塞尔一生的追求是研究毒蛇和蛇毒的药理，他为研究有毒动物和毒素对人体神经系统的影响做出了巨大贡献，被广泛认为是世界上领先的权威之一。他亦是在推进使用多价抗响尾蛇蛇毒血清用于毒蛇咬伤方面的公认的先驱科学家之一。

他在加州理

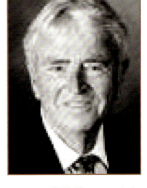

图127 芬德莱·E. 罗塞尔

---

[1] 紫心勋章，是历史最悠久的军事荣誉，是向普通士兵颁发的勋章。它于1782年8月7日由乔治·华盛顿将军设立，当时叫军功章，专门授予作战中负伤的军人，也授予阵亡者的最近亲属。尽管这枚勋章在今天的美国勋章中级别不高，但它标志着勇敢无畏和自我牺牲精神，在美国人心中占有崇高地位。

[2] 铜星勋章，是第二次世界大战期间美军授予参与作战的具有良好军事道德的地勤人员、步兵、医疗人员以及退伍军人的勋章。

工学院、南加利福尼亚大学和亚利桑那大学工作期间，组成了研究毒素和有毒动物的团队，成员有：霍华德·蒂斯（Howard Teas）和理查德·施威茨（Richard Schweets）、乔治·韦尔斯·比德尔（George Wells Beadle）、阿里·J. 哈根达斯密特（Arie Jan Haagen-Smit）、诺贝尔奖获得者威廉·肖克利（William Shockley）和莱纳斯·鲍林（Linus Pauling），为世界毒素学的持续发展奠定了良好的基础。

罗塞尔在他的整个职业生涯中，撰写了医学、药理学、毒理学和毒液的论文120多篇。他的代表作是《加利福尼亚州南部的蛇毒中毒》（《加州医学》，1960，93（6）：347-350），《美国的蛇毒中毒》（《医学年评》，1980，31：247-259）等。

罗塞尔著有《蛇毒中毒》（Snake Venom Poisoning）（1980）。罗塞尔与理查德·S. 谢德芬伯格（Richard S. Scharffenberg）合著《蛇毒和毒蛇文献》（Bibliography of Snake Venoms and Venomous Snakes）（1964）。罗塞尔与 R. 纳加布沙南（Rachakonda Nagabhushanam）合著《毒液和印度洋有毒无脊椎动物》（The Venomous and Poisonous Marine Invertebrates of the Indian Ocean）（科学出版公司，1997）。

罗塞尔获得过多个奖项和荣誉。除了他的医学学位、英国的博士学位之外，他还是富布赖特学者（Fulbright Scholar）[①]。1989年，获得美国加利福尼亚大学圣巴巴拉（Santa Barbara）分校荣誉法律学位。1974年，美国航空航天局授予他太空实验室成就奖（Skylab Achievement Award）。2000年，成为美国毒理学会的荣誉会员。2011年，美国加利福尼亚州罗马琳达大学授予他校友奖。亚利桑那大学药学院授予他杰出公民奖。

罗塞尔还应邀为联合国及有关机构做咨询工作。先后被聘为世界卫生组织、无国界医生（Doctors Without Borders）和美国国家科学基金会（National Science Foundation，NSF）的顾问以及剑桥大学、斯蒂芬研究所、阿根廷大学和开罗大学的客座教授。

罗塞尔逝世的第3天，即2011年8月23日，亚利桑那《每日星报》发表公告，介绍了他的丰功伟绩。

2.4 斯特鲁·柯·萨瑟兰

斯特鲁·柯·萨瑟兰（Struan K. Sutherland，1936—2002），澳大利亚毒理学、药理学和免疫学专家。

斯特鲁·柯·萨瑟兰于1936年6月17日出生在澳大利亚悉尼，成长于维多利亚的本迪戈（Bendigo）。1960年毕业于墨尔

[①] 美国参议员詹姆斯·威廉·富布赖特于1946年提出富布赖特法案，确立了美国与外国的学者和学生到对方国家交流进修的方案。富布赖特项目始建于1946年，是美国在全球范围内开展的大规模国际合作交流项目，旨在通过教育和文化交流促进国家间的相互了解。参与这一项目的学者被称为富布赖特学者。

本大学医学系，1962—1965年在澳大利亚皇家海军服役。1966—1994年，在联邦血清实验室（Commonwealth Serum Laboratories，CSL）工作，不久被任命为免疫学研究部主管，在这个岗位一直工作了28年。

1994年，联邦血清实验室和抗蛇毒血清的研究计划因经费拮据停办后，萨瑟兰又创立了澳大利亚蛇毒研究组，在那里他一直工作到1999年。此时，由于他患类似的帕金森病，被迫退休。萨瑟兰于2002年1月11日辞世，享年65岁。

斯特鲁·柯·萨瑟兰是澳大利亚的毒理学、药理学和免疫学专家。他作为医学研究者开发了有效的抗毒素其他治疗方法，为被澳大利亚野生有毒生物咬伤或刺痛的人们解除痛苦和病患做出了突出贡献。

第一，研制漏斗网蜘蛛①抗蛇毒血清。1979年1月，一个名叫斯特奇斯（Christine Sturges）年轻女孩被漏斗网蜘蛛咬伤死亡。1980年1月，一个两岁男孩詹姆斯·卡利（James Culley）被漏斗网蜘蛛咬伤三天后死亡，成为澳大利亚第13个受害者。从此萨瑟兰坚持研究漏斗网蜘蛛的抗蛇毒血清直至成功。许多先前的研究人员未能研制出这种抗蛇毒血清。当萨瑟兰的研究小组研制出有效的抗蛇毒血清以后，被咬伤的患者都得到了及时的治疗，再没有发生死亡记录。1981年1月31日，一名49岁的悉尼人戈登·惠特利（Gordon Wheatley）被漏斗网蜘蛛咬伤，他在医院经过两天的治疗完全康复出院。

第二，调查澳大利亚的有毒生物。在调查澳大利亚的有毒生物方面，萨瑟兰对澳大利亚特有的有毒动物做了重点研究，如澳大利亚红背寡妇蜘蛛

图128 斯特鲁·柯·萨瑟兰

（Latrodectus Hasselti）、漏斗网蜘蛛（Funnel-web Spider）、黑寡妇蜘蛛（Badumna Insignis）、白尾蜘蛛（Lampona Cylindrata）和兰环章鱼（Hapalochlaena Maculosa）等。

第三，创新了毒蛇咬伤的治疗方法。萨瑟兰研制的蛇毒检测试剂盒，能帮助医院的工作人员确定咬伤治疗的适当时机。与此同时，他倡导毒蛇和漏斗网蜘蛛咬伤仅仅采用止血的方法对患者是有害的，还需要在进行抗毒血清治疗的同时采用绷带给予一定的压力，即加压固定术（Pressure Immobilisation），使肢体处于不动状态。从而丰富和发展了临床毒理学。

萨瑟兰与约翰合著《澳大利亚有毒生物》（*Venomous Creatures of Australia*，牛津大学出版社）、《澳大利亚动物毒素》（牛津大学出版社，1983）和《小心！澳大利亚的有毒动物》（Hyland House，2005）等。其中《澳大利亚有毒生物》成为当时澳大利亚的畅销书。

萨瑟兰著有他的自传《毒素生涯》

---

① 漏斗网蜘蛛（Funnel-web Spider），最早在澳大利亚东部被发现，包括塔斯马尼亚岛州以及澳大利亚南部的海湾森林。是一种毒性极强，极具侵袭性的有毒动物。漏斗网蜘蛛咬伤后轻者局部剧痛、红肿、毛发直立、流汗；重者因肺积水引起呼吸困难导致死亡。

 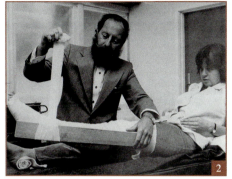 

图129 漏斗网蜘蛛与萨瑟兰教授的新疗法（1.漏斗网蜘蛛；2.萨瑟兰教授示范急救蛇咬伤时采用的加压固定术，采自 A Venomous Life，Highland House，1998，插图）

图130 萨瑟兰的自传《毒素生涯》（封面）

（A Venomous Life，Highland House，1998）。书中叙述了他的祖父祖母、父亲母亲和他的三次婚姻；从上小学的第一天到作为一名水手服役的生活；从1966在联邦血清实验室工作的28年到退休之后的编写专著；回顾工作岗位上的研究趣事和与他共同工作的同事以及与比尔·莱尼（Bill Lane）主任的友谊。书中附有50多幅照

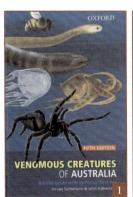 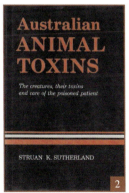 

图131 萨瑟兰编著的三部书（1.《澳大利亚有毒生物》，第5版；2.《澳大利亚动物毒素》；3.《小心！澳大利亚的有毒动物》）

片以及书信。是叙述萨瑟兰研究生物毒素学职业生涯的一部佳作。

萨瑟兰教授是澳大利亚最灿烂的和引人关注的科学家之一。他因研制的抗毒血清和其他方法治疗漏斗网蜘蛛和毒蛇咬伤而闻名。他研制的蛇毒检测试剂盒和漏斗网蜘蛛抗蛇毒血清拯救了许多生命。

1977年，萨瑟兰获得美国医学协会医学研究奖。1984年获得皇家学会新南威尔士詹姆斯·库克（James Cook）医学奖章。

1999年3月13—14日，澳大利亚周末杂志连续刊登纪念他的文章，称他为"蜘蛛侠"。[1]

2002年，萨瑟兰逝世两个星期之后，在澳大利亚国庆日被授予澳大利亚勋章（Order of Australia，AO）的荣誉，表彰他研制漏斗网蜘蛛抗蛇毒血清，研究澳大利亚的有毒生物以及为临床毒理学的发展所做的贡献。

---

[1] WHITAKER M. Spiderman. Weekend Australian Magazine，1999-03-13.

第95卷

法医毒理学家

本卷主编 史志诚

WORLD HISTORY OF POISON
世界毒物全史

卷首语

法医毒理学作为法医学与毒理学的分支学科,是担负科学地、准确地判断是非的一门学科,对立法、执法和刑事处罚具有重要意义。

中国南宋时期杰出的法医学家宋慈所著的《洗冤集录》,既是世界第一部法医学专著,也是法医毒理学专著,开创了13世纪中国的"法医鉴定学"。19世纪初,英国法医毒理学家泰勒定义法理学上的毒药,他收集整理和科学分析法律判决依据,为法医毒理学的起步做出了重要贡献。美国法医毒物学家盖特勒创办法医毒物分析实验室,创新准确的死亡判定标准和毒物分析技术,开设毒物学继续教育课程。瑞典化学家、酒精法医毒物学先驱维德马克创用S形玻璃毛细管酒精微量分析法,创立酒精分布数学模型,并促成法律规定血醇浓度惩罚界限。丹麦法医毒物学家本尼克森提出用酶法进行体液中的乙醇定量,进而提出由呼出气中测定乙醇以代替血样的发现方法。

前苏联功勋科学家法化学奠基人斯切潘诺夫著《法化学》一书,介绍了毒物化学分析及职业性毒物的测定,作为前苏联高等药学院教学用书。中国近代毒物分析化学的奠基人黄鸣驹先后建立了尿或乳液中的吗啡微量鉴识法、甘油微量鉴识法、碱性氮毒物鉴识法,为教学、科研、公安、司法等部门培养了众多的法医毒物分析工作者。

历史上的法医毒理学家与法医毒物分析学家,在用毒谋杀案的定罪和在冤、假、错案的平反昭雪两个方面做出了重大的贡献。

1 法医毒理学家

1.1 宋慈

宋慈（1186—1249），中国南宋时期杰出的法医学家，被称为中国古代法医学之父。西方普遍认为正是宋慈于公元1235年开创了"法医鉴定学"。

宋慈，字惠父，南宋孝宗淳熙十三年（1186）生于福建省建阳县童游里（今童游南山下）一个朝廷官吏家庭。自幼勤奋攻读，好学不倦。入太学之后，成了著名理学家真德秀的学生。宁宗嘉定十年（1217）登进士第，曾任长汀县令、福建路邵武军，为人民做了许多有益的事。宋理宗宝广二年（1226），宋慈出任江西信丰县主簿（典颁文书，办理事务），从此正式踏上了仕宦生涯。嘉熙三年（1239），宋慈升充提点广东刑狱①。嘉熙四年（1240），移任江西提点刑狱兼知赣州。淳祐元年（1241），知常州军州②事。淳祐五年（1245），开始收集编写《洗冤集录》资料，淳祐七年（1247），任湖南提点刑狱，并兼大使行府参议官，协助湖南安抚大使③处理军政要务。淳祐九年（1249）3月7日于广东经略安抚使④任上逝世，享年64岁。⑤

宋慈在法医毒理学方面的主要贡献是：

第一，总结尸体法医检验技术和方法。宋慈一生20余年的官宦生涯中，先后担任四次高级刑法官，后来进直宝谟阁奉使四路，也是"皆司皋事"，可见宋慈一生从事司法刑狱。长期的专业工作，使他积累了丰富的法医检验经验。宋慈平反冤案无数，他认为，"狱事莫重于大辟，大辟莫重于初情，初情莫重于检验"（出自《洗冤集录》序）。他重视现场勘验，还指出"凡验妇人，不可羞避"，"检妇人，无伤损处须看阴门，恐自此入刀于腹

图132 中国南宋提刑宋慈
（引自宋大仁，1957）

---

① 刑狱，刑事案件。
② 军州，即州级军。
③ 安抚大使，即各路军事治安长官。
④ 经略安抚使，路的军政长官。
⑤ 贾静涛. 世界法医学与法科学史. 北京：科学出版社，2000：85-86.

内",如死者是富家女,把女尸抬到光明平稳处,"令众人见,以避嫌疑"。宋慈在长期从事提点刑狱工作中,认为检验是关系整个案件"死生出入""幽枉曲坤"的大事,因此对于狱案总是"审之又审,不敢萌一毫慢易心"。通过认真审慎的实践,宋慈总结出一条重要的经验:检验是一切刑狱之根本途径及手段,错案、冤案与检验经验不足有密切关系。于是"博采近世所传诸书,会而萃之,厘而正之,增以己见,总为一编,名曰《洗冤集录》,刊于湖南宪治",供省内检验官吏参考,以达到"洗冤泽物"的目的。这部法医名著一经问世便迅速传遍全国各地,并成为后世众多检验书籍的祖本。

第二,提出毒物中毒与解毒急救方法。《洗冤集录》既是世界第一部法医学专著也是法医毒理学专著。《洗冤集录》对于毒理学也有许多贡献,书中的服毒、蛇虫伤死、酒食醉饱死等各条中比较详细地记载了毒物与中毒的症状,以及实用的解毒方与急救法。主要是:首先,在鉴别毒物学方面认为:"土坑漏火气而臭秽者,人受熏蒸,不觉自毙,而尸软无损……",这与现代一氧化碳煤气中毒的情况完全相同。其次,对有服毒症状的描写也十分细致,指出服毒者"未死前须吐出恶物,或泻下黑血,谷道肿突或大肠穿出";死后"口眼多开,面紫黯或青色,唇紫黑,手足指甲俱青黯,口眼耳鼻间有血出"。再次,在解毒方法上如解砒毒,用鸡蛋白10~20个搅匀和入明矾9克,灌进服毒者口内,吐后再灌。这与现代用牛奶解毒,同样通过蛋白质与砒毒凝固,使毒液不被胃吸收相似。近代洗胃催吐法与明矾作用相似。因此这些都是很有科学原理的方法。

宋慈所著《洗冤集录》共计五卷53条。内容包括法医检验的重要性及其具体步骤,疑难伤亡现象的辨别,真假伤痕的判析等;涉及尸体识别、四时尸变,以及凶杀、自刎、火烧、水溺、服毒、中毒、绳缢、杖死、跌死、牛马踏死、酒食饱死、筑踏内损死等法医学诸多方面的详尽知识;博及病理、药理、毒理、解剖、急

图133 宋慈《洗冤集录》(1.《洗冤录》,乾隆版;2.《补注洗冤录集证》官刻本,光绪壬午夏月重刊校,1882)

图134 《洗冤集录》宋慈序(宋慈手迹,出自《洗冤集录译释》)

救、妇科、儿科等医学方面的知识。

《洗冤集录》是中国法医学的里程碑，也被誉为世界上最早的法医学专著，比意大利人福蒂纳特·菲德尔①的法医著作早350多年。早在明朝初年，该书首先传入朝鲜，一直是朝鲜法医检验领域的标准著作。之后在德川幕府时代（1603—1867）经朝鲜传入日本，在短短的十年间六次再版，影响极大。鸦片战争后，由西方学者翻译介绍到荷兰、德国、法国、英国等四国，影响欧洲国家。清朝同治六年（1867），荷兰人首先将这本书翻译成荷兰文，传入西方。后又被翻译成多国文字，影响世界各国法医学的发展。意大利北部州的法律首先规定了委任法医鉴定，委派警察医生做法医学尸体解剖。1553年，德王卡尔五世颁布《犯罪条令》规定杀人、外伤、中毒、缢死、溺死、杀婴、流产等案件，必须做出法医学鉴定。20世纪50年代，前苏联契利法珂夫教授所著《法医学史及法医检验》一书将宋慈画像刻印于卷首，尊为"法医学奠基人"。

宋慈逝世后，于次年归葬。宋理宗②亲自为其书写墓门，凭吊宋慈功绩卓著的一生。1953年，建阳县文化部门在昌茂村发现断碑一块，上面刻有"慈字惠父宋公

图135 宋慈纪念地（1.宋慈墓在建阳市崇雒乡昌茂村，1961年被定为省级文物保护单位；2.南平建阳宋慈广场）

---

① 福蒂纳特·菲德尔（Fortunato Fedele，1550—1630），意大利法医学家，1602年前后著《论医生的报告》，全书共四卷。第四卷的内容包括生与死、创伤、窒息和中毒等。

② 宋理宗即赵昀。赵昀，南宋皇室宗亲，赵匡胤之子赵德昭的九世孙。原名赵与莒，1222年被立为宁宗弟沂王嗣子，赐名贵诚，1224年立为宁宗皇子，赐名昀。宋宁宗驾崩后，赵昀被权臣史弥远拥立为帝，史称"宋理宗"。宋理宗是宋朝的第十四位皇帝（1224—1264在位），在位40年。

之墓",对照道光《建阳县志·古迹》中"宋惠父慈墓,雉田里昌茂坊"的记载,认定此处即宋慈墓地。该墓为石砌穹隆形封土堆,坐西北朝东南,面积约1000平方米,墓前立石碑一方,上书"宋慈惠父之墓。"1957年、1982年及1987年,建阳县多次对墓地进行整修,加筑围墙,拓宽墓道,植树绿化。

1.2 艾尔弗雷德·斯温·泰勒

艾尔弗雷德·斯温·泰勒(Alfred Swaine Taylor,1806—1880),医学博士,英国皇家学会会员,英国法医毒理学家。

泰勒1806年出生于英国肯特,1823年他进入盖伊和圣·托马斯联合医学院学习。1825年,联合医学院分校时,他作为学生留在盖伊医学院。之后的三年,他参加了毒理学家奥尔菲拉和化学家举办的讲座。然后他开始在欧洲旅行,访问了意大利、德国、荷兰等国家的医学院。在巴黎的所见所闻激发了他对法医毒理学的兴趣。1831年他在伦敦盖伊医学院任法医学讲师。他把法医毒理学、化学引入他的讲座内容。1845年至1851年,他在伦敦医学刊物杂志做编辑。人们认为他是一位很好的讲师,他为法医学刊物的创办做出了杰出的贡献。他从大量化学实验数据中寻找证据,从而为法官的判决提供有力依据。他写的法医学书中的很多实例都是他在实践中验证过的。他的一生都在讨论研究犯罪案件中化学分析的证据问题。他的著作也被翻译成其他语言在世界上流传。1880年泰勒去世后,他作为一个犯罪证据专家而闻名于世。在国际法医学界被誉为19世纪法医毒理学的先驱。

泰勒的主要贡献是:

第一,定义法理学上的毒药。他给法医学中的毒物下了一个定义:毒药是这样一种物质,当其进入机体后不用通过机械性损伤的方式就能危害生命。包括吞入的、吸入的和经过皮肤吸收进入体内的毒药的定义,但不包括机械性刺激性毒物的定义①。因此,泰勒认为数量不能作为定义毒物的唯一标准。但他又指出,"小剂量的毒药,是一种药物,大剂量药物是一种毒药"。从法律的角度出发,"剧毒性物质"这样的说法用来给毒药下定义虽说不准确,但它依然经常被人们使用。"具

图136 艾尔弗雷德·斯温·泰勒

---

① 泰勒根据奥尔菲拉的观点,将毒物分为三组:刺激性毒物、腐蚀性毒物和刺激腐蚀性毒物。刺激性和腐蚀性毒物通过它们对嘴、咽喉和胃的刺激效应而被检测出来。一些毒药的痕迹在某些案例中很容易被观察到。但当毒药未产生明显的刺激效应时就很难检测出来。此时医生们的临床经验就成了唯一的方法。从而区分中毒症状和自然生病的症状。

有致死性"这样的字眼通常是多余的，所以应该去掉。这不仅没有意义而且在描述一些特殊的自然毒药时易引起争议。

第二，收集整理和科学分析法律判决依据。泰勒一生都在讨论研究犯罪案件中化学分析的证据问题。他知道法庭需要什么样的证据才能判决。他坚持科学分析依据必须能够被证据自身所证实。他作为证人，十分机敏谨慎并做到尽量公平，不管他是哪一方的证人，人们都喜欢他。在准备出庭做证之前，他总是先想一想可能出现的反对意见。泰勒认为化学反应可以检测出一种毒药，但如果没有生理学以及病理学方面的证据，依然很难断定死因。1856年著名的威廉·帕尔默谋杀案中就出现过这种情况。泰勒认为犯罪痕迹的化学分析结果只是为判决提供参考，并不是提供唯一的毫无疑问的证据，化学分析的结果只是对现场勘查的一个补充说明，化学分析的结果还需要论证。分析样品可能被有意或无意地污染，分析过程要求分析者具有一定的分析技术水平，这不是一般的医生或者化学分析家能做到的。泰勒认为法官了解化学分析方法的原理和法医了解法庭审判过程同样重要，这样法官才能透过一些表面现象看到一些深层次的事实真相。

泰勒通过法医学中的检测实验，建立了一套特有的教学方法。特别是在19世纪中毒案件频发的年代，泰勒对铅盐、汞盐、铜盐、砷盐、锑盐特征的检测，砷的不同检验方法以及生物碱的检验都有独到的见解。他的这些经历，包括在法庭上做证的经历，为他出版新书提供了有益的帮助。泰勒的重要贡献在于他将法医毒理学研究提升到了一个新的高度。

泰勒著有《法医学手册》。1836年，

图137 泰勒与威廉·帕尔默谋杀案审判（1.1856年泰勒〔左〕和同事采用马什法进行分析演示，从中毒的约翰·帕森斯·库克〔John Parsons Cook〕体内组织样本中测试痕量的砷和锑；2.1856年威廉·帕尔默谋杀案审判现场，自伦敦国立医学图书馆，版画）

泰勒出版了他的第一部书，论述创伤与毒物的研究。在随后出版的《法医学手册》一书中，他把毒物的研究放在了首位，包括毒药的生理效应与毒药在犯罪侦破中重要性的研究，而后是创伤、自杀和其他原因引起死亡的研究。在第二版出版时，又引入砷、铅、钼、阿片等新毒物化学分析与检测方法。补充了毒物的最小致死量（在过去的15年法庭判决的案件中，约45%的案例要求对毒物进行分析），用作医学上的证据。此外，泰勒还在都柏林季刊、医疗期刊和医疗公报上发表了多篇论文。

1.3 亚历山大·奥·盖特勒

亚历山大·奥·盖特勒（Alexander O. Gettler，1883—1968），美国法医毒物学家。

盖特勒1883年生于奥地利，6岁随父母由奥地利移居美国，在曼哈顿成长。先在纽约市念中学，后入纽约市学院，1904年获理学士学位。为了减轻父母的经济负担，他通过文职人员考试成为港口售票员，三年后考入哥伦比亚大学研究生院，边学习边从事售票工作。1909年获文学硕士学位。

1910年，他作为临床化学家被聘为曼哈顿的贝尔维尤（Bellevue）医院医学院讲师，协助化学教授曼德尔（J. Mandel）工作，在纽约大学讲授生物化学。1912年在哥伦比亚大学获得生物化学博士学位。随后晋升为医学院助理教授，并于1915年被任命为贝尔维尤医院病理化验师，他的实验室主任是查尔斯·诺里斯（Charles Norris）博士。1930年被聘为纽约大学华盛顿广场学院化学教授，1948年成为该院名誉教授。1959年退休，1968年去世，享年85岁。

盖特勒的主要贡献是：

第一，创办法医毒物分析实验室。1918年，查尔斯·诺里斯博士在贝尔维尤医院建立了纽约市首席法医办公室（Office of Chief Medical Examiner，OCME），并在病理大楼（即城市太平间，也称为陈尸室）设立了一个办事处。因为1915年他在贝尔维尤医院任病理化验师的时候，他的实验室主任是查尔斯·诺里斯博士，因而诺里斯了解盖特勒并需要他主持毒物分析工作。于是，盖特勒于1918年至1959年成为纽约市首席法医办公室的毒理学家，也是美国城市聘任的首位法医化学家。[①]

盖特勒到纽约首席法医办公室工作的时候，在美国尚无毒物分析实验室，因此，他所从事的是美国法医毒物学的奠基工作。他担负着创建实验室的重任。

第二，创新准确的死亡判定标准和毒物分析技术。在死亡事故的脑组织乙醇常规分析方面，盖特勒力图改变当时存在的以中毒死者的服入毒物量为致死量的概念，代之以通过分析得到的吸收后的最小致死量，对判定死亡原因起到重要作用。此外，还撰写了多篇从人体分离苯等毒物

图138 亚历山大·奥·盖特勒
（引自 R. S. Fisher, 1980）

---

① ECKERT W G. Medicolegal investigation in New York City // History and activities 1918—1978. The American Journal of Forensic Medicine and Pathology, 1983, 4 (1): 33-54.

的论文。

第三，开设毒物学继续教育课程。1935年，盖特勒在纽约大学开设毒物学的继续教育直至1948年。毒物学继续教育课程吸引了不少毕业生学习并成为他们的终生工作，其中有些毕业生因此成为美国著名的法医毒物学家。

图139 盖特勒（右一）和查尔斯·诺里斯（左一）
（在贝尔维尤医院病理大楼三楼的毒理分析实验室，1922）

按照纽约市规定退休年龄是70岁，但由于工作需要，他直到1959年75岁时才退休。他在毒物学领域工作的40年中解决了许多重大案件。由于他在开拓法医毒物学方面的杰出贡献，1953年荣获美国法科学会授予的荣誉证书。1959年退休后的10年中他仍然关心毒理学的发展，对毒理学的兴趣依然不减当年。

美国法医科学院以他的名字命名了"亚历山大·奥·盖特勒奖"（Alexander O. Gettler Award）。1983年适逢盖特勒诞辰100周年之际，《美国法医学与病理学杂志》专门发表两篇纪念文章，缅怀他在发展美国法医毒物学事业中所做的贡献。其中一篇着重记述了他和同事们一起从事的多方面研究工作和他所解决的一桩桩疑难中毒案件，同时指出他的最主要的贡献是，一手培养出了美国的第二代法医毒物学家。

1.4 维德马克

维德马克（Erik Matteo Prochet Widmark，1889—1945），瑞典化学家，酒精法医毒物学先驱。

维德马克1889年6月13日生于瑞典小镇赫尔辛堡。他是三兄弟中最小的一个，父亲是技师兼商人。1907年获得中学文凭后进入隆德（Lund）大学学习。最初学习动物学，不久转入医学系。1912年获得医学学士学位。1914年发表论述乙醇被清除于尿中的动力学及依尿中乙醇浓度证实饮酒的论文。1917年获开业医执照，同年，通过《血液、尿液、肺泡气中的丙酮浓度及一些相关问题》的论文答辩，获得医学博士学位。这篇论文被刊登在一家著名的英国期刊上，论文的成果成为他后来通向法医酒精研究方面的努力和贡献的重要基石。1918年，他在隆德大学生理学科任助理教授，1921年任隆德大学医学与生理化学教授。1922年，他开发的确定血液中酒精浓度的方法被指定为测定酒精含量的方法。维德马克一生中发表了50多篇有关酒精的论文。于1945年4月30日逝世，享年56岁。

维德马克的主要贡献是：

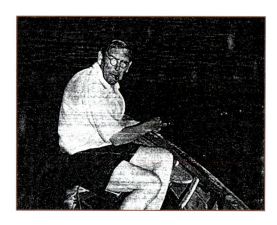

图 140 维德马克（摄于他去世前不久的一次钓鱼过程中）

第一，创用 S 形玻璃毛细管酒精微量分析法。1918 年，他创用 S 形玻璃毛细管进行微量血样的乙醇定量分析。他提出的方法是对 Nicloux 氧化法的改进，修改了重铬酸硫黄酸法。然而维德马克方法的一大特色是使用 S 形毛细管，这种试管被设计用来从指尖和耳垂采集血样（100 毫克）。注满血样后用扭天秤给每个毛细管称重，当把所有试样小心注入一个固定在反应容器颈部的小玻璃瓶里后，根据试样重量的变化确定等份血样量。经过在专门设计的烧瓶中扩散，乙醇被从生物组织中分离出来。分析结果是用"质量/质量"形式的浓度单位来报告，表示每克全血中酒精的毫克量（千分率）。

图 141 中"A"为中 S 形空玻璃毛细管，"B"为盛有约 100 毫克全血的带橡胶塞的 S 形玻璃毛细管。将毛细管的末端浸入一滴血液中，血液由指尖或耳垂针刺采血，之后该管因毛吸作用而充满。每管内壁覆盖着一层氟化草酸盐粉末，以防止血液凝固。从每个嫌疑人身上采集 4 或 6 管血液。将血样小心注入扩散烧瓶中的一个小杯前后，用扭天秤给毛细管称重，精确至毫克，以确定等份血样量。（其中"1"是磨砂玻璃塞，"2"是盛装用于分析的等份血样的小杯，"3"是重铬酸硫黄酸氧化剂）。

与乙醇反应后剩余的氧化剂，通过添加碘化钾释放碘，再用硫代硫酸钠进行反向滴定，以淀粉作为指示剂指示滴定终点，测定出剩余氧化剂的量。这样可以在相对较短的时间内连续检测血液中的乙醇，因此成为用被测对象的血液填注毛细试管的标准方法。这个程序使得该方法可以很好地控制分析的精确度，结果的质量保障也成为瑞典在相当早的时期进行法医酒精分析的基础。

维德马克酒精微量分析法的设计、评估和广泛测试，为制定机动车司机血液酒

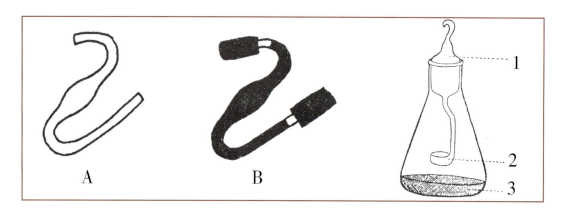

图 141 维德马克用于少量血样中酒精定量分析的扩散烧瓶示意图

精浓度低惩罚阈值奠定了基础：1941年0.80毫克/克，1957年0.50毫克/克，0.20毫克/克。该标准后来在世界范围内执行（1936年在挪威首次颁布，随后1941年在瑞典颁布）。

第二，创立酒精分布数学模型。1922年，合作研究出说明血液中丙酮、乙醇、甲醇浓度与时间关系的数学方程，定量描述体内丙酮、甲醇和乙醇的分布及最后去路，充分展示了维德马克的数学和统计专业能力和知识。他被认为是药物代谢动力学研究的先驱。其数学方程被看作是一室开放模型（One-compartment Open Model）的范例。1932年，维德马克出版了《法酒精测定的理论与应用》的德文专著（在此之前于1930年出版法文简要本，1981年出版了英译本）。

第三，促成法律规定血醇浓度惩罚界限。由于他的杰出工作，瑞典自1934年起对饮酒司机进行强制性血液试验，1941年在法律中规定了血醇浓度惩罚界限。1938年，维德马克被选为瑞典皇家科学院院士，他也是瑞典皇家农业与森林科学院院士和瑞典国家营养委员会委员。1938年至1945年间，任瑞典皇家地形学会执行委员。

为纪念维德马克在酒精研究中的贡献，国际酒精、毒品、交通安全会议（International Conference on Alcohol, Drugs and Traffic Safety, ICADTS）从1965年始，每三到四年颁发一次"维德马克奖（The Widmark Award）"。这个奖项包含一枚奖牌，一本荣誉证书和一份现金奖励。维德马克奖的获得者必须是在酒精、毒品和交通安全领域做出杰出和永久贡献的科学家。1989年，隆德大学举行了纪念维德马克诞辰100周年的研讨会。

1.5 勒格·凯·本尼克森

勒格·凯·本尼克森（Roger K. Bonnichsen，1913—1986），丹麦法医毒物学家。

本尼克森1913年3月31日生于丹麦的哥本哈根。其父是丹麦人，母亲是冰岛人。他1943年毕业于哥本哈根大学医学系，获医学学士学位。在丹麦被德国占领期间曾因从事反纳粹斗争而被捕入狱。1944年1月逃离丹麦至瑞典，受雇于斯德哥尔摩Holmska学院诺贝尔研究所生物化学部。先是从事医学文献管理工作，因其才能被所长即生物化学家蒂特默尔（H. Ttmorell）教授所赏识，让其从事酶学领域的研究工作。1948年，通过了《血液与肝的触酶研究》论文答辩，获得博士学位。1949年，被聘为Karolinska学院生物化学助理教授。1955年，被任命为法化学教授和瑞典国立法化学实验室新建立的化学科主任直至1979年。

勒格·凯·本尼克森的主要贡献是：

1948年，本尼克森与韦蒙（A. M. Wamen）合作，从马肝中分离得到乙醇脱氢酶（ADH）结晶。1951年，合作研究提出用酶法进行体液中的乙醇定量，其后取代了缺乏特异性的维德马克定量法。1971年，本尼克森和赖哈杰（Rylhage）

进一步将气相色谱—质谱联用分析法用于常规的血样中的乙醇测定。本尼克森不仅研究了由血样中测定乙醇的新方法，还提出由呼出气中测定乙醇以代替血样的方法，其结果使瑞典于1989年7月1日规定准许依呼出气中的乙醇浓度作为证据。

本尼克森一生发表论著100余篇。其中在法医学领域受到重视的是以气相色谱和气相色谱—质谱联用技术由体液和组织中定性和定量检出滥用药物的研究。他的第一篇文章是用气相色谱火焰电离检测器从尿中分析乙醇和其他挥发性物质。1970年至1975年间，本尼克森相继研究了用气相色谱—质谱联用技术从血样和体液中检出拟交感胶（1970）、巴比妥酸盐（1972）、甲苯喹唑酮代谢物（1972，1974，1975）、右旋丙氧吩代谢物（1973）和氯甲唑（1973）等的方法以及这些药物在体内的代谢情况。

2

法医毒物分析家

2.1 斯切潘诺夫

斯切潘诺夫（А. В. Степанов，1872—1946），前苏联功勋科学家、生物科学博士、有机化学家、法化学奠基人。

斯切潘诺夫于1901年毕业于莫斯科大学医学系。通过研究碘化钾在生物体内的分解问题，获得药学硕士学位。历任莫斯科大学实验员、助教（1915）、讲师（1919）。1922年起，组织并领导有机化学教研室直至1946年。1920年，在莫斯科第二大学化学药学系创立第一个法化学教研室，领导该室工作至1930年，同时兼任法医学实验室的顾问工作。1932年起，主持国立法医学科学研究所法化学部的工作。在1936年至1941年间，他参与创建了莫斯科药学院，并在1942年至1946年间主持该院的法化学教研室。1946年3月30日逝世。

斯切潘诺夫一生发表了100多篇有关有机化学、法化学和工业卫生化学方面的论文，也包括有机化学和法化学的教科书。他在法化学和卫生化学上的主要成就是：提出以硫酸-硝酸铵法氧化有机化合物；由植物性来源的检材中快速分离生物碱的方法以及汞的微量判定法。

斯切潘诺夫著《法化学》一书，1929年第一版（俄文）出版，他逝世后国家医学书籍出版社委托什瓦依科娃（М. Д. Щвайковой）教授修订，于1951年出版第四版，增补了前苏联法化学研究简史。重点介绍了毒物化学分析及职业性毒物的测定，作为前苏联高等药学院教学用书。1955年被译为中文版。

图142 斯切潘诺夫

2.2 黄鸣驹

黄鸣驹（1895—1990），中国著名毒物分析化学家和教育家，中国近代毒物分析化学奠基人和开拓者之一。

黄鸣驹又名黄正化，中国江苏扬州人。1918年毕业于浙江医药专门学校药科。1921年留学于德国柏林大学医学院，次年转入哈勒大学药学院进修。1924年回国，被聘为浙江医药专门学校教授，从事毒物分析化学教学和毒物分析检验工作。1929年参加浙江法医专修班教学，培养法医人才。1930—1935年，兼任浙江省卫生试验所化学科主任，主管毒品的检验分析工作。1935年，再次留学德国和奥地利维也纳大学药学系，从事毒物微量分析研究工作。1938年回国后，任浙江医学院教授，国民政府陆军制药研究所所长，继续从事毒物分析化学工作。1944年后，受聘为中央大学医学院教授，并参加该校法医学科毒物分析工作。1946年在林几创办的中央大学法医科任教授。1949年任浙江省立医学院院务委员会主任，代行院长职务负责领导学校工作，并任药学系教授；1952年浙江省立医学院与国立浙江大学医学院合并为浙江医学院，黄鸣驹教授任院务委员会主任。1954年调任中国人民解放军军事医学科学院药物系主任；1956年任第二军医大学药学系主任、教授，卫生部药典委员会委员、药品分析组组长，总后勤部卫生部医学科技委员会委员、药学专业组组长，中国药学会理事，中国法医学会名誉理事。他曾当选为浙江省人大代表，杭州市、上海市政协委员。

黄鸣驹教授一直从事药学教学和毒物分析化学的科学研究工作。1933年对吗啡等有毒物质进行分析研究，先后建立了尿或乳液中的吗啡微量鉴识法、甘油微量鉴识法、碱性氮毒物鉴识法等。发表《烟民小便吗啡成分的研究》等一系列论文。在德国、奥地利进修期间，发表《小便或乳液中吗啡及其衍生物之微量鉴识法（点滴法）》和《甘油之微量鉴识法》，改进了传统的分析方法。1959年、1962年，先后在《药学学报》发表《碱性含氮毒物的快速分离鉴别法》《毒物分析中杀虫剂敌百虫的分离及其半微量化学鉴识法》等论文，具有较高的学术水平。黄鸣驹教授在药学教育上也倾注了极大的热情。1938年，在《医药学》杂志上发表文章，提出药学专业分科的主张。1962年又在《解放日报》上发表《谈毒物分析化学内容与发展前途》的文章，建议药学院校学生应学习毒物分析的有关知识，或挑选毕业生接受毒物分析的训练，以适应社会的需要。他为教学、科研、公安、司法等部门培养了众多的法医毒物分析工作者。

黄鸣驹的主要著作《毒物分析化学》

图143 黄鸣驹

于1932年由医学杂志社出版，再版一次后，又由新医书局（1951）和人民卫生出版社（1957）再版。该书是中国历史上第一部毒物分析化学专著，是培养毒物分析化学人才和检验人员的基本教材。

黄鸣驹教授是中国毒物分析化学的先驱之一。他发表的诸多论文，受到国内外医药学界的高度重视和赞誉。他为开创中国近代毒物分析化学的研究和药学事业的发展做出了重要贡献。

图144 黄鸣驹编著的《毒物分析化学》（人民卫生出版社）

2.3 林几

林几（1897—1951），法医学家，一级教授，中国现代法医学的奠基人，在中毒发生规律的研究与法医毒物鉴定方面取得了重大成果，为中国法医学建设与发展做出了重要贡献。

林几，字百渊，中国福建省闽侯县人。1897年12月20日生于福建省福州市怀德坊一书香世家。林几自幼聪明好学，1916年到日本学习法律，因反对日本侵占山东参加爱国游行而辍学，被迫回国。1918年7月考入国立北平医学专门学校（北京大学医学院前身），1922年毕业留校任病理学助教。1924年由校方派往德国维尔茨堡（旧称华兹堡）大学医学院专攻法医学两年，后又在柏林大学医学院法医研究所深造两年，1928年毕业，获医学博士学位。回国后，受北平大学医学院之聘筹建法医教研室，并任该室主任教授。他边教学边研究，同时承办了各省市法院送来的法医检索。

1932年受司法行政部委托，到上海筹建法医学研究所，并任所长。其间，林几积极培养法医学人才，从医学院毕业生中招收法医学研究生，培养两年结业，由司法行政部授予"法医师"证书；受理全国各级法院送检的有关法医检验、鉴定案件。1934年创办《法医学月刊》并任主编，建立"法医学研究会"学术组织。1935年林几因胃病重返北平大学医学院法医学教研室。

抗日战争时期，1937年至1939年间，林几任国立西北联合大学[①]医学院教授。

[①] 国立西北联合大学（简称"西北联大"或"联大"），为中国抗日战争时期创立的一所综合性大学，学校从合到分，存在了不到一年时间。1937年抗日战争爆发后，平津被日本侵略军占领，北平大学、国立北平师范大学（即现在的北京师范大学）、国立北洋工学院（原北洋大学，即现在的天津大学与河北工学院）三所院校于9月10日迁至西安，组成西安临时大学。太原失陷以后，西安临时大学又迁往陕南，不久改名为国立西北联合大学。这时全校共设六院23个系，教学开始步入正轨。

图145 林几

1939年受聘于在成都的国立中央大学医学院，1943年7月创建了法医学科，任主任教授，并为四川省高等法院举办高级司法检验员培训班（即司法检验专修科前身）。抗日战争胜利后，他随学校迁回南京。1947年继续举办第二期高级司法检验员培训班，学制两年。1948年，他在国立中央大学医学院建立了法医研究所，并兼任所长。

1949年中华人民共和国成立后，林几被聘为国立中央大学[①]医学院法医科主任教授、教研室主任。卫生部聘林几为卫生教材编审委员会法医学科组主任，编审法医学教材。1951年受卫生部委托，创办第一届法医学师资培训班（即两年制高级法医检验人员培训班），为新中国培养了第一批法医检验人才20余人。

林几一向以室所为家，事必躬亲，因长年日夜操劳，致使消化道旧病加剧，住院手术，不幸抢救无效，于1951年11月20日逝世，终年仅54岁。按遗嘱尸体做了解剖，脏器献给医学事业。[②]

林几的主要贡献是：

第一，中毒发生规律的研究。在中毒的发生方面，林几认为"吾华为农业国、农药（尤其砷）便于取用"，故把农药中毒检测作为重点。在变死（非正常死亡）方面，林几根据20世纪30—40年代他自己14年的法医实践做了有指导价值的统计：外伤死亡46.5%、窒息死亡23.5%、中毒27%（砷60%、鸦片20%、其他为安眠药、酚、乌头、钩吻等20%）、猝死3%。这个统计资料从一个侧面反映了中国当时的社会经济状况与中毒发生的关系。

第二，在法医毒物鉴定方面的贡献。

烟贩克星。林几在上海任司法部法医研究所所长时，正值政府禁烟、禁毒政令实施期间，经常受委托对烟贩进行检验。为了进一步确定是否吸烟及毒物进入的途径，林几对毒品开展了研究。他把烟贩分为几种：有瘾有毒；无瘾无毒；无瘾有毒——即偶有吸烟吸毒未成瘾，或已戒除而体内慢慢排出；有瘾无毒——有意伪证，以他人之尿供验，或新吸生瘾而体内蓄毒较少已排尽等。

蒙药之谜。1933年1月，重庆市警备司令部函请林几化验迷药（蒙汗药）。林几用显微镜观察，发现此药是花粉、植物茎及黄色类似花瓣的碎片等的混合物，闻有香气，尝有苦味、稍涩。经化验，里面含有一种叫作苏莱茵[③]的毒质和颠茄碱、莨菪碱及东莨菪碱。他进行动物实验，滴入兔眼，见兔瞳孔散大；注入蛙腹腔，蛙行动变缓慢，成麻醉状态。林几又把剩余检材送到汤腾汉教授处检查，结果相同。结论是，送来的蒙汗药是茄科龙葵和苦舌

---

① 国立中央大学医学院后更名为中国人民解放军第五军医大学（简称第五军医大学）。1954年，撤销第五军医大学建制，部分参与合并解放军第六军医学校（后为南京铁道医学院，又并入东南大学），大部分并入第四军医大学。

② 黄瑞亭. 林几传. 第四次全国法医学术交流会论文集：上卷，1991.

③ 苏莱茵（Toxic Compound of Solaning），化学分子式$C_{52}H_{93}O_{18}N_4H_{20}$。

甘草的花粉和花茎叶。有毒成分是苏莱因、莨菪碱，其作用是对中枢神经系统先兴奋后麻痹。即先使活跃、兴奋，渐次发生幻觉、谵语，终至延髓中枢抑制而昏迷，甚至死亡。林几等用精湛的技术，揭开了中国某些蒙汗药之谜，使这类案件在鉴定时有了较为可靠的方法。

验毒能手。1933年6月13日，江苏高等法院第三分院函请法医研究所检验"金丹红丸"。林几将金丹红丸送到毒物化验室，先取6粒化验，余4粒封存备查。化验结果分别检查出吗啡、柰宁、十的宁和海洛因。于是认定厂家生产的"金丹红丸"为违禁麻醉品的配合丸剂。鉴定发出后，这一厂家很快被查封，其已销往全国各地的"金丹红丸"也相继被追回、烧毁。

银针黑斑。1934年5月31日，中国甘肃省高等法院检查处送检"复验银针验毒案"，送检银针一枚，上有黑印两道，要求检验是否为毒质。

林几收到该案后，仔细观察银针，用镜纸轻轻擦拭，不见脱落。将氰化钾液滴至黑斑处，见黑斑消失。再找其他黄色污斑一处用氰化钾液数滴，也见消失。又取过氧化氢液滴到其余污斑处，污斑也见消失。将以擦洗的银针放入粪便中数分钟拔出复见污斑。刚好所里有腐败尸体解剖，林几把银针洗净后，按旧法将银针插入肛门，同样见污斑。林几认为，银针上的污斑是尸体腐败后，其体内产生的硫化氢使银针的表面变色。新鲜尸体未大量产生硫化氢，故发生变色少；而若探入深部，肛肠内有大肠菌也会产生硫化氢，则可使银针变黑，但其是否为中毒，无科学证据。

若要判定是否中毒，应将尸体的脏器做毒物化验。

第三，规范法医学研究机构。林几同样是一位出色的组织者和管理者，他主持的上海法医学研究所后来规模日渐壮大，运作也日益规范。内设三科（第一科含三股，管研究、审核鉴定、人才培训、教务、教材、资料、图书等；第二科含四股，分管毒化、解剖、活体检验、病理检验、细菌学检验、物证检验等；第三科为事务主任）。配备了解剖、病理组织学检验、毒物分析、摄影室、第一二人证诊查室、心神鉴定收容室、眼耳鼻科暗检处、动物饲养室、实验室、教室等工作和办公用房；建造了当时国内鲜有的尸体冷藏柜；并且已能自己制造人和动物的鉴别血清、亲子鉴定血清，可以开展生化、定性定量分析和细菌培养。①

林几撰写的论文有40多篇，主要有《立法厘定涉及医学的法规》《法医学在司法刑民案件之应用》《中国法医学史》《二十年来法医学之进步》《最近法医学界鉴定法之进步》和《疑案鉴定实例》等，分别发表在《中华医学杂志》《北平医刊》《法医月刊》等杂志上。

在毒理学方面发表的论文有《吗啡与鸦片实验》（《中华医学》1929年1月）、《检验洗冤录银钗验毒方法不切实用意见书》（《司法行政公报》1932年；《法医月刊》1935年5月）、《氰化钾中毒实验之说明》（《法医月刊》1934年4—5月）、《墓土验毒与墓土含毒之比较实验》（《北平医刊》1936年5—6月）、《药酒与服毒》（《北平医刊》1936年7月）等。

林几编著出版了不同要求的法医学教

---

① 王一方. 林几与中国现代法医学的发端. 中国社会科学报，2013-05-13.

材。如《最近法医学界鉴定法之进步》《医师用简明法医学》《法医学总论》《法医学各论》（1930—1935）《法官用法医学讲义》（司法行政部法官训练所出版股，1936）《疑案鉴定实例》《犯罪侦察学》《犯罪心理学》等。

林几教授是20世纪中国法医学界的杰出科学家。他接受了西方法医学的系统教育，为中国法医学发展带来了先进的教育思想、学术思想，培养了一批优秀法医学人才。如今活跃在中国法医学界的专家、学者，很多都是他或他的学生培养出来的。

第96卷

工业职业卫生毒理学家

本卷主编 史志诚

卷首语

18世纪到19世纪，一场席卷欧洲和北美的工业革命，使手工生产过渡到机器生产，使资本主义手工业工场过渡到资本主义工厂，使世界发生了重大变化。工业革命不仅促进了资本主义制度的确立，而且推动社会经济和科学技术发生了根本变革。但是，这一时期以及20世纪以来，随着工业和社会经济的不断发展，工厂内部环境质量的恶化，工业环境与资源开发造成的污染使得工人当中和一些职业岗位上工作的劳动者出现了种种的"职业病"，工业革命的负面效应严重影响了他们的正常工作和身体健康。

工业与职业卫生毒理学是集职业卫生、流行病学、职业医学、分子生物学和管理毒理学等学科于一体的一门综合性学科。许多科学家为此奋斗了一生。意大利职业医学之父伯纳迪诺·拉马齐尼在18世纪就著有历史上第一部职业病专著《工人的疾病》。法国工业毒理学的先驱阿米迪·勒菲弗于18世纪末揭示了海军水手中流行的烈性"急性腹痛"是铅及含铅产品引发的中毒症。美国工业毒理学的创始人爱丽丝·汉密尔顿开创"工业职业病"的研究，提出工人有权获得健康损害的赔偿。前苏联工业毒物学的创始人拉扎列夫和普拉夫金研究空气污染和工作环境中的有害物质，制定了工作规范和标准。中国的职业卫生与工业毒理学家夏元洵、吴执中、顾学箕、张基美和何凤生院士都从不同的角度从事职业病教育、职业病的临床研究，以及职业病的防治。

工业与职业卫生毒理学家所研究的成果，不仅为职业病患者解除了病痛，更为重要的是他们提出了一系列为建立一个良好工作环境、预防"职业病"的技术标准和质量管理的原则，并通过立法起到保护工人健康与安全生产的目的。这正是工业与职业卫生毒理学家一生的追求和人生的价值。

1 工业毒理学家

1.1 阿米迪·勒菲弗

阿米迪·勒菲弗（Amédée Lefèvre，1798—1869），法国医学院院士，工业毒理学的先驱。

阿米迪·勒菲弗 1798 年出生在巴黎，1812 年参加法国海军，曾参加了帝国战争。1816 年 1 月，他成为罗什福尔（Rochefort）地区海军医院的学生，从此拉开了他的医学职业生涯的序幕。他先后从事过外科医生、指挥官、教授等七个职位。后来，担任海军外科中将和医学院院士。

阿米迪·勒菲弗将自己毕生精力倾注于对铅中毒[①]的研究并与之做斗争。1842年，他所著的《自发性胃穿孔》出版。揭示了海军水手的一种烈性流行疾病——"急性腹痛"的发生原因，经过观察和研究，他证明了该病是由铅及含铅产品（如油漆、盘子等）引发的中毒症[②]。由此，他晋升为海军的一位部长，着力禁止铅及含铅产品在船舶上使用。他在担任海军外科中将和医学院院士期间，在法国海军中为消除铅中毒事件做出了重大贡献。

图 146 阿米迪·勒菲弗

[①] 铅中毒以"铅痛性痛风"形式出现，曾是欧洲之"痛"。早在 1572 年，法国开始流行一种名为"普瓦图绞痛病"的腹绞痛。1730 年，西班牙马德里市则流行起地方性腹绞痛，并持续了近 50 年，直到 1797 年人们逐渐发现这种腹绞痛多发生在贫民区，而穷人多使用表面含有很厚铅釉层的容器，才联想到铅可能就是病因。19 世纪初，英国"痛风黄金时代"的罪魁祸首被认为是从葡萄牙进口的葡萄酒。来自葡萄牙的廉价葡萄酒，为增加酒精含量的添加剂——白兰地，大多用含铅部件的蒸馏器制造。如此一来，英国人在享受葡萄酒的同时，也在被铅中毒所折磨。然而，一个多世纪后，人们才知道这种疼痛的原因在于饮用了被铅污染的酒。

[②] 铅及含铅产品引起发的中毒症，称之为绞痛（Colique Sèche）或铅毒疝（Coliquedespeintres）。

1.2 爱丽丝·汉密尔顿

爱丽丝·汉密尔顿（Alice Hamilton，1869—1970），美国女医师，病理学家，美国工业毒理学的创始人。

爱丽丝·汉密尔顿1869年2月27日出生于美国印第安纳州的韦恩堡，在家里接受早期教育，后在康涅狄格州的法明顿一所女子进修学校读书。1890年在佛特威尼医学院完成医学预科教育，1892年至1893年从密歇根大学医学院毕业，获医学博士学位，在明尼阿波利斯医院及新英格兰地区医院从事妇科和儿科工作。1895年至1897年，她赴欧洲慕尼黑和莱比锡大学研究细菌学和病理学。1897年回美国，在约翰霍普金斯大学医学院继续她的研究生课程。1897年移居芝加哥，在西北大学医疗学院任病理学教授。1910年她被任命为新成立的伊利诺伊州职业病委员会主任。1916年她成为美国公共卫生协会工业疾病部主席。1919年她被聘为哈佛大学助理教授，为该校第一位女教授。1924年至1930年她作为唯一的女性成为国际联盟公共卫生组织主委，把公共卫生的重要性推向全世界。1926年推动了《工业安全准则法》的立法工作。1935年由哈佛大学退休，担任美国劳工部医疗顾问。1944年至1949年担任美国消费者联盟主席。1944年她被列入科学美国人的名单，1947年获诺贝尔奖。1970年9月22日在康涅狄格州去世。

爱丽丝·汉密尔顿在工业毒理学方面的主要贡献是较早地开创了"工业职业病"的研究之路。1897年，汉密尔顿在芝加哥西北大学医疗学院任病理学教授期间，她对工人所面临的职业伤害和疾病越来越关注，开始研究"工业职业病"。1903年她发表了《芝加哥肺炎研究》报告，成为近代工业疾病学的一个重要里程碑。1904年她证明了古柯碱为毒品。1907年她探索了国外文献，并于1908年出版了她第一篇主题演讲文章。1910年作为伊利诺伊州职业病委员会主任，鉴于这是美国第一个此类调查机构，她提出了一个新概念，即工人有权获得健康损害的赔偿。从此，她成为研究职业病毒理学的一位先驱。

1908年她发现火柴公司的工人由于火柴上的白磷而引起中毒，产生骨骼坏死。1910年她调查"铅中毒"案件，闻名世界，使世人警觉到铅的毒性。1911年至1920年她担任特别卫生调查员，为美国联邦调查局工作。她做了一项划时代的研究，即对于制造白铅和氧化铅被普遍用来作为涂料问题，她提出了更安全的工作条

图147 爱丽丝·汉密尔顿（1.青年时期的汉密尔顿；2.汉密尔顿）

例的建议，设法避免铅中毒。

1918年美国哈佛大学聘她开授"工业疾病学"课程。1919年她发现铜中毒引起的气喘症状，以及炸弹原料中三硝基苯酚的毒性。1925年在华盛顿特区的四乙基铅会议上，她尖锐地批评汽油中添加四乙基铅的做法。不仅如此，她还发现了有毒的苯胺染料、一氧化碳、汞、四乙基铅、镭（手表业）等，引起了政府和工业界的关注。1926年，她推动了《工业安全准则法》的立法工作。

她的成就表现在将医学理念引入法律制定；发现许多工业品的毒性；著有《美国的工业毒害》一书。

1987年2月27日，美国职业安全与卫生研究所专门设立了"爱丽丝·汉密尔顿职业安全与健康实验室"和"爱丽丝·汉密尔顿奖"，奖励职业安全与健康科研领域的优秀成果。

为了纪念汉密尔顿在公众健康方面所做的贡献，美国1995年至2000年间发行了"美国知名人士系列（普票）"雕刻版邮票，一套9枚，面值55美分。

图148 1995年美国为爱丽丝·汉密尔顿发行了单张纪念邮票

1.3 尼古拉·拉扎列夫

尼古拉·拉扎列夫（Николай Васильевич Лазарев，1895—1974），前苏联药理学与毒理学家，前苏联工业毒物学的创始人。

拉扎列夫，1925年毕业于基辅医学院，1936年获得医学博士，1938年成为教授。曾在职业卫生与疾病研究所、化学与制药研究所、海军医学科学院肿瘤研究所从事毒理学研究工作。

拉扎列夫和普拉夫金（Н. С. Правдин，1882—1954）是前苏联工业毒物学的创始人，他们在毒理学理论问题的研究方面发挥了重要作用。

20世纪20年代，前苏联工业毒理学日渐扩大。1923年，职业卫生与职业病研究中心在莫斯科成立。一年后在列宁格勒和哈尔科夫也建立了类似机构。1927年，拉扎列夫在列宁格勒创办工业毒理学实验室，主要研究空气污染和工作环境中的有害物质，制定工作规范和标准，制定工业毒物管理的基本原则。他著有《工业毒理学参考书》（国家医学书籍出版社，1935）和《工业毒理学基础》（1938）。

图149 拉扎列夫（Н.В. Лазарев）

此外，1941 年，拉扎列夫曾研究氙麻醉药①。

1.4 赫伯特·E. 斯托金戈

赫伯特·E. 斯托金戈（Herbert E. Stokinger，1909—1998），博士，是一位创新的、勇于献身的科学家，是美国政府工业卫生学者研讨会阈限值委员会的主席，他积极推行阈限值（TLV）②，为保护工人健康做出重要贡献。人们称他为"阈限值先生（Mr.TLV）"。

赫伯特·E. 斯托金戈于 1909 年出生在美国波士顿，1930 年以优异成绩毕业于哈佛大学，获得化学学士学位。接着，他在宾夕法尼亚州立大学进行了两年的有机化学方面的研究，并在博士班学习博士课程。1937 年在哥伦比亚大学的内外科医学院获得生物化学和免疫学博士学位。在他取得博士学位的时候，他却在纽约城市大学教化学，直至 1939 年。之后又回到罗切斯特大学医学中心研究免疫化学，致力于淋病、梅毒、麻风病的研究。

赫伯特·E. 斯托金戈逝世于 1998 年 1 月 11 日，享年 88 岁。

斯托金戈的主要贡献是：

第一，推行阈限值（TLV），为保护工人健康做出重要贡献。斯托金戈在美国政府工业卫生学者研讨会阈限价值委员会工作了 25 年，其间，在这个有争议的岗位上担任了 15 年的主席。斯托金戈积极推行阈限值以保护工人健康。这是他感到最为骄傲的一项工作，也正是这项工作令他受到很多同行的赞赏，同时也受到攻击和异议。尽管并不完美，但这项工作仍然得到了全世界的认可和对 TLV 的使用。

第二，研究吸入毒理学并取得重要成果。1943 年时，斯托金戈和哈罗德·霍奇（Harold Hodge）博士一起为工业卫生工作的部分项目工作，在美国罗切斯特大学曼哈顿研究院确定铀和铍的吸入毒理学，以及开发和生产原子弹相关的潜在有毒物质对工人暴露的影响。在前后八年当中他担任吸入毒理学一个分支的主席。在此期间，他与霍奇和其他专家在毒理学和工业卫生学上的联系对他未来的生涯产生了巨大的影响。他的研究同样对沃格林

---

① 氙（Xenonum，Xe），是英国化学家威廉·拉姆齐于 1898 年在蒸发液态空气后的残留物中发现的，为非腐蚀性气体，且本身无毒，主要用于电子、光电源工业。1939 年，美国医生阿尔伯特·本克（Albert R. Behnke Jr.）在研究深海潜水员"酒醉感"的原因时，发现潜水员对深度的感觉有所变化。他以此推论，氙气能够用于麻醉。1941 年前苏联毒理学家尼克拉·拉扎列夫研究氙麻醉药，但直到 1946 年，美国医学家约翰·劳伦斯（John H. Lawrence）才首次证实氙作为麻醉药的效用。1951 年，美国麻醉师斯图尔特·科林（Stuart C. Cullen）第一次使用氙麻醉药，并为两名患者进行麻醉并取得成功。现代医学证明：人吸入氙后以原形排出，但在高浓度时有窒息作用。氙具有麻醉性，它和氧的混合物是对人体的一种麻醉剂。

② TLV（Threshold Limit Value），即阈限值，指在指定条件下不发生有害作用的容许值。阈限值表示危险物质不会影响健康的数值。即成年工人在 8 小时工作日、40 小时工作周和在一个工作岗位一生暴露在有危险物质存在的情况下，没有经历显著不良健康影响的最大平均空气浓度。

（Voegtlin）和霍奇编辑的于1953年出版的《铀化合物药理学与毒理学》（Pharmacology and Toxicology of Uranium Compounds）专著（4卷，2200页）做出了重大的贡献。

斯托金戈在辛辛那提的研究与探索，包含了工业毒理学研究，动物吸入剂臭氧的研究，以及氮、铍、钒化合物毒理学的研究。此外，在过敏早期的指标与通过生化反应、免疫、遗传的预测性检验研究职业暴露的相关性方面取得了重要成果。

第三，参与多项毒理学咨询研究工作。斯托金戈在罗切斯特的成就受到社会的认可。1951年美国公共卫生署聘请他作为俄亥俄州辛辛那提市职业健康新创建分区的首席毒理学家。斯托金戈在公共卫生署的职业健康计划中一直担任首席毒理学家。1977年，他辞去了毒理学分区实验室和管理局负责标准制定的首席职位。他在那里整整工作了26年。

除此之外，在斯托金戈杰出的军事生涯中有时是十几个委员会主席或者成员，其中包括美国国家标准研究所ASAZ-37委员会成员；国家研究理事会毒理学委员会委员；美国基础工业与健康毒理学小组委员；国家科学院的专家委员会载人太空飞行的空气标准顾问委员会；世界卫生组织；环境卫生监测等机构的委员。

斯托金戈先后发表了130多篇毒性研究论文、文本资料以及技术性论文。他的800页著作《帕蒂工业卫生与毒理学》（多卷本）（Patty's Multivolume Industrial Hygiene and Toxicology）于1981—1982年陆续出版。

在许多出版物中，斯托金戈对其中三篇感到特别的骄傲：一是1969年发表的《造成今天环境污染的幽灵——美国品牌，一个老侦察兵新的视野》；二是1971年发表的《理智的研究和评价环境卫生：怎样得到现实评价（七个戒律）》；三是1973年发表的《职业医学中的过敏和遗传问题——一个共识的报告》。

斯托金戈获得许多荣誉。1965年获得的美国工业卫生会议①的"成就奖"；1969年获得的美国工业卫生协会的"唐纳德·E. 卡明斯纪念奖"（Donald E. Cummings Memorial Award）；1973年获得美国毒理学会的最高荣誉奖"贡献奖"（Merit Award）。

1977年，美国工业卫生会议为了纪念斯托金戈杰出的贡献，建立了"赫伯特·E. 斯托金戈演讲奖"（Lecture Award）。在过去的24年里，这个奖项每年赠予在工业和环境毒理学领域做出巨大独特贡献的人。

---

① 美国工业卫生会议（American Conference of Governmental Industrial Hygienists，ACGIH），是工业卫生学家和相关行业从业人员的专业协会，总部设在俄亥俄州辛辛那提。其目标是通过提供及时、客观、科学的信息，以推进保护工人的职业和环境健康。

1.5 夏元洵

夏元洵（1925—2002），教授，中国卫生学家和工业毒理学家。

夏元洵生于1925年1月，1949年毕业于上海医学院，同年4月到大连医学院工作。曾任大连医学院、遵义医学院教务处副处长，科研处处长和院长。在担任大连医科大学劳动卫生与环境卫生学院卫生学教研室主任近30年，为医学教育事业的发展做出了突出的贡献。[①]

2002年11月22日逝世，享年77岁。

夏元洵从事多年高能燃料及农药毒理学研究。参加编写全国第一部工业毒理学专著《工业毒理学》（上、下册），分别在1976、1977年由上海人民出版社出版，1978年该书获全国医药卫生科学大会成果奖。在该书再版时，夏元洵任主编，更名为《化学物质毒性全书》，于1991年出版。此外，还编写了四部学术专著和多部国家级教材。曾承担"七五"国家重点科技攻关项目两项，荣获省、部级科技成果奖三项。曾担任《中国药理学与毒理学杂志》副主编及一些学术期刊的编委。

夏元洵是中国第一代卫生学学科带头人之一。他一生严于律己，宽以待人，平易近人，公正无私，胸怀坦荡，给人们留下了深刻的印象。

图 150 夏元洵

[①] 王簃兰，顾学箕. 深切悼念著名毒理学家夏元洵教授. 环境与职业医学，2003，4.

2 职业卫生毒理学家

2.1 伯纳迪诺·拉马齐尼

伯纳迪诺·拉马齐尼（Bernardino Ramazzini，1633—1714），意大利的医生，意大利职业病和工业卫生学先驱，职业医学之父。著有医学史上第一部职业病专著《工人的疾病》[①]。

伯纳迪诺·拉马齐尼于1633年11月3日生于意大利卡尔皮（Carpi），大学时期就对职业病研究有兴趣。1659年获帕尔马大学医学博士学位后，在罗马郊外行医。1671年到刚建立的摩德纳医学院任教，1682年成为理论医学教授，并被任命为摩德纳大学（University of Modena）的医学理论主席。在疟疾流行的年代，当时许多人认为奎宁有毒，治疗疟疾是无效的，但拉马齐尼却是第一个支持使用奎宁治疗疟疾的医生。他从1700年开始在帕多瓦大学（University of Padua）担任医学临床首席教授和医学院院长。1714年11月5日因中风在帕多瓦（Padua）去世。

图151　伯纳迪诺·拉马齐尼

17—18世纪，由于欧洲许多城市手工工场逐渐转向大机器生产，工人生产和生活条件恶劣，缺乏劳动保护措施，出现了许多职业病。拉马齐尼深入各地调查访问，观察各种行业工人的工作情况和健康状态，于1700年撰写了《工人的疾病》，介绍职业病的内涵、致病原因、治疗方案等。他提倡医生在给患者检查前应先询问其职业和所处环境。他发现外科医生或镀金工人会受水银的伤害，陶工和画家受铅的伤害等。还提出勤洗澡，勤换衣服，做体操等个人防护手段，提出在灰尘多的环境中工作要遮掩口鼻。

1700年，拉马齐尼在出版的专著《工人的疾病》一书中描写了刺激性化学品、粉尘、金属以及对职业工人健康有危害的52个行业、42种职业病，涉及矿工、陶工、石匠、农民、护士和士兵等，成为职业医学史上的一个里程碑。该书于1703年再版，1705年和1746年分别出版英译本。他的另一专著《商人的疾病》（Diseases of Tradesman）于1705年在伦敦出版，同样涉及职业性疾病。

[①] 《工人的疾病》（Diseases of Workers），也译为《论手工业者的疾病》《论工匠的疾病》《职业性疾病》。

拉马齐尼逝世后，为了纪念他的功绩，人们在他的家乡卡尔皮竖立了拉马齐尼的纪念塑像。2003年10月15日，意大利为纪念职业医学之父拉马齐尼发行了一枚纪念邮票。

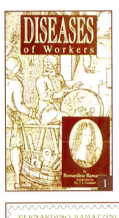

图152 伯纳迪诺·拉马齐尼的著作（1.《工人的疾病》一书封面；2.《商人的疾病》一书封面；3.在其家乡卡尔皮竖立的纪念塑像；4—5.纪念邮票与纪念封邮戳）

2.2 吴执中

吴执中（1906—1980），原名吴绍棠，医学教育家，中国职业医学的奠基人。

吴执中1906年3月14日出生于奉天（今辽宁省）新民县潘家岗子村（今柳河沟乡解放东村）一个满族家庭。其父早年以教书为业，家有一妹三弟[①]，人口多，收入少，生活颇为紧迫，因此，弟兄们互相勉励发愤用功。1924年，吴执中由新民县师范学校毕业后考入奉天府（今沈阳市）奉天医科专门学校，1931年毕业后任北平协和医学院内科研究生及助理住院医师、沈阳盛京施医院内科医师。

---

① 在吴执中的影响下，其弟妹四人中有三人（吴英恺、吴咸中、吴振中）都走上了医学道路，皆成为中国医界名流。

图153 吴执中

1933—1935年在英国格拉斯哥大学医学院及伦敦大学附属盖氏医院进修内科。1935年回国之后，致力于内科学的教育事业。在沈阳盛京施医院任医师兼在盛京医学院任教。1936年春，因参加抗日救国宣传活动被日伪逮捕入狱五日，受刑不屈，经保释出狱后进关到北平协和医学院内科任教，兼医学院副校医。1937年6月，应聘至长沙湘雅医学院（湖南医科大学前身）任内科讲师、副教授、教授、教务主任兼内科主任教授等职。

1947—1948年获美国医药援华会的资助赴美国费城、波士顿及纽约等地考察内科新进展。1950—1956年，遵中国卫生部调遣，任沈阳中国医科大学教务长、副院长，兼内科系主任。1956年，他50岁时，受命组建中国第一个劳动卫生与职业病研究所。其间在前苏联列宁格勒及莫斯科考察内科医学，进修职业病学。回到北京后，于1959年3月—1980年10月，担任中国医学科学院劳动卫生研究所（1966年改称卫生研究所）的副所长、名誉所长。在卫生研究所的20多年中，他跑遍祖国南北，深入矿山、工厂，直接为第一线工人的健康服务，开始了一项新的职业病防治工作。

他先后担任辽宁省人大代表，第二、三届全国人大代表，第五届全国政协委员，中国民主同盟中央委员，中华医学会理事，《中华卫生杂志》（1978年改称《中华预防医学杂志》）副总编辑、总编辑，中华医学会劳动卫生与职业病学会主任委员。

1980年8月12日在北京逝世。他生前立下遗嘱，将遗体捐赠给医院做解剖研究，做出自己的最后一次贡献。

吴执中长期从事医学教育、职业病的临床研究，对常见的职业病，如尘肺、铅中毒等的防治以及对中国职业病防治网络的建立等方面做出了重要贡献。他在学术上最突出的成就是对中国职业医学的开拓。

吴执中在卫生研究所22年最大的贡献是，根据国家经济建设的发展，填补并发展预防医学领域中的空缺。中华人民共和国建立前，中国没有职业病专业，医学院不教职业病的课程，医院没有治疗职业病的科室。随着工业发展，职业病发病情况日益严重。1957年，卫生部颁布职业病范围与管理办法的文件，宣布职业病专业正式成立。吴执中受命负责中国职业病专业的创立工作。他赴前苏联考察学习回国后，根据中国实际需要的现实，从临床实践入手，从中国最常见的职业病入手，总结本国的经验，很快在尘肺的防治、铅中毒、苯中毒、汞中毒及农药中毒诊疗规律等方面做出第一批防治成果。经过几年努力，在"常见职业病诊断治疗常规""湖口病病因调查""铍病诊断""铀矿开采中粉尘与氡联合作用对尘肺发病的影响""有机磷农药中毒的防治"及"有机汞农药中毒的临床研究"等研究方面取得了进展。1964年，在北京协和医院对安徽省农村特殊疑难病大案会诊中，吴执中准确诊断为有机汞农药中毒。经采用驱汞治疗立见成效，救治了濒危患者。20世纪60年代初，鉴于农村发生农药拌种谷物充当食粮而致中毒的悲剧，他分赴甘肃省、海南省等地农村诊疗第一线，收集第一手资料，从中总结中毒规律，广为宣传，促使全国范围控制重大农药中毒事故的工作逐步展开。1976年春，他受命到东北做"松花江水体汞污染"课题的有关现场调查。天寒地冻导致车祸，吴执中脊柱压缩性骨折，但仍坚持不离现场，卧床指挥调查，直至完成任务才返回。1980年他辞世前，全国职业病防治网络已基本形成。

他在晚年虽患恶性肿瘤被截肢，但仍借中国1978年召开科学大会的春风，组织力量，以惊人的毅力，主编了130万字的巨著《职业病》一书，获1982年中国优秀图书奖。

2.3 顾学箕

顾学箕（1911—2007），中国预防医学家，劳动卫生学家，职业卫生学的奠基人之一。中国民主同盟成员。

顾学箕1911年8月10日出生于中国江苏省青浦县辰山张家村（今属上海市松江县）。他幼年时因村中无小学，只能寄居在青浦县城的外祖母家就读。1930年，于东吴大学第二中学毕业，当时目睹乡间百姓屡遭疫病之灾，无处就医，于是立志学医，考入沪江大学医预科。

1932年，考入国立上海医学院，1938年毕业获医学学士学位。1938—1939年，任四川省松潘卫生职业学校教员。1940—1941年，任重庆国民政府卫生署重庆青木关卫生所主任医师①。1942年，任中央卫生实验院重庆新桥卫生教学区主任，同时兼任中央大学师范学院讲师。1943—1945年，任卫生署伊克昭盟（今鄂尔多斯市）卫生所所长②。1946—1947年，在美国哈佛大学公共卫生学院进修，获公共卫生硕士学位。1947—1948年，任南京中央大学医学院副教授。1948年应聘为国立上海医学院副教授③。

1952年，国立上海医学院改为上海第一医学院，顾学箕任上海第一医学院卫生

图154 顾学箕

---

① 他曾于1941年应考，获取了蔡元培基金出国进修营养学的机会，但因太平洋战争爆发未能成行。

② 抗日战争的八年中，有七年他在四川、甘肃、青海边区的松潘、重庆青木关和内蒙古的伊克昭盟（今鄂尔多斯市）等地从事基层医疗卫生工作，培训卫生人员，并密切关注当地卫生问题，随时进行调查研究。

③ 在此期间，顾学箕以副教授的身份去嘉定县（当时属江苏省）兼任卫生院（后改人民医院）院长，组织管理农村卫生教学基地。中华人民共和国成立后，兼任嘉定县人民政府卫生科科长。1954年起，由于教学计划的改变，他结束了在嘉定县的工作。

系妇幼卫生教研室主任，兼管营养卫生学科的建设。1953年，受命创建劳动卫生学教研室，并任该室主任至1984年，其间还任卫生系副主任、代主任等教学行政职务。1982年，世界卫生组织（WHO）聘他为职业卫生专家咨询组成员。1984年WHO职业卫生合作中心（中国·上海）成立，他被任命为合作中心主任。1985年，上海第一医学院改为上海医科大学，任教授、预防医学研究所副所长等职。作为劳动卫生学教授，博士研究生导师，培养硕士研究生8名，博士研究生10名。

1984—1992年任世界卫生组织职业卫生合作中心（中国·上海）主任，国家科委预防医学专业组成员，卫生部科委委员及全国卫生标准委员兼劳动卫生标准分会主任、顾问，中华医学会永久会员，中华劳动卫生职业病学会副主任委员和上海分会主任，中华预防医学会上海分会会长、WHO职业卫生专家咨询组成员，中华预防医学会上海分会名誉会长，中国劳动保护科学技术学会，国际职业卫生协会会员，中国毒理学会及中国农村卫生协会顾问。

顾学箕从20世纪50年代起一直从事女工劳动卫生、尘肺防治、工业毒物、农药中毒防治和高温劳动生理等研究。《有机磷农药中毒防治》曾获1978年国家科技大会奖。20世纪80年代初率先开展化学物的危险度评价，并提出重视职业流行病学研究。他还积极参与世界卫生组织（WHO）活动。1984年他领衔申请并被授权在中国医学院校建立第一个WHO职业卫生合作中心。1985年，根据WHO"2000年人人享有卫生保健"战略方针，开展乡镇小工业的职业卫生实践研究，提出对中小企业实施"职业卫生与初级卫生保健相结合"的理念和实践模式。

他毕生奉献于职业卫生教育和职业病防治工作，与刘世杰教授共同被誉为"中国职业卫生之父"。他所领导的农药研究室，广泛深入地研究危害严重的职业性疾患，成为中国较早从事农药中毒防治综合研究的重点单位之一。

在教学工作中倡导以"服务—教学—科研"模式建立卫生教学基地，获1989年国家教委"优秀教学成果国家级特等奖"。

顾学箕发表论文120余篇。著有《劳动卫生与职业病学》（上海科学技术出版社，1965）、《工业毒理学》（上、下册，上海科学技术出版社，1976）、《中国医学百科全书·毒理学》（上海科学技术出版社，1982）、《中国医学百科全书·预防医学（综合本）》（上海科学技术出版社，1991）。他与王籹兰主编的《劳动卫生学》（人民卫生出版社，1984），获国家教委优秀教材奖。

顾学箕常以"勤能补拙"的格言勉励自己，谦虚好学，办事认真，言必有信。他为人正直，平易近人，诚恳待人，对青年人诲之不倦，严格要求。他对事业的发展，不仅注重当前，更远瞩未来。因此，他在81岁高龄时，仍然壮心不减，辛勤工作，给医学界同行留下了深刻记忆。

2.4 刘世杰

刘世杰（1913—2002），公共卫生学博士，教授，中国著名公共卫生学家、劳动卫生与职业病学家、公共卫生教育学家，中国职业卫生学奠基人之一。

刘世杰，原名侯扶桑，1913年8月出生于日本东京，祖籍江苏无锡，1935年毕业于沈阳满洲医科大学，曾任天津传染病医院医务主任、院长。1939年去日本国立公众卫生院留学，1940年入日本庆应大学，成为第一位在日本获得公共卫生学博士学位的中国人。1942年归国后任天津传染病医院院长、华北医药卫生委员会防疫处处长，兼授北京大学医学院公共卫生课程，并与陶炽孙等人在上海共同创办了《现代医学》杂志，主刊公共卫生文稿。1946年赴白求恩卫生学校任教。1949—1952年曾任天津接管处组长、华北人民政府卫生部医疗防疫大队长，中央人民政府卫生部保健处首任处长，1950年10月赴朝鲜战场任东北军区和志愿军卫生部防疫保健处处长。1952年在北京医学院公共卫生系任教，先后担任劳动卫生学研究室主任、系主任、公共卫生学院名誉院长，1981年被聘为博士研究生导师。2000年被卫生部授予全国职业卫生先进工作者称号。2002年8月23日病逝，享年89岁。

图155 刘世杰

刘世杰的主要贡献是：

第一，培养劳动卫生学高级专业教授人才，设立"刘世杰预防医学奖励基金委员会"。20世纪50年代初曾与前苏联专家共同培养出了中国第一批公共卫生事业的专家。1955年，他培养出5名中国首批劳动卫生专业硕士研究生。20世纪80年代后先后培养出9名硕士、19名博士和4名博士后，1989年获北京医科大学桃李奖。1993年根据本人的意愿成立了刘世杰预防医学奖励基金委员会，以奖励基层做出突出成就的中青年科技工作者。

第二，致力于尘肺病防治及其发病机制研究。刘世杰从事尘肺病防治数十年，提出了膜毒理学的概念和理论，并应用于二氧化硅、镍、镉和铬等有害物质的损伤研究，先后获得了卫生部科技进步二、三等奖。

第三，参与国家相关科学规划与标准的制定。20世纪50年代，刘世杰参与制定了中国"十二年科学远景规划"。主持完成了《高温车间气象条件卫生标准》研究课题，并被收入国家颁布的《工业企业设计卫生标准》，荣获1978年全国科学大会奖。

第四，参与学术研究与学术期刊编辑。刘世杰历任中华预防医学会第一副会长、名誉会长兼劳动卫生与职业病专业委员会主任委员，中国劳动保护科学技术学会副理事长、名誉理事长，中华人民共和国卫生部医学科学委员会卫生学专题委员会主任委员，高等医药院校预防医学专业教材评审委员会主任委员、名誉主任委员，《中华预防医学杂志》副总编辑，《中国卫生工程学杂志》顾问，《中华劳动卫生职业病杂志》和《卫生毒理学杂志》主编、名誉总编辑，北京大学医学部国际交流中心主任，国际拉玛兹尼委员会成员，国际呼吸保护协会亚洲分会中国委员，中日韩三国劳动卫生专题研讨会中国代表负责人。

第五，主要著作。1961年主编中国第一部高等医学院校劳动卫生学教材《劳动卫生学》。主编《中国医学百科全书·劳动卫生与职业病学分卷》。

2.5 张基美

张基美（1932—1998），从事职业病、中毒、毒理学以及突发事件应急救治工作，是一位中国著名的职业病防治专家。

张基美1932年10月17日生于中国山东省青岛莱阳。1955年7月毕业于山东大学医学院，同年9月响应国家支援大西北的号召到西安工作。1963年8月考入中国医学科学院职业病专业研究生，成为中国医学科学院第一位职业病专业研究生，师从中国职业病创始人吴执中教授，从此开始了他以救治各类毒物中毒为主的新的职业生涯，毕业回西安工作。1974年创办西安市中心医院职业病科，任职业病科主任，主任医师。其间于1981年赴美国西奈山大学医学院学习，并培养了4名研究生。1998年6月15日不幸因病逝世。

图156 张基美

张基美先后受聘担任西安医科大学教授。担任全国劳动卫生职业病学会常委、全国职业病临床专业委员会常委、中国工业毒理学专业委员会委员、全国职业病诊断标准专业委员会委员、中华预防医学会劳动卫生职业病与职业病分会常委，美国科学进步学会国际会员，入选《亚太名人》。

张基美的主要贡献是：

第一，主持和参与卫生部指定下达的职业性磷化锌中毒、溴甲烷中毒、有机磷中毒、氨基甲酸酯类中毒国家职业病诊断标准的制定。

第二，指导研制"锌原卟啉血液荧光测定仪"获得国家科委"金箭奖"。

第三，"红细胞锌原卟啉标准血样的研究"获得西安市科技进步一等奖。

第四，参与"生物样品标准物质的研究"获得卫生部科技进步三等奖。

第五，"陕西地区铅中毒实验室指标的三值研究与评价""锌原卟啉作为铅中毒诊断指标的研究与评价"分别获得西安市科技进步三等奖。

第六，高压氧治疗锰中毒的创新研究

获得国内、国外同行的好评①。

张基美主编或参编《现代职业病学》《临床职业病指南》等八部著作。在国内外杂志发表论文100多篇。主持和参与起草、审议多项国家职业病诊断标准的制定，先后获国家省部级奖励多项。高压氧治疗锰中毒的创新研究获得国内、国外同行的好评。

值得颂扬的是，张基美乐于慈善事业，他将自己所获得的物质和奖金都在第一时间捐送给医院的幼儿园和有职业病单位的生活困难的62名职工②。

在调查1995年西安市谭家乡三邻甲苯膦酸酯中毒事件、1605农药中毒事件以及1996年户县急性钡中毒事件中，科学定性、果断处置、治病救人，深受群众赞扬。③

他从医42年，在担任西安市中心医院职业病科主任、主任医师期间，他的足迹遍布三秦大地，经他检查和诊治的职业病患者达十万余人④。他先后被评为西安市有突出贡献的专家、陕西省劳动模范。由于他几十年如一日，爱岗敬业、勇于探索、无私忘我，以实际行动认真实践白求恩精神，表现了一名医务工作者的优良品质。特别是他在病重期间，坚持在枕上写作，于1998年1月上旬完成《劳动保健知识大全》书稿。1998年陕西省卫生厅授予其"白求恩精神奖"。

2010年10月17日，适逢著名职业病专家张基美教授辞世12周年之际，陕西省毒理学会与陕西省药理学会召开"纪念张基美教授学术研讨会"，怀念这位正直廉洁、深受崇敬的职业卫生毒理学家，他的女儿张忠和其西安市中心医院的生前好友也参加了会议。

何凤生（1932—2004），中国工程院院士，著名职业神经病学专家，创立了中国劳动卫生与职业病学的新学科——职业神经病学。

2.6 何凤生

何凤生1932年6月26日生于中国江苏省南京市，祖籍贵州省贵定县。1955年毕业于南京前中央大学医学院医学系；1955—1960年任北京和平医院神经内科住院医师；1961年后，先后在中国医学科学院卫生研究所、中国预防医学科学院劳动卫生与职业病研究所、中国疾病预防控制中心职业卫生与中毒控制所任助理研究员、副研究员、研究员，教授、博士生导师。先后培养硕士研究生8名、博士研究生13名、博士后4名。1985—1991年任中国预防医学科学院劳动卫生与职业病研

---

① 杜永锋. 孜孜不倦、精益求精、鞠躬尽瘁、播洒真情——缅怀我国著名职业病专家张基美教授//西北大学毒理学史研究文集：第9集，2010.
② 张忠. 回忆我的父亲张基美//西北大学毒理学史研究文集：第9集，2010.
③ 吉虹，车喜韵. 情系患者誉满杏林——记西安中心医院职业病专家张基美. 陕西日报，1998-03-19.
④ 田广渠. 忆张基美校友//悠悠岁月桃李情——欢迎医学院五五届校友，2006-03-16.

图 157 何凤生院士

究所所长。

1991—1994年间，被聘为联合国世界卫生组织职业卫生合作中心（北京）主任、顾问和世界卫生组织日内瓦总部职业卫生顾问，任国际职业卫生委员会理事和亚洲职业医学会主席。是英国皇家内科学院名誉院士。1994年当选为中国工程院院士。

何凤生曾任国际职业卫生委员会神经毒理学分委会委员、美国神经毒理学杂志及中国药理毒理学杂志编委、卫生部公共卫生专家咨询委员会副主任委员、卫生部卫生标准技术委员会职业病诊断标准专业委员会委员、卫生部卫生监督咨询委员会委员及国务院学位委员会学科评议组成员、中华医学会卫生学会副主任委员、中华预防医学会常务理事、《中国工业医学杂志》主编和《中华劳动卫生职业病杂志》编委。

何凤生对汞、有机汞、四乙基铅、一氧化碳、氯丙烯、丙烯酰胺、3-硝基丙酸、拟除虫菊酯及有机磷农药等多种毒物引起的神经系统损害进行了深入的研究。因对氯丙烯中毒性周围神经病的研究取得了独创性的成果，荣获1984年西比昂·卡古里国际奖（Scipione Caccuri Prize）。①主持中国"七五""九五"国家攻关项目等重点课题，曾获国家科技进步奖二等奖及三等奖各一次、卫生部科技进步奖一等奖两次及三等奖三次。被授予全国五一劳动奖章，以及"国家级中青年有突出贡献专家""全国先进科技工作者"称号。

2004年11月16日逝世，享年72岁。

何凤生的主要贡献是：

第一，首次证实氯丙烯为一主要损害周围神经系统的毒物。20世纪70年代初期，在中国的氯丙烯作业工人中出现成批的周围神经病患者，但不伴有肝肾损害，而文献报告氯丙烯可引起肝损害，却从未报道有神经毒性。何凤生等专家深入现场进行流行病学调查，细致地对患者进行临床及肌电图观察，通过毒理及神经病理研究，在国内外首次证实氯丙烯为一主要损害周围神经系统的毒物，所致中毒性周围神经病与氯丙烯浓度呈剂量-反应关系，病理特点符合中枢-周围性远端型轴索病，其英文论文发表后，20余个国家100余名学者来函索取单行本。由于该项成果具有独创性和高度的科学价值，于1984年被意大利医学基金会授予西比昂·卡古里国际奖。在这一成果基础上，何凤生等又首次研制了《慢性氯丙烯中毒诊断标准及处理原则》，被卫生部颁布为国家诊断标准，指导全国的氯丙烯中毒防治，同时在国内外第一次以氯丙烯的神经毒性为依据，将车间空气中氯丙烯容许浓度定为2毫克/立方米

---

① 1984年11月5日，在意大利古老的高等学府帕维亚大学隆重的授奖仪式上，何凤生双手接过校长卡斯特兰尼教授的西比昂·卡古里国际奖（Scipione Caccuri Prize）证书，成为中国在这一领域中获得重要国际奖的第一人，她为国际和中国劳动卫生与职业病学的发展做出了卓越贡献。

（美国为3毫克/立方米），从而有力地保障了生产工人的健康，取得了显著的社会效益。该项成果于1987年获国家科学进步二等奖。

第二，确定变质甘蔗中毒的病因。在20世纪80年代，中国北方每年冬季曾流行原因不明的急性脑病，患儿表现抽搐、昏迷和迟发的肌张力不全等症状，病死率极高。在中国学者初步探明为变质甘蔗滋长节菱孢产生的霉菌毒素3-硝基丙酸所致中毒后，何凤生和她的同事通过临床CT及MRI[①]在国内外首先发现该病有对称的选择性壳核及苍白球病变，并成功地应用节菱孢提取液及3-硝基丙酸染毒动物制成壳核及苍白球选择性病变的中毒模型，从神经病理学及神经生化学进一步证实了该病的病因，为其后彻底控制该病做出了重要贡献。为此，她先后应邀在英国布莱顿召开的第五届国际毒理学大会、美国俄勒冈健康与科学大学召开的神经科学进展讨论会以及1993年在加拿大温哥华召开的世界神经学大会上做特邀报告，受到国外专家的一致好评。她撰写的《3-硝基丙酸中毒性脑病》，参编于2000年美国出版的权威著作《临床与实验神经毒理学》中。这项成果荣获中国卫生部科技进步奖一等奖。

第三，建立拟除虫菊酯监测方法。20世纪80年代之后，中国大量进口拟除虫菊酯类农药，国外认为这类农药安全无毒，但在中国棉农中发生了数百例急性拟除虫菊酯中毒。何凤生等建立拟除虫菊酯监测方法，研制急性拟除虫菊酯中毒诊断标准，观察拟除虫菊酯对正中神经兴奋性的影响，在3113名棉农中调查急性拟除虫菊酯中毒的患病率及中毒原因，取得创新性的科研成果，先后五次应邀到国际会议上进行交流。1988年在孟买召开的第12届亚洲职业卫生医学会上所报告的论文荣获大会主席奖。

第四，主持中国国家攻关课题取得新成果。主持"九五"国家攻关课题《急性一氧化碳中毒迟发脑病研究》，应用体感、听觉及视觉诱发电位，在预测迟发脑病的发生及预后和对高危人群的监护方面取得了国际先进水平的成果。《职业性中毒性神经系统疾病的诊断与机制研究》应用细胞和分子生物学的技术手段，促进了临床神经毒理学的科研进展，并缩短了中国与国际神经毒理学先进水平的差距。主持"九五"国家攻关课题《混配农药中毒的防治研究》，对有机磷混剂中毒的预防、诊断与治疗提出新的建议，取得了国际领先水平的成果，荣获2001年中华医学科技奖二等奖。

何凤生发表学术论文120余篇。在30多年的科学研究中，对多种毒物及职业有害因素引起的神经系统疾病，应用职业流行病学、神经行为学、神经病理、电生理、生化及神经放射学等新技术进行深入

[①] CT和MRI都是影像学检查。MRI（Magnetic Resonance Imaging），是磁共振成像的简称。MRI是把人体放置在一个强大的磁场中，通过射频脉冲激发人体内氢质子，发生核磁共振，然后接受质子发出的核磁共振信号，经过梯度场三个方向的定位，再经过计算机的运算，构成各方位的图像。CT（Computed Tomography），是一种功能齐全的病情探测仪器，它是电子计算机X线断层扫描技术的简称。CT可拍摄下人体被检查部位的断面或立体的图像，发现体内任何部位的细小病变。两者的特点是：CT只能做人体横断面的扫描成像，而MRI可做横断、矢状、冠状和任意切面的成像。

研究，将神经病学与职业医学相结合，取得了独创性科研成果，开创了中国劳动卫生与职业病学的新学科——职业神经病学。1999年，何凤生主编的大型高级参考书《中华职业医学》由人民卫生出版社出版。

何凤生是国际知名学者，曾应邀到50多个国家进行学术交流及讲学80余次，足迹遍及世界各地。1988年何凤生获得英国皇家内科学院职业医学名誉院士的殊荣。同年，她被邀请成为国际职业卫生委员会自1905年成立以来第一位在入会做特邀报告的中国学者。1990—1993年她当选为国际职业卫生委员会理事。1991—1994年当选为亚洲职业医学会主席。1988年起被世界卫生组织聘为职业卫生合作中心（北京）主任。她是七个国际专业杂志的编委，多个国际专业委员会的会员。她通过频繁的国际交往，宣传了中国预防医学的成就，扩大了中国劳动卫生职业病工作在国际上的影响。

何凤生具有执着探索、勇攀科研高峰的开拓精神，她作风务实，亲自到山区汞矿蹲点防治汞中毒，深入农村抢救中毒患者。她治学严谨，培养的许多学生已成为业务骨干和学术带头人，通过各种职业卫生学习班为劳动卫生与职业病专业培养了千余名专业人才。

何凤生院士逝世后，中国工程院院长徐匡迪于2004年11月17日签署唁电，表示最沉痛的哀悼。

第97卷

兽医与昆虫毒理学家

本卷主编 史志诚

卷首语

在现代兽医毒理学家当中，英国皇家兽医学院化学毒物学与兽医毒物学家尤斯塔斯·克拉克为兽医毒物学的发展做出了重要贡献，他继蓝德尔和格纳尔之后，对《兽医毒物学》进行了修订，使这部著作延续了半个多世纪，成为兽医毒物学的世纪经典著作。

美国兽医毒理学家多勒怀特博士在家畜有毒植物研究方面为美国兽医学开辟了一个新的研究领域。美国兽医毒理学家韦恩·比恩斯为美国农业部有毒植物研究实验室制订了工作计划，他对美国西部草原上毒性最强的两类盐生草和飞燕草属植物进行了重点研究，确定藜芦草是"拐子牛病"的病因。美国兽医毒理学家罗德福·拉德莱夫所著的《兽医毒理学》成为美国兽医毒理学学科的第一本教材。他在美国农业部连续工作 27 年，就农作物安全使用化学药剂预防家畜中毒方面提出许多新的建议，荣获美国农业部杰出工作奖和美国兽医毒理学会模范员工奖。

中国杨凌西北农林科技大学的段得贤教授是著名的家畜内科学与兽医毒物学家。在改革开放之年，他率先招收研究生，开创家畜中毒性疾病研究方向，他首创动物毒物学研究会，开创有毒植物中毒研究的新局面，成为中国最早从事兽医毒物学研究的学科带头人。

中国昆虫毒理学家张宗炳从 20 世纪 30 年代开始，积极推动中国昆虫毒理学学科的发展。他先后著有《昆虫毒理学》和《杀虫药剂的环境毒理学》，进一步完善了中国昆虫毒理学学科体系。中国的另一位昆虫学家赵善欢院士提出"杀虫剂田间毒理"的新概念，丰富了昆虫毒理学理论，对田间防治害虫起到重要的指导作用。

实践证明，生产与生活的需要是学科发展的动力，有志致力于兽医毒理学与昆虫毒理学研究的科学家必将为生物安全、生态安全和食品安全做出重大贡献。

1 兽医毒理学家

1.1 尤斯塔斯·克拉克

尤斯塔斯·克拉克（Eustace George Coverley Clarke，1906—1978），英国化学毒物学与兽医毒物学家。

克拉克于 1926 年毕业于牛津大学林肯学院。曾几度任教，远至南非和泰国。1942 年被聘为伦敦大学皇家兽医学院化学部的讲师和主任，一直在这里工作了 30 年，1961 年被聘为高级讲师。同年应邀担任法医免疫学、法医学、法医病理学和法医毒物学第三次国际会议秘书。克拉克是英国法科学会的创始人之一，最初任秘书，1966 年任学会会长。他在 1960 年参加了另一个英国法科学会，为荣誉会员，1968 年被选为会长。他是唯一的在这两个组织任职的学者。1968 年，克拉克被任命为伦敦大学化学毒物学教授，成为新建立的国际法毒物学家协会的主席。20 世纪 70 年代末，经过七年的工作，克拉克增补了 1960—1973 年的有关文献，对 1957 年《兽医毒物学》（Veterinary Toxicology）第二版进行了修订，于 1967 年出第三版①。由于兽医毒物学的迅速发展，材料越积越多，他和夫人迈拉·克拉克于 1975 年出版了他们合著的新版《兽医毒物学》。此外，克拉克还著有《药物的分离与鉴识》（两卷本）。

图 158 《兽医毒物学》中译本封面（1984）

克拉克退休以后，被授予伦敦大学化学毒物学名誉教授，担任赛马反兴奋剂委员会主席和赛马场安全服务中心主任。

克拉克的重要贡献表现在与他夫人合编的《兽医毒物学》和他自己编写的《药物的分离与鉴识》（两卷本）。《兽医毒物学》一书中文版于 1984 年由陕西科学技术出版社出版。

---

① 《兽医毒物学》第一版主编是蓝德尔（Lander），于 1912 年出版，全书的内容是作者搜集了 1893 年至 20 世纪初的资料编写而成的。《兽医毒物学》第二版主编是格纳尔（Garner），于 1957 年修订出版。《兽医毒物学》第三版于 1967 年由克拉克修订出版。

1.2 詹姆斯·W. 多勒怀特

詹姆斯·W. 多勒怀特（James W. Dollahite，1911—1984），是美国植物毒理学与兽医毒理学家。

詹姆斯·W. 多勒怀特博士出生于1911年5月1日，成长在靠近美国得克萨斯州

图 159　詹姆斯·W. 多勒怀特

约翰逊城西部中心的得克萨斯市。1933年，在得克萨斯州农业机械学院获得兽医博士学位。第二次世界大战以前，他在美国政府工作。战争爆发后，他服役做了一名军队兽医。战后他回到得克萨斯州马尔法（Marfa）继续从事兽医工作，但却对毒理学产生了浓厚兴趣。他利用在得克萨斯州阿尔卑斯农业研究站兼职的机会，进一步研究植物毒理学。他还组建了美国农业部马里兰州研究基地。

1956年他正式供职于得克萨斯州农业研究站，并负责将其迁移到马尔法有毒植物研究所里。他驾车穿越得克萨斯州西部和新墨西哥南部调研有毒植物并逐步开展对有毒植物的研究。1958年他关闭了马尔法研究所，并将他的研究室搬到兽医医学院的兽医研究部。1961年他获得了兽医生理学硕士学位（当时还没有设立毒理学学位）。

1962年多勒怀特成为一名病理学副教授，1965年晋升为教授。1968年调任到兽医生理和病理系，并借助那里的仪器设备于1969年建立了毒理学博士点。1966年7月，他获得了美国兽医毒理学委员会颁发的执业医师证书和徽章。多勒怀特博士一直从事着对有毒植物的研究直到1975年从美国农业机械大学退休。但他一直在得克萨斯学院的美国农业部农业研究局兽医毒理学和昆虫学实验室研究有毒植物，直至1980年退休。1984年7月26日逝世，享年73岁。

多勒怀特博士对得克萨斯州的兽医毒理学研究发挥了重要作用，尤其是在有毒植物研究方面，为美国兽医学会在开辟了一个新的兽医毒理学研究领域方面做出了突出贡献。他的重大贡献还体现在对患病动物临床征兆观察资料的记录，具有相当的权威性。他的一生共出版了70多部学术著作。

1.3 韦恩·比恩斯

韦恩·比恩斯（Wayne Binns，1911—1994），美国兽医毒理学与植物毒素学专家。

韦恩·比恩斯于1911年7月20日出生于美国犹他州福克，在农村长大。1931年从美国福克高级中学毕业。早年与当地兽医的交往激发了他对兽医医学的浓厚兴趣，让他希望能够接受良好教育。他进入盐湖城犹他大学学习了一年后转到洛根的犹他州立大学学习，并于1934年完成了兽医预科课程，被录取到艾奥瓦州立大学兽医学院学习兽医药理学，1938年毕业并获得了兽医学博士。以后的两年时间里，他在伊利诺伊州当私人兽医。

1940年8月，他应聘到犹他州立大学兽医科学系讲授动物保健课。他鼓励预科兽医班的学生们学习诊断课程，建议他们在州里养家畜的人那里做一些课外实践。1942年他被招募服役于兽医兵团，做肉食品检疫员。1946年服役期满，他回到犹他州立大学继续教书。他是一名杰出的教师，深受学生的喜爱和崇敬。在那段时间里，他同时担任着兽医科学部门负责人，经常被邀请到犹他州的各类家畜生产者协会做演讲和咨询，受到这些组织成员的高度认可和尊敬。1952年他获得罗尔斯顿·普瑞纳（Ralston Purina）奖学金，并定期去康奈尔大学兽医学院学习，研究牛弧菌（Vibriosis）病，并获得了硕士学位。

第二次世界大战以后，由于学校学生和员工数目的增加，比恩斯博士的研究中心从兽医科学楼搬至一个旧军营的房子，作为有毒植物研究实验室。在以后的几年里，比恩斯吸纳了林恩·F. 詹姆斯（Lynn F. James）（1957）、莱格拉德·沙佩（LeGrande Shupe）（1960）和理查德·库勒（Richard Keeler）（1962）为研究人员，并承担更多的研究工作。

1972年，比恩斯博士因健康原因退休，但他仍继续坚持服务于社会。他将大多时间用于在公立中小学担任志愿者帮助孩子们掌握好的学习方法。比恩斯于1994年1月逝世，享年83岁。

比恩斯的主要贡献是：

第一，为美国农业部有毒植物研究实验室制定了工作计划。1954年，美国农业部农业研究中心主管研究植物毒素的专家沃德·赫夫曼博士（Ward Huffman）退休，比恩斯博士被邀请接替了赫夫曼博士的职位，他提出将美国农业部有毒植物研究实验室从犹他州盐湖城地区搬到洛根。因为盐湖峡谷实验室早先因冬季下大雪被空闲，实验器材也已经陈旧老化。于是，1955年研究实验室正式搬到了洛根。同时，比恩斯博士在犹他州立大学兽医科学系里有了自己的办公室，开始对有毒野生植物进行调查研究。

第二，研究有毒植物危害取得突破性成果。比恩斯对美国西部草原上毒性最强的两类盐生草和飞燕草属植物进行了重点研究。与此同时，比恩斯开始潜心研究发生在爱达荷州两个重大问题，一个是母羊生出面部有缺陷的独眼小羊。在博伊西国家林场区域范围放牧的羊群中发病率已经

图 160　盐生草 Halogeton glomeratus （1. 全株；2. 叶）

从 2% 上升到 20%。另一个是在爱达荷州、俄勒冈州以及华盛顿州放牧的牛群，患有腓骨骨骼畸形的"拐子牛病"（Crooked Calf Disease）。这种病情的发生，使人们被迫捕杀高达 40% 的刚出生的小牛。直到 1959 年，他们研究发现母羊在怀孕期间食用加利福尼亚州区域的藜芦草（Veratrum Californicum）14 天就会产出独眼畸形小羊。他还证明了母羊放牧食用藜芦 29~31 天产出的小羊会出现身体的长骨头萎缩，食用 17~19 天产出的小羊会患呼吸道狭窄。母牛在妊娠 40~70 天大量食用含有有毒植物羽扇豆（Lupines）会导致后代骨骼畸形和上颚有隙口，从而出现"拐子牛病"。

第三，促进了美国兽医毒理学协会的成立。比恩斯在参加美国兽医医学会举行的年度地区性会议的兽医小组有关毒理学的学术讨论会后,报纸报道并刊登了部分会议记录。这个小组吸纳了比恩斯、吉姆·塔克（James Tucker）、罗德福·拉德莱夫（Rudolph Radeleff）、詹姆斯·W. 多勒怀特（J. W. Dollahite）等兽医专家。他们的工作为后来美国兽医毒理学协会的组建奠定了基础。

1962 年，由于比恩斯博士在畸形羊问题和对动物畸形领域的研究工作做出杰出贡献，美国农业部农业研究中心授予最佳工作奖。

图 161　藜芦含生物碱，可引起小羊畸形

1.4 段得贤

段得贤（1912—2006），是中国兽医内科学的开拓者之一，著名的家畜内科学与兽医毒物学家。

段得贤于1912年9月29日出生在中国河北省尧山县（今隆尧县）彭村。1920—1925年读私塾。1925—1927年在县立高级小学学习。1927—1931年在邢台县省立第十二中学学习。1932—1934年在天津市省立工业学院附设高级中学学习。1935—1936年考入保定市河北省立农学院（今河北省农业大学），一年后转入西北农林高等专科学校兽医专业学习[①]。1940年8月毕业后留校任教。

1948—1957年先后在兰州西北兽医学院、内蒙古兽医学院任教，1957年2月回到西北农学院，历任讲师、副教授、教授。先后兼任西北农学院兽医教研室主任，兽医院院长，教研室主任，畜牧兽医学科评审委员。《国外兽医学——畜禽疾病》编委，《畜牧兽医杂志》副主编，《西北农学院学报》编委，国家自然科学基金兽医学科组评审专家。先后担任中国畜牧兽医学会兽医内科研究会常务理事、副理事长，西北地区兽医内科学分会理事长。2006年12月2日逝世，享年95岁。

段得贤的主要贡献是：

第一，中国兽医毒物学学科发展的开拓者。1978年，段得贤教授率先招收研究生，开创家畜中毒性疾病研究方向，成为中国最早从事兽医毒物学研究的学科带头人。他先后指导培养了家畜中毒性疾病研究方向的硕士研究生15名，开设兽医毒物学、兽医毒物检验和家畜中毒学研究生课程，为中国兽医毒物学的发展培养了人才。

第二，研究有毒植物中毒取得重大成果。段得贤教授主持完成了国家自然科学基金课题《家畜有毒植物中毒的研究》，指导研究生完成的《牛栎树叶中毒机制的研究》，获得1983年农牧渔业部技术改进二等奖；《黄花棘豆化学防除、毒理与开发利用的研究》，获得1990年宁夏回族自治区科技进步二等奖。

第三，首创"动物毒物学研究会"。

图162 段得贤

图163 1940年毕业于西北农学院，获学士学位

---

① 1936年，陕西省发生旱灾，特别是武功县一带，灾情十分严重，农业歉收，人民逃荒，流离失所。当时的国民政府特命国民党元老于右任和戴传贤亲临陕西杨凌主持筹建西北农林专科学校（后改名为西北农学院）。为了救灾，在全国各省市招考新生，疾呼全国有志之士到西北来，参加恢复和提高农业产量，支援农业建设。此时，段得贤响应这个号召，毅然应考，幸被录取，所以于1936年9月到1940年8月在西北农林专科学校读书。

图 164 段得贤教授和他招收的第一批硕士研究生（左一史志诚，左二丁伯良，左三段得贤，左四王建华，1980年摄于中国陕西省安康市）

在1981年第一届全国兽医毒物检验师资培训班之后，段得贤教授和他的研究生受农业部畜牧兽医总局委托，分别于1983年（西安）和1985年（杨凌，西北农林科技大学）承办第二、三届全国兽医毒物检验师资培训班。在此基础上，140多位学员共同发起成立了全国兽医毒物检验协作组，将《兽医毒物学通讯》作为协作组工作的交流平台。段得贤任组长，谢占武、史志诚等任副组长，余兴全任秘书长。也正是在第三届全国兽医毒物检验师资培训班期间，段得贤和王洪章、朱蓓蕾教授商定创办中国第一个毒物学期刊——《动物毒物学》杂志，确定段得贤任主编，史志诚任副主编，特请中国书法协会主席舒同题写刊名，于1986年创刊。1991年在西安召开第二届全国动物毒物学与畜禽中毒病防治研讨会期间，经中国畜牧兽医学会批准，成立了动物毒物学研究会，会议选出的理事会的第一次全体会议选举段得贤教授为第一任名誉理事长。至此，动物毒物学研究会成为中国历史上第一个专门研究动物中毒病防治的学术团体，对于兽医毒物学的学科建设具有里程碑的意义。

段得贤教授发表过《家畜中毒性疾病研究现状及前景》《奶山羊过食谷物中毒》《棉籽饼对黄牛的毒性及血浆中棉酚含量的测定》等论文30余篇，专著6部，其中主编全国农业院校通用教材《家畜内科学》（农业出版社，1980，1986），与北京农业大学王洪章教授[①]共同编著《家畜中毒学》（农业出版社，1986）。段得贤

图 165 《兽医毒物学通讯》创刊号首页（1982年10月1日）和《动物毒物学》杂志创刊号封面（1986年）

---

① 王洪章（1915—2002），江苏省镇江人，北京农业大学教授，中国知名的兽医学家。1938年毕业于南京中央大学畜牧兽医系，获农学士学位。20世纪40年代，先后在农业部南川耕牛繁殖场和四川省自贡市盐场兽医防治所任兽医师、主任兽医师。1945年赴美国康奈尔大学留学，1949年获兽医博士学位。回国后在北京大学任教授。1951年成立北京农业大学后任兽医系教授。其间于1957—1958年赴前苏联莫斯科兽医大学进修。1982年任兽医系副系主任，兽医内科教研室主任，中国畜牧兽医学会理事，中国畜牧兽医学会内科研究会理事长，《畜牧兽医学报》编委，第五、六、七届北京市政协委员等职。王洪章一生从事家畜内科学的研究和临床诊治工作。讲授《兽医内科学》《兽医临床实践》《家畜营养代谢性疾病》《家畜中毒性疾病》等课程。曾荣获1984年农牧渔业部技术改进三等奖和1986年国家科学技术委员会科技情报成果三等奖。

图166 1995年，段得贤教授为《动物毒物学》杂志创刊10周年题词

图167 1990年《国际人物传记集》刊登段得贤教授的生平简介

教授十分关注动物毒物学的研究方向，指导毒理学的学术交流，先后主审了《中国草地重要有毒植物》《植物毒素学》《英汉毒物学词汇》《动物中毒病及毒理学》《实用家畜中毒手册》等专著。1984年，对翻译出版英国克拉克著《兽医毒物学》一书进行了审阅。

1984年，农牧渔业部发给段得贤教授优秀教师证书。1990年，段得贤教授被国际传记中心选入《国际人物传记集》（第十版），1991年被选入《中国当代自然科学人物总传》（第二卷）。1991年12月被评为国家有突出贡献的专家，并于1995年10月起发给政府特殊津贴。

为了纪念中国著名的兽医内科学家、动物毒物学的奠基人和开拓者段得贤教授诞辰100周年，中国畜牧兽医学会动物毒物学分会、中国毒理学会毒理学史专业委员会、陕西省农业厅畜牧兽医局和西北大学生态毒理研究所于1912年9月29日在杨凌国际交流中心举办了座谈会，缅怀段得贤教授的感人事迹和崇高的精神风范，激励人们为发展毒理科学做出新的贡献。[1]

图168 纪念兽医毒理学家段得贤教授诞辰100周年

---

[1] 王学锋. 段得贤教授诞辰100周年座谈会召开. 西北农林科技大学《校友通讯》，2012年12月.

1.5 罗德福·拉德莱夫

罗德福·拉德莱夫（Rudolph Radeleff，1918—1974），是美国兽医毒理学与昆虫毒理学家。

罗德福·拉德莱夫于1918年4月23日出生于美国得克萨斯州科尔镇。1941年获得了得克萨斯州农业机械学院兽医医学博士学位。开始在得克萨斯科尔镇当一名肉品检疫员，后来，在得克萨斯州美国农业部下设在科尔镇的毒理学研究实验室任主任。1967—1974年，在得克萨斯州学院的美国农业部农业研究局兽医毒理学和昆虫学研究实验室担任主任。此外，还担任过得克萨斯州农业机械大学兽医生理和药理学副教授和毒理学教授。

图169 罗德福·拉德莱夫

1962—1970年，拉德莱夫任美国兽医毒理协会会长。1965—1967年成为美国兽医毒理学委员会成员和执业兽医；1965—1967年任美国化学协会堪萨斯州市分会斯宾塞纪念奖评审员；1966年任美国国家研究委员会自然科学学会委员，负责调查兽医麻醉药实验情况。1967年任美国兽医医学协会研究部副主席。1970年在国家研究委员会自然科学学会毒理学理论委员会专家组工作。从1970年后，拉德莱夫一直在美国兽医医学会担任兽医医学特聘专业咨询员。他还代表农业研究局参加1959年在西班牙马德里举行的国际兽医大会。1965年，他在农业和农村部工作组负责农业项目发展和杀虫剂使用规则的研究。1970年，他被任命为得克萨斯州政府参议员，为政府和州立法机关制定安全使用农药规则提供建议。他还是美国动物健康协会、美国临床毒理协会、美国兽医生理和药理协会、美国兽医协会、北美毒理协会、世界兽医生理、药理和生化协会的会员。1974年1月7日去世，享年56岁。

拉德莱夫积极探索毒理学的科学奥秘并取得了显著的研究成果，是一位享有世界声誉的毒理学研究学者。他在美国农业部27年工作生涯中，提出了许多有关治疗家畜和农作物安全使用化学药剂的建议，被美国农业部和工业部采纳。先后荣获美国农业部杰出工作奖、美国兽医毒理学会模范员工奖以及美国农业部1964年最杰出研究贡献证书，是美国兽医毒理协会专家。

拉德莱夫是美国兽医毒理学学科的第一本教材《兽医毒理学》（Veterinary Toxicology）第一、二版（Lea & Febiger，1970）的作者，该书作为兽医临床和兽医专业学生的主要参考书，被翻译成西班牙文出版。他发表了许多学术论文，是学术专著和科普著作超过100部的学者之一。

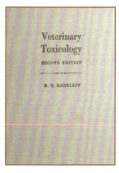

图170 拉德莱夫编写的教材《兽医毒理学》（第2版，1970）

2

昆虫毒理学家

2.1 张宗炳

张宗炳（1914—1988），是中国近现代著名昆虫毒理学家、教育家，中国昆虫毒理学研究的奠基人之一。

张宗炳于 1914 年 7 月 17 日出生在中国浙江省杭州市，是著名哲学家、政治活动家张东荪①的长子。16 岁考入燕京大学生物系，主修昆虫学，1934 年获燕京大学学士学位。同年得到中华文化教育基金会资助，指定研究河北定县梨树害虫及其防治，遂以此作为硕士论文题目，两年后完成论文，获硕士学位。1936 年考取生物学庚款②赴美留学奖学金，赴美国康奈尔大学攻读昆虫生态学，获得硕士学位，1938 年获得博士学位。同年，在麻省理工学院短期进修后回国。回国后应邀到上海东吴大学生物系任教。1938—1942 年，他历任上海东吴大学生物系讲师、副教授、教授并曾兼任生物系主任。1941 年 12 月太平洋战争爆发，上海租界全部沦陷，张宗炳则随东吴大学南迁到广东曲江。1942—1946 年，他应聘到成都任燕京大学教授兼生物系主任。

抗日战争胜利后，张宗炳于 1946 年随燕京大学迁回北平（今北京），并转到北京师范大学任生物系教授。

中华人民共和国成立后，张宗炳一直在北京大学任教。1949—1952 年任北京大学动物系教授。1952 年高等学校院系调整，北京大学的动物系、植物系和清华大学、燕京大学生物系合并组成北京大学生物系，他在北京大学生物系继续担任教授。1952—1988 年，兼任中国科学院昆虫研究所毒理室研究员、中国科学院动物研究所研究员、国家海洋局第一海洋研究所研究员和浙江农业大学植保系顾问教授。此外，还担任过中国养蜂学会特邀理事、

图 171　张宗炳

---

① 张东荪（1886—1973），原名万田，字东荪，曾用笔名"圣心"，晚年自号"独宜老人"。1886 年 12 月 9 日出生于浙江杭县（今杭州市）。现代哲学家、政治活动家、政论家、报人。曾为中国国家社会党、中国民主社会党领袖之一，曾任中国民盟中央常委、秘书长。

② 庚款，是 1900 年"庚子事变"列强强加给中国的巨额赔款，为百年国耻中的莫大创痛。后来，美国出于自身利益考虑，带头"退还"本已多收的庚款，用于培养留美中国学生。之后，其他一些国家也加以效仿，由此形成了一项历时近半个世纪的特殊留学活动——庚款留学。

顾问，中国农药学会理事、顾问，中国粮油贮藏学会顾问，中国粮油学会粮油贮藏专业学会名誉理事长，农业部农药检定所学术委员会委员，以及《海洋学报》编委等职。1988年1月10日因病在北京逝世。

张宗炳的主要贡献是：

第一，推动中国昆虫毒理学学科的发展。中国昆虫毒理学在20世纪30年代尚未形成一门独立的学科。20世纪40年代初，随着滴滴涕等有机杀虫剂的问世，迫切需要研究各种科学的使用方法，以便迅速推广应用，由此促进了昆虫毒理学的发展。1942年张宗炳到燕京大学任教后，将自己的研究方向转到杀虫药剂学的研究，进而转到昆虫毒理学上，开始研究滴滴涕对害虫的防治。1945年抗日战争胜利后，他得到英国帝国化学公司的资助，在北京师范大学开展了滴滴涕、六六六杀虫剂的毒理研究，陆续发表多篇论文，其中代表性论文有：《DDT 毒理的研究》[①]《DDT、六六六、Chlordan 及 Toxaphen 4 种杀虫药剂对榆叶虫的毒性比较》[②]。

1952年张宗炳作为兼职研究员参加了中国科学院昆虫所毒理室的研究工作。在抗美援朝战争中，为了防止因美军使用细菌武器引起细菌在中国东北地区的传播，他提出培养对滴滴涕有抗性的家蝇以便研究消灭细菌办法的课题。经过三年的努力，终于培养出了一个抗滴滴涕的家蝇品系。

1958年，他完成中国第一部《昆虫毒理学》专著，1965年修订出版了第二版。1985年1月至4月，他查阅了1970—1984年全部《经济昆虫学年鉴》，把1950年出版的小册子《杀虫药剂的毒力测定》扩充为35万字的专著，重新命名为《杀虫药剂的毒力测定：原理、方法、应用》；完成了《杀虫药剂的环境毒理学》专著的校定工作。进一步完善了中国昆虫毒理学学科体系。

第二，发现昆虫体内产生的神经毒素——酪胺。1952年张宗炳发现昆虫在物理及化学压力下体内会产生一种物质，对神经产生毒害。1964年年初步鉴定该物质为一种芳香胺类。1980年，他指导研究生继续进行这一研究，用纸层析及高效液相色谱首次鉴定出这种芳香胺类为酪胺。酪胺正常时以微量存在，但超量时即引起神经兴奋甚至阻断传导。同时，研究又发现酪胺之所以大量产生是由于在某种化学压力下（如滴滴涕处理），酪氨酸脱羧酶活性大为提高，从而大量酪氨酸脱羧成为酪胺。酪胺在昆虫体内很不稳定，有一种单胺氧化酶可使它降解为无毒的对羟基扁桃酸，这样昆虫就有可能从中毒中恢复。因此，加入杀虫脒（一种单胺氧化酶抑制剂）就可以阻止酪胺被降解，从而增加了毒性。他们还发现一部分酪胺可以被β-羟化成章鱼胺。章鱼胺也是一种神经递质、神经激素和调节因子，超量时也会产生不良副作用。在研究酪胺及章鱼胺的形成过程中，他们同时发现有环腺苷酸（cAMP）产生，这是由于这两种胺对腺苷酸环化酶都有激活作用，因而使大量腺嘌

[①] CHANG J T. Studies on the toxicity of DDT. Peking Nat. His. Bull. 1948, 17 (1)：5-15.
[②] 张宗炳. DDT，六六六，Chlordan 及 Toxaphen 4 种杀虫药剂对榆叶虫的毒性比较.昆虫学报，1950，1 (2)：136-142.

呤核苷三磷酸（ATP）形成了cAMP。在研究上述神经毒素的同时，他们首次证明了昆虫体内也有神经节苷脂存在，并证明神经节苷脂有保护神经膜不受上述两种胺以及滴滴涕、菊酯类毒剂伤害的作用。但由于昆虫体内的神经节苷脂数量极少（仅为脊椎动物的1/1000~1/300），因此以前未被测出，且难以产生有效的保护作用。这一研究新成果分别在1984年第17届国际昆虫学会议、1986年第六届国际杀虫药剂会议、1987年第二届国际神经学会议上宣读，引起与会者极大的兴趣和好评。

此外，张宗炳在昆虫抗药性机制和治理的研究上取得了重大成果，提出黏虫迁飞假说，研究农药与蜜蜂中毒[1]，为中国昆虫科研事业做出了卓越贡献。

张宗炳发表了180余篇论文和综述。编著出版20余本专著和10余部译作。在昆虫毒理学方面的著作主要有《昆虫毒理学》（上、下册，科学出版社，1958、1959年第一版，1965年第二版）、《昆虫毒理学的新进展》（北京大学出版社，1982）、《杀虫药剂的分子毒理学》（农业出版社，1987）、《杀虫药剂的环境毒理学》（农业出版社，1989）、《杀虫药剂的毒力测定》（上海科技出版社，1959）、《杀虫药剂的毒力测定：原理、方法、应用》（科学出版社，1988）等。《昆虫神经毒素的研究》获1988年中国国家教委科技进步二等奖。

张宗炳博学多才，勤于耕耘。他具有深厚的生物学及数理化基础，精通英语，懂德语、法语及俄语，又勤于读书，知识渊博。他终生教书育人，先后开设14门课，几乎包括了动物学的各个领域，如普通生物学、无脊椎动物学、动物生理学、遗传学、组织学、生物统计、昆虫毒理学、分子毒理

图172 《昆虫毒理学的新进展》（北京大学出版社，1982）

学、有脊椎动物比较解剖学、细胞生理学、生物制片学、达尔文主义、经济昆虫学和生物学引论等。其中20世纪50年代开设的昆虫毒力学和20世纪80年代开设的杀虫药剂的分子毒理学，都是填补中国教学空白之举。71岁高龄时，他仍承担了全校公共课普通生物学的部分教学任务。

张宗炳善于团结各种不同的人共同工作，在学术问题上从不保守，总是无保留地把自己的知识传授给别人。他严于律己，宽以待人，从不计较个人名利。他十分尊重别人的劳动成果，即使是自己主持的项目，在发表成果时他总是把别人放在前面。正因如此，连许多外系、外单位的同志都愿意在他的指导下工作。张宗炳这种诲人不倦、热心求实的作风，深受同行和学生们称赞。

此外，张宗炳性格开朗，兴趣广泛，在书法、油画及诗词等方面也有相当造诣。

---

[1] 张宗炳. 农药与蜜蜂中毒. 中国养蜂，1986，(4)：15.

2.2 赵善欢

赵善欢（1914—1999），是昆虫学家。提出"杀虫剂田间毒理"的概念，丰富了昆虫毒理学理论，对田间防治害虫起到重要的指导作用。

赵善欢是中国广东省肇庆市端州区人，生于1914年8月16日。1929年进入中山大学农学院农业专门部学习昆虫学。1933年毕业留校任教。

图 173 赵善欢

1935年，赵善欢以优异的考试成绩被选送美国俄勒冈农业大学深造。但由于赵善欢在国内只是农业专门部毕业，未获得学士学位，按校方规定，必须补习两年课程，先取得学士学位才能攻读硕士学位。在这种情况下，赵善欢以惊人的毅力，用了不到一年的时间就修完了两年的全部课程，于1936年在俄勒冈农业大学获学士学位，1937年在康奈尔大学研究院获科学硕士学位，1939年获博士学位。他的博士论文《惰性物质的毒理及其对昆虫作用的研究》以及其他几篇论文，先后在美国的学术刊物上发表。1939—1946年，他回到中山大学农学院任副教授、教授。抗战胜利后被北京大学和台湾大学借聘为教授，于1946—1947年任台湾大学农学院教授，台湾农业试验所应用动物系主任。1947—1948年，任北京大学农学院教授。1948年应中山大学的要求，结束借聘回到中山大学任农学院教授。

中华人民共和国成立后，赵善欢历任中山大学农学院教授、副院长。并再次被借调到北京，参与筹建中国科学院昆虫毒理研究室的工作。1952年，全国高等学校院系调整，中山大学农学院与岭南大学农学院合并，成立华南农学院（现华南农业大学），赵善欢教授被任命为副院长。在此期间，他于1957年出访前苏联，进行合作科研、考察及讲学。

在"文化大革命"期间，白天繁重的体力劳动加上精神上的折磨使他疲惫不堪，但晚上仍然坚持在昏暗的灯光下看书，摘录文献直至深夜。"文化大革命"结束后，赵善欢被任命为华南农学院院长。先后担任中国科学院广州分院副院长、广东省科协副主席及名誉主席、深圳农业科研中心名誉主任、中国昆虫学会副理事长和中国植物保护学会副理事长等职。1979年，他以中国代表团副团长的身份，参加了第九届国际植物保护大会，并回到阔别40余年的母校康奈尔大学讲学。1980年他当选为中国科学院院士(学部委员)。

1983年冬，赵善欢辞去院长职务，担任顾问，仍致力培养博士研究生和承担科研攻关课题的工作。担任农业部科学技术委员会委员，第三届全国人民代表大会代表，第五、六、七届中国人民政治协商会议全国委员会委员，第四届广东省人民政治协商会议委员会常务委员。1999年12

月 2 日在广州与世长辞，享年 85 岁。

赵善欢的主要贡献是：

第一，发展了中国植物性杀虫剂科学，开辟防治害虫的新途径。他早年曾对中国西南各省的杀虫植物种类及分布状况进行了广泛调查，对其中一些杀虫植物进行了害虫的毒力测定和防治实验。20 世纪 50 年代，他又对华南杀虫植物中鱼藤的种类和分布进行了调查研究，并收集了不同地区的许多品种加以栽培繁殖，对其中有效成分进行化学分析和毒力测定，从中发现了鱼藤酮含量最高的是产于中国海南岛的黄文江鱼藤（13.5%）。在此基础上，他用鱼藤根粉对蔬菜、茶树害虫进行防治实验及大面积推广应用，收到了较好成效。20 世纪 80 年代以后，他又带领中青年教师和研究生，进一步发掘中国丰富的植物资源宝库，对楝科等 40 余种杀虫植物进行防治农业害虫的实验以及有效成分的分离、提纯、鉴定。通过对害虫毒理机制的研究，发现产于中国的川楝、苦楝等楝科植物对水稻三化螟、稻瘿蚊、黏虫、斜纹夜蛾、玉米螟等多种农业害虫具有内吸毒杀、忌避、拒食和抑制昆虫生长发育的作用。由于植物性杀虫剂不仅对害虫具有较高的防治效果，而且不污染环境，无残留毒性，害虫不易对其产生抗药性，具有良好的经济效益、生态效益和社会效益，这些研究成果已受到许多国内外专家的关注。

与此同时，他不辞辛劳，通过国外同行从非洲引进高效杀虫植物——印楝，并在中国海南省引种成功，逐步推广种植。

赵善欢对发展植物性杀虫剂倾注了大量的精力，他为华南农业大学杀虫植物标本园的发展花费了不少心血。他在加强华南农业大学昆虫毒理研究室科研工作的同时，还广泛与国内外有关单位合作。在国内与中国科学院上海药物研究所、北京动物研究所、昆明植物研究所、华南植物研究所，以及北京大学生物系、天津南开大学元素有机化学研究所等十余个单位协作；在国外与美国、原西德、印度、菲律宾国际水稻研究所等有关机构协作，对鱼藤、苦楝、川楝、印楝等杀虫植物的有效成分生物活性及应用方法进行了研究，为推动中国植物性杀虫剂的工作做出了贡献。

第二，率先提出"杀虫剂田间毒理学"新概念，丰富和发展了昆虫毒理学理论，并在田间防治害虫起了指导作用。1961 年，在中国昆虫学会学术讨论会上，赵善欢在《杀虫药剂及昆虫毒理学的发展方向》[①]的论文中，首次提出了"昆虫田间毒理学"的观点，把昆虫毒理学和生态学紧密结合起来。他指出：昆虫毒理学的研究对象主要来自田间，来自生产实践。因此，昆虫毒理学的研究应当着眼于整个农田生态系统，协调好化学防治和生物防治的关系，注意保护好害虫的捕食性和寄生性的天敌。他这一观点为农药的制造和合理使用提供了理论依据。在此基础上，他将新概念与昆虫生态学相结合，充分运用生理生化、分子生物学和分子毒理学的理论及现代分析仪器和方法进一步深入研究，发展了他原来的昆虫田间毒理学

---

① 赵善欢. 杀虫药剂及昆虫毒理学的发展方向. 中国农业科学，1962（3）：1-9.

观点。

此外，他对华南水稻主要害虫三化螟的发生规律进行调查研究和防治实验，根据三化螟越冬习性及生理特性，制定了有效的防治措施并大面积推广应用成功，获农业部技术改进一等奖。他深入研究荔枝蝽象体内生理变化规律、药剂对虫体的渗透性及作用机制，为确定最佳防治时期提供了理论依据。

赵善欢院士发表了百余篇论文，主要代表著作是《农业昆虫学》（农业出版社，1961）、《昆虫毒理学原理》（英文版，广东科技出版社，1993）、《植物化学保护》（北京人民教育出版社，1976）、《昆虫毒理学》（农业出版社，1993）和《昆虫学研究论文集》（广东科技出版社，1994），汇集了他60年来科研成果的精华，受到昆虫学界的重视。

赵善欢院士从事农业昆虫和昆虫毒理学教学研究工作60多年，他认为："做学问要善于抓两头，一头是了解国际先进科技成果，一头是熟悉国内生产实际。"半个多世纪以来，赵善欢除了从未间断过科学研究外，还一直活跃在大学讲台上，为培养人才奉献自己的才智，他的40多位博士、硕士研究生遍布中国各地，有些远在大洋彼岸，真可谓桃李满天下。他的研究植物源杀虫剂的博士生张兴[①]就是其中之一。赵善欢于1995年获广东省人民政府授予的"南粤杰出教师"特等奖。

2000年，由赵善欢的生前好友和学生集资建造了赵善欢院士铜像，坐落在由他亲自开拓建立的、陪伴他度过40多个春秋的杀虫植物园中，深邃的目光凝视着开创了他的事业的这块土地，关注着继续他的事业的人们。

图174 《昆虫学研究论文集》扉页（广东科技出版社，1994）

图175 赵善欢院士铜像

[①] 张兴（1952—），西北农林科技大学教授，博士生导师，无公害农药研究服务中心主任。研究川楝、豆科植物以及烟草工业废料中的杀虫剂取得成果。

第98卷

重大发现与发明家

本卷主编 史志诚

卷首语

  在世界毒物研究的历史上，许多自然科学家在从事科学研究的过程中有意无意地介入了毒物学的研究，从不同的角度、不同的侧面、不同的技术层面有所发现、有所发明，推动了毒物学的不断发展。

  发现毒物与毒理机制的科学家当中，有发现环境职业致癌物的波特，发明微量砷检验法的马什，发现腊肠中毒的克奈尔和发现中国肉毒中毒病的吴朝仁。有从芫菁中分离斑蝥素的罗比奎特，从鸦片中提取吗啡的塞特讷，从人体组织分离植物毒素的斯塔斯。还有从植物中分离士的宁等多种生物碱以及蓖麻毒素的科学家。

  物理学里的创新与突破常开启崭新的跨学科的研究。当德国物理学家伦琴发现X线之后，法国物理学家贝克勒尔用铀作射线源。而居里夫人却要判明除铀的放射性之外，检查当时已知的所有元素是否也产生放射性射线，结果她先后发现了钋和镭是具有放射性的元素，从而奠定了现代放射化学的基础。

  化学家在人们的记忆中同样深刻无比。合成滴滴涕的奥斯马·蔡德勒并不知道它的用途，保尔·米勒却发现滴滴涕具有杀虫作用；合成毒气梭曼的理查德·库恩和合成神经毒剂的吉哈德·施拉德，是在特殊历史条件下的发明，但后来人类出于安全考虑没有选择这些有毒化合物。

  发现与发明解毒药的科学家更加令人敬佩。古希腊医学家盖伦传播本都王国研发解毒剂与万灵解毒剂的配方，美籍华人陈克恢制定了氰化物中毒的解救方法，中国台湾地区的医生林杰梁研发解毒剂，卡尔迈特应用抗蛇毒血清疗法，克里斯坦森则进一步精制抗蛇毒血清，解除了成千上万患者的痛苦。

  最后，还要强调的是发明安全矿灯的汉弗莱·戴维，挽救了无数矿工的性命。

1 发现毒物与毒理机制的科学家

1.1 珀西瓦尔·波特

珀西瓦尔·波特（Percivall Pott，1714—1788），是英国外科医生，是发现环境职业致癌物质的科学家。

波特1714年1月6日出生于英国伦敦，1788年12月22日逝世。是英国矫形外科学的创始人之一，是第一位证明癌症发生的原因与环境职业致癌物质有关的科学家。

图176 珀西瓦尔·波特发现烟囱清扫工的阴囊癌（1.珀西瓦尔·波特；2. 19世纪90年代英国清洗烟囱的男孩，许多人后来患上阴囊癌；3.波特发表清扫烟囱工人阴囊癌论文200周年的纪念文章）

从历史上看，职业性癌症的研究是由波特开始的。1775年，波特发现清扫烟囱工人阴囊癌（后来确定是鳞状细胞癌）发病率很高，而且发病与接触职业致癌物质——煤烟有关。他发表了多篇科学论文描述清扫烟囱工的情况。扫烟囱工大多是小男孩、孤儿或极度贫困家庭的儿童，烟囱很狭窄，只有孩子们身子小，清扫烟囱比较方便，有的小男孩甚至不穿衣服，清扫之后很少人会沐浴，烟尘逐渐根植于他们的皮肤，这些无声的杀手，在多年以后影响到他们的身体健康。调查发现，20多岁的扫烟工中大多数人患阴囊癌症。波特的发现为后来的流行病学调查和1788年英国政府颁布扫烟囱的法令提供了科学依据。

1975年，在波特1775年发表的《清扫烟囱工人阴囊癌》论文的200周年之际，英国工业医学杂志发表了由约翰·布朗（John R. Brown）和约翰·桑顿（John L. Thonton）撰写的《波特与烟囱清扫工的阴囊癌》的纪念文章。

图177 1890年英国的烟囱（1.木头房的烟囱；2.学校的烟囱；3.富人壁炉的烟囱）

1.2 詹姆斯·马什

詹姆斯·马什（James Marsh，1794—1846），是英国化学家。1836年他发明了检验最小剂量砷的方法并改进了"砷镜反应"，作为法庭毒理学的经典方法一直使用至今。

图178 詹姆斯·马什

詹姆斯·马什于1794年9月2日出生在英国伦敦的伍尔维奇（Woolwich）。他毕业于医学院，在都柏林从事医学实践和分析化学。1829—1846年，马什在皇家军事学院担任迈克尔·法拉第（Michael Faraday）的助理，从事分析化学工作。1846年6月21日去世，年仅52岁。

詹姆斯·马什的重大贡献是他于1836年发明了检验最小剂量砷的方法，人们称之为"马什测砷法"，从而使砷的毒物分析方法有了新的突破。他改进的"砷镜反应"成为后来法庭毒理学的经典方法。

这项发明与一个案件的审理有关。1832年的一天，詹姆斯·马什所在的兵工厂附近发生了一桩命案。80岁的农庄主乔治·博德尔在早饭后喝了一杯咖啡，很快就出现呕吐、腹痛、腹泻及四肢无力的急性中毒症状，最后死在自己家里。侦探们封存了死者死前所用的咖啡壶，并迅速展开调查。与此同时，委托当地的医生对尸体进行解剖检验，委托詹姆斯·马什对咖啡壶和尸体的有关组织检材进行化学检验。侦探们发现死者的孙子约翰在此之前，在药商那里以灭家鼠为由曾买过两次砒霜。死者发病的那天早晨，约翰去过老人的家，还反常地到井边亲自打水给老人煮咖啡。

经过一系列的实验，马什发现，送检的每一种检材提取物中都有可溶于氨水的黄色沉淀产生，他认为这是一种能够证实砒霜存在的阳性反应。马什向警方提供了自己的实验结果，警方结合其他调查证据，指控约翰犯有谋杀罪。1832年12月，法庭对约翰进行审判。由于当时的英国公众对警方和"科学"深感疑虑，陪审团成员对詹姆斯·马什的黄色沉淀、砷化氢和氨水等科学词汇一窍不通，他们甚至把这些词汇比作巫术中的"咒符"。结果马什的实验结果不但没有被当作证据采纳，反而在法庭上受到众人的讥笑和嘲弄，法官当庭宣布约翰无罪的判决。

马什为了证明自己的实验结果的准确性，设计了一个新的检验方法，即用锌和硫酸把氧化砷还原成气态的氢化砷，再让氢化砷气体通过一个加热的管子，这时，生成的砷凝聚在一只冷瓷盘上，成为略带黑色的发亮的镜面。为此，马什采用了一个新的检验装置，即整个检验过程在一个U形管中进行。管的开头是个开口，另一头是个尖尖的喷嘴，在有喷嘴的这头放有一个锌盘。可疑物质被滴在一个锌盘上，然后在锌盘上覆盖一层薄的硫酸，目的是为了能够产生氢气。如果可疑物质中含有砷化物,那么,当砷化物遇到被硫酸覆盖的锌盘时,在锌盘上不但生成了硫酸锌,同时也生成了砷化氢气体。这样一来,任何含砷气体通过试管加热,到达试管冷却部分时,就会凝结形成砷镜。通过喷嘴喷出的砷化氢气体,在遇到一个凉的瓷片时,也会立即凝结而形成砷镜。用这个简单的方法,就是 0.0001 毫克的砷也能被证明。

1836 年,马什经过四年之久的潜心研究后,公开了他发明的检验最小剂量砷的方法。马什发现和改进的"砷镜反应"灵敏度很高,只要检材物质里有一

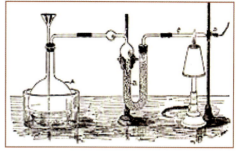

图 179 詹姆斯·马什改进的测砷装置

点点砷,无论是无机砷化物还是有机砷化物,都难以逃脱出现砷镜反应的命运,成为被检材内含有任何一种砷化物的科学证据。

詹姆斯·马什改进的"砷镜反应"于 1836 年在《爱丁堡哲学学报》上发表。至此,"砷镜反应"成为法庭毒理学的经典方法,这种方法由于简单可靠,博得好评。随着马什检验方法的采用,使用砷作为谋杀毒的情况也大大减少。

1.3 奥斯马·蔡德勒

奥斯马·蔡德勒(Othmar Zeidler, 1850—1911),是德国著名化学家。他因首次合成滴滴涕而闻名于世。

奥斯马·蔡德勒于 1850 年 8 月 29 日出生在奥地利维也纳,父亲是一位药剂师。他在斯特拉斯堡大学获得博士学位。他的弟弟弗朗茨·蔡德勒(1851—1901)也是一位化学家,他们曾经合作进行研究。1874 年,蔡德勒在德国首次合成一种有机氯化合物,化合物中含有两个氯苯和一个三氯甲基,称为二氯二苯三氯乙烷,即滴滴涕[1]。当时,蔡德勒只对合成本身感兴趣,他没有对滴滴涕进行深入研究,所以没有发现滴滴涕具有的杀虫作用。1876 年,奥斯马·蔡德勒回到奥地利,在维也纳大学化学实验室做药剂师。1911 年 6 月 17 日,奥斯马·蔡德勒在茂尔附近的维也纳去世,享年 61 岁。

---

[1] 滴滴涕,即二氯二苯三氯乙烷,英文名:Dichloro-Diphenyl-Trichloroethane,化学名:2,2-双-(对氯苯基)-1,1,1-三氯乙烷,简称:滴滴涕(DDT)。

1.4 保尔·米勒

保尔·米勒[①]（Paul Hermann Müller，1899—1965），是瑞士化学家，他因发现使用杀虫剂滴滴涕而闻名世界，后来滴滴涕被禁用。

保尔·米勒于1899年1月12日出生在瑞士索洛图恩州的奥尔滕（Olten），1925年毕业于巴塞尔大学，获得博士学位。之后，他前往巴塞尔的瑞士嘉基公司工作。1965年10月12日在巴塞尔去世，享年66岁。

1932年，保尔·米勒开始研究有机氯化合物与杀虫活性之间的关系，他发现三氯甲苯基是昆虫致死的活性基团，经过数年的潜心研究，终于在1939年发现了滴滴涕的优异杀虫作用。米勒发现滴滴涕具有以下几个特征：对害虫毒性很高；对温血动物和植物相对无害；无刺激性，气味很小；能广泛施用；化学性质稳定且残效期长；价廉且容易大量生产。

图180 保尔·米勒

1939年9月3日，保尔·米勒发表《三氯乙烷杀虫成分与方法》论文。他的滴滴涕专利于1940年在瑞士取得，（1943年又在美国和澳大利亚登记，美国专利号：2329074），被指定由瑞士嘉基（Geigy）公司生产。1940年，嘉基公司成功地开发了滴滴涕杀虫剂产品，从此滴滴涕在世界范围内得到了广泛应用。保尔·米勒因发现使用杀虫剂滴滴涕而闻名世界，1948年获得诺贝尔生理学或医学奖。

然而，在使用中人们发现，滴滴涕对害虫的杀伤力在逐渐降低，因此，逐渐加大了用量。随着人们对滴滴涕的大量、过度使用，它对生态环境的负面影响日益显露出来。滴滴涕的化学性质稳定，不易降解，在自然界及生物体内可以较长时间存在，通过食物链富集，毒性增大，导致鱼类和鸟类的死亡，甚至在南极大陆定居的企鹅体内都有滴滴涕的存在，对人类的健康也构成了威胁。美国海洋生物学家蕾切尔·卡逊出版的《寂静的春天》一书中列举了大量的事实，说明了滴滴涕对生态环境的严重影响。这些问题的出现给人们敲响了警钟，许多科学家开始重新审视滴滴涕的作用和后果。

20世纪70年代起，美国及西欧等发达国家和地区开始限制和禁止使用滴滴涕，中国于1983年宣布停止生产和使用滴滴涕，从此滴滴涕这一曾经为人类健康和农业发展做出过杰出贡献的农药退出了历史舞台。

[①] 也被译为保罗·赫尔曼·穆勒。

1.5 理查德·库恩

理查德·库恩（Richard Kuhn，1900—1967），是德国化学家，首次合成了有毒气体梭曼，因研究类胡萝卜素和维生素而著名。

理查德·库恩于1900年生于奥地利维也纳。1922年毕业于慕尼黑大学，获博士学位。1926—1929年任苏黎世高等技术学校教授。1929年任凯撒威廉医学研究所化学部主任。1950年任海德堡大学生物化学教授，1955年任普朗克研究所副所长，是国际化学联合会会员。他还是海德堡科学院、纽约科学院院士，德国化学会、伦敦化学会、印度化学会、波兰化学会和日本药学与生物化学会的会员。1967年去世，享年67岁。

1938年，库恩因研究类胡萝卜素和维生素获得诺贝尔化学奖。

1944年，库恩首次合成了梭曼，但未及生产，苏军就占领了工厂。梭曼是具有微弱水果香味的无色液体，挥发度中等，化学名称为甲氟磷酸异乙酯。梭曼的毒性比沙林大三倍左右。据有关资料记载，人若吸入几口高浓度的梭曼蒸气后，在一分钟之内即可致死，中毒症状与沙林相似。

图181 理查德·库恩

1.6 吉哈德·施拉德

吉哈德·施拉德（Gerhard Schrader，1903—1990），德国化学家。先后发现新杀虫剂和用作战争的沙林和塔崩毒剂。

吉哈德·施拉德于1903年2月25日出生在德国下萨克森州的伯特费尔德（Bortfeld）。中学毕业后在布伦瑞克工业大学（TU Braunschweig）学习化学，1928年获得博士学位，成为一名工程师。1930年受聘于拜耳公司的一个监测机构法本公司（I. G. Farben AG）从事研究工作。1990年4月10日在伍珀塔尔的柯南伯格去世，享年87岁。

在第二次世界大战中，在纳粹政权的带领下，吉哈德·施拉德的团队合成了多种神经毒剂。其中包括：塔崩（Tabun，1936）、沙林（Sarin，1938）和梭曼（Soman，1944）。

1936年12月23日，施拉德在法本的勒沃库森（Leverkusen）工业颜料实验室首次合成第一个有机磷酸酯类危险神经毒素——塔崩。

1938年，施拉德和安布罗斯（Ambros)、吕第格（Rüdiger）、范德尔·林德（Vander Linde）首次研制成功沙林，遂以上述四个人的姓中的五个字母命名为"Sarin"。

1944年，施拉德又合成了梭曼（Soman）。

德国纳粹很快发现这些毒气的军事价值，并投入生产，但在第二次世界大战期间并未使用。

除此之外，施拉德在第二次世界大战结束前的1944年开始对有机磷酸酯杀虫剂进行研究。他合成了第一个杀虫剂——对硫磷（Bladan，E605）。E605属于硫代磷酸酯类，对哺乳动物的毒性显著降低，而对昆虫非常有效，特别是与难以降解的有机氯化合物滴滴涕和林丹相比，E605能够通过生物降解而消失。

第二次世界大战之后，施拉德继续致力于有机磷酸酯杀虫剂的研究。1949年，他合成旋沙林（Cyclosarin），试图将之作为新的杀虫剂。

1952年施拉德和他的同事合成美曲膦酯（敌百虫，TCP）、敌敌畏（DDVP）用以治疗牛皮蝇蛆病①。自1960年之后的一段时间用于血吸虫病的防治。

施拉德的有机磷酸酯杀虫剂的研究成果，后来作为杀虫剂和除草剂应用于农业和某些动物疾病的防治，这个历史功绩是肯定的。但是，在第二次世界大战之后，沙林毒剂开始在世界范围内生产使用，在局部战争中有使用沙林的记录。特别是日本东京地铁毒气事件中奥姆真理教使用了沙林毒剂，令世界震惊。

吉哈德·施拉德原本是一位致力于与全世界的饥饿做抗争、发现新杀虫剂的专家，但施拉德博士最著名的发现却是神经作用剂沙林和塔崩，在第二次世界大战纳粹时期人们称他为"神经毒剂之父"。

1.7 维杜金德·伦兹

维杜金德·伦兹（Widukind Lenz，1919—1995），是杰出的德国儿科医生，医学遗传学家和畸形学家。1959—1960年，当人们发现"反应停"②可能具有致畸胎性时，他在1961年11月16日首次向生产厂家发出"反应停"致畸胎的警告。

维杜金德·伦兹于1919年2月4日生于德国艾希瑙（Eichenau）。他的父亲弗里茨楞（Fritz Lenz）也是一位遗传学家，但父子两人的政治观点完全不同。弗里茨楞

---

① 牛皮蝇蛆病，是牛皮蝇的幼虫寄生于皮下组织所引起的慢性疾病。牛皮蝇的雌虫夏季在牛尾上产卵，由于牛尾的不断甩动，将蝇卵黏附于腹部两侧、前后肢等处。经4~6天，卵孵出幼虫后钻入皮内生存9~11个月。在此期间，幼虫在皮下组织中移行，在背部皮下形成包囊突起。幼虫在皮肤突起部位打孔呼吸（此时，病牛表现皮肤发痒、不安、患部疼痛、肿胀发炎，严重的可引起皮肤穿孔）。最后，成熟的幼虫从皮里爬出，落地成蛹，1~2个月后成蝇。

② "反应停"即沙利度胺，又称酞咪脒啶酮（Thalidomide）。

图 182 维杜金德·伦兹

信奉优生学,受第三帝国①种族政策的影响。而维杜金德·伦兹则奉行人道主义。

1937—1943 年,他先后在图宾根大学、柏林大学、布拉格大学和格赖夫斯瓦尔德的恩斯特-莫里茨-阿恩特大学学习和从事医药研究工作。1945—1948 年他作为医生在空军和战俘营工作。1952—1960 年,他在埃佩道菲尔(Eppendorfer)儿童医院担任主任医师。1961 年被任命为新创建的原西德汉堡大学的教授,从事遗传学的教学和研究工作,开展临床遗传学和染色体核型分析的研究。1963—1964 年,获得图宾根大学的名誉博士学位。1965 年任明斯特(Münster)人类遗传学研究所主任。他也是明斯特大学教授。1995 年 2 月 25 日在威斯特法伦州的明斯特逝世。

1959—1960 年,当人们发现"反应停"可能具有致畸胎性时,伦兹博士根据自己的临床观察,于 1961 年 11 月 16 日通过电话向最早生产"反应停"的原西德药厂格仑南苏化学公司(Chemie Gruenenthal)提出警告。1961 年年底,他在原西德亚琛市地方法院上作为控方证人提供证言。伦兹博士用彩色幻灯投出"海豹胎"照片:残缺的四肢,变形的肉体,包括一些死后被解剖的内脏器官。他指着图表上畸形儿数目变化与"反应停"销售量的相关曲线(这两条曲线极其吻合。统计发现,"反应停"婴儿的母亲大多在怀孕之初 1~9 周开始服用"反应停",畸形儿曲线在第 8 个月左右开始上升)指出:"毫无疑问,是'反应停'直接导致'海豹胎'的发生。"在随后的几年,伦兹做了大量关于沙利度胺综合征的研究工作,并促成格仑南苏化学公司为"反应停事件"做出赔偿。

1962 年,伦兹博士发表了他的第一篇论文《沙利度胺先天性畸胎》②。他还著有《医学遗传学》(*Medizinische Genetik*,1963),曾被译成英语、西班牙语、俄语和日语出版,是遗传学界公认的标志性专著。

伦兹博士作为原西德汉堡大学的遗传学家,为"反应停"受害者做出了巨大贡献,受到全球"反应停"受害者的深深敬仰。1971 年 12 月 17 日,原西德卫生部利用格仑南苏化学公司赔偿的 1.1 亿德国马克③专门为"反应停"受害者设立基金时,伦兹博士被确定为基金的监管人之一。伦兹博士还接受日本同行的邀请,为帮助日本的"反应停"受害者做了大量有益的工作。

---

① 第三帝国,指 1933 年至 1945 年间的德国,当时它处于阿道夫·希特勒的独裁和国家社会主义(法西斯主义和社会主义的变体)的意识形态的坚固统治之下。希特勒认为,他的第三帝国是继"神圣罗马帝国"的"第一帝国"与威廉一世与俾斯麦创立的"第二帝国"之后的第三帝国。1945 年 5 月 2 日苏德战争最后一次大决战——柏林战役结束,第三帝国也就退出了历史舞台。

② 维杜金德·伦兹. 沙利度胺先天性畸胎. 德国医学周刊,1962,87(24):1232-1242.

③ 原西德货币单位。

1.8 尤斯蒂奴斯·克奈尔

尤斯蒂奴斯·克奈尔（Justinus Kerner，1786—1862），是一位德国执业医师、诗人和医学作家。他首先发现被称为"腊肠中毒"的疾病。

尤斯蒂奴斯·克奈尔 1786 年 9 月 18 日生于德国符腾堡州（Württemberg）的路德维希堡（Ludwigsburg）。幼年在当地的莫伯恩（Maulbronn）小学学习。在服装厂当过学徒。1804 年进入蒂宾根（Tübingen）大学，1808 年毕业当了医生，之后在温泉浴场（Wildbad）当执业医师。1815 年，他被任命为盖尔多夫地区的医务人员（专科医生职务），并于 1818 年转移到韦斯堡（Weinsberg）从事医疗工作。1817—1822 年，尤斯蒂奴斯·克奈尔对食物源性肉毒中毒的临床症状做过描述，他把这种疾病称为"腊肠中毒"，因为当时病人是由进食腊肠而引起的病症。他不仅发现腊肠中毒是由肉毒毒素引起的，而且首先提出用肉毒毒素治疗肌张力障碍和自主性神经紊乱等多种疾病的可能性。1851 年退休后回到家乡路德维希堡，他的女儿悉心照顾他的生活。1862 年 2 月 21 日，尤斯蒂奴斯·克奈尔在家乡逝世，享年 76 岁。

此外，尤斯蒂奴斯·克奈尔还是德国最有灵感的诗人之一，他著有抒情诗集，他的诗歌中有众所周知的迷人的民谣和酒歌，古朴而幽默，在民间广为流传。

图 183　尤斯蒂奴斯·克奈尔

1.9 吴朝仁

吴朝仁（1900—1973），是中国细菌学家、传染病学家。他报告了中国第一例肉毒中毒病例，也为开创中国抗生素研究做出了贡献。

吴朝仁生于 1900 年，中国福建省福州人。1923 年毕业于福州协和大学；1928 年毕业于北平协和医学院，获医学博士学位并留校执教；1933 年被委派赴美国哈佛大学医学院进修细菌学。1934 年回国，任轩和医学院副教授，上海雷士德医学研究院研究员，北平大学医学院教授、附属医院内科主任。1949 年后，历任北京医学院传染病学教研组主任、医学系主任、第一附属医院院长，北京医学院副院长等职。曾任全国政协第四届委员会委员、北京市第五届人民代表大会代表。北京市科协第一届委员会副主席，中华医学会理事，中华医学会内科学会常务委员。长期担任《中华医学》杂志的副总编。

吴朝仁从事传染病的临床、科研、教学工作达40余年，曾创建北京大学第一医院感染疾病科和抗生素研究室。他的突出贡献是揭示"察布查尔病"的病因。"察布查尔病"是流行于新疆察布查尔县的一种神秘疾病，由于原因未名，暂且只能用地名称之。这种疾病可以使患者在不知不觉中睁不开眼睛，手脚麻痹，甚至死亡，给当地人造成了恐慌。1958年，吴朝仁教授率医疗队深入病区，查明病源并提出防治方案，很快控制了该病的流行。原来"察布查尔病"是肉毒中毒，是由当地锡伯族人嗜食面酱的中间产物——"米松糊糊"（一种类似甜面酱的食品）中含有的肉毒梭菌所致。吴朝仁教授《关于察布查尔县肉毒中毒调查报告》的发表，引起了卫生界的极大关注，中国从此开始了肉毒中毒的科学防治工作。

2 发现放射性及其毒性的物理学家

2.1 威廉·康拉德·伦琴

威廉·康拉德·伦琴（Wilhelm Conrad Röntgen，1845—1923），是德国实验物理学家。他发现了 X 线，不仅使他成为科学史上第一个诺贝尔奖金获得者，更为重要的是，伦琴的发现间接地影响了放射性的发现。而放射性的发现使人类告别了过去，揭开了走向核时代的序幕。

图 184　威廉·康拉德·伦琴

伦琴于 1845 年 3 月 27 日出生在德国莱茵省莱纳普①的一个纺织商人家庭。3 岁时随家迁居荷兰并入荷兰籍。1865 年迁居瑞士苏黎世。1868 年伦琴于苏黎世联邦工业大学机械工程系毕业。1869 年获苏黎世大学博士学位，并担任了他的博士生导师物理学教授奥古斯特·孔脱（August Kundt）的助手，1870 年随同孔脱返回德国，1871 年随孔脱到维尔茨堡大学工作，1872 年又随孔脱到斯特拉斯堡大学工作。1894 年任维尔茨堡大学校长。1900 年任慕尼黑大学物理学教授和物理研究所主任。1923 年 2 月 10 日在慕尼黑逝世，享年 78 岁。

发现 X 线

伦琴的重要贡献是发现了 X 线。他花了六个星期的时间，发现在阴极射线所能打击到的那部分玻璃管的管壁上，会发出一种肉眼看不见的、具有极大穿透力的特殊射线。这突破性的发现是在 1895 年 11 月 8 日取得的。那天傍晚，伦琴同往常一样走进维尔茨堡大学的实验室，闭窗关灯，室内顿时一片漆黑。为了避免紫外线与可见光的影响，他将阴极射线管的周围用黑纸板遮住。实验中，在真空度相当高的阴极射线管的两个电极之间，当感应圈加上适当的电压时，放在附近的涂有氰亚铂酸钡的屏上会发出荧光，而且在两米距离以内，不论屏的哪一面对着射线管，都会有荧光发出。

伦琴为此感到惊异，是什么东西使晶体发出荧光呢？于是他将涂有氰亚铂酸钡的硬纸屏竖立在距射线管远近不同的位置上，并在射线管与纸屏之间隔放天平、鸟枪的轮胴和非单相金属片等各种物体进行实验，结果发现硬纸屏都能够发出荧光。

他将自己的手伸进射线管与硬纸屏之间，硬纸屏上清晰地显示出他的手骨阴影。这是人类首次在活体上看到自己的骨

---

① 莱纳普（Lennep），现在属于雷姆沙伊德（Remscheid）的一部分。

骼。伦琴断定，一定是从射线管里发出了一种除阴极射线外的新射线。由于伦琴当时还弄不清楚这种新射线的性质，于是将其命名为"X线"。

12月22日，他将妻子带进实验室，并要求妻子戴上他们的结婚戒指。在实验室里，伦琴将他的实验器材安装好，待一切就绪后，他请妻子把戴着戒指的左手伸进射线管与硬纸屏之间。此时，硬纸屏上出现了一幅骨骼图。伦琴向妻子详细解释了眼前发生的一切。伦琴夫人的这张手骨照片也成为人类第一张X线照片，同时也标志着科学史上一个新时代的到来。

伦琴的原始论文《一种新的X线》于1895年12月28日出版。1895—1897年间，他共出版了三篇关于X线的论文。

1896年1月23日，伦琴应邀在维尔茨堡物理和医学学会上首次做了关于X线的学术报告，并当场为自己的挚友、解剖学教授克利克尔拍摄了一张手部X线照片。克利克尔兴奋地登台即席演说，高度评价了伦琴的发现。

由于伦琴对X线的发现赢得了巨大的荣誉，为纪念伦琴的成就，X线在许多国家被称为伦琴射线。1901年诺贝尔奖刚刚设立，评奖委员会便将第一个诺贝尔物理学奖颁发给了伦琴。

伦琴还先后获得许多奖励，有拉姆福德奖章（Rumford Medal，1896）、马陶西奖章（Matteucci Medal，1896）、埃利奥特克勒松奖章（Elliott Cresson Medal，1897）等。

社会影响

在科学史上，一个重要自然现象的发现，往往会在一个乃至几个科学技术领域中产生一系列连锁反应，因此，它所产生的社会效果将是不可估量的。伦琴的科学发现，为诺贝尔物理学奖金获得者树立了光辉的榜样，并产生了非常深远的影响。

X线的发现，不仅为现代实验物理学和理论物理学开辟了新的研究途径，而且为普通实用医学和特殊的外科手术提供了价值极高的可靠工具，比如电磁波的提出和X光透视机的使用等，都要归功于X线的发现。伦琴不仅是物理学家，而且被认为是放射学使用影像诊断疾病之父。

为了纪念伦琴在物理学领域的杰出成就，除了X线在许多国家被称为"伦琴射线"外，第111号化学元素铊（Roentgenium，Rg）也以伦琴命名。在伦琴的祖国——德国更有许多以伦琴命名为学校、街道和广场。德国的吉森市、柏林市和伦琴的出生地莱纳普都建有伦琴纪念碑。在雷姆沙伊德（Remscheid），伦琴出生的房子现在成了"德意志伦琴博物馆"。

图185 伦琴的实验室和射线照片（1.维尔茨堡大学实验室，1895年11月8日；2.X线照片：伦琴夫人戴着戒指的左手）

2.2 安东尼·亨利·贝克勒尔

安东尼·亨利·贝克勒尔（Antoine Henri Becquerel，1852—1908），是第一位发现放射性的法国物理学家，诺贝尔物理学奖的获得者。

安东尼·亨利·贝克勒尔于1852年12月15日出生在法国巴黎一个有名望的学者和科学家的家庭。父亲亚历山大·爱德蒙·贝克勒尔是位应用物理学教授，祖父是皇家学会会员，是用电解方法从矿物提取金属的发明者。1872年贝克勒尔进入巴黎理工大学学习。1874年进入登塞特夏萨斯地方政府任职。1877年于公路桥梁学校毕业，获工程师职位。1878年在巴黎自然博物馆任物理学助教，继承了他父亲在艺术工艺学院的应用物理学讲座。1888年，他取得了科学博士学位。1889年贝克勒尔被选为法国科学院院士。1900年被任命为荣誉军团的军官。1892年贝克勒尔被任命为巴黎博物院自然历史部的应用物理学教授。1895年任理工大学教授。1895年成为综合工艺学院的教授。1903年因发现物质的放射性获诺贝尔物理学奖。1908年8月25日安东尼·亨利·贝克勒尔去世，年仅56岁。

放射性的发现

受伦琴的影响，1896年贝克勒尔在发光材料的试验中偶然发现了一种新射线的穿透性。由此可见，伦琴的发现间接地影响了放射性的发现。

1896年，贝克勒尔在与彭加勒[①]讨论由伦琴发现的辐射（X线）及在真空管子中同时产生磷光的现象之后，他决定研究在X线与天然发生的磷光之间是否存在某些联系。

彭加勒建议贝克勒尔试试荧光会不会伴随有X线。于是第二天贝克勒尔就在自己的实验室里开始试验荧光物质会不会辐射出一种看不见却能穿透厚纸使底片感光的射线。经过多次实验，他终于找到了一种物质能具有预期效果，这种物质就是铀盐。贝克勒尔拿两张厚黑纸把感光底片包起来，包得很严实，即使放在太阳底下晒一天，也不会使底片感光。然后，他把铀盐放在黑纸包好的底片上，又在太阳下晒了几个小时，结果大不一样，底片显示了黑影。为了证实是射线在起作用，他特意在黑纸包和铀盐间夹了一层玻璃，再放到太阳下晒。如果是由于某种化学作用或热效应，隔一层玻璃就应该排除，可是仍然

图186 安东尼·亨利·贝克勒尔

[①] 彭加勒（H. Poincare，1854—1912），法国著名数学物理学家。他收到伦琴的通信后，在法国科学院1896年1月20日的例会上，向与会者报告了伦琴发现X线的消息。

出现了黑影。于是贝克勒尔肯定了彭加勒的假定，在法国科学院的例会上报告了实验结果。

又过了几天，贝克勒尔正准备进一步探究这种新现象时，巴黎却连日天阴，无法晒太阳，他只好把所有器材包括包好的底片和铀盐都搁在同一抽屉里。也许是出于职业上的某种灵感，贝克勒尔突然产生了一个念头，想看看即使不经太阳照晒，底片会不会也有变黑的现象。于是他把底片洗了出来。结果底片上的黑影果真十分明显。他仔细检查了现场，肯定这些黑影是铀盐作用的结果。贝克勒尔很快领悟到必须放弃原来的假设，这种射线跟荧光没有直接关系，它和荧光不一样，不需要外来光激发。他继续实验，终于确证这是铀元素自身发出的一种射线。他把这种射线称为铀辐射。铀辐射不同于 X 线，两者虽然都有很强的穿透力，但产生的机制不同。

同年 5 月 18 日，他在法国科学院报告说，铀辐射乃是原子自身的一种作用，只要有铀这种元素存在，就不断有这种辐射产生。这就是发现放射性的最初经过。这一发现虽然没有伦琴发现 X 线那样轰动一时，但其意义还是很深远的，他为核物理学的诞生准备了第一块基石。

社会影响

发现放射性的初期，人们并不知道它的危害，贝克勒尔由于毫无防护地长期接触放射物质，健康受到严重损害，50 多岁就去世了。科学界为了表彰他的杰出贡献，将放射性物质的射线定名为"贝克勒尔射线"。1975 年第十五届国际计量大会为纪念法国物理学家安东尼·亨利·贝克勒尔，将放射性活度的国际单位命名为贝可勒尔，简称"贝可"（符号 Bq）。放射性元素每秒有一个原子发生衰变时，其活度即为 1 贝可。原单位居里（1 居里=3.7×10^{10} 贝可）同时作废。

2.3 玛丽·居里

玛丽·居里（Marie Curie，1867—1934），世称"居里夫人"，是一位原籍为波兰的法国物理学家、放射化学家。她研究放射性现象，发现钋和镭两种天然放射性元素，人们称之为"镭的母亲"。她应用放射性治疗癌症，在法兰西共和国，镭疗术被称为"居里疗法"。她一生两度获诺贝尔奖。1903 年玛丽·居里和丈夫皮埃尔·居里及亨利·贝克勒尔因发现镭而共同获得了诺贝尔物理学奖；1911 年她又因成功分离了镭元素而获得诺贝尔化学奖。

玛丽·居里于 1867 年 11 月 7 日出生于波兰华沙市，当时波兰正在俄国统治之下。她的父母都是教师，在她出生后不久他们就失去了教师职位。为了糊口，他们为一些学生提供伙食。为此，年轻的玛丽·居里也要协助做饭，每天要工作很长时间。中学毕业后，她只身来到华沙西北的乡村做家庭教师。1891 年 9 月她到巴黎求学，11 月进入索尔本大学（即巴黎大学）理学院，攻读物理学和

图187 玛丽·居里

数学。

居里夫人婚前姓名为玛妮雅·斯卡洛多斯卡（波兰文为 Maerya Sklodowska）。1894年4月，经波兰学者、瑞士福利堡大学物理学教授约瑟夫·科瓦尔斯基的介绍，与皮埃尔·居里结识，以便利用居里的设备较好的实验室。1895年4月，她的论文《铀和钍的化合物之放射性》由李普曼在科学院宣读。1895年7月26日，玛丽与皮埃尔·居里①在巴黎郊区梭镇结婚。玛丽·居里任女子中学教师。居里夫人的成就包括开创了放射性理论、发明分离放射性同位素技术以及发现两种新元素钋和镭。在她的指导下，人们第一次将放射性同位素用于治疗癌症。由于长期接触放射性物质，居里夫人于1934年7月4日因恶性白血病在法国病逝，享年67岁。

发现钋和镭两种天然放射性元素

1895年，她与任教于巴黎市工业物理和化学学院的皮埃尔·居里结婚后，他们经常在一起进行放射性物质的研究，以沥青铀矿石为主，因为这种矿石的总放射性比其所含有的铀的放射性还要强。1898年，居里夫妇对这种现象提出了一个逻辑的推断：沥青铀矿石中必定含有某种未知的放射成分，其放射性远远大于铀的放射性。12月26日，居里夫人公布了这种新物质存在的设想。1898年法国物理学家贝可勒尔发现含铀矿物能放射出一种神秘射线，但未能揭示出这种射线的奥秘。玛丽和她的丈夫皮埃尔·居里共同承担了研究这种射线的工作。他们在极其困难的条件下，对沥青铀矿进行分离和分析，终于在1898年7月和12月先后发现两种新元素——钋和镭，从而奠定了现代放射化学的基础。

1902年年底，即发现镭后的第45个月，居里夫妇从8吨沥青铀矿的炼渣中提炼出0.1克纯净的氯化镭，并测得镭的原子量为225。1903年6月，居里夫人以《放射性物质的研究》作为博士答辩论文获得巴黎大学物理学博士学位。同年11月，居里夫妇被英国皇家学会授予戴维金质奖章。12月，夫妇二人又与贝克勒尔共同获得1903年诺贝尔物理学奖。然而，1906年居里先生因车祸去世。之后，居里夫人承受着巨大的痛苦，继续研究了镭在化学和医学上的应用。

1910年，居里夫人与德比恩②一起分离出纯净的金属镭而获得1911年诺贝尔化学奖。

应用放射性治疗癌症

居里夫人另一个重大贡献是应用研究的杰出贡献是应用放射性治疗癌症。镭虽

---

① 皮埃尔·居里（Pierre Curie），1859年生于巴黎一个医生的家庭。16岁通过了中学的毕业考试，18岁通过了大学毕业考试并获得了理科硕士学位。19岁被聘任为巴黎大学理学院德山教授的助手。1880年发现了电解质晶体的压电效应。1883年年仅24岁的皮埃尔被任命为新成立的巴黎市理化学校的实验室主任。当他与玛丽相识时，他已是一位有作为的物理学家了。由于志趣相投、相互敬慕，玛丽和皮埃尔之间的友谊发展成爱情。1895年他们结为伉俪，组成一个志同道合、和睦相亲的幸福家庭。

② 德比恩（Andre Debierne，1874—1949），1899年从沥青铀矿中发现放射性元素锕（Ac）。

图 188 玛丽·居里（左图）与居里夫妇在实验室（右图）

然不是人类第一个发现的有毒放射性元素，但却是放射性最强的元素。医学研究发现，镭射线对于各种不同的细胞和组织作用大不相同，那些繁殖快的细胞，一经镭的照射很快被破坏了。这个发现使镭成为治疗癌症的有力手段。癌瘤是由繁殖异常迅速的细胞组成的，镭射线对于它的破坏远比周围健康组织的破坏作用大得多。这种新的治疗方法很快在世界各国发展起来。

社会影响

居里夫人一生共获得了 10 项奖金、16 种奖章、107 个名誉头衔，发表了 32 篇学术论文。1910 年，其代表作《放射性专论》问世。此外，她还著有《论放射性》《放射性物质的研究》《现代人的智慧》和《怀念皮埃尔·居里》。

各国为纪念伟大物理学家——居里和居里夫人，发行了现代纪念邮票。其中，瑞典于 1963 年发行纪念邮票，画面是 1903 年居里夫妇与贝克勒尔分享诺贝尔物理学奖。法国为纪念居里夫人诞辰 100 周年也发行了纪念邮票。1971 年，瑞典发行纪念邮票，纪念居里夫人于 1911 年因发现钋和镭及提炼出纯净的镭的工作而获得诺贝尔化学奖。波兰于 1992 年塞维尔博览会期间发行纪念邮票。

图 189 为纪念居里夫人发行的邮票（1. 1903 年居里夫妇与贝克勒尔分享诺贝尔物理奖，瑞典，1963；2. 1911 年发现钋和镭及提炼出纯净的镭获诺贝尔化学奖，瑞典，1971；3. 波兰的民族英雄居里夫人，波兰，1992）

2.4 欧内斯特·卢瑟福

欧内斯特·卢瑟福（Ernest Rutherford，1871—1937），新西兰著名物理学家、化学家，被称为原子核物理学之父。他是诺贝尔化学奖获得者，也是科普利奖章获得者。学术界公认他为继法拉第之后最伟大的实验物理学家。

图190 欧内斯特·卢瑟福

卢瑟福于1871年8月30日出生在新西兰纳尔逊的一个手工业工人家庭，家境贫寒。他在新西兰长大，通过自己的刻苦努力进入新西兰的坎特伯雷学院学习。23岁时获得了三个学位（文学学士、文学硕士、理学学士）。1895年从新西兰大学毕业后，获得英国剑桥大学的奖学金进入卡文迪许实验室，成为汤姆孙的研究生。他提出了原子结构的行星模型，为原子结构的研究做出了很大的贡献。1898年，在汤姆孙的推荐下，担任加拿大麦吉尔大学的物理教授。1907年，他返回英国，出任曼彻斯特大学的物理系主任。1919年接替退休的汤姆孙担任卡文迪许实验室主任。1925年当选为英国皇家学会主席。1931年受封为纳尔逊男爵，1937年10月19日因病在剑桥逝世，与牛顿和法拉第并排安葬，享年66岁。

主要贡献

第一，提出放射性半衰期的概念。关于放射性的研究卢瑟福首先提出放射性半衰期的概念，证实放射性涉及从一个元素到另一个元素的嬗变。他又将放射性物质按照贯穿能力分类为α射线与β射线，并且证实前者就是氦离子。因为对元素蜕变以及放射化学的研究，他荣获1908年诺贝尔化学奖。

第二，人工核反应的实现是卢瑟福的另一项重大贡献。自从元素的放射性衰变被确证以后，人们一直试图用各种手段，如用电弧放电，来实现元素的人工衰变，而只有卢瑟福找到了实现这种衰变的正确途径，即用粒子或γ射线轰击原子核来引起核反应。这种方法很快就成为人们研究原子核和应用核技术的重要手段。在卢瑟福的晚年，他已能在实验室中用人工加速的粒子来引起核反应。

第三，确立了放射性是发自原子内部的变化。这一发现打破了元素不会变化的传统观念，使人们对物质结构的研究进入原子内部这一新的层次，为开辟一个新的科学领域——原子物理学做了开创性的工作。1911年，卢瑟福根据α粒子散射实验现象提出原子核式结构模型。该实验被评为"物理最美实验"之一。1919年，卢瑟福做了用α粒子轰击氮核的实验，发现了质子。他通过α粒子为物质所散射的研究，无可辩驳地论证了原子的核模型，因而一举把原子结构的研究引上了正确的轨道，于是他被誉为"原子物理学之父"。第104号元素也为纪念他而被命名为"𬭊"。

社会影响

卢瑟福还是一位杰出的学科带头人，被誉为是一个"从来没有树立过一个敌人，也从来没有失去一位朋友"的人。在他的助手和学生中，先后荣获诺贝尔奖的多达12人。1922年度诺贝尔物理学奖的获得者玻尔曾深情地称卢瑟福是"我的第二个父亲"。科学界中，至今还传颂着许多卢瑟福精心培养学生的故事。

卢瑟福的实验室被后人称为"诺贝尔奖得主的幼儿园"。他的头像出现在新西兰货币的最大面值100新西兰元上面，作为国家对他最崇高的敬意和纪念。

2.5 罗布利·埃文斯

罗布利·埃文斯（Robley Evans，1907—1995），是美国物理学家。他研究镭中毒，是核医学的奠基人之一。

罗布利·埃文斯生于 1907 年 5 月 18 日。1934 年在麻省理工学院担任助理教授，1945 年成为物理学教授，在那里工作了 38 年。1946—1969 年曾担任美国国家研究委员会放射性物质小组委员。曾担任辐射研究学会和保健物理学会的会长。还是

图 191 罗布利·埃文斯

美国艺术与科学学院、美国医学物理学家协会、美国物理教师协会、美国工业卫生协会、美国核学会、美国商会、美国伦琴射线学会和瑞典皇家科学和文学社的成员。此外，还担任过一些期刊的编辑委员会的副主编或成员。1972 年退休后，他继续在麻省理工学院担任顾问、物理学名誉教授，并在明尼苏达州罗切斯特的梅奥诊所（Mayo Clinic）工作。1995 年 12 月 31 日，罗布利·埃文斯在他退休居住地——亚利桑那州天堂硅谷去世，享年 88 岁。

主要贡献

罗布利·埃文斯一生贡献于核医学。决定他职业生涯的原因是，他在读研究生时，加州理工学院的诺贝尔经济学奖得主罗伯特·密立根（Robert Millikan）把他介绍给洛杉矶县卫生官员弗兰克·克兰德尔（Frank Crandall）。克兰德尔告诉他现在许多地方含镭的专利药品对市民健康构成危害，这些产品正在洛杉矶地区制造，公众十分关注。于是埃文斯大学毕业后，在麻省理工学院确定的研究主题就是镭中毒。他首先测量来自地球的背景辐射，使它可以区分宇宙辐射。接着，他建立了第一个计数器来测量人体吸收的镭，第一次对体内放射性核素进行了定量分析。

随着研究工作的深入，埃文斯的研究远远超出了测定人体内的镭，他开创了镭在体内的代谢、危害，以及如何最大限度地减少有害的副作用的研究方法。1941 年，他建立了一个在世界各地使用的标准，确定了镭-226 在人体内"最大允许量"为 $3.7×10^6$ 贝可，即放射性物质的最大剂量，人体可以承受的没有可能性损坏以保证安全的剂量。其后，他关于提供给医生应用放射性碘评估人类甲状腺机能的技术，由于测定人体承受放射性物质及其对人体健康的影响，对进一步使用放射性同位素用于医疗具有重大意义，因此，埃文斯教授被称为"核医学的创始人之一"。

社会影响

罗布利·埃文斯先后获得美国医学协会授予的"赫尔奖"；美国保健物理学会和美国医学协会的"杰出成就奖"；美国科学促进协会授予的"西奥博尔德·史密斯奖"和"医学奖"；美国医学物理学家协会授予的"威廉·D 库利奇奖"和"杰出成就奖"奖章。1990 年，荣获"恩里科·费米奖"。

3

分离毒素的科学家

3.1 皮埃尔·让·罗比奎特

皮埃尔·让·罗比奎特（Pierre Jean Robiquet，1780—1840），是法国化学家。他从芫菁的组织中分离获得斑蝥素。

皮埃尔·让·罗比奎特于1780年1月14日出生在法国布列塔尼（Brittany）的雷恩（Rennes）。1808年前后曾在法国军队中工作，是一位注册药剂师。1811年任巴黎高等理工学院化学系讲师，兼任医药史教授，1814年任化学系教授。1824年在巴黎药学院（现在的医学院）任教授。

皮埃尔·让·罗比奎特于1817年任国家科学院药理学会秘书长，1826年任主席。1820年，罗比奎特创办药物互济会①并担任首届主席。1820年成为法国国家医学科学院成员，1833年为科学院成员。1840年4月29日，皮埃尔·让·罗

图192 皮埃尔·让·罗比奎特

比奎特在巴黎去世，享年60岁。

罗比奎特的毒理学科学成就是1810年在分析了各种动物的组织时，发现芫菁（Lytta Vesicatoria）的组织中有一种引起水疱和严重过敏的一个化学分子，称为斑蝥素（Cantharidin），因此，证明斑蝥素是一种毒素。

此外，他分离天冬酰胺，实现了对第一个氨基酸的识别。1809年从甘草根中提取了一种甜味物质，命名为甘草甜素（Glycirrhiza）。1817年从鸦片中提取咖啡因。1826年提取茜素。1830年提取苦杏仁苷（Amygdalin）。1832年提取可待因等。这些新发现中有的是他独立完成的，有些是与其他科学家合作取得的成果。

他对苦杏仁苷的研究为现代毒理学研究奠定了基础。1972年科学家研究苦杏仁苷的相关产品，发现苦杏仁苷在人体消化道可能产生氰化物而引起中毒反应。1981年有的科学家通过对苦杏仁苷的药理和毒理学研究，探索应用苦杏仁苷防治癌症②。

罗比奎特提倡发展医药产业，实现生物碱的工厂化生产，以便用于医药和化学

---

① 药物互济会（Société de Prévoyance des Pharmaciens），是药剂师之间建立的公积金基金。1839年曾出版《药物互济会法规》一书，以规范其运作行为。

② MOERTEL C G, AMES M M, KOVACH J S, et al. A pharmacologic and toxicological study of amygdalin. JAMA, 1981, 245（6）.

工业。业界称他为现代医药工业的开拓者。

罗比奎特著有《化学公司纪事》（*Annales de Chimie*；1805，1810，1812，1816，1817，1822，1827，1829，1830，1832）。为表彰罗比奎特所做出的特殊贡献，1830年法国政府授予他法国荣誉军团勋章[①]。

3.2 查尔斯·詹姆斯·马丁

查尔斯·詹姆斯·马丁（Charles James Martin，1866—1955），是英国生理学家与病理学家。他从蛇毒中分离出毒害神经的凝结蛋白。

马丁1866年1月9日出生于英国伦敦。1881年在人寿保险公司从事初级销售员的工作。他对预防和治疗疾病产生了巨大的兴趣，于是利用业余时间在伦敦大学的夜班听课。17岁那年，他进入托马斯医院学习生理学。1886年获得了伦敦大学的理学学士学位，还获得了奖学金。他用这些钱去了莱比锡，在卡尔教授领导下工作。在业余时间他继续研究医学。1890年，获得伦敦大学的医学学士学位。1891年，他接受澳大利亚的邀请在悉尼大学医学院工作。1901年，马丁被任命为墨尔本大学的生理学教授并当选伦敦英国皇家学会的研究员。1903年，马丁回到伦敦，作为英国预防医学研究所（后来更名为李斯特预防医学研究所）的所长助理。1904年秋天，受印度驻伦敦办事处的邀请，参与了印度的鼠疫调查。他在李斯特预防医学研究所工作了27年，直到他1930年退休。他退休后，接受了澳大利亚科学与工业研究委员会的邀请，在阿德莱德大学动物营养部任三年主管。1933年返回英国剑桥大学，进行兔黏液瘤病病毒的实验研究。他在生理学或医学方面开创性的研究成为获得1901第一个诺贝尔奖的人。

1955年2月15日，马丁在剑桥逝世，享年90岁。

马丁在毒理学方面的主要贡献是：

第一，从蛇毒中分离出毒害神经的凝结蛋白。1891年，他首次在悉尼大学对澳大利亚黑蛇（Pseudechis Porphyriacus）和澳大利亚虎蛇（Notechis Scutatus）的毒液进行了生理特性和化学的系统研究。研究发现毒液至少包含了两种毒性蛋白。一种容易凝结，另一种不凝结。那种在血管内凝结成块的微小的蛋白质分子，正是与毒害神经有关的凝结蛋白。

图193 查尔斯·詹姆斯·马丁
（画像，作者：M. 刘易斯）

[①] 法国荣誉军团勋章（法语：Légion d'honneur，英文译作：Legion of Honour，又译为法国荣誉勋位勋章），全名为法国国家荣誉军团勋位，1802年由拿破仑设立，是法国政府颁授的最高荣誉勋位勋章，以表彰对法国做出特殊贡献的军人和其他各界人士。

第二，丰富了关于毒素-抗毒素关系的理论。1896年，为了对蛇毒组分进行更好的分离，马丁设计和建造了一个高压明胶膜超滤器。实验证明白蛋白和球蛋白以及大分子的蛋白质由明胶保留，不能通过明胶膜超滤器，而能够通过滤器的小分子的蛇毒组分恰恰与神经毒性有关。1898年马丁和彻里（Chery）用超滤方法检测证明，毒素-抗毒素的关系预示着化学反应受到接触时间和毒素、抗毒素相对浓度的影响。进一步丰富了关于毒素-抗毒素关系的理论。后来，其他科学家于1906年利用这个装置成功地从蛇毒中分离到了辅酶。

第三，提出应用抗毒素治疗毒蛇咬伤和白喉。马丁应用实验证明，抗毒素是一个大分子蛋白质，并且在组织中的扩散速度很慢，皮下注射抗蛇毒血清后，需要超过三个小时的时间才能在血液中达到一定的浓度才能中和蛇毒，而立即静脉注射同样量的血清就会起到保护作用。因此，他建议在紧急情况下通过静脉注射抗蛇毒血清进行治疗。这个方法不仅适用于治疗毒蛇咬伤，还适用于治疗白喉，因为抗白喉毒素曾经也被证明不能通过明胶超滤。在墨尔本医院和儿童医院，静脉注射抗毒素成为常规的治疗重症白喉病人的方法，收到良好的效果。

马丁独立完成和合作完成的著名论文有：《蛇毒的作用，并与毒素和抗毒素的作用和反作用》（1892）；《澳大利亚青蛇的生理作用》（1895）；《毒素和抗毒素之间的对抗性质》（合作完成，1898）等。

1901年，马丁当选为英国皇家学会院士，且因在生理学或医学方面开创性的研究获得诺贝尔奖。1923年，马丁被授予英国皇家学会的皇家勋章。1927年，他被封为爵士。

马丁曾两次应邀到澳大利亚工作，他对澳大利亚的医学与健康研究产生了重大的影响力。1951年，澳大利亚健康与医学委员会为了纪念他，设立了"查尔斯·詹姆斯·马丁奖学金"。

2011年，马丁·吉布斯编辑的《查尔斯·马丁的生活和信件》正式出版。

3.3 弗里德里希·塞特讷

弗里德里希·塞特讷（Friedrich Serturner，1783—1841），德国药剂师。他是从罂粟植物中提取吗啡晶体的第一人。

塞特讷1783年6月19日生于德国纽豪斯（Neuhaus），父母是奥地利人。他是一名药剂师。1806年，受教育有限的药房学徒塞特讷经过认真研究，首次成功地从鸦片①中分离提取出白色结晶，称之为吗啡（Morphene，意为梦想的希腊神），成为有史以来第一个用化学的方法分离和鉴定药材或植物中有效成分的科学家。同年，他到艾贝克（Einbeck）担任助理药剂

---

① 鸦片，是切裂罂粟未成熟花果所得的晾干乳状渗出物，无水吗啡含量9.5%以上。

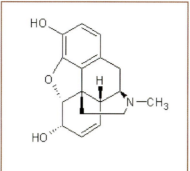

图194 弗里德里希·塞特讷和吗啡的结构式

师。1809年，他在艾贝克开设了第一个属于他自己的药房。1822年，他在哈梅林（Hamelin）购买了药店并在那里工作直到1841年2月20日去世。

当时，吗啡作为特效的止痛药，成为"睡眠疗院"①的主药。塞特讷用老鼠和流浪狗做实验，观察吗啡对活体动物的影响，并确定一个对人使用的适当剂量。塞特讷调查了吗啡的效果，该发现自1815年后被广泛使用。后来，该人们发现了吗啡的上瘾属性。但这是塞特讷当初没有想到的。

塞特讷一生从事药房的职业生涯，获得多所大学的荣誉博士学位，1831年获得蒙阳奖②。他分离吗啡晶体成功产生了深远的影响，一是他证明了药用植物含有的特定物质可以有效地提取出来。同时，可以精确地控制药物规定的剂量，防止医生在开原料罂粟汁时出现的不可预测的过量的危险。二是促进了生物碱的化学研究，如士的宁（1817）、尼古丁（1820）、咖啡因（1828）等生物碱的分离，从而加速了现代制药工业的兴起。

3.4 让·塞尔瓦伊斯·斯塔斯

让·塞尔瓦伊斯·斯塔斯（Jean-Servais Stas，1813—1891），比利时分析化学家，是第一位从人体组织分离鉴定植物毒素的科学家。

斯塔斯于出生在比利时鲁汶，他在那里学习医学和物理学。1837年到巴黎，在高等理工学院做法国化学家让·巴蒂斯特·杜马③的助手。1840—1869年，任英国皇家军事学校布鲁塞尔教授。1869年，由于疾病引起的喉咙发音困难而退役。1872年退休。1891年在布鲁塞尔去世，埋葬在他的出生地鲁汶。

---

① "睡眠疗院"（Somniferum），即用睡眠疗法治疗各种官能症的医院。
② 蒙阳奖（Montyon Prize），是法国慈善家巴伦·迪·蒙阳（Baron de Montyon，1733—1820）于1780—1787年创立的奖项，颁发给法国科学院和医学院校的突出贡献者。
③ 让·巴蒂斯特·杜马（Jean Baptiste Dumas，法语：Jean-Baptiste André Dumas，1800—1884），法国化学家，巴黎大学教授，是蒸气密度测定法和氮的燃烧定量分析法的发明人。他依据醇的某些反应，证明乙醇中有乙基（此前认为是乙烯）与甲基的存在，奠定了有机化学的基团理论。1839年建立了化学类型学说。

图 195 让·塞尔瓦伊斯·斯塔斯

斯塔斯在著名的"尼古丁谋杀案"①的化学分析中，从尸体组织中分离出了植物毒——生物碱尼古丁，从而第一次在人体内对尼古丁这种生物碱进行了证明，使发现人体内的植物毒不再困难。实现了他的老师奥尔菲拉的名言"进入人体的毒物蓄积在一定的组织中"，成为第一位从人体的脂肪、蛋白质和碳水化合物中分离出植物毒——生物碱的科学家。

斯塔斯从尸体组织中分离鉴定植物生物碱的方法，后来由奥托（Friedlich Julius Otto）进行了扩展并称之为"斯–奥氏法"。科学家应用斯–奥氏法陆续从尸体中提取出咖啡因、奎宁、吗啡、士的宁和阿托品等生物碱，因此，成为非挥发性有机毒物的经典提取法，普遍应用于法庭化学、毒物分析和毒理学研究工作中直至现在。此外，斯塔斯对原子量的准确测量奠定了门捷列夫和其他元素周期系统的基础。1879 年他成为英国皇家学会的外籍院士。他因化学元素的原子质量的工作赢得了 1885 年的戴维奖章。

3.5 阿瑟·斯托尔

阿瑟·斯托尔（Arthur Stoll，1887—1971），是瑞士化学家。他首次分离成功麦角生物碱。

阿瑟·斯托尔于 1887 年 1 月 8 日出生在瑞士的多尔夫（Schinznach–Dorf）。1911 年毕业于苏黎世联邦理工学院化学系并获得博士学位。1912 年，他在柏林凯泽威廉研究所（Kaiser Wilhelm Institute）任化学助理研究员，在那里他与理查德·威尔施泰特博士②一起研究碳的同化作用与叶绿素形成的相关性。1917 年，他被任命为慕尼黑路德维希·马克西米利安大学化学系教授。同年，他被聘为巴塞尔山德士③（现为诺华）制药部主管。1923 年他被任

---

① 1851 年，尼古丁杀人犯格拉夫·波卡麦（Graf Bocarmé）出庭答辩。他在住所的一个洗衣间里进行实验，制造出了一种"烟草液"（Tabaklauge）。他用这种烟草液毒杀了他的妹夫福格尼斯（Fougnies），以阻止他们的婚姻，因为这桩婚姻危及一笔许诺给他自己的遗产。为了掩盖妹夫的死，他给中毒死者的口中灌下大量的酒和醋。预审法官和医生在现场发现，死者面部、嘴、黏膜和胃都被蚀伤。一般来说，尼古丁很少用作谋杀毒，由于它的气味和味道，要使用就得强行给受害者灌进去。为了证实犯罪嫌疑人的辩词和尼古丁的存在，他们决定把受害者的内脏送到布鲁塞尔进行毒理学检查。当时在军事学院工作的分析化学家斯塔斯接受了这一任务。斯塔斯用多级处理法，最终从死者体内的脂肪、蛋白质和碳水化合物中分离出了植物毒——生物碱尼古丁。因斯塔斯的这一发现，波卡麦最终难逃法网，被判处极刑。

② 理查德·威尔施泰特（Richard Willstatter，1872—1942），是德国化学家，获得 1915 年诺贝尔化学奖。

③ 山德士，是诺华集团子公司，自 1886 年由瑞士商人爱德华·山德士（Edouard Sandoz，1853—1928）创办山德士公司以来，主要生产传统非专利药，以及"难以制造"的产品，包括复杂的非专利药给药系统、现代生物制剂（生物仿制药），一直以质量出众闻名于世。

命为山德士制药部主任，时年36岁。1935年任山德士委员会副总裁，1949—1956年，他任山德士总裁，1964年任董事局主席。1971年1月13日，阿瑟·斯托尔在多纳赫（Dornach）去世，享年84岁。

阿瑟·斯托尔在山德士公司与员工一起开发了一系列用于生产药物的方法。1918年，他第一次成功分离麦角生物碱的内含物——麦角胺（Ergotamine）和麦角巴生（Ergobasine）。麦角胺毒性剧烈，但在制药学上很有价值。这些药物当时用于心脏疾病、偏头痛和产科。此外，他还开发了可溶性钙盐制剂。

1948年，阿瑟·斯托尔代表山德士与艾尔伯特·霍夫曼洽谈，将霍夫曼于1943年发明的麦角酸二乙胺（Lysergids，LSD）（该专利申请于美国）提交给山德士公司，合作开发LSD，并应用到医疗方面。后来，斯托尔还公布了第一批病人应用LSD的系统测试报告。

阿瑟·斯托尔的职业生涯中加冕了一些欧洲和美国的大学的18个名誉博士学位。他还是英国皇家学会院士。

3.6 皮埃尔·约瑟夫·佩尔蒂埃

图196 皮埃尔·约瑟夫·佩尔蒂埃

皮埃尔·约瑟夫·佩尔蒂埃（Pierre Joseph Pelletier，1788—1842），法国化学家，药剂师。他因分离植物生物碱士的宁和奎宁而闻名于世，成为生物碱化学创始人之一。

佩尔蒂埃生于1788年3月22日。他从1809年开始做研究工作，1810年成为药剂师，1812年获得博士学位，1825年成为巴黎药学院教授，并在1832年任巴黎药学院的院长助理。1840年，佩尔蒂埃因病退休。同年，当选为法国科学院院士。1842年7月19日去世，享年54岁。

佩尔蒂埃是世界上研究植物生物碱著名的科学家。特别是他首次分离出士的宁和奎宁对药理学和医学产生了重要影响。他受到德国弗里德里希·塞特讷从罂粟植物中提取物止痛药吗啡的启发，开始研究类似的植物生物碱。1817—1821年间，佩尔蒂埃与卡旺图合作分离获得叶绿素（1817）、士的宁（1818）、马钱子碱（1819）、奎宁（1820）和咖啡因（1821）。此外，他们还发现了秋水仙素（Colchicine）和黎芦碱（Veratrine）。1923年，他们还发现植物生物碱中都含有氮，因此是一类含氮的生物碱。他们从金鸡纳树的树皮提取的奎宁用于治疗疟疾，获得由法国科学院颁发的蒙蒂翁奖。今天化学合成的奎宁正在用于预防疟疾。

与此同时，佩尔蒂埃和法国生理学家弗朗西斯·马戎第于1817—1819年对分离的生物碱吐根碱进行生物活性研究。他还研究植物的色素，研究植物生物碱蒸馏提取方法，以及溶剂萃取法。他发现生物碱中含有碳、氢和氮，从而形成水溶性盐类有机化合物。他还指出生物碱除了作为止痛药，还可以作为呼吸兴奋剂，在医学应用方面有广阔的前景。

随着科学的进步，佩尔蒂埃发现并分离获得的植物生物碱被应用到医学，有力地推动了制药工业的发展。生物碱不再是天然植物的提取物，而是化学家应用化学合成的方法批量生产出生物碱类化合物。

3.7 约瑟夫·比奈姆·卡旺图

约瑟夫·比奈姆·卡旺图（Joseph Bienaime Caventou，1795—1877），法国化学家，药剂师，生物碱化学创始人之一。

约瑟夫·比奈姆·卡旺图生于1795年，是一个药剂师的儿子，就读于巴黎。1835—1860年在巴黎药学院任教授，研究药物毒理学。他与佩尔蒂埃同在巴黎药学院的实验室工作，虽然他们都是药剂师，但卡旺图作为药剂师要晚一些。卡旺图于1877年去世，享年82岁。

卡旺图与佩尔蒂埃在合作研究植物的化学反应的过程中，发现叶绿素是植物变成绿色的化合物，进一步的研究表明，叶绿素的形成是植物吸收太阳的光能进行光合作用的结果。于是，他们于1817年首次分离出叶绿素（Chlorophyll），并以希腊文中的"绿叶"命名。与此同时，他们从1817—1821年先后在植物材料中分离出吐根碱（1817）、士的宁（1818）、马钱子碱（1819）、辛可宁和奎宁（1820）等

图197 约瑟夫·比奈姆·卡旺图

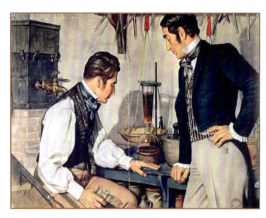

图198 1920年卡旺图与佩尔蒂埃在一起提取奎宁（彩色胶印画，创作于19世纪，藏于巴黎档案馆和本布里奇曼艺术图书馆）

表98-3-1 卡旺图与佩尔蒂埃合作分离的植物生碱

时　　间	分离的化合物	来　　源
1817年	吐根碱（Emetine）	吐根（Ipecacuanha）
1817年	士的宁（Strychnine）	马钱子（Nux Vomica）
1817年	马钱子碱（Brucine）	马钱子（Nux Vomica）
1817年	辛可宁（Cinchonine） 奎宁（Quinine）	金鸡纳树皮（Cinchona Bark）
1817年	咖啡因（Caffeine）	咖啡豆（Caffea）

生物碱。（第236页表98-3-1）

在化学史上，卡旺图与皮埃尔·约瑟夫·佩尔蒂埃这两位化学家，被认为是生物碱化学的创始人。他们在科学研究方面的合作与创新精神在业界传为佳话。19世纪的艺术家特以此创作了彩色画。

卡旺图与佩尔蒂埃分离的奎宁，后来被制成硫酸奎宁，成为一种抗疟疾的主要药物。鉴于卡旺图与佩尔蒂埃在生物碱化学方面所做出的贡献，法国授予两位药剂师"国家勋章"。此外，在月球上的一个火山口也是以卡旺图的名字命名的。

3.8 彼特·赫尔曼·斯蒂尔马克

彼特·赫尔曼·斯蒂尔马克（Peter Hermann Stillmark，1860—1923），爱沙尼亚植物化学家[①]，他首次从蓖麻中分离出凝集素——蓖麻毒素，并促成一个新的分支学科——凝集素学（Lectinology）的诞生。

彼特·赫尔曼·斯蒂尔马克生于1860年。1888年，他是爱沙尼亚多尔帕特（现今的塔尔图）大学[②]的博士研究生，他在罗伯特·科伯特教授的指导下，从蓖麻中分离出有毒蛋白化合物，将其命名为蓖麻毒素（Ricin），并作为他的博士论文的研究内容。斯蒂尔马克于1923年去世，享年63岁。

图199 彼特·赫尔曼·斯蒂尔马克

蓖麻毒素是一种植物凝血素（Lectins），能凝集人和动物红细胞的蛋白质。植物凝集素存在于豆科植物种子和其他组织中，被认为是一种毒素。

自1889年斯蒂尔马克发现蓖麻毒素蛋白之后，另几种有毒的植物蛋白也被公诸于众。1908年，兰斯蒂纳尔（Landsteiner）和罗比茨克（Raubitschek）发现许多食用生豆种萃取物能凝集红细胞。1970年，芬里彻尔（Fntlicher）从豌豆中分离出两种凝血素。因此，斯蒂尔马克的研究促成一个新的分支学科——凝集素学（Lectinology）的诞生，许多专家的研究结果丰富和促进了凝集素学的发展。

[①] 有的资料记载，彼特·赫尔曼·斯蒂尔马克是俄罗斯植物化学家，或德国植物化学家。原因是爱沙尼亚历史上曾先后隶属俄罗斯帝国、德国和前苏联。1991年，在立陶宛宣布独立以后，爱沙尼亚也跟随独立。

[②] 多尔帕特（Dorpat）大学，是沙皇统治下的俄国建立的一所大学，今在爱沙尼亚的塔尔图（Tartu）。塔尔图是爱沙尼亚的第二大城市。

4

发现与发明解毒药的科学家

4.1 盖伦

盖伦（Galen，129—200）[①]，古希腊的医学家，是传播和描述古代本都王国（Pontus）研发解毒剂与万灵解毒剂配方的科学家。

盖伦129年9月1日出生于古希腊城市培格曼（Pergamon，现在的别迦摩）一个建筑师家庭，他对农业、建筑业、天文学、占星术和哲学都感兴趣，但后来他将自己的精力集中在医学上。20岁时他成为当地阿斯克勒庇俄斯神庙的一个助手祭司。148年或149年他父亲去世后他外出求学。他在今天的伊兹密尔、科林斯和亚历山大共就学12年。157年他返回培格曼并在当地的一个角斗士学校当了三年多医生。在这段时间里他获得治疗创伤和外伤的经验。逝于罗马。

盖伦将希波克拉底的医学理论一直传递到文艺复兴时期。他的《希波克拉底的元素》描写了基于四元素说上的四气说的哲学系统。基于这个理论，他发展了自己的理论。盖伦最主要的著作是他的17卷的《人体各部位的作用》和三部关于解毒剂的书，即《解毒剂Ⅰ》（*De Antidotis Ⅰ*）、《解毒剂Ⅱ》（*De Antidotis Ⅱ*）和《中毒的治疗》（*De Theriaca ad Pisonem*）。盖伦在书中具体描述了当时黑海南岸的本都王国的国王米特拉达蒂斯六世（Mithridates Ⅵ，前132—63）的"万灵解毒剂"研发情况。这种解毒药（糖浆）至少含有36种成分，需每日服用，具有广谱的解毒作用，可保护人体免受多种毒物损害。对蜂蛇、蜘蛛、蝎子等叮咬引起的中毒均有疗效。

图200 盖伦（自美国国家医学图书馆）

[①] 盖伦的逝世的年份不很清楚，按照10世纪流传下来的一部著作应该是200年，但也有人认为他216年才逝世。

4.2 陈克恢

陈克恢（1898—1988），是美籍华人药理学家，他发明了解救急性氰化合物中毒的方法，发现了麻黄碱、蟾蜍毒素的药理作用，是现代中药药理毒理学研究的创始人。

图 201 陈克恢

陈克恢 1898 年 2 月 26 日生于上海郊区农村。1916 年中学毕业后，考入当时美国用庚子赔款成立的留美预备学校清华学堂(清华大学前身)，1918 年毕业后，赴美国威斯康星大学插班于药学系三年级，1920 年毕业获理学士学位。随后在医学院就读，1923 年获威斯康星大学生理学博士学位。1923—1925 年，回国任北京协和医学院药理系助教。1925 年在美国威斯康星大学完成第三年医学课程，转入约翰霍普金斯大学医学院临床室实习，并兼任药理系助教。1927 年获医学博士学位，并晋升为药理学副教授。1929—1963 年就职于美国礼来药厂（Eli Lilly Co.），任药理研究部主任。1937—1968 年兼任美国印第安那大学医学院药理学教授和印第安那波里期医院医事顾问。1988 年 12 月 12 日，逝世于美国旧金山，享年 90 岁。

陈克恢在药理毒理学方面的突出贡献是发明了解救急性氰化合物中毒的方法，并被沿用至今。20 世纪 30 年代早期，陈克恢和他的同事发现两个无机盐（亚硝酸钠和硫代硫酸钠）静脉注射可有效地解除急性氰化物中毒。同时，他们还试用亚甲蓝（美蓝）、亚硝酸异戊酯及羟钴胺解毒，但亚甲蓝效果较差，亚硝酸异戊酯可以吸入，作用快但不持久，必须重复给药，或先给此药，随后静脉注射亚硝酸钠，而且价格较贵。羟钴胺作用也较快，但由于价格贵和对心脏有毒性而被限制了应用。所以在抢救急性氰化物中毒时，现在仍用陈克恢等 50 年前研究的方法，即先静脉注射亚硝酸钠溶液，随后注射硫代硫酸钠溶液。

此外，他还对 400 多种强心苷和甾类化合物进行了构效关系的研究，发表了 350 多篇论文，丰富了药物化学宝库，并为其他药物的研究提供了宝贵经验，对新药开发贡献很大，多次荣获美国和国际学术界的荣誉奖，为药理学界所共仰。1987 年，美国实验生物学联合会为表彰他在科学研究和学会工作中所做的贡献，将该会新建的会议中心命名为"陈克恢会堂"。

4.3 阿尔贝特·卡尔迈特

阿尔贝特·卡尔迈特（Albert Calmette，1863—1933），法国医生、细菌学家和免疫学家。他是第一个应用蛇毒制得抗蛇毒血清疗法和应用卡介苗接种预防结核病的人。

图202　阿尔贝特·卡尔迈特

阿尔贝特·卡尔迈特于1863年7月12日出生在法国港口城市尼斯（Nice）。1881年进入了布雷斯特（Brest）的海军医学院。1883年被派到香港海军卫生处工作，他在那里研究疟疾，并于1886年获得博士学位。此后，到非洲的加蓬和刚果研究疟疾、昏睡病和糙皮病。1887年他被派到圣·皮埃尔（Saint-Pierre）和密克隆岛（Miquelon）执行任务。又去西非、加蓬和法属刚果研究疟疾、昏睡病和糙皮病。

1890年回法国，与他的老师路易斯·巴斯德（Louis Pasteur）和埃米尔·鲁（Emile Roux）相遇，成为他们的助手。1891年被派往越南西贡（当时为法属殖民地）组建巴斯德研究所分所，致力于毒理学研究。对蛇毒、蜂毒、蝎毒、箭毒以及植物毒的研究，他认为这与免疫学很有关联。

1894年回到法国，参加研发了第一个鼠疫免疫血清和第一个抗蛇毒的免疫血清。1895年任里尔的巴斯德研究所（Institute Pasteur de Lille）主任，开始转向结核杆菌和结核病的研究。他和卡米尔·介兰①一起工作了25年，终于在1921年成功地培育了可预防结核病的减毒的卡介苗，并应用于世界。1918年他担任巴黎巴斯德研究所副所长。

1933年10月29日，阿尔贝特·卡尔迈特在巴黎逝世，享年70岁。

卡尔迈特的主要贡献

卡尔迈特是法国巴斯德研究所的重要成员，他发明抗蛇毒血清疗法。1895年，卡尔迈特作为法国巴斯德研究所印度支那分所的科学家，应用印度眼镜蛇（Indian Cobra）的蛇毒制得了世界上第一个抗蛇毒血清（当时称为抗蛇制血清）。在进行动物实验过程中，卡尔迈特通过连续不断

---

① 卡米尔·介兰（Camille Guérin），是兽医免疫学家。1897年到法国里尔的巴斯德研究分所工作，成为卡尔迈特的助手，配合做一些抗蛇毒血清和制备天花疫苗的技术工作。1928年他回到巴黎，担任巴斯德研究所结核研究部的主任。1951年任法国医学院院长。1955年荣获法国国家科学院科学奖。

图203 阿尔贝特·卡尔迈特和他的同事

图204 为纪念卡尔迈特的油画（作者：Colomb B. Moloch，1908）

地逐渐加大眼镜蛇毒的用量给马匹注射，结果马的免疫力最终达到可承受2克眼镜蛇毒干物质的注射量（即通常致死量的20倍）而无反应。这个时候，他从免疫马的身上抽出血液，再从血液中提取血清，这种血清就成为能够有效抵抗眼镜蛇毒的单价抗蛇毒血清。在此基础上，卡尔迈特进一步实验，给实验动物注射不同种类蛇的毒液，然后按照上述方法获取血清，以培育出多价抗蛇毒血清。

他将应用单价抗蛇毒血清和多价抗蛇毒血清治疗蛇咬伤病人的方法称为"抗蛇毒血清疗法"（Antivenomous Serotherapy）。

鉴于阿尔贝特·卡尔迈特所做出的重大贡献，1908年，艺术家莫洛克（Colomb B. Moloch）特意作画，以此纪念1895年发明抗蛇毒血清的阿尔贝特·卡尔迈特。

此外，卡尔迈特还发明了预防肺结核的卡介苗（BCG）①。卡介苗首先应用于1921年在法国对一名新生儿进行的试验。此后，卡介二氏对卡介苗进行了七年的临床实验，对969名儿童口服接种卡介苗，证明预防结核病的效果良好。

4.4 波尔·阿尔霍尔姆·克里斯坦森

波尔·阿格霍尔姆·克里斯坦森（Poul Agerholm Christensen，1912—1991），是第一位抗蛇毒血清的见证人和测试者。

克里斯坦森生于1912年。1940年以外科医生身份随丹麦的一艘货轮到达开普敦。当时，丹麦处于德国的统治之下，而这艘货轮被南部政府用作军事用途。1941年10月，克里森离开了货轮，前往南非约翰内斯堡的南非医学研究所给埃德蒙·格里斯特（Edmond Grasset）博士做助手。格里斯特博士于1946年退休后，克里斯坦森接替了他研究蛇毒的工作，成为南非医

---

① 卡介苗，是以卡介二氏命名的，BCG是Bacille-Calmette-Guérin的简称，Bacille是杆菌之意。卡介苗亦称为卡尔迈特氏疫苗（Calmette）、卡尔迈特氏血清（Calmette's Serum）。

学研究所的学科领头人和副所长。其间，他在伦敦大学学习细胞学和热带卫生药理学。1960年成为哥本哈根大学的医学博士。

克里斯坦森博士是国际毒素学会的创建者之一，也是国际毒素学会与世界卫生组织的主要联系人。1979年退休后，被邀请作为顾问直到1987年。1991年1月30日逝世，享年79岁。

克里斯坦森改进并制造出了高纯度的抗毒素和免疫血清，其质量得到了国际社会的认可。由于抗蛇毒血清昂贵并有限，克里斯坦森在治疗中，采用增加免疫抗体数量的方法，来对抗非洲南部和赤道附近地区的多种剧毒蛇伤。通过使用高纯度的胃蛋白酶抗血清，克里斯坦森从黄眼镜蛇毒液中分离出三个不同组分，并绘制出各类毒素与抗毒血清发生中和反应的曲线和效果评价图。通过这三种有毒部分的曲线图说明在较低血清浓度时毒素α的中和是一个限制因素，然而在高血清浓度时毒素γ的中和成为决定性的因素，这种抗毒素抑制了这种特殊抗体的较低浓度。克里斯坦森推断中和曲线图的曲线和缺陷是许多特有的抗原-抗体模式的同时中和的自然结果，不同程度的中和的终点是因为毒素不同。从而找到了对抗毒素产品的药效判定方法。

1949年，南非医学研究所从开普敦的联合健康实验室接管了用于治疗小蜘蛛咬伤的抗毒素生产，通过给马注射毒蛛提取物，得到了具有多重免疫的令人满意的抗毒素。

克里斯坦森著有《南非蛇毒与抗蛇毒血清》（*South African Snake Venoms and Antivenoms*）专著，书中描述了他的研究成果，1955年由南非医学研究所出版。全书包括图表、插图和统计表，共142页码，1959年在哥本哈根重印。

克里斯坦森博士在南非医学研究所的杰出贡献，特别是他为治疗毒蛇咬伤方面的贡献，受到了国际赞誉。1988年第九届世界动物、植物和微生物毒素会议上他被授予雷迪奖[1]。2001年他被授予爱思唯尔科学奖[2]，并享有终身荣誉。世界卫生组织专家委员会的一名专家称赞他是抗蛇毒血清的第一位见证人和测试者。

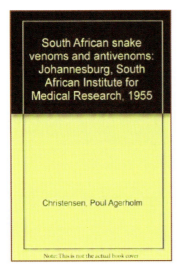

图205 《南非蛇毒与抗蛇毒血清》（封面）

---

[1] 雷迪奖（Redi Award），是国际毒素学会的最高荣誉奖，每三年颁发一次。
[2] 爱思唯尔（Elsevier）科学奖，是荷兰爱思唯尔科学出版集团设立的奖项。

4.5 林杰梁

林杰梁（1958—2013），是中国台湾知名医师，著名的毒物学专家，首位研发除虫菊苯氰菊酯解毒剂的医生。

林杰梁出生于 1958 年 6 月 30 日，台湾台南县楠西乡（今楠西区）人。家中经营中药行，其祖父为中医师。林杰梁由祖母养育长大，从小家中常有祖父生前治疗的患者前来致谢，受到家庭耳濡目染的影响，逐渐往医学之路发展。曾考

图 206　林杰梁

取阳明医学院(今阳明大学)。大学时代，因服用祖父中药行不慎进口的"黑心中药"，造成类固醇中毒，并发肾炎及消化道溃疡，造成肾脏功能受损，之后需长期洗肾，也因此促成他往后钻研肾脏医学，并为其成为肾脏毒物专家打下了基础。正因为此，林杰梁更身体力行饮食养生，他主张吃生鲜、时令蔬菜，不吃腌制食物，不碰发霉食物，拒绝垃圾食品。除了饮食方面的健康，林杰梁也没有忽视运动，他每天一定散步 30 分钟到 1 小时，周末假日更全家一起爬山，接近大自然。

林杰梁曾担任林口长庚医院临床毒物科主任、肾脏科主治医师、肾脏科系临床毒物科主任、知名医师暨长庚大学医学院副教授，长期专攻毒物学与肾脏科，是毒物学、肾脏医学、泌尿道感染与检验医学的专家。

2013 年 8 月 12 日，林杰梁在桃园县龟山乡长庚医院病逝，年仅 55 岁。遗体火化后骨灰安奉于其故乡。

林杰梁研发解毒剂的主要贡献是：

第一，研发除虫菊苯氰菊酯解毒剂。苯氰菊酯是全世界使用最广泛的除虫菊，曾在乡间非常盛行，高达 50% 的杀虫剂皆为苯氰菊酯，是中毒死因之首。苯氰菊酯是神经毒剂，会引起头痛、头昏、恶心呕吐、双手颤抖，重者抽搐或惊厥、昏迷、休克、多重器官衰竭，只要吸入 3 毫克即可中毒，死亡率在 90% 以上。林杰梁作为检验医学的医师，对除虫菊苯氰菊酯进行研究，发表了《苯氰菊酯中毒的治疗研究》一文。林杰梁研发的除虫菊苯氰菊酯解毒剂，在中国台湾地区降低了因摄入除虫菊而致死的案例。这个治疗方法传播到世界各地并被使用，印度尼西亚原本因除虫菊中毒的致死率为 90%，但在引进林杰梁研发的治疗方式后，致死率下降到 30%[1]。

第二，发明巴拉刈中毒的解毒法。农药巴拉刈（Paraquat，百草枯）中毒原本无药可救，但林杰梁以脉冲式类固醇加细胞毒性药（En-doxan）成功解毒，从而发明了"重复性脉冲式类固醇合并活性炭血液灌流疗法"，抢救了无数生命。他曾通

---

[1] 赵芷菱. 侠医林杰梁骤逝　风骨义行为后世颂. 新纪元周刊. 2013-08-15.

过信件教中国内地的一位医师挽救了一名巴拉刈中毒的17岁女孩。一位印度医师写信告诉林杰梁，用此解毒法救了很多印度人生命。知名的美国卫生研究院毒物中心将该法列为治疗巴拉刈中毒的指南。林杰梁发明的巴拉刈中毒的解毒法，成为国际医学界的一个标准疗法，被多本权威性医学教科书引用。

第三，宣传防毒解毒医学知识，是中国台湾地区毒物科知名专家。林杰梁在20多年的行医实践中，钻研毒物学，透过媒体宣导毒物学及医学知识，成为中国台湾最知名的毒物学专家之一。

此外，还经常参与慈善活动，曾至斗六、高树、台东等多处带领学生为老百姓义诊。

林杰梁发表多篇论文和普医著作。其中《苯氰菊酯中毒的治疗研究》一文，刊登在《公共科学图书馆：PLoS 期刊》（2006）上。他著有《百药之王》（与李易芳、筱原秀隆、刘永才、胡绍安等合著，元气斋，1992）、《水能载舟，亦能覆舟》（元气斋，1993）、《如何预防您的孩子染上烟瘾》（健康世界，1993）、《如何预防泌尿道感染》（允晨文化，1995）、《防癌保健不求人》（宏欣，1999）、《血液透析保健手册》（宏欣，2002）、《专家说毒解毒保安康——看得见的杀手》（宏欣，2004）、《轻轻松松以毒攻毒——生活中的毒3》（宏欣，2006）。

5

发明安全矿灯的汉弗莱·戴维

汉弗莱·戴维（Humphry Davy，1778—1829），英国化学家和发明家。他发现了碱金属和碱土金属，还发现氯和碘元素的性质，发明了防止瓦斯爆炸的安全矿灯——戴维安全灯。

图207 汉弗莱·戴维与戴维安全灯

汉弗莱·戴维于1778年12月17日出生在英格兰康沃尔的彭赞斯。1793年从彭赞斯到特鲁罗，师从卡迪尤博士完成了学业。1794年父亲去世，他回到彭赞斯从事医学工作。1795年在药房接触大量的化学品并开展一系列实验，促使他后来成为一名化学家。戴维于1829年逝世，安葬在日内瓦，终年仅51岁。

19世纪初，英国产业革命时主要能源是煤，当时煤矿设备简陋，常发生瓦斯爆炸事故。1812年英国纽卡斯尔（Newcastle）煤矿发生了瓦斯大爆炸，矿难夺去数以千计矿工的生命。引起瓦斯爆炸的原因之一，是矿井内照明用的矿灯引燃了可燃性气体甲烷。为此，英国成立了"预防煤矿灾祸协会"，研究这一重大的问题，并号召科学家参加这方面的工作。

1815年戴维回到英国，同他的助手法拉第研究了一年，发明了煤矿安全灯，人们称"戴维安全灯"。这种灯的火焰与内部丝网是隔离的，可以将火焰的热传导出去。因此，用金属丝罩罩在矿灯外，金属丝导走热能，矿井中可燃性气体达不到燃点，就不会爆炸。这种安全灯的另一个特点是火焰会根据甲烷气体的含量而改变形状，使矿工们能够探测到甲烷气体的存在。

戴维安全灯的推广使用，有效地避免了煤矿瓦斯的爆炸，挽救了千万矿工的生命。煤矿安全灯沿用到20世纪30年代（此后，逐渐被电池灯取代）。

戴维一生科学贡献甚丰，他开创了农业化学，1812年被封为爵士，1820年担任皇家学会主席。此外，他发现氧化亚氮有刺激作用，之后又发现有麻醉作用。戴维不愿保留煤矿安全灯的发明专利，实现了他科学为人类服务的愿望。戴维这种勇于探索、敢于牺牲和无私奉献的精神，令人钦仰。

第 99 卷

临床专科医师

本卷主编 史志诚

卷首语

  一些掌握蛇疗、蜂疗和蚁疗的专科医师，以他们高超的技艺赢得患者的信赖。许多深受蛇伤痛苦的人和为多种疑难病症困扰的患者，在专科医师精心的治疗与护理之下，恢复了健康。

  早在20世纪20年代，中国蛇伤治疗专家季德胜独自以祖传秘方为患者医治蛇伤。之后，他研制的"季德胜蛇药片"提高了治疗效果。季德胜因此获得了卓越成就，并毕生致力于毒蛇咬伤的治疗。中国另一位蛇伤治疗专家舒普荣发明蛇药"青龙蛇药片"，治愈率达100％，且无一例致残，正式通过国家鉴定，成为中国蛇学研究学科的带头人之一。匈牙利蜂疗专家贝克博士利用活蜂蜇刺疗法对有关节炎症状的部位和相应的脊柱区进行治疗，创造了"蜂毒疗法"。中国近代蜂疗专家陈伟开创了"蜂刺疗法"，开辟了生物治疗疾病的新途径。中国著名中西医结合的特色医师、"蚂蚁疗法"的开拓者吴志成研制成功多个蚂蚁制剂，收治遍布中国及世界各地的患者，临床治疗乙肝、糖尿病和类风湿等痹症取得成功。

  本卷记述的从事蛇疗、蜂疗和蚁疗专科医师的共同特点是，他们实现了传统医学与现代医学的有机结合，创造了一代新的医学疗法，为人类的健康服务，他们的敬业精神和救死扶伤的高贵品格是留给后世的宝贵财富。

1 治疗蛇伤的专科医师

1.1 季德胜

季德胜（1898—1981），中国蛇伤治疗专家。毕生致力于毒蛇咬伤的治疗，他研制的"季德胜蛇药"获得卓越成就。

图208 季德胜

季德胜，1898年10月16日出生在中国江苏省宿迁市郊外的一座破庙里。其父季明扬靠祖传秘方卖蛇药为生，是个足迹遍及大江南北的蛇医郎中，但全家过着极度艰苦贫困的生活。季德胜在襁褓中就随父母走南闯北、到处奔波。1904年季德胜年仅6岁时，母亲病故。他和父亲相依为命，从早到晚跟随父亲到荒山野外采集药草，捕捉蛇、蝎、蜈蚣等虫类，配制祖传蛇药，并走街串巷摆地摊、耍蛇卖药。1906年，宿迁旱灾，季德胜随父外出逃荒，流落江湖，沿途卖药到南京。父亲捉蛇的技巧、养蛇的方法、采药炼秘方的诀窍、治疗蛇伤患者的技术，季德胜耳濡目染。随着年龄的增长，他逐渐成为父亲的得力助手。

1923年冬，季德胜随父来到如东县岔河镇，次年，父亲病故。季德胜独自以祖传秘方为人治蛇伤。[①]1933—1955年，季德胜在无锡、苏州、南通等地养蛇、制秘方蛇药，治疗蛇伤。1956年，季德胜献祖传秘方，南通市卫生局吸收季德胜进入南通市中医院，开设蛇毒专科门诊，任蛇毒专科医师。这是季德胜人生道路上的重大转折，结束了他流荡江湖、穷困潦倒的前半生。1958年，他出席全国医药卫生经验交流会，被聘为中国医学科学院特约研究员。

季德胜在蛇毒专科门诊期间，常去外地为人们治疗蛇伤，并到深山野林，爬山捉蛇，搜集资料，采集药草。晚年他潜心研究以蛇毒治疗白内障和癌症等。1981年10月18日，因脑出血与世长辞，逝于南通。

季德胜治疗蛇伤取得突出贡献。

第一，以"秘方"收治毒蛇咬伤患者

[①] 季德胜遵照父亲的嘱咐，把蛇药秘方继承下来。传到季德胜手中的蛇药秘方，已是第五代了。他的先祖在一代一代地传授秘方过程中，不曾有任何文字记载，而是靠口授脑记，亲自实践。季德胜的祖宗曾立下规矩：秘方"传子不传女，世代不外传"。所以季德胜视秘方比生命还宝贵。

成效显著。季德胜在南通市中医院蛇毒专科任蛇毒专科医师以来，从 1956 年到 1972 年应用季德胜蛇药治疗毒蛇咬伤患者 600 多例，治愈率高达 99.57%。期间，在 1968 年，即季德胜 70 岁那一年中，治疗了 123 名毒蛇咬伤患者，例例成功，无一例留下残疾。

1960 年 8 月 28 日，中国国家卫生部电请季德胜去武汉抢救解放军某部一位军官。当时 63 岁的季德胜于当夜 11 点 30 分赶到武汉空军医院，不顾旅途劳累立即去察看患者。经检查患者左足背有伤口两处，患肢肿胀，外生殖器水肿，处于半昏迷状态，危在旦夕。他根据伤口情况判断，这位军官是被一条出洞蝮蛇咬伤，蛇毒开始攻心，再过几小时就生命难保。他当机立断，用针刺八风穴排毒，同时自踝关节至膝关节外敷蛇药，内服蛇药片，经大剂量投药，半小时后患者从昏迷中苏醒，第三天红肿消退，并能下床缓慢挪步。经过八天的治疗护理，这位军官的生命被救回。

第二，科学研制"季德胜蛇药片"，提高治疗效果。季德胜蛇药秘方，虽然有出人意料的疗效，但仅仅是靠有效经验组成的，还没能上升为理论。他对秘方的疗效只知其然，不知其所以然。至于药理机制，更是不甚了了。况且这一秘方还有不尽完善的地方。如原方需现做现用，长时间放置，易霉烂变质；秘方中各种药物的剂量，只是凭经验信手抓配，其剂量带有随意性，缺乏科学数据。原剂量是黑色大颗粒丸和黑色药饼，服药后牙齿长时间呈黑色，且有较大的腥味。针对这些情况，医院成立了蛇伤研究组。季德胜和研究组成员一起对原方进行研究、调整、修正，消除了上述弊端。尊重季德胜的意见，蛇药定名为"季德胜蛇药片"。自 1973 年以来，江苏省蛇伤研究协作组在季德胜处方的基础上进一步筛选、简化，治疗蛇伤 1700 例，治愈率达 99.32%。此药经卫生部组织专家鉴定，被列为重大科技成果，国家科委为此曾发表成果公报，并出版了《季德胜蛇药的研究报告》。同年 8 月，季德胜应邀赴京出席全国群英会，受到国家领导人的接见。中国科学院聘季德胜为特约研究员，国家卫生部授予他"医药卫生技术革命先锋"光荣称号。

季德胜治疗蛇伤，不仅技艺高超，且医德高尚感人。对危重的患者，他常用自己的嘴吮吸伤口，吮出毒汁污血立即吐出，反复多次，然后再给患者上药治疗。

1.2 舒普荣

舒普荣（1931— ），中国蛇伤治疗专家，蛇药"青龙蛇药片"的发明者，也是中国蛇学研究学科的带头人之一。

舒普荣 1931 年 10 月出生，是中国江西省余江县人。1948 年天津解放，他当上了解放军卫生员。1950 年朝鲜战争爆发后，他参加了抗美援朝战争，战斗中曾立大功一次，获得朝鲜民主主义共和国奖章。1952 年复员以后一直从事医疗卫生相关事业。他从九江医专毕业后，进入中国中医研究院进修中医。1968 年下放到余江县杨溪公社夏梓大队，当起了一名"赤脚

图209 舒普荣

医生"。他足迹遍及十多个省的山区农村,热心于民间验方、草药的收集整理,并与"蛇医"二字结下了不解之缘。①

由于蛇伤治疗的需要,舒普荣对蛇的研究情有独钟。在舒普荣收集的资料中,一本自制图册引起了笔者的兴趣。图册由数十页黑白照片组成,记录舒普荣从蛇蛋孵化到成长全过程与蛇为伴的精彩瞬间。每张照片下面,都用黑色的钢笔字工整清楚地标明每张照片的内容,足见舒普荣对蛇研究的重视和细致。1984年,在舒普荣等人的筹备下,中国蛇协成立,舒普荣当选为第一届理事会会长。1988年,卫生部农村卫生协会成立,中国蛇协归属于农村卫生协会,于当年10月在北京召开第二次全国会员代表大会,成立第二届理事会,舒普荣再次当选为会长。1990年,中国蛇协会刊《蛇志》创刊,中国蛇协成为在全国学术界具有一定声望的国家二级协会,同时舒普荣兼任《蛇志》名誉社长。

舒普荣现任江西鹰潭市蛇伤防治研究所所长、主任医师。

舒普荣将蛇伤治疗的经验心得总结出来,归纳成册。1980年,舒普荣编著的《蛇伤治疗》一书由江西科技出版社出版,至1998年,先后四次修订再版,总发行量为12万册,被人们誉为"蛇经",中国相关部门将此书列为蛇伤防治技术培训班的教材,国家人事部专家服务中心还将《蛇伤治疗》向全国进行推广。《蛇伤治疗》共分十章,内容包括蛇类的概述、蛇伤的诊断与预防、中西医对蛇伤的治疗方法、蛇伤危重症的诊断与抢救等。该书深受广大读者尤其是县乡医务人员欢迎。② 20多年来,在这本"蛇经"的指导培训下,相关机构先后培养蛇伤防治骨干4000余人,使中国南方多蛇地区的基层医院有了经过系统培训的蛇伤治疗专业医生,改变了以往专业医生不会治疗蛇伤、不收蛇伤患者的状况。《蛇伤治疗》于1990年荣获首届中国中医药文化博览会"神农杯"优秀奖。此外,舒普荣还著有《常用中草药彩色图谱与验方》(江西科学技术出版社,1995)。

1989年,他发明的蛇药"青龙蛇药片"正式通过国家鉴定③。临床应用青龙蛇药片治疗毒蛇咬伤48例,治愈率达100%,无一例致残,疗效显著。它具有抗菌、消炎、强心、利尿、镇痛、止血、抗休克、抗过敏、提高机体免疫力等功能④。

他发明的蛇药被选为中国航空部队的救生装备,为此他受聘为中国人民解放军航空医学研究所特约研究员,并荣获全军科技进步二等奖。1991年经国务院批准为有突出贡献专家,享受政府特殊津贴,

---

① 刘声东.中国蛇王.记者文学,1994,70(3).
② 朱凤翔.舒普荣编著的《蛇伤治疗》一书深受广大读者欢迎.蛇志,1990(2).
③ 青龙蛇药片为外方药物,国家医保目录(乙类)。生产商:江西江中制药(集团)有限责任公司,批准文号:国药准字Z20030042。剂型:片剂规格:0.3克/片。成分:飞龙掌血、透骨香、云实皮、走马胎、铁筷子、茜草、三角风、大血藤、伸筋草、川木通。功能主治:用于治疗蝮蛇、五步蛇咬伤属火毒、风毒症者。
④ 陈连芽.青龙蛇药片治疗毒蛇咬伤48例临床观察.蛇志,1994,(1).

1997年被评为全国拥军模范，1998年被授予全国"五一"劳动奖章。

舒普荣具有40多年的临床经验，从事蛇伤研究30余年，是中国蛇学研究学科带头人之一。他的科研成果多，事迹生动，被新华社记者概括为"蛇经一本，弟子三千，新药一个，救命十万"。

在中国抗蛇毒血清尚未研究成功之前，舒普荣用中草药治疗蛇伤获得较好的疗效，使几例危重蛇伤患者起死回生，深受农民欢迎。有记者以《蛇王》《蛇神》

图210 舒普荣著作（1.《蛇伤治疗》，1983；2.《蛇伤治疗》修订版，1991；3.《常用中草药彩色图谱与验方》）

为题写了不少有关舒普荣治疗蛇伤的事迹，江西省委组织部还以《蛇王·舒普荣》为题拍了一部党员教育电视片，农民们亲切地称他为"草药郎中""好蛇医"。

2 蜂疗专家

2.1 贝克

贝克（Bodog F. Beck，约 1871—1942），是匈牙利蜂疗专家。他利用活蜂蜇刺疗法对有关节炎症状的部位和相应的脊柱区进行治疗。

贝克于 1871 年出生在匈牙利的布达佩斯。他曾在圣马克医院工作过多年，在奥匈帝国军队服役。他在纽约东 58 号大街 116 号开设诊所，并在那里研究他最感兴趣的蜂毒疗法。他有一个很大的图书室，收藏着从全世界搜集来的多种语言版本的关于蜜蜂和养蜂方面的书籍。

1942 年 1 月 1 日，贝克在纽约逝世，享年 71 岁[①]。

20 世纪 30 年代，蜂毒疗法在欧洲十分盛行，特别是德国和奥地利，美国的一些医生对此也很感兴趣。当时，他们对生产可供注射用的蜂毒溶液都很感兴趣，这样可以用注射针注入蜂毒，而不用活蜂蜇刺。但贝克博士经过实验认为当时生产的一些蜂毒溶液中大部分溶液不如活蜂蜇刺有效。

20 世纪 30 年代中，有些医生向贝克博士学习用活蜂治疗风湿病的方法。他们之中有加利福尼亚的凯里（Raymond L. Carer）博士和康涅狄格的奥康内尔（P. H. O'Connel）博士。

贝克博士用活蜂蜇刺疗法主要对有关节炎症状的部位和相应的脊柱区进行治疗。他非常重视治疗的"反应期"。通常在治疗 1~2 周后，治疗区会出现炎性肿胀、热和痒——直径多在 615 厘米左右。在这一反应期内，患者常常感到病情加重，容易对治疗丧失信心。贝克博士在他的书中用一张图表形象地描述了这一反应期。和所有对蜂毒治疗有经验的人一样，贝克也将这一反应期作为其蜂毒疗法的重要组成部分，并由此产生治疗效果。

贝克博士著有《蜂毒疗法》（1935）、《蜂蜜与您的健康》（1938）等专著。贝克博士的书中论述了蜂毒的药理学，蜂毒中所含的具有疗效的天然免疫因子等方面的知识。

1981 年，用蜂毒治疗风湿病的重新复兴，使得《蜂毒疗法》一书的需求量大大增加。而原版本印数很少，已很罕见，为此在《蜂毒疗法》重印时，美国佛蒙特州的查尔斯·莫拉兹[②]为其作序。查尔斯·莫拉兹从 1934 年开始经常去贝克博士的诊所学习，直到 1942 年贝克博士去世。他认为近 50 年当中，在蜂疗这门学科中，

[①] 房柱. 蜂毒的研究与医药应用. 中国养蜂学会，1986：113-120.
[②] 查尔斯·莫拉兹（Charles Mraz），是美国佛蒙特州的医生，是蜂毒疗法的倡导者，他曾用蜂螫针治疗关节炎病例数百人。他说："蜂毒应当掌握在医生手中，而不应掌握在养蜂人手中。"

《蜂毒疗法》是一部经典的教科书。

由于贝克博士的影响,欧美蜂毒疗法有了很大的发展。特别是20世纪60年代的前苏联高尔基大学的阿尔捷莫夫(Artemov)博士,首次观察到蜂毒刺激肾上腺可提高血内皮质醇水平。在美国,蜂毒疗法的绝大部分研究工作是由通用电气公司的退休副总经理沃伦(Glenn B. Warren)主持。为了开展蜂毒的研究,他个人的"关节炎基金会"提供了20万美元的资金。1979年沃伦先生去世后,"关节炎基金会"更名为"纪念沃伦关节炎基金会",同时成立了一个提倡蜂毒疗法的协会——北美蜂疗学会,以激发这一领域的进一步研究。该学会每年11月在华盛顿附近举行一次年会,总结交流研究成果,编印会议记录,将做出成绩的会员载入史册。

2.2 陈伟

陈伟(1905—1995),是中国近代最早的蜂疗专家,"蜂刺疗法"的开创人。

陈伟,原名陈邦雄,1905年12月24日生于中国福建省福州市水门乡,毕业于美国浸礼会1900年创办的扬州浸会医学院,后在中南工业大学医院工作。陈伟医师行医60多年,自1936年发现蜂刺有治疗面神经炎的神奇功效以后,就开始这方面的研究工作,探索开辟了生物治疗疾病的新途径,引起了国内外医学界的极大关注。他在晚年将"蜂刺疗法"的技术传承给女儿陈瑜医师[①],使其技术不断提高发展。1995年9月20日在湖南长沙逝世,享年90岁。

陈伟老先生通过50多年探索、整理、总结形成的一种独特的生物治疗疾病的方法。经多年的临床验证,蜂刺疗法,即用蜜蜂的螫针刺到患者体表有关作用点为患者治疗疾病的方法,简易、方便、安全高效,已得到中国和国际医学界的高度肯定。为了推广这种简单易行、经济实惠、利国利民的治病方法,陈伟以将近60年的临床经验和研究成果汇编成专著《蜂刺疗法》,第一版于1990年由长沙出版社、中南工业大学出版社出版。为满足读者的需要,又补充了一些新的病种,于1992年出版了《蜂刺疗法》第二版。该书的发行引起了国内外医学界的关注。中国蜂疗界高度评价陈伟的《蜂刺疗法》,称其为开展绿色生物疗法、治疗多种疑难杂症的宝

---

① 陈瑜,医师,女,1940年2月生。1961年大连市四中高中毕业,后又毕业于大连大学医学院医疗专业。1995年2月于大连实验中学(现大连育明高中)退休,现任大连沙河口陈瑜蜂疗诊所所长。曾任中华名医协会理事。特别是她继承和发展其父的蜂疗事业方面取得了较大成绩。1983—1985年她在父亲的指导下学习"蜂疗"知识,熟悉从养蜂到"蜂刺疗法"的全过程。从1986年开始她独立应用于临床,并在医疗实践中对其父的"蜂刺疗法"进一步改进和发展。她先后发表《蜂刺疗法与针灸》《蜂刺治疗眩晕101例临床观察》《蜂刺疗法治病机理》《蜂刺疗法治疗颈淋巴结核的体会》和《蜂刺疗法治疗腰间盘突出症100例临床观察》等九篇论文。在1994年第三届全国蜂医学术学会上被誉为"蜂医学优秀工作者"。1996年在全国第四届中医蜂疗学术会上获"金杯奖"。1998年在中国中医蜂疗第五届学术会议上被授予"中国蜂医学专家荣誉"称号。

贵蜂疗专著。

"蜂刺疗法"对面神经炎、偏头痛、枕神经痛、类风湿关节炎、风湿病疗效卓著；对面肌痉挛、坐骨神经痛、颈椎病、痛风、肩周炎、腰椎骨质增生、高血压、偏瘫、神经官能症、震颤麻痹等病症有很好的治疗作用。

2005年，在纪念陈伟诞辰100周年的日子里，他的女儿陈瑜医师在2005年第8期《蜜蜂杂志》上发表了《"蜂刺疗法"后继有人——忆我的父亲陈伟医师》的纪念文章。

3

蚁疗专家：吴志成

吴志成（1936— ），中国著名中西医结合的特色医师，"蚂蚁疗法"的开拓者。

吴志成于1936年出生于中国辽宁昌图。1947年，在家只念了两年书，年仅12岁的吴志成便参加东北民主联军从事医务工作。1956年，他参加第一期"西学中"的中西医结合的医生培训，"西学中"为后来40多年的蚂蚁疗法的研究打下了扎实的中医基础。特别是1956年针灸专科训练期间，他拜黑龙江名中医张琪为师，学习和继承张氏治疗风湿、强直性脊柱炎、类风湿关节炎等中医痹症的临床经验和学术思想，同时结合民间蚂蚁医疗方法，开展各种痹症的治疗。

图211 蚁疗专家吴志成

吴志成曾任南京龙蟠医院业务院长、南京金陵蚂蚁研究治疗中心主任、中国保健科学技术学会平衡药专业委员会主任委员、世界中西医结合学会创始理事、美国中医学科学院院士。现任南京金陵老年病康复医院业务院长、金陵蚂蚁研究治疗中心顾问兼任类风湿病、糖尿病、乙肝病科主任，并被聘为中国中医研究院咨询专家、中国保健科学技术学会平衡药专业委员会主任委员、阿根廷中国文化中心中医教授、阿根廷针灸学会顾问、美国中国医学科学院教授。

吴志成的贡献在于他研制成功多个蚂蚁制剂。为了考察中国野生良种蚂蚁，吴志成曾远涉云南、新疆、黑龙江、广西等山区、林区人迹罕至的地方，历时十多年，行程20多万千米，选择了近百种可食可药的良种蚂蚁。他在南京金陵蚂蚁研究治疗中心研制成功多个蚂蚁制剂。其中"蚂蚁类风湿灵""蚂蚁乙肝宁""蚂蚁糖尿灵""蚁王口服液""玄驹壮骨酒"和"宫廷蚁酒"等十余种蚂蚁系列药物，并多次获奖。临床治疗乙肝、糖尿病、类风湿等痹症100余万例，收治患者遍布中国及世界各地①。

吴志成发表有关蚂蚁食疗的论文50余篇，有关蚂蚁的科普文章400余篇，代表作有《美食良药话蚂蚁》（《科学实验》1986年第9期）、《蚁王口服液延缓衰老10000例疗效分析》（《江苏中医》1993年第4期）等。著有《蚂蚁与类风湿性关节炎》（江苏科学技术出版社，1991）、《中国蚂蚁疗法》（人民军医出版社，2003）以及《蚂蚁与蚂蚁疗法》《蚂蚁与乙肝》《蚂蚁与糖尿病》《蚂蚁世界探

---

① 陈志强. 大医精诚——记中国蚂蚁王吴志成. 江南时报, 2000-05-08.

图212 吴志成的著作 (1.《蚂蚁与类风湿性关节炎》,1991; 2.《中国蚂蚁疗法》,2003)

奇》等蚁疗专著。此外,还在人民日报大地副刊等报刊上发表60多篇散文、回忆录和游记。

从娃娃兵到蚂蚁王,吴志成是一个充满传奇色彩的人物,也是军内外自学成才的典型。

中国新华社记者陈志强曾于1992年和2000年两次以报告文学的形式报道了吴志成教授的事迹[①]。陈识金著传记文学《金陵蚂蚁王》(江苏文艺出版社,1993),全面记述了吴志成教授的传奇人生。

---

① 陈志强. "蚂蚁王"吴志成. 人民日报, 1992-02-28; 陈志强. 大医精诚——记中国蚂蚁王吴志成. 江南时报, 2000-05-08.

第100卷

作家与艺术家

本卷主编
史志诚

卷首语

在人类与毒物斗争的历史长河中，一些著名的作家和艺术家也十分关注毒性事件的发生发展及其对社会的影响；关注毒理科学研究的新成果、新进展对人类进步和社会发展的影响。

英国杰出的侦探小说家、剧作家阿瑟·柯南·道尔因成功地塑造了一个巧妙破解毒杀迷案的侦探人物——夏洛克·福尔摩斯，被誉为"世界侦探小说之父"。英国另一位著称于世界文坛的侦探小说大师，阿加莎·克里斯蒂是以毒杀为题材的小说家。分析她的侦探小说艺术，可以让我们不仅了解这位被誉为"文学魔术师"创作的新风格，而且体察社会生活中发生的复杂离奇的毒杀案件给善良的人们带来的无限痛苦。

美国作家厄普顿·辛克莱在他的著名作品《屠场》一书中，批评了1906年前后美国肉类包装业的不卫生状况，从而推动了1906年美国《肉类检验法》的立法进程。

法国著名昆虫学家和科普作家法布尔的《昆虫记》描述了有毒昆虫的前世今生，受到全球青少年读者的青睐。

令人感动的是那些不顾自己生命安危的摄影师们。美国摄影师尤金·史密斯以代表作《智子入浴》揭发日本的"水俣病"；俄新社的"敢死"摄影师科斯京拍摄了切尔诺贝利核灾难；印度著名摄影师洛古雷拍摄了"博帕尔灾难"；人们称为"南非的蛇人"的摄影师奥斯汀·史蒂文斯拍摄有关蛇的纪录片。此外，日本著名导演土本典昭用影像记录了工业污染给人和环境带来的无尽伤害。

许多有关毒物和毒性事件的优秀作品，产生了不可估量的社会影响。我们将继续关注和收集作家和艺术家们的作品，继续谱写有关他们的人物传记。

1 作家与文学家

1.1 阿瑟·柯南·道尔

阿瑟·柯南·道尔（Arthur Conan Doyle，1859—1930），是英国杰出的侦探小说家、剧作家，因成功地塑造了侦探人物——夏洛克·福尔摩斯[①]而成为侦探小说历史上最重要的小说家之一，被誉为"世界侦探小说之父"。

图213 阿瑟·柯南·道尔

阿瑟·柯南·道尔于1859年5月22日出生在英国北部城市苏格兰首府爱丁堡。9岁时就被送入耶稣预备学校学习，当他在1875年离开学校时，道尔已经成为一名不可知论者。

1876—1881年在爱丁堡大学学习医学，毕业后作为一名随船医生前往西非海岸，1882年回国后在普利茅斯开业行医。1890年道尔到维也纳学习眼科，一年之后回到伦敦成为一名眼科医生，这使得他有时间尝试写作。在搬到南海城（Southsea）后，他才开始花更多的时间在写作上。1885年道尔与路易斯·霍金斯（Louise Hawkins）结婚。1900年，柯南·道尔以军医身份到南非参与布尔战争（Boer War）[②]。因在野战医院表现出色，加之他的侦探小说的名气，1902年被封为爵士。1907年道尔与珍·勒奇（Jean Leckie）小姐结婚。1930年7月7日，阿瑟·柯南·道尔辞世，享年71岁。

1879年9月6日，柯南·道尔第一篇小说《赛沙沙山谷之谜》在《室内杂志》上发表。9月20日，第一篇非小说作品《常绿钩吻根作为毒药》在《英国医学杂志》上发表，但未能引起人们注视。

柯南·道尔的第一部重要作品是侦探小说《血字的研究》（A Study in Scarlet），发表在1887年的《比顿圣诞年刊》（Beeton's Christmas Annual for 1887），小说的主角是夏洛克·福尔摩斯。他的第二部侦探小说《四签名》（The Sign of Four）于1889年发表。小说的主角还是之后名声大

[①] 夏洛克·福尔摩斯（Sherlock Holmes），是柯南·道尔创作的侦探故事的主人公，他是一位观察细致入微的私家侦探，也是一位既理性又博学的英国绅士。他精通侦探业务所需的各种知识，包括化学、毒物学、心理学、解剖学、数学和外语。在侦破案件时，他常运用逻辑推理，一旦发现疑点，就全身心投入，废寝忘食，直到案情真相大白。他高超的破案技巧常令人心悦诚服，更计读者拍案叫绝。

[②] 布尔战争，是英国人和布尔人（现在称为南非白人）之间为了争夺南非殖民地而展开的战争。历史上有两次布尔战争，第一次布尔战争发生在1880年至1881年，第二次布尔战争发生在1899年至1902年。柯南·道尔参加的是第二次布尔战争。

噪的夏洛克·福尔摩斯。此后，柯南·道尔又陆续发表了60个以"福尔摩斯"为主要人物的故事，其中包括56个短篇和4个中篇小说，这些故事在40年间陆续在《海滨杂志》上发表。后来全部收入《福尔摩斯探案全集》①。

柯南·道尔的代表作还有《波斯米亚丑闻》《红发会》《五个桔核》《伟大的布尔战争》《失落的世界》《新启示》《地球病叫一声》《有毒的地带》和《修道院公学马拉库特深渊》。

除此之外，他还写过多部其他类型的小说，如科幻小说、悬疑小说、历史小说、爱情小说，以及戏剧和诗歌。

阿瑟·柯南·道尔作品的特点是：

第一，描述毒物、下毒和以毒理学侦探技术破案的情节。阿瑟·柯南·道尔在他的一部分侦探小说里多次描述了毒物、下毒和以毒理学侦探技术破案的情景，引人入胜。

他在《血字的研究》里，以动物实验的方法来检验毒物。在《斑点带子案》侦探故事里，他讲述了一对双胞胎姐妹与继父之间的纠葛。生母去世后，继父为了霸占原本应该属于这对姐妹的一笔遗产，用自己驯养的一条沼地蝰蛇杀死了姐姐，并且企图用同样的方法杀死妹妹。沼地蝰蛇是当地最毒的一种蛇，全身布满斑点，姐姐在临终前一瞬间曾经见到了那条蛇，但由于神志不清，误以为那是一条带斑点的带子，并且在濒临死亡的时候告诉了自己的妹妹，使妹妹一度费解。在《吸血鬼》的故事里，他讲述了一个叫杰克的男孩与其家人的纠葛。杰克是一个身有残疾的男孩，他幼年时因患脊髓炎而瘫痪，从而留下了瘸腿的后遗症。男孩的母亲去世，父亲娶了一位继母。后来，男孩又有了一个同父异母的弟弟。男孩对过世的母亲的爱，以及自身的残疾，最终导致他对弟弟的深深的嫉恨。于是，他用家里养的一条狗做了实验，使得狗最终瘫痪。之后，他用那支蘸了毒的箭刺向还是婴儿的弟弟的脖子。继母发现了这件事，为了吸出毒物，她用嘴吮吸婴儿脖子上的伤口，还曾一度被

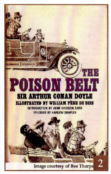 

图214 柯南·道尔描述毒物、下毒和以毒理学侦探技术破案的几部作品 (1.《血字的研究》；2.《有毒的地带》；3.《斑点带子案》)

---

① 书中收录有柯南·道尔的中篇小说：《血字的研究》(1887)、《四签名》(1890)、《巴斯克维尔的猎犬》(1901—1902)、《恐怖谷》(1914—1915)和短篇小说：《冒险史》《波希米亚丑闻》《红发会》《身份案》《博斯科姆比溪谷秘案》《五个桔核》《歪唇男人》《蓝宝石案》《斑点带子案》《工程师大拇指案》《贵族单身汉案》《绿玉皇冠案》《铜山毛榉案》《银色马》《黄面人》《证券经纪人的书记员》《"格洛里亚斯科特"号三桅帆船》《赖盖特之谜》《驼背人》《住院的病人》《希腊译员》《最后一案》《归来记》《空屋》《诺伍德的建筑师》《跳舞的人》《孤身骑车人》《修道院公学》《黑彼得》《米尔沃顿》《六座拿破仑半身像》《三个大学生》《金边夹鼻眼镜》《失踪的中卫》《格兰其庄园》《最后致意》《临终的侦探》《魔鬼之足》《最后致意》《新探案》《显贵的主顾》《皮肤变白的军人》《王冠宝石案》等。

图215 柯南·道尔塑造的福尔摩斯形象

图216 阿瑟·柯南·道尔与《福尔摩斯探案集》（英文版，中央编译出版社，第1版，2008）

南·道尔开始写的一些短篇故事并没有取得成功，但他的第一部福尔摩斯探案小说《血字的研究》却取得了巨大的成功。尽管柯南·道尔一生经历非常丰富，他做过医生、当过海员，还对招魂术、超自然感兴趣。这些都反映在日后的福尔摩斯身上。但后来人们才知道，道尔是以他曾经就读的医科大学的一位老师约瑟夫·贝尔为原形创造了福尔摩斯的形象。

约瑟夫·贝尔是19世纪中后期苏格兰爱丁堡大学医学部的讲师兼外科医生。平时，他在学校里教课，很少有人知道他是一位私人侦探。他总结出一套自己的侦探技术，包括化学、毒物学、病理学等现代犯罪现场调查的技术，因此警方经常邀请他协助查案。英国犯罪史上著名的案件"香垂尔谋杀案"[①]就是约瑟夫·贝尔协助警方破获的。他的传奇故事给

丈夫误解为吸血鬼。《有毒的地带》描述了三个挑战者携带着氧气罐接触到有毒的太空地带的离奇故事。

第二，塑造福尔摩斯形象的原形。柯

他的学生柯南·道尔带来灵感，使其创作出"福尔摩斯"这一世界文学史上的经典形象。

鉴于此，柯南·道尔侦探小说中两个

---

① 1878年的"香垂尔谋杀案"，是英国犯罪史上最著名的案件之一。香垂尔是英国名流，1878年年初，他向警方报案，称妻子因煤气中毒而生命垂危。贝尔和警员闻讯后立即赶到现场。警方调查了一圈，没有发现任何异常。正当他们打算以"意外事故"了结这起案件时，贝尔把鼻子凑到死者口边仔细闻了闻，然后从死者床上拿起一片沾满呕吐物的枕巾也闻了闻。随后，他一言不发，把枕巾叠起来拿走。此时，香垂尔先生的脸上露出一丝惊恐的神情。原来，香垂尔夫人是服用鸦片致死的。经调查，香垂尔先生在其夫人死前，曾买过30份鸦片。实验室检测出那块枕巾上面的呕吐物中有鸦片的成分。几天后，香垂尔先生被警方逮捕，不久被判处绞刑。

是以福尔摩斯第一口吻写成,还有两个以第三人称写成,其余都是华生[1]的叙述。

百余年来,世界的推理小说迷中,《福尔摩斯探案全集》启蒙的读者占了绝大多数。他的许多短篇小说,只要稍加修改便是非常好的电影蓝本。因此,柯南·道尔被称为"英国侦探小说之父",成为世界最畅销的图书作家之一。

柯南·道尔去世后,他的墓志铭上刻着:"真实如钢,耿直如剑。"尼加拉瓜还为其发行了纪念他的邮票。

图 217 尼加拉瓜发行纪念柯南·道尔及其作品《福尔摩斯探案全集》的纪念邮票

1.2 厄普顿·辛克莱

厄普顿·辛克莱(1878—1968),是美国小说家、"社会丑事揭发派"作家、记者和政治活动家。他的著名作品《屠场》[2]批评了当时美国肉类包装业的不卫生状况,推动了1906年美国《肉类检验法》的立法进程。

厄普顿·辛克莱,1878年9月20日出生于美国马里兰州的巴尔的摩市。祖上是名门贵族,传到他的父亲时,家境已经破落。父亲以卖酒为生,收入微薄。后全家迁居纽约。他一边工作,一边求学,先后在纽约市立学院和哥伦比亚大学读书。15岁开始给一些通俗出版物写文章,靠稿费维持生活;1902年参加社会党。他曾对芝加哥的劳工情况进行调查,特别是他花了七个星期在芝加哥肉类加工厂进行的卧底调查,并据此撰写成著名的长篇小说《屠场》。1906年以后的30年间,辛克莱继续创作揭露资本主义社会黑暗面的长篇小说,其中比较重要的有描写科罗拉多州煤矿工人罢工事件的《煤炭大王》(1917),抨击垄断资本家的《石油》(1927),揭露政治腐败和警察暴行的《波士顿》(1928)等。

辛克莱在写作之外还积极参加政治活动。他对"产业民主联盟"的建立起了推动作用。他支持"美国公民权同盟"争取言论自由的斗争。1934年他提出"结束加利福尼亚州的贫穷"的口号,作为民主党候选人参加州长竞选,登上了当年10月14日的时代周刊封面。但最终以87.9万票败选。

---

[1] 约翰·华生医生在很多故事中是夏洛克·福尔摩斯的一个助手。华生在结婚前一直与福尔摩斯合租伦敦贝克街221B号的房子。华生不仅是福尔摩斯的助手,还是福尔摩斯破案过程的记录者,而且叙述了许多福尔摩斯故事。

[2] 《屠场》(*The Jungle*),也译为《丛林》。

图218 厄普顿·辛克莱参与加利福尼亚州州长竞选 (1.辛克莱正在进行竞选演说；2.辛克莱登上1934年10月14日《时代周刊》的封面)

1968年11月25日，厄普顿·辛克莱在美国新泽西州逝世，享年90岁。其墓地在华盛顿哥伦比亚特区罗克克里克公墓(Rock Creek Cemetery)。

厄普顿·辛克莱一生共著有小说和社会研究著作80余部。他的代表作就是1906年2月发表的《屠场》。

《屠场》是他根据七个星期在芝加哥肉类加工厂进行卧底调查的所见所感创作而成的。他在加工厂里亲眼看见病猪肉、化学染剂、死老鼠、不能吃的边角料，甚至是工人尸体，是怎么被做成各种各样的肉制品，销往全国各地乃至国外；看到时刻在死亡线上挣扎的工人；他还看到了行业寡头和政府勾结，政府和黑社会勾结，黑社会和行业寡头勾结。书中揭露了芝加哥肉类加工厂恶劣的劳动条件，讲述了立陶宛移民约吉斯·路德库斯一家在美国定居后的悲惨遭遇。他根据这些事实撰写成长篇小说。书中描写资本主义大企业对工人的压榨和芝加哥屠宰场的不卫生情况，引起人们对肉类加工质量的愤怒，促使政府制定了相关法律。

《屠场》这本描写加工厂恶心场景的小说，成为当时的畅销书，被译成17种文字热销全世界，致使美国肉食品销量减半。据说，正在吃早餐的时任美国总统西奥多·罗斯福看到这本书时"大吃一惊，跳了起来，把嘴里还没有嚼完的食物吐出来，并将盘中的一段火腿掷出窗外"。罗斯福随后与辛克莱见面，从而推动美国1906年通过了《纯净食品和药品法》，并创建了食品药品监督管理局。

《屠场》是20世纪初期美国文艺界"揭发黑幕运动"的第一部小说，在它之后，连续出现了许多部作品，对美国各方面的问题进行了大胆的揭发。

1914年《屠场》被改编成电影。他抨击垄断资本家的作品《石油》(1927)一书也被改编成电影《黑金企业》。

他从1940年开始，以《世界的终点》(World's End)为总题，以反法西斯英雄兰尼·巴德为主人公，写了11部系列小说，反映1914年以来的重大事件。特别是描述两次世界大战之间美国和欧洲各国的社会情况，其中《龙齿》(Dragon's

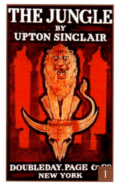

图219 厄普顿·辛克莱著名作品《屠场》(封面) (1.英文版，1906/1907；2.中文版，萧乾等译，人民文学出版社，1979；3.中文版，郭涛译，时代出版传媒股份有限公司，安徽人民出版社，2013)

Teeth，1942）是反映第二次世界大战期间为阻碍坦克和机械化步兵而制造钢筋混凝土"龙齿"的过程。曾获得1943年普利策小说奖。

1962年，他出版了《厄普顿·辛克莱的自传》（*The Autobiography of Upton Sinclair*）。

1.3 阿加莎·克里斯蒂

阿加莎·克里斯蒂（Agatha Christie，1890—1976），是英国乃至世界文坛的侦探小说大师，也是以毒杀为题材的小说家。

图220 阿加莎·克里斯蒂

阿加莎·克里斯蒂1890年9月15日生于英国德文郡（Devon）托奇（Torquay）的阿什菲尔德宅邸，受浸后取名为阿加莎·玛丽·克莱丽莎·米勒（Agatha Mary Clarissa Miller）。她写浪漫爱情小说用的笔名是玛丽·维斯马科特（Mary Westmacott）。她的父亲弗雷德里克·阿尔瓦·米勒出生在美国，是英籍美国人，母亲克拉丽莎·克拉拉·伯契默·米勒是英国人，但她从来不是美国公民。

阿加莎·克里斯蒂一生有过两次婚姻，她的第一任丈夫是皇家陆军航空队的阿奇博尔德·克里斯蒂上校，他们有过一个女儿罗莎琳德·克里斯蒂，1928年离婚；她的第二任丈夫是信奉天主教的比她年轻14岁的考古学家马克斯·马洛温，因此，她又被称为马洛温爵士夫人（Lady Mallowan）。

在第一次世界大战期间，克里斯蒂先后在一所医院和一所药房工作。这段经历对她日后的写作产生了很大的影响：她所写的谋杀案，受害人大多是被毒药毒杀的。

她后来的很多著作多以中东为背景的原因是通过她和丈夫马克斯·马洛温外游所获得的灵感。例如她在1934年发行的《东方快车谋杀案》一书，是在土耳其伊斯坦布尔的一家酒店写成的。她另一些著作的灵感则来自她的故乡德文郡的托奇，例如1939年的《童谣谋杀案》。

1976年1月12日，阿加莎·克里斯蒂在牛津郡（Oxfordshire）沃灵福德（Wallingford）附近的冬溪屋（Winterbrook House）家中安详去世，享年85岁。她随后被安葬在牛津郡圣玛丽教堂旁的墓地。

阿加莎·克里斯蒂是一名高产的作家，全部作品包括66部长篇推理小说；21部短篇或中篇小说选集，其中15个已上演或已发表剧本，例如《东方快车谋杀案》《尼罗河上的惨案》《阳光下的罪恶》和

《捕鼠器》等；三个剧本集；六部以笔名玛丽·维斯马科特发表的情感小说；两部以笔名阿加莎·克里斯蒂·马洛温发表的作品（包括一部记录异域生活的回忆录和一部宗教题材的儿童读物）；一部自传；两部诗集；两本与侦探俱乐部的会员作家们合写的长篇推理小说（两本共三部）。

她撰写的以毒杀为题材的小说主要有《啤酒谋杀案》《死亡草》《闪光的氰化物》等。

她在晚年回忆自己的写作生涯，写了一部传记文学《阿加莎·克里斯蒂自传》。这部自传为读者了解这位"侦探女王"的生平提供了第一手资料，并成为侦探小说史上的重要文献。

据联合国教科文组织 1961 年的报告，阿加莎·克里斯蒂是当时世界上作品最畅销的作家。她的作品被译成 103 种文字，在 102 个国家出售。据 1976 年她去世不久时的统计，她的作品在世界上销售达 4 亿册。美国著名杂志《纽约人》报道，克里斯蒂的作品销售量在书籍发行史上仅次于莎士比亚的作品和《圣经》。

阿加莎·克里斯蒂开创了侦探小说的"乡间别墅派"，即凶杀案发生在一个特定封闭的环境中，而凶手也是几个特定关系人之一。欧美甚至日本很多侦探作品也是使用了这一模式。

在法国，截至 2003 年，共卖出 4000 万本她的法文版的著作，是法国书籍销量最高纪录的保持者。她一方面被冠为"侦探小说之后"（Queen of Crime），一方面对英国侦探小说的发展产生了重要影响。

1971 年，因她在文学上取得的成就，英国女皇授予她"大英帝国阿加莎夫人"的称号。她的生平事迹后被拍成传记片《阿加莎》。

2 科普作家

2.1 法布尔

法布尔（Jean-Henri Casimir Fabre, 1823—1915），法国著名博物学家、昆虫学家、动物行为学家，科普作家。他以《昆虫学回忆录》（《昆虫记》）一书留名后世，该书在法国自然科学史与文学史上都具有重要地位，已被译成多种不同语言。书中描述了有毒昆虫的前世今生。

图 221　法布尔

让·亨利·卡西米尔·法布尔于 1823 年 12 月 22 日出生在法国南部阿韦龙省莱弗祖（Lévezou）的小镇圣莱翁（Saint-Léons）的一个农民家庭，为家中长子，童年在圣莱昂附近勒马拉瓦尔（Le Malaval）的祖父母家度过。7 岁时回到圣莱昂上小学。10 岁随父亲举家到罗德兹（Rodez）经营咖啡厅，但生意不好，四年后再搬到图卢兹。因家庭收入拮据，被迫辍学，当过铁路工人、柠檬小贩。虽然生活艰辛，法布尔并没有放弃追求知识，坚持自学。19 岁那年考进了阿维尼翁师范学校，获得奖学金，并获得教师文凭，之后展开他漫长的教学生涯。在教学、著书之余，他继续自学，先后获数学、物理的学士学位。

1855 年，法布尔获得巴黎科学院的博士学位。

1857 年，他发表了《节腹泥蜂习性观察记》，这篇论文修正了当时昆虫学的一些错误观点。法布尔因此赢得了法兰西研究院的赞誉，被授予实验生理学奖。这一期间，法布尔还将精力投入对天然染色剂茜草或茜素的研究中去，当时法国士兵军裤上的红色，便来自茜草粉末。1860 年，法布尔获得了此类研究的三项专利。

1866 年，法布尔当上阿维尼翁勒坎博物馆（Musée Requien d'Avignon）的馆长。翌年他到巴黎谒见拿破仑三世，获颁骑士勋章。1870 年，法布尔在夜校课程中向妇女讲解花的授粉过程，招惹保守宗教人士的批评，被迫辞去教职，一家七口人的生活顿时陷入困境，幸得穆勒的周济，得以渡过难关。举家搬到奥朗日（Orange）后，法布尔以撰写科普书、教科书获取微薄收入。

1877 年，跟他一样热爱大自然的 16 岁的次子朱尔（Jules）过世，令法布尔伤心欲绝。两年后，他搬到沃克吕兹省的塞里尼昂（Sérignan），在那里买下了一所房子与一块毗连的荒地，将园子命名为荒石园。在那里有他的书房、工作室和试验场，能让他安静地集中精力思考，全身心地投入到各种观察与实验中去，可以说这是他一直以来梦寐以求的天地。就是在荒石园，法布尔一边专心观察和实验，一边整理前半生研究昆虫的观察笔记、实验记录和科学札记，完成了《昆虫记》的后九卷。

隐居荒石园后不久，法布尔的妻子病逝。他于60岁时续弦，共育有三名子女。在生命的最后几年，各种荣誉不断"降临"在法布尔身上：小村子里树立了他的雕像；共和国的总统亲自探访他，给他发年金；欧洲各国的科学院纷纷邀他做名誉院士；罗曼·罗兰、梅特林克等文豪向他致敬；还有人发起运动让他提名诺贝尔文学奖。

1915年10月11日，法布尔以92岁高龄在荒石园辞世。

法布尔的代表作《昆虫记》是他以毕生的时间与精力，详细观察了昆虫的生活和为生活以及繁衍种族所进行的斗争，然后以其观察所得记入详细确切的笔记，最后编写成书的，完成于荒石园。

《昆虫记》原著书名可直译为"昆虫学的回忆"（Souvenirs Entomologiques），副标题为"对昆虫本能及其习俗的研究"。全书共10卷，219章，每卷由若干章节组成，每章详细、深刻地描绘一种或几种昆虫的生活。1878年第一卷发行，此后大约每三年发行一卷。

除了科学研究以外，法布尔也爱编一些小曲，并以普罗旺斯语作诗，生前还出版过一部诗集（Oubreto Provenalo）。

法布尔作品的特点是：

第一，对有毒昆虫生活史的详细描述。《昆虫记》219章中，有60多章详细描述了有毒昆虫蜜蜂、蜘蛛、蝎子、芫菁等的生活史以及它们与生存、繁衍做斗争的有趣故事。

第二，将昆虫学的科学研究成果与文学写作相结合。身为现代昆虫学与动物行为学的先驱，法布尔以膜翅目、鞘翅目、直翅目的研究而闻名。但是，将科学研究成果与文学写作相结合，历史上并非只有法布尔一人。然而，《昆虫记》以自己的特色，获得了极大的影响与声誉。

第三，法布尔凭借自己拉丁文和希腊文的基础，在文中引用希腊神话、历史事件以及《圣经》中的典故，字里行间还时而穿插着普罗旺斯语或拉丁文的诗歌。法布尔之所以被誉为"昆虫界的荷马"，并曾获得诺贝尔奖文学奖的提名，除了《昆虫记》那浩大的篇幅和包罗万象的内容之外，优美且富有诗意的语言想必也是其中的原因之一。

《昆虫记》不仅仅充溢着对生命的敬畏之情，更蕴含着某

图222 法布尔与《昆虫记》（1.法布尔；2.《昆虫记》，1879；3.《昆虫的一生》，1928；4.《昆虫记》10卷本；5.《昆虫记》，1924）

种精神。那种精神就是求真,即追求真理,探求真相。这就是法布尔精神。

亨利·法布尔作为科普作家,以生花妙笔写成《昆虫记》,誉满全球,这部巨著在法国自然科学史与文学史上具有重要意义。《昆虫记》所表述的是昆虫为生存而斗争的妙不可言的、惊人的灵性。法布尔把毕生从事昆虫研究的成果和经历大部分用散文的形式记录下来,详细观察了昆虫的生活和为生活以及繁衍种族所进行的斗争,以人文精神统领自然科学的庞杂实据,将虫性与人性交融,使昆虫世界成为人类获得知识、趣味、美感和思想的文学形态,将区区小虫的话题书写成多层次意味、全方位价值的鸿篇巨制,这样的作品在世界上诚属空前绝后。没有哪位昆虫学家具备如此高明的文学表达才能,没有哪位作家具备如此博大精深的昆虫学造诣。因此,《昆虫记》的作者法布尔被当时法国与国际学术界誉为"动物心理学的创导人"。在晚年,法布尔出版了《昆虫记》最后几卷,这使他不但在法国赢得众多读者,甚至在欧洲各国、在全世界,《昆虫记》作者的大名也已为广大读者所熟悉。文学界尊称他为"昆虫世界的维吉尔",法国学术界和文学界推荐法布尔为诺贝尔文学奖的候选人。可惜没有等到诺贝尔委员会下决心授予他这一大奖,这位歌颂昆虫的大诗人已经瞑目长逝了。

《昆虫记》原著问世以来,被译为多种文字。日本大杉荣曾译为日文。中国留学日本的鲁迅从日译本认识了法布尔,于1923年在报章上发表了《法布尔〈昆虫记〉》一文,并从英、日文转译了数篇《昆虫记》的文章。鲁迅在晚年有意转译《昆虫记》,但未果[①]。中国自1920年起不断有《昆虫记》的节译本面世,引发了当时广大读者浓厚的兴趣。20世纪90年代末,中国读书界再度掀起"法布尔热",出现了多种《昆虫记》的摘译本,缩编本,甚至全译本。如王光译《昆虫记》(作家出版社,1998);多人合译《昆虫记》(全10册,花城出版社,2001)。中文繁体字版于2002年由台湾远流出版社发行,对专有名词做了校定。

如今,荒石园故居已经成为博物馆,

图223 中国出版的《昆虫记》 (1. 读者熟悉的法布尔形象;2.《昆虫记》第一集:高明的杀手,陈一青,译,江西科学技术出版社,2010;3.《昆虫记》,人民文学出版社,2013)

[①] 王富仁. 鲁迅与《昆虫记》. 中华读书报,2002-02-27.

静静地坐落在有着浓郁普罗旺斯风情的植物园中。作为博物学家,法布尔留下了许多动植物学术论著,其中包括《茜草:专利与论文》《阿维尼翁的动物》《块菰》《橄榄树上的伞菌》《葡萄根瘤蚜》等。

为了纪念昆虫学家亨利·法布尔,法国发行了纪念邮票。

图224 法国发行的纪念昆虫学家法布尔的纪念邮票

2.2 约里什

约里什(N. P. Yoirish, 1905—1978),前苏联医学副博士,从事蜂产品医疗保健应用,是一位出色的蜂疗科普作家。

约里什1905年出生于沃伦省斯拉武特城的一个工人家庭。1930年在沃罗涅日斯基大学医疗系毕业后,到乡村医院当医生。两年后到基辅医学院附属内科医院工作。然后由医学院附属医院到远东军医院工作,他作为军医从1938年开始从事蜂蜜和蜂蜜医疗应用的研究。从此,约里什毕生从事蜂疗与蜂疗医学的宣传科普工作。1950年,约里什获得天然蜂毒结晶,并根据自己的研究工作制定出蜂毒疗法方案。1956年,他报道了蜂毒的医疗特性及用蜂毒治病的方法。1959年,他的专著《蜂蜜和蜂毒的医疗性能》(*Curative Properties of Honey and Bee Venom*)由莫斯科外文出版社出版。他发起创建了"莫斯科医疗养蜂业协会",负责召开了莫斯科首届医疗养蜂业专业会议。约里什于1978年逝世,享年73岁。①

约里什知识面广,他在医学、历史学和自然科学各方面学术渊博。他把养蜂业和医疗两个术语结合起来,创用"医疗养蜂业"专业名词。约里什特别勤奋,根据自己的科学工作写出了许多有趣的书籍,用俄文和外国的30种文字出版,总印数超过150万册。在他的早期著作中,国际上享有盛名的有《蜂产品用于医疗》和《蜂蜜和蜂毒的医疗性能》。20世纪60—70年代,著有《蜜蜂与健康》(1961)、《蜜蜂——会飞的药剂师》(1966)、《蜜蜂与医学》(1974),以及《人类生活中的蜜蜂》《蜜蜂与人》和《蜂产品及其利用》等。

约里什不仅写书,还在刊物上发表文章200余篇。他为前苏联《养蜂业》杂志撰稿近40年,并发起开辟了《蜜蜂与医学》专栏。

图225 约里什著《蜂蜜和蜂毒的医疗性能》中译本封面
(人民卫生出版社,1961)

---

① 房柱. 蜂毒的研究与医药应用. 中国养蜂学会,1986:109-110.

3
拍摄毒性事件的摄影师

3.1 尤金·史密斯

尤金·史密斯（W. Eugene Smith 1918—1978），美国摄影家，世界十大摄影名家之一。他的代表作《智子入浴》揭发了日本的"水俣病"，用影像记录了这场工业污染给人类和环境带来的无尽伤害。

图 226 尤金·史密斯

尤金·史密斯于 1918 年出生在美国堪萨斯州的惠科塔。1924—1935 年在当地的天主教小学和中学学习。1933—1935 年间开始了他最初的摄影创作。1936—1937 年在印第安纳州的圣母大学学习摄影课程。他的摄影生涯起步于《新闻周刊》，进入《生活》杂志时年仅 19 岁。1955 年，史密斯离开《生活》进入玛格南图片社。由于拒绝向所谓的专业标准妥协，他创作了战争史上最让人震撼的以及既残暴又逼真的第二次世界大战照片。他的照片中对社会的不公平的写照深深地影响了美国民众。尤金·史密斯一生坎坷，1977 年，亚利桑那大学才聘请他担任客座教授。1978 年 10 月 5 日，史密斯因摔伤了头部不治逝世。

尤金·史密斯曾三次访问日本。第一次是在第二次世界大战期间。1942—1944 年，他是《大众摄影》杂志和一些其他出版机构的太平洋战场战地记者。1944 年，他重返《生活》杂志，但这一次是正式的记者和摄影师。1945 年在冲绳海岸的一个小山脊上，他被一片弹壳的碎片击中，弹片划伤了他的左手、脸部和嘴。在两年的时间里他无法进行工作。经过很长时间，他从战争的伤病中恢复，在 1947—1954 年间继续为《生活》杂志工作。1971 年，尤金·史密斯专赴日本九州拍摄"水俣病"，历时三年之久。他在专家们的协助下知道"水俣病"的病源是饮水汞污染，是当地一家工厂长期排放含有水银的废水造成的，并将这一事实公之于众。这一有力的揭发，遭到排污工厂的蛮横报复，尤金·史密斯被厂方雇用的暴徒围殴毒打。但他不屈不挠，终于携带全部图像材料返回美国，编辑出版了《水俣》一书。日本国内，朝野震动，在群情鼎沸之下，工厂老板终于受到法律的严厉制裁。

尤金·史密斯的主要代表作品有《乐园之路》《智子入浴》《乡村医生》《助产士》《西班牙村落》《化学王国》《三K党》《无菌生活研究》等。1972 年，他在日本拍摄的关于汞中毒的骇人听闻后果的照片集《水俣》是他最著名的作品之一，成为20世纪经典名作，他也因此被称为当代新闻摄影大师之一。

尤金·史密斯的代表作《智子入浴》是世界上最著名的一张环境受害者图片，出自揭发公害问题的摄影巨作《水俣》，照片反映的是汞中毒的智子在母亲的呵护下入浴的场景。他和他的妻子艾琳①在水俣共同拍摄了三年，用影像记录了这场工业污染对人类和环境带来的无尽伤害。

尤金·史密斯拍摄的照片为引人回味的照片故事树立了新的标准。用有力、清晰而不失美好的方式展现了诸如同情、荣耀、日常工作、出生和死亡等人类必然经历的人生过程和情感。在尤金·史密斯以前，从来没有一个摄影家为了拍照片而如此深入持久地体验被摄者的生活。他的照片如此让人动容，是因为他摒弃了旁观者的身份，把自己作为一名参与者融入了被摄者的命运。

图227 《智子入浴》（尤金·史密斯摄）

尤金·史密斯去世后，为纪念尤金·史密斯，表彰他对人性的信念，1979年尤金·史密斯基金会在纽约的国际摄影中心设立了"尤金·史密斯奖"，面向全球纪实摄影者颁发尤金·史密斯人道主义摄影奖，奖励取得突出成就的后来者。自1980年到2009年，来自14个国家的32位摄影师获得了这个荣誉。中国摄影师卢广②的《关注中国污染》专题摄影获得了第30届尤金·史密斯人道主义纪实基金摄影奖。

3.2 科斯京

科斯京（1936— ），是俄新社的摄影师，前苏联切尔诺贝利核灾难发生之时，他是"敢死"摄影师之一。科斯京拍摄的照片为他赢得"荷赛奖"，但代价是多年来受甲状腺癌的困扰。

1986年4月26日，前苏联在乌克兰境内的切尔诺贝利核电站4号机组传出的一声巨响惊动世界。一场在例行维护时发生的剧烈爆炸，酿就了人类历史上最严重的核灾难，放射性物质的大量泄漏，让切

---

① 艾琳（Aileen Mioko Smith），绿色和平日本办公室董事会主席。自1971年开始，21岁的艾琳开始与丈夫尤金·史密斯在水俣共同拍摄了三年。在接下来近40年的时间里，从记者、摄影师到志愿者、老师，艾琳从事了各种各样和环境相关的工作，一直致力解决环境问题，成为日本环境运动的一位重要推动者。2010年6月5日，北京单向街图书馆举办"尤金·史密斯摄影作品回顾"，艾琳为参观者提供了1971年到1974年期间她与尤金·史密斯在水俣共同拍摄的摄影作品，以及"水俣病"这个日本历史上最重大的环境污染事件的始末资料。

② 卢广（1960— ），摄影家，浙江省永康市人，中国摄影家协会会员，金华市摄影协会副主席。

尔诺贝利成了无数人噩梦开始的地方。

在核电站爆炸的第二天，科斯京乘直升机出现在发生爆炸的4号机组上空，最近时距离核电站只有50米。使得科斯京成为第一个目睹并拍下核电站洞口裂开的记者。

拍摄期间，科斯京一再要求朋友靠近4号机组。为了达到更好的拍摄效果，科斯京打开了窗户。这个举动，注定了他日后与癌症相伴相随的人生。

科斯京只拍了12张照片。回到基辅以后，他开始处理照片，发现底片全是黑色的，没有别的颜色。他当时并不知道，这些照片全都暴露在放射线中。他冒死拍照的作品未有回报，由于辐射过高，相片全部变黑作废。①

爆炸九天后，科斯京作为克里姆林宫授权的五名记者之一，再次前往灾区报道。科斯京与另外两名摄影师，深入核电站危险区域，他爬上爆炸反应堆旁的大厦天台，拍到了士兵竭力铲走瓦砾的照片。但他只有20秒时间拍照，因为辐射量已达致命水平。在损毁机组天台工作的士兵，每次不能停留超过40秒，每人铲不了三次便得离开。科斯京后来回忆说："损毁的反应堆、带着面罩的人们、避难者，就如战争一样。"

科斯京的重要贡献在于他第九天拍摄的照片活生生记录了核电站爆炸的大灾难，包括封死反应堆的"石棺"、难产畸婴、受甲状腺癌折磨的儿童、罹患白血病的清理人员等。

科斯京拍摄的照片为他赢得了"荷赛奖"。

当年和科斯京一同前往的三名同事已经死亡。那些活着的摄影师回忆当年场景，仍然深感当时犹如身处战场与墓地，惨不忍睹。当年在核爆炸后第一个目睹并拍下核电站洞口裂开的科斯京75岁时，由于遭到超强辐射已被甲状腺癌症困扰多年，他回忆说，当时，他只知道核电站夜间发生了事故，一位开飞机的朋友自愿载他去切尔诺贝利。但到了现场才意识到情况非常严重。"在直升机上，我根本感觉不到自己的牙齿，嘴里都是铅的味道。直到现在，20多年过去了，嘴里依然满是铅味。"

图228 科斯京（1.科斯京展示他的一幅摄影作品；2.科斯京展示自己在医院治疗的图片）

---

① 切尔诺贝利核灾难摄影师回忆：冒死拍照作废. 中国新闻网, 2011-04-28.

3.3 洛古雷

洛古雷（Raghu Rai，1942— ），是拍摄印度《博帕尔灾难》的著名摄影师。

洛古雷生于1942年，24岁时在印度新闻界崭露头角，当了印度一家新闻杂志社的摄影主任。他最初的一张引起人们注意的作品是乡村里的一头小毛驴，这张作品被英国的一家报章采用了，从此奠定了他后来的人生和艺术道路。有人称他"因为一头可爱的驴子走上了自己的职业道路"。但真正给他带来国际声望的，还是他在1984年博帕尔工业灾难事件中拍摄的那些令人震惊的画面。

那是难忘的博帕尔之夜。1984年12月2日午夜，设在印度博帕尔市（Bhopal）的美国联合碳化公司的一个杀虫剂工厂泄漏了40吨剧毒气体。当时方圆40平方千米内的50万人被毒气笼罩。到灾难发生后的第三天，死亡人数已高达2万人。事件发生后，世界为之震惊。当时，毒气侵城，每分钟都有人中毒身亡。可是，灾区却出现了一个背着相机到处奔走的摄影记者，他就是后来展出《博帕尔灾难》的印度著名摄影家洛古雷。他的灾难报道照片先后在世界各地巡回展出长达两年之久。

除了作品《博帕尔灾难》之外，洛古雷从1971年便开始为法国著名的新闻摄影图片供应社马格南（Magnum）效力。他的作品在马格南纪念创办人布列松的展览中被选了100张展出，全是布列松生前的最爱。当时洛古雷是亚洲唯一的入选者，因此有人称他为印度的"布列松"。截至2007年，洛古雷已出版18本个人摄影集，其中3本选择在新加坡出版。长期以来，他的拍摄内容大部分反映印度各地的风土民情和社会与政治，引起民众广泛的关注和讨论。

此外，以摄影闻名世界的洛古雷，还是一个传统印度音乐的热爱者，是印度许多音乐演奏会的常客，不少印度音乐巨匠成了他的拍摄主角。他曾经为12位印度音乐家拍照并展出，因此，他也被尊称为"印度最伟大的摄影家"。

图229 摄影家洛古雷（龙国雄 摄）

4 影视人物

4.1 谢晋

谢晋（1923—2008），中国著名电影导演。他导演的《鸦片战争》获得第十七届金鸡奖最佳故事片奖、加拿大蒙特利尔国际电影节"美洲特别大奖"。

谢晋1923年11月21日生于中国绍兴上虞。1941年入江安国立戏剧专科学校学习。1943年中途辍学到重庆中青剧社当场记、兼演小角色。1946年回南京国立戏剧专科学校复读，攻读导演专业。

图230 谢晋

其间，曾得到洪深、曹禺等著名戏剧家的教益。1948年毕业于南京国立戏剧专科学校导演系，入大同电影企业公司任副导演。1949年，进入华北人民革命大学学习。后任大同、长江电影公司助理导演、上海大学影视学院首任院长。1950年，参加华北革命大学政治研究所学习，后任长江电影制片厂、上海电影制片厂副导演。1983年，任第二届马尼拉国际电影节评委，并被授予"金鹰荣誉奖"。曾兼任复旦大学教授、上海大学影视艺术技术学院院长、谢晋—恒通明星学校校长。历任上海电影制片厂导演，中国影协第四届理事、第五届主席团委员，中国文联第五届、第六届执行副主席，第七届全国政协委员，第八、九届全国政协常委。

2008年10月17日傍晚，谢晋抵达上虞参加其母校上虞市春晖中学建校100周年庆典，18日早上7点40分左右，谢晋下榻的酒店服务员发现，谢晋已经逝世。

谢晋导演的《鸦片战争》，是1997年谢晋导演投资最大，拍得最有气势，最为浩大的历史题材影片。影片具有浓重的历史感，对各个历史人物的把握也非常准确。特别是林则徐这一人物，除了他的爱国、愚忠、果断、镇定和勇气，影片还写了他性格上更多的侧面。影片上映以后深受海内外观众的欢迎，又获得加拿大蒙特利尔电影节"美洲特别大奖"。不仅如此，《鸦片战争》也是中国国产片中在东南亚发行成绩最好的影片。

在国内，《鸦片战争》先后获得了第17届中国电影金鸡奖最佳故事片奖、最佳摄影奖、最佳录音奖、最佳道具奖、最佳男配角奖；1997年度中国电影"华表奖"优秀故事片奖；上海影评人奖"永乐怀"1997年"十佳影片"荣誉称号。

4.2 土本典昭

土本典昭（Tsuchimoto Noriaki, 1928—2008），日本20世纪70年代崛起的纪录片导演、电影界的一代宗师。

土本典昭1928年生于日本岐阜县，毕业于早稻田大学。曾在日中友好协会事务局工作。之后从事影视工作，他的处女作是1962年拍摄的《蒸汽火车驾驶助理》。1965年开始关心"水俣病"受害者，之后进行受害家庭访视、工厂调查、抗争活动和拍摄受害者赔偿问题纪录片。他的作品中对社会正义的主张和对弱势者的始终关怀产生了深刻的影响。他先后拍摄《水俣的孩子还活着》（1965）、《水俣病患者及其世界》（1971）、《水俣报告系列》和《水俣起义——寻找生命意义的人们》（1973）、《医学意义上的水俣病》（1974）以及《不知火海》（1975）等17部纪录片。特别是从1971年到1975年，土本典昭拍摄的水俣系列纪录片奠定了他在日本纪录片史上不可动摇的地位，被认为是对日本百年来资本主义现代化历程的批判记录。

2008年6月24日，在即将迎来80岁生日的时候，土本典昭因肺癌在日本南房总一个靠海小镇的临终关怀医院去世。根据土本典昭生前遗愿，他的骨灰被撒入其魂牵半生的水俣的大海。

电影导演土本典昭围绕"水俣病"这个主题拍摄的系列影片，主要是：

《不知火海》（*The Shiranui Sea*, 1975）。这部作品和"水俣病"医学三部曲同时拍摄，尽量避开了对"水俣病"的科学分析及该病患者与其进行斗争的记录，突出描写了日常生活中的"水俣病"。在这部影片中，可以看到渔民们一如既往地在不知火海中捕鱼的场景，还可以看到进行康复训练的患者们向我们讲述生活中的喜悦以及对未来的不安。土本典昭的采访既沉着又细腻，把我们带入一个拍摄者和被拍摄者相互支撑的世界中去。影片的后半部是访问一个湾内稍远些地方的小岛，通过寻找尚未被发现的受害者，揭示了仍在蔓延的水质污染的危害程度。摄影机所捕捉到的不知火海的美丽风景和患者们讲话的姿态及表情，既让我们看到了复苏和重生的希望，同时也使这部杰出的影片充满电影魅力。

《水俣病患者及其世界》（*Minamata: the Victims and Their World*, 1971）。这是一部里程碑式作品。作为一部纪录片，它第一次向世界宣告了"水俣病"的存在。20世纪50—60年代，日本经济高速增长所带来的公害问题在20世纪70年代已经广泛地被人们认知。其中，受害最深的是发生在九州水俣地区的，由于智索公司的有机汞泄漏而导致的污染事件。影片以29个家庭的患者为中心，描绘了他们的日常生活以及日益壮大的控告索赔运动。影片的解说由土本典昭本人担任。伴随着他冷静的叙述，观众所看到的，是患者在成为受害者之前，首先是渔民，是劳动者，是他们作为人的存在和他们的世界观。这部作品作为土本典昭的水俣系列的第一部，还标志着土本典昭的创作风格和趣

图 231 日本电影导演土本典昭

味,已经从构成主义向展现被摄者的世界观转换。除了第一届世界环境电影节大奖之外,这部作品还获得很多奖项。

《水俣日记》(Minamata Diary—Visiting Resurrected Souls,2004)。这是一部日记式作品。是土本夫妇在1995年,为了给《水俣·东京展》收集"水俣病"患者的遗像,而在水俣逗留一年期间利用业余时间拍摄的。2004年,土本典昭把自己1996年在现场录制的画外音加入其中,完成了这部作品。

土本典昭导演指出,《水俣日记》是一部反映了水俣之希望的电影,是20世纪90年代中期,为了收集"水俣病"患者的遗像而在水俣逗留一年期间的"影像日记"。

图 232 拍摄《水俣日记》的现场

4.3 史蒂夫·艾尔文

史蒂夫·艾尔文(Steve Irwin,1962—2006),是澳大利亚著名的动物保护主义者,参与了对濒临灭绝物种的保护。他把科学和商业表演融合在一起,素有"鳄鱼猎人"之称,他因在"探索"频道的节目而闻名世界。在许多人眼中,史蒂夫·艾

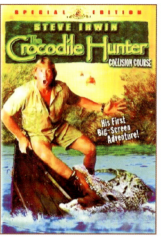

图233 "鳄鱼猎人"史蒂夫·艾尔文和《鳄鱼猎人日记》在洛杉矶影院首映式的海报

尔文是一位英雄,一位纪录片制作人,一位活跃在野生动物世界的摄影记者,一位传奇式的人物。他的勇敢无畏、渊博知识、无可阻挡的热情以及对动物无与伦比的爱心,早已深深扎进全世界艾尔文迷的心中,令他成为最受观众认同和欢迎的名人之一。

史蒂夫·艾尔文1962年2月22日生于澳大利亚墨尔本,幼年随父母移居昆士兰州。艾尔文的父母在位于比亚瓦的爬行动物馆的动物园工作。艾尔文自幼热爱野生动物,9岁时曾徒手捕到一条鳄鱼。1991年,他接管父亲留下的爬行动物园并将其更名为"澳大利亚动物园"。1992年,艾尔文摄制了他的第一集《鳄鱼猎人日记》,在澳大利亚首播。该片通过"探索"有线电视频道在全球播出后,艾尔文一举成名。到艾尔文去世时为止,《鳄鱼猎人日记》系列电视节目已播出46集,全球观众总数达2亿人。

2006年9月4日,当地时间上午11点,艾尔文在昆士兰州道格拉斯港附近的大堡礁水下拍摄《最危险的海洋生物》纪录片时,不幸被一条鳐鱼①尾部尖锐的毒刺刺中胸部,中毒身亡,年仅44岁。当时,艾尔文慢慢靠近这种尾部带刺的鳐鱼,接着游到它的上方。不料鳐鱼翘起了尾巴,用上面的尖刺猛扎艾尔文胸部,艾尔文的心脏当即被戳穿。这次拍摄的危险程度远不及他往日空手擒巨蟒、单人缚鳄鱼,但却成了他的"诀别之旅"。

9月20日,约5000名澳大利亚民众聚集在澳东北部昆士兰州的澳大利亚动物园,以歌声和眼泪悼念被鳐鱼刺死的"鳄

图234 史蒂夫·艾尔文(1.史蒂夫·艾尔文和妻子在拉斯维加斯表演空手擒巨蟒,2002年3月5日;2.刺伤艾尔文的有毒鳐鱼)

---

① 鳐鱼(魟鱼,刺鳐;俗称魔鬼鱼),身体扁平,略呈方形或椭圆形,长长的尾巴呈鞭状,带有尖锐的毒刺。一旦受到惊吓或被踩踏,尾部会伸展出25厘米长的锯齿状尖刺,用以防身。

鱼猎人"史蒂夫·艾尔文。悼念仪式长达1小时，在澳大利亚、美国及亚洲部分地区现场直播，估计全球有3亿观众收看。悼念仪式的主题是：他改变了我们的世界。澳大利亚歌手约翰·威廉森带领参加仪式的民众唱起艾尔文生前最喜爱的一些歌曲。艾尔文遗孀特丽和他们的两个孩子身穿艾尔文生前标志性的服装——卡其布短裤和衬衫出席了悼念仪式。

4.4 奥斯汀·史蒂文斯

奥斯汀·史蒂文斯（Austin Stevens，1950—　），南非爬虫两栖类动物学家、电影制作人和作家，以拍摄有关蛇的纪录片《奥斯汀·史蒂文斯：最致命的》而知名，人们称他为"南非的蛇人"。

图235　奥斯汀·史蒂文斯

奥斯汀·史蒂文斯于1950年5月19日出生在南非比勒陀利亚。12岁起，就对蛇产生了浓厚的兴趣。当完成学校学业的时候，他已经收集了世界各地奇异的、有毒的爬行动物类宠物，其中不乏世界上最珍奇且毒性致命的品种。

19岁时，史蒂文斯参军成为士兵，曾参加过南非和安哥拉的边境之战。在军队中，他负责清除毒蛇的工作。具体任务是辨识并引开毒蛇，先为同胞解除埋伏于大自然中的危机[①]。在军队里，他喜欢骑摩托车，养成了"我行我素"的性格，因为在1974年的世界摩托车比赛中发生事故，他放弃了摩托车事业，随后变得日益消沉。

战争结束退伍后，约翰内斯堡附近的德蓝斯瓦蛇园（Transvaal Snake Park）的主任聘请奥斯汀·史蒂文斯照顾园里的爬虫类动物。蛇园里的动物们点燃了他生活的激情，他在那里经过了六年艰苦的学习、实习和培训，成为一名爬行动物学家。之后，他走上了摄影师和电影制作人的道路。

史蒂文斯离开德蓝斯瓦蛇园之后，他去德国帮助一个动物园的建设，完成之后回到了非洲。为了拯救非洲大猩猩，他和36种最毒的、最危险的蛇待在笼子里107个昼夜，以取得社会公益动物保护基金。就在第96天，他被笼子里的一只眼镜蛇咬伤，人们认为他会离开笼子去治疗，但是他坚持不离开，所以只得在蛇群中接受治疗。尽管身体虚弱，但史蒂文斯最终完成了107天与毒蛇共处的创举，创造了吉尼斯世界纪录，从此蛇人奥斯汀·史蒂文

[①]　奥斯汀·史蒂文斯在安哥拉战争期间，他的任务是辨识并引开毒蛇，有一回，他从战壕中引出剧毒的蝰蛇（Viper）时，反被蝰蛇猛咬一口，这是奥斯汀·史蒂文斯第一次被蛇咬的惨痛经历。为了保住自己的性命，他忍痛和时间赛跑，穿越480千米长的敌军战区、经过1600千米的飞行，最后飞机紧急降落在医院，他昏迷了五天。医生们努力了三个月，极力救治他的手臂，才使他免受截肢之难。

斯成了知名的摄影家、爬虫学家及冒险家。奥斯汀·史蒂文斯还在完成了107天与毒蛇共处的经历之后，撰写了《蛇在我床上》（*Snakes in My Bed*）一书。

图236 蛇人奥斯汀（奥斯汀·史蒂文斯正在为纪录片拍摄）

附录1
《世界毒物全史》主要参考文献

中文：

阿子阿越.古代彝医史料琐谈[J].中华医史杂志,1994,24(4):229-232.

狄博斯.科学与历史[M].任定成,等译.石家庄：河北科学技术出版社,2000.

施洛瑟.大麻的疯狂：美国黑市中的性、毒品以及廉价劳工[M].王青山,译.北京：社会科学文献出版社,2006.

埃迪.澳大利亚煤层气发电项目[J].徐会军,译.中国煤层气,1997(1).

霍依特.蚂蚁帝国[M].李若溪,译.海口：海南出版社,2002：235.

迪尔凯姆.自杀论：社会学研究[M].冯韵文,译.北京：商务印书馆,1996：43-46.

布里特.瘟疫与苦难——人类历史对流行性疾病的影响[M].周娜,等译.北京：化学工业出版社,2008：186-198.

安磊,唐劲天,刘新民,等.龙葵抗肿瘤作用机制研究进展[J].中国中药杂志,2006,31(15):1225-1226.

安之冈.有毒有害物质明解事典[M].台北：台湾浩园文化出版社,1997.

ALTHOUSE R,等.化学物质与人类癌症[M].王汝宽,译.北京：人民卫生出版社,1983：31-64.

ARIENS E J,等.普通毒理学导论[M].吕伯钦,等译.北京：人民卫生出版社,1980.

兰伯特.现代医药中的错误[M].刘经棠,朱正芳,译.广州：广东科技出版社,1982.

马克苏拉克.废弃物处理：减少全球废弃物[M].杜承达,等译.北京：科学出版社,2011.

阿莫斯图.食品的历史[M].何舒平,译.北京：中信出版社,2005.

爱德华兹.惊魂劫[M].冯威,秦英,译.长沙：湖南科学技术出版社,2006：52-57.

白广禄,等.陕西省燃煤污染型砷中毒流行病学调查[J].中国地方病学杂志,2006(1).

白燕平.世界毒物学家学会第43届国际会议概述[J].刑事技术,2005(6).

白锋哲,伍宁丰.用生物酶解毒国人餐桌[N].农民日报,2004-02-26.

白耀宇.资源昆虫及其利用[M].重庆：西南师范大学出版社,2010：88.

詹姆斯,等.世界古代文明[M].北京：世界知识出版社,1999：374-375.

希雅德.蜘蛛[M].高云阁,译.沈阳：辽宁教育出版社,2000.

包刚.植物与巫术[J].大自然探索,2000(4):10-11.

步平.毒气战——追寻恶魔的踪迹[M].北京：中华书局,2005.

步平,等.日本侵华战争时期的化学战[M].北京：社会科学文献出版社,2004.

布拉德,等.兽医内科学[M].5版.

翟旭久，等译.北京：农业出版社，1984.

布封.自然史[M].北京：人民日报出版社，2009.

布思.鸦片史[M].任华梨，译.海口：海南出版社，1999.

崔友文.中国北部和西部重要饲料植物和毒害植物[M].北京：高等教育出版社，1959.

KLAASSEN C D.卡萨瑞特·道尔毒理学[M].黄吉武，周宗灿，等译.北京：人民卫生出版社，2005.

曹光荣，李绍君，段德贤，等.黄花棘豆有毒成分的分离与鉴定[J].西北农业大学学报，1989，17（3）：1-8.

曹光荣，李绍君，赵宝玉.中国疯草中吲哚兹定生物碱分析[J].动物毒物学，1990，5（1）：12-13.

曹光荣.黄花棘豆有毒成分的分离与鉴定［J］.西北农业大学学报，1989（4）.

曹光荣，王凯.醉马草中毒试验［J］.中国兽医科技，1991，21（9）：26-27.

曹茂林.植物生氰作用研究进展［J］.植物生理学通讯，1992（1）：68-72.

曹波.化石人类的口腔疾病[J].化石，1990（1）.

曹金鸿.怀念汤腾汉老师[J].军事医学科学院院报，1988-07-15.

蔡皓东.1937年磺胺酏剂（含二甘醇）事件及其重演[J].药物不良反应，2006，8（3）：217-220.

成宇.环境污染对生物进化有何影响？[J].百科知识，2005（18）.

陈善科，等.阿拉善盟荒漠草场毒草分布及其危害现状的调查[J].中国草地，1992（3）：60-62.

陈宁庆.实用生物毒素学[M].北京：中国科学技术出版社，2001.

陈道章.中国古代化学史[M].福州：福建科学技术出版社，2000.

陈新谦.阿片史话[J].中华医史杂志，1986，16（4）：238-242.

陈冀胜，郑硕.中国有毒植物[M].北京：科学出版社，1987.

陈冀胜.新形势下核化武器威胁不容忽视[N].科技日报，2000-12-06.

陈君石.食品毒理学的新进展［C］//第一届中国毒理学学术会议论文集.北京：[出版者不详]，1993：41-45.

陈君石."入世"后毒理学面临的挑战[J].中国毒理学通讯，2004，8（1）：1-2.

陈君石.食物过敏：一个值得关注的毒理学研究领域[J].中国毒理学通讯，2013，17（4）：3-4.

陈重明，陈迎晖.烟草的历史[J].中国野生植物资源，2001，20（5）：30-33.

陈重明，等.民族植物与文化[M].南京：东南大学出版社，2004.

陈声明，等.生态保护与生物修复[M].北京：科学出版社，2008.

陈远聪，袁士龙.毒素的研究与利用[M].北京：科学出版社，1988.

陈竹丹，叶常青.核与如何应对辐射恐怖[M].北京：科学出版社，2006.

陈育人.毒物杂学事典[M].台北：牛顿出版社，1986.

陈怀涛.动物疾病诊断病理学[M].北京：中国农业出版社，1995.

陈宁庆.实用生物毒素学[M].北京：中国科学技术出版社，2010：5-6.

陈永祥，等.日本河豚鱼管理概况[J].中国卫生监督杂志，2011（4）.

陈金印，张华安，丁志山.我国蛇类

养殖业发展的现状与思考[J].蛇志,2011(2).

陈贝帝.中国吸毒调查[M].北京:新华出版社,2006.

陈贝蒂.毒女人[M].北京:中华工商联合出版社,2004.

陈自强,汪根盛,梁友信.我国神经行为毒理学研究概况与进展[J].卫生毒理学杂志,1999,13(4).

陈大明.近五年毒理学研究机构的研究论文产出比较[J].生物科技快报,2014(10):8-14.

陈荣悌,赵广华.化学污染——破坏环境的元凶[M].北京:清华大学出版社,2002:19.

陈志强.大医精诚——记中国蚂蚁王吴志成[N].江南时报,2000-05-08.

财团法人水俣病中心相思社,水俣病历史考证馆.图解水俣病[M].戴一宁,译.东京:旭印刷株式会社,2010:78.

常敏毅.夏威夷土人的毒箭[N].健康之友,1987-01-25.

陈梦雷,等.古今图书集成·医部全录[M].北京:人民卫生出版社,1963.

巢元方.诸病源候论校释[M].南京中医学院校释.北京:人民卫生出版社,1982.

蔡玉梅,张晓玲,张文新.英国战略环境影响评价进展与启示[J].广东土地科学,2006(6).

蔡志基.药物依赖性和毒品问题的发展动向.[C]//第一届中国毒理学学术会议论文集.北京:[出版者不详],1993:33-37.

蔡宏道.现代环境卫生学[M].北京:人民卫生出版社,1995:88-94.

蔡志基.近期世界毒品形势及所造成的严重危害[J].中国药物依赖性杂志,2004,13(2):81-87.

柴田承二,等.生物活性天然物质[M].杨本文,译.北京:人民卫生出版社,1984.

大木幸介.有毒物质与健康[M].阎树新,等译.北京:化学工业出版社,2000.

邓延陆.公害致死第一人[N].中国环境报,2007-04-13.

邓启耀.中国巫蛊考察[M].上海:上海文艺出版社,1999:340-340.

邓冲雨.谈谈蛇的药用价值及临床利用[J].蛇志,1995(3):26-27.

丁伯良.动物中毒病理学[M].北京:中国农业出版社,1996.

丁伯良.近年来国内畜禽中毒概况[J].动物毒物学,1987(1):8-10.

丁邦平.HPS教育与科学课程改革[J].比较教育研究,2000(6).

杜新安,曹务青.生物恐怖的应对与处置[M].北京:人民军医出版社,2005.

杜勇.明清时期中国人对吸烟与健康关系的认识[J].中华医史杂志,2000,30(3):148-150.

杜理.世界邪教信徒集体自杀事件[J].中国环境报(地球村),2000(3):22.

杜国平.通过方寸认识核电[J].集邮,2007(8):40-41.

杜石然,等.中国科学技术史稿[M].北京:科学出版社,1982.

杜晓阳.中医药学与医学地理学[J].中华医史杂志,1985,15(3):135-139.

杜祥琬.反爆炸、生物、化学、核与辐射恐怖活动科普丛书[M].北京:中国科学出版社,2006.

杜新忠. 实用戒毒医学[M]. 北京：人民卫生出版社，2007.

杜祖健. 中毒学概论——毒的科学[M]. 何东英，译. 台北：艺轩图书出版社，2003.

杜祖健. 化学恐怖主义：东京地铁和松本市恐怖事件[M]. 奥尔金公司，2000.

杜秀菊，杜秀云. 毒蕈毒素及其应用[J]. 安徽农业科学，2010，38（13）：7172-7174.

杜永锋. 孜孜不倦、精益求精、鞠躬尽瘁、播洒真情——缅怀我国著名职业病专家张基美教授[C]//毒理学史研究文集，2010（9）.

段胜武，等. 世界重大失误[M]. 北京：中国展望出版社，1990：212-213.

多纳森夫妇. 他们是怎么去的[M]. 陈苍多，译. 台北：新雨出版社，2000.

党晓鹏，曹光荣，李绍君，等. 醉马草有毒成分研究[J]. 畜牧兽医学报，1992，23（4）.

董亮，等. 羊美丽马醉木中毒的毒理学研究：美丽马醉木的毒性[J]. 中国兽医科技，1991，21（8）：3-5.

董维武. 美国矿山安全与健康发展趋势[J]. 中国煤炭，2007，33（11）：84-86.

董金皋，李树正. 植物病原菌毒素研究进展：第1卷[M]. 北京：中国科学技术出版社，1997.

德内拉·梅多斯，兰德斯，丹尼斯·梅多斯. 增长的极限[M]. 李涛，王智勇，译. 北京：机械工业出版社，2013.

杜博斯. 只有一个地球[M]. 北京：石油化学工业出版社，1974.

段玉裁. 说文解字注[M]. 上海：上海古籍出版社，1981.

恩格斯. 自然辩证法[M]. 中共中央马克思恩格斯列宁斯大林著作编译局，译. 北京：人民出版社，1971.

恩格斯. 英国工人阶级的状况[M]. 北京：人民出版社，1956.

反应停：五十年恩怨[N]. 南方周末，2001-10-19.

房柱. 蜂疗概论[J]. 蜜蜂杂志，1991（3）：36-38；（4）：20-21；（5）：28-29.

房柱. 蜂毒的研究与医药应用[M]. 中国养蜂学会，1986：113-120.

房广才. 一氧化碳中毒[M]. 北京：军事医学科学出版社，2001.

樊璞，吴治礼，王继玉，等. 耕牛钼中毒的研究初报[J]. 江西农业大学学报，1981（1）.

樊泽峰，王建军，赵宝玉，等. 内蒙古阿拉善盟草原疯草危害调查[J]. 中国草地学报，2006（2）：56-59.

樊西惊，雷周印. 无公害植物杀虫剂[M]. 西安：西北大学出版社，1994.

冯涛. 康熙字典[M]. 现代版. 北京：九州图书出版社，1998.

冯泽光，邹方凯，伍仪雍. 牛地方性血尿症（Bovine Enzootic Haematuria）研究Ⅰ：27例血尿牛的病理解剖与病理组织学观察[J]. 畜牧兽医学报，1981（3）.

冯丽荣. 论古代文献中的蛊毒及治蛊之术——以西南地区云南省为例[J]. 西安社会科学，2009，27（3）：195-197.

冯宗炜. 酸雨对生态系统的影响[M]. 北京：中国科学技术出版社，1993.

冯泽光，张鸣谦，等. 牛栎树叶中毒研究报告[J]. 畜牧兽医学报，1981（1）：1-8.

冯剑丰，曲阳，等. 基于CBR的智能

赤潮预测预警系统研究[J].海洋技术，2005（2）．

付开镜.毒药与魏晋南北朝政治斗争和矛盾处理的关系[J].湖北大学学报：哲学社会科学版，2006，33（6）．

付立杰.现代毒理学及其应用[M].上海：上海科学技术出版社，2001：3-4.

符福渊，周德武.国际禁毒总动员：联大第二十次特别会议展望[N].人民日报，1998-06-09.

傅桃生.环境应急与典型案例[M].北京：中国环境科学出版社，2006：60-66.

富象乾，等.中国北部天然草场有毒植物综述[J].中国草原与牧草，1985（3）：40-49.

方来华，吴宗之，康荣学.欧洲国家安全生产监督管理及对我国的启示[J].工业安全与环保，2010（8）．

方晓阳，陶晓葵."蒙汗药"一词新释[J].中华医史杂志，2001，31（4）：210-212.

高建.与鄂西巨猿共生的南方古猿牙齿化石[J].古脊椎动物与古人类，1975（2）．

高俊民，等.猪饱潲瘟的试验研究[J].中国兽医杂志，1958（5）：169.

高春媛.中医医案发展简史[J].中华医史杂志，1987，17（4）：207.

高学敏，顾慰萍.中医戒毒辑要[M].北京：人民卫生出版社，1997.

高中枢.世界十大核事故[N].北京科技报，1986-07-12.

高巨星，等.喜树叶中主要有毒成分及其对山羊毒性的研究[J].西北农业大学学报，1990（3）：35.

高映新，孙锦业，陶传江，等.管毒理学学科发展研究报告[M]//中国科学技术协会，中国毒理学会.毒理学学科发展报告.北京：中国科学技术出版社，2011：179.

高希武，韩召军，邱星辉，等.昆虫毒理学发展与展望[J].昆虫知识，2010（3）．

广东省农林水科学技术服务站经济作物队.南方主要有毒植物[M].北京：科学出版社，1970.

工业毒物学编写组.工业毒理学：下册[M].上海：上海人民出版社，1977.

龚诒芬.人体内放射性核素污染的医学实践[M].北京：军事医学科学出版社，2004.

龚纯.毒物在我国古代军事上的应用[J].中华医史杂志，1995，25（4）：216-218.

巩爱岐.青海草地害鼠害虫毒草研究与防治[M].西宁：青海人民出版社，2004.

古贺守.葡萄酒的世界史[M].汪平，译.天津：百花文艺出版社，2007.

关宏梅，孙晓莹，等.谈《烟草专卖法》[J].中国烟草，1991（9）．

顾国达，张纯.世界蜂业经济与蜂产品贸易[M].北京：中国农业科学技术出版社，2005.

顾学箕.中国医学百科全书·毒理学[M].上海：上海科学技术出版社，1982.

顾学箕.卫生毒理学的任务与发展[J].工业卫生与职业病，1986（4）．

顾祖维.我国毒理学的回顾与展望[J].上海预防医学，2004（6）．

顾祖维.关于我国化学毒物的职业卫生标准制定的若干意见[J].毒理学杂志，2005，19（3）：327-328.

顾祖维.现代毒理学概论[M].北京:化学工业出版社,2004.

宫本三七郎.家畜有毒植物学[M].罗伏根,译.南京:畜牧兽医图书出版社,1953.

龟井利明.危险管理论[M].李松操,译.北京:中国金融出版社,1988.

郭情.青绿饲料的中毒问题[J].青饲料,1983(2):1-8.

郭季.血淋淋的教训:世界邪教信徒自杀事件[N].中国国防报,2000-01-17.

郭思.千金宝要[M].张世英,编注.西安:三秦出版社,1993.

郭文场,刘颖.几种危害牲畜的毒草[J].生命世界,1977(2):25-27.

郭晓庄.有毒中草药大词典[M].天津:天津科技翻译出版社,1992.

盖特莱.尼古丁女郎——烟草的文化史[M].沙淘金,李丹,译.上海:上海人民出版社,2004.

韩驰.中国食品毒理学的现状与发展[J].中国食品卫生杂志,2003,15(6).

韩其荣,等.应用C型肉毒梭菌毒素灭鼠试验报告[J].中国草地,1997(3):69.

韩康信,等.江苏邳县大墩子石器时代人骨的研究[J].考古学报,1974(2).

韩康信,等.大墩子和王因新石器时代人类颌骨的异常变形[J].考古,1980(2).

韩显阳.禁酒:俄罗斯的沉重话题[N].光明日报,2005-01-21.

汉斯利安.化学战争通论[M].曾昭抡,等译.南京:国立编译馆,1935.

华斌.萨尔瓦多发生假酒案[N].健康报,2000-11-16.

华惠伦,李世俊,邱莲卿,等.动植物致毒及防治[M].上海:上海人民出版社,1985.

何大愚,等.紫茎泽兰防治研究进展[J].生态学进展,1988,5(3):163-168.

何方.应用生态学[M].北京:科学出版社,2003:455.

郝懿行.爾雅義疏[M].上海:上海古籍出版社,1983.

郝赤勇.中国警察与国际条约[M].北京:群众出版社,1996.

郝近大.对烟草传人及药用历史的考证[J].中华医史杂志,1987,17(4):225.

郝保华,康兴军.论"神农赏百草,一日而遇七十毒"内涵[J].中国医学史杂志,2002,32(4):218-221.

郝瑞庭,赖辉亮.环宇危情——来自地球的报复[M].北京:世界图书出版社,1999.

黄健.《诸病源候论》对中国古代精神病学发展的贡献[J].中华医史杂志,1994,24(4):207-210.

黄晖.论衡校释[M].台北:台湾商务印书馆,1983.

黄荣福,张志恒,高巨星,等.西藏阿里地区高寒草原毒害植物冰川棘豆的危害及防除[J].动物毒物学,1998(13):17-21.

黄文魁,张振杰.瑞香科狼毒中的双二氢黄酮——狼毒素(Chamaejasmine)的结构[J].兰州大学学报,1977(4):50-54.

黄吉武.毒理学词典[M].北京:科学出版社,2006.

KLAASSEN C D.毒理学:毒物的基

础科学[M].黄吉武,周宗灿,等译.北京:人民卫生出版社,2005.

黄瑞亭.法医青天——林几法医生涯录[M].北京:世界图书出版社,1995.

黄先纬.种子毒物[M].西安:陕西科学技术出版社,1986.

黄志宏,等.山羊实验性映山红中毒[J].动物毒物学,1988(1):11-13.

黄维义.法国兽医教育情况简介[J].中国兽医杂志,1994(4):53-55.

黄文诚.世界养蜂史[M]//中国农业百科全书:养蜂卷.北京:农业出版社,1993.

环境保护部国际合作司.控制和减少持久性有机污染物:《斯德哥尔摩公约》谈判履约十二年(1998—2010)[M].北京:中国环境科学出版社,2010.

杭炳森,沈元祺.环境故事百则[M].北京:中国环境科学出版社,1998.

洪玲玉.希腊神话中的植物世界[J].读书报告,1996(6).

洪子鹍,等.山黧豆(BOAA)的毒性研究[J].动物毒物学,1988(5):10-18.

胡承志.云南发现的猿人牙齿化石[J].地质学报,1973(1).

贺锡雯,吕京.我国生化与分子毒理研究概况[J].卫生毒理学杂志,2000,14(2).

贺锡雯.生化与分子毒理学研究进展[C]//第一届中国毒理学学术会议论文集.北京:[出版者不详],1993:16-19.

霍奇.铀、钍、超钚元素实验毒理学手册:钚分册[M].北京:原子能出版社,1984.

霍奇森.现代毒理学教程[M].江桂斌,译.北京:科学出版社,2011.

霍仲厚,等.百年医学科技进展[M].北京:人民军医出版社,2005.

候芳,苗佳,等.临床毒理学科发展报告[J].北京:中国毒理学通讯,2011,15(2):1-6.

郇庆治.欧洲绿党研究[M].济南:山东人民出版社,2000.

霍奇森,格恩里.生化毒理学导论[M].伯饮,等译.北京:人民卫生出版社,1987:141.

BARRETT J R.甲基汞毒性研究的历史[J].环境与健康展望,2011,119(3):34.

贾静涛.中国古代法医学史[M].北京:群众出版社,1984.

贾静涛.世界法医学与法科学史[M].北京:科学出版社,2000.

贾兰坡.中国猿人及其文化[M].北京:中华书局,1964.

贾兰坡.中国在陆上的远古居民[M].天津:天津人民出版社,1978.

贾兰坡,等.阳高许家窑旧石器时代文化遗址[J].考古学报,1976(2).

夏世钧.农药毒理学[M].北京:化学工业出版社,2008.

姜生,汤伟侠.中国道教科学技术史:汉魏两晋卷[M].北京:科学出版社,2002.

江河.人的左右手的奥秘[J].半月选读,2008(10).

江泉观.基础毒理学[M].北京:化学工业出版社,1991.

江泉观.英汉毒理学词典[M].北京:化学工业出版社,1995.

江苏新医学学院.中药大辞典[M].上海:上海科学技术出版社,1986.

嵇联晋,等.中国的毒蛇[M].上海:

上海科学技术出版社，1965.

纪刚，叶常青.巴西戈亚尼亚（137）Cs源事故[J].国外医学（放射医学核医学分册），1992（6）.

纪学仁.化学战史[M].北京：军事译文出版社，1991.

金磊.现代化学毒物灾害不容忽视[J].世界科学，1996（3）.

金银龙，等.中国地方性砷中毒分布调查（总报告）[J].卫生研究，2003（6）.

金果林，德永健.中外防治水污染立法的演进历程[J].中国人大，2007（17）：25-27.

金子桐，吕继贵.罪与罚·危害公共安全的理论与实践[M].上海：上海社会科学院出版社，1991.

辛普逊.法医学[M].王永年，译.北京：法律出版社，1987.

角田广.真菌毒素图解[M].孟昭赫，等译.北京：人民卫生出版社，1983.

钠什.最黑暗的时刻——世界灾难大全[M].北京：商务印书馆，1998.

泰勒，等.职业安全与健康[M].樊运晓，译.北京：化学工业出版社，2008.

居乃琥.黄曲霉毒素[M].北京：轻工业出版社，1980.

蒋建平.肯尼亚假酒害人令人瞠目[J].中国防伪，2001（1）.

蒋三俊.斑蝥生物防治竹蝗一举多益[J].特种经济动植物，2005（9）.

吉尔曼，等.吸烟史：对吸烟的文化解读[M].汪方挺，高妙永，唐红，等译.北京：九州出版社出版，2008.

卡缅科夫.切尔诺贝利之痛纪念文集[M].白俄罗斯"切尔诺贝利残疾人"协会，2011.

西尔吉.人类与垃圾的历史[M].刘跃进，魏红荣，译.天津：百花文艺出版社，2005.

卡逊.寂静的春天[M].北京：化工出版社，1962.

克拉克，等.兽医毒物学[M].王建元，史志诚，等译.西安：陕西科学技术出版社，1984.

庞迁.绿色世界史：环境与伟大文明的衰落[M].王毅，张学广，译.上海：上海人民出版社，2002.

克莱门.劝勉希腊人[M].王来法，译.北京：生活·读书·新知三联书店，2002.

布克，诺斯.谁在制造世界恐慌[M].许亮，译.北京：北京理工大学出版，2013.

康磊.两伊战争：二战后最惨烈的化学战[J].环球军事，2004（17）.

康佐文，时凯，黄国章.立止血的研制历史及其应用概况[J].蛇志，2000，12（4）：62-64.

孔垂华，胡飞.植物化感（相生相克）作用及其应用[M].北京：中国农业出版社，2001.

纽曼.毒是双刃剑：量大是毒，量小是药[J].华夏人文地理，2005（5）.

克鲁格.烟草的命运：美国烟草业百年争斗史[M].徐再荣，等译.海口：海南出版社，2000.

昆西.瘾君子自白[M].刘重德，译.长沙：湖南人民出版社，1988.

拉德凯维奇.兽医毒物学[M].解放军兽医大学，译.长春：长春解放军兽医大学，1957.

雷祖玉，汪傲，宋家祥，等.银合欢对山羊的毒性和尿中毒性物质DHP的含量测定[J].中国草地,1989,10(5):29-32.

廖慧敏,吴超,李孜军."三阶段法"应对灾害毒理学事件[J].科技导报,2009,27(15).

李敖.李敖文集[M].呼和浩特:内蒙古人民出版社,2002.

李冀,扬蕾.中药毒性三辨[J].中国医药学报,2003(31):21.

李晶.美国禁酒[M]//老照片:第2集.济南:山东画报出版社,1996:82-84.

李朋.二十世纪化、生、核战争[M].哈尔滨:黑龙江人民出版社,1994.

李玲.从荒野描写到毒物描写:美国环境文学的两个维度[M].北京:北京理工大学出版社,2013.

李原,黄资慧.20世纪灾祸志[M].福州:福建教育出版社,1992.

李山.科学家发现环境酸化使铝成为有毒元素[N].中国环境报,1986-07-26.

李毅.1939年日本总领事馆集体中毒事件[J].文史春秋,2005(10).

李家泰.临床毒理学与药物评价[C]//第一届中国毒理学学术会议论文集.北京:[出版者不详],1993:28-32.

李伟格,于炎湖,汪徽,等.饲料毒理学简介[C]//第一届中国毒理学学术会议论文集.北京:[出版者不详],1993:38-40.

李春生.试论放射卫生防护中的安全文化问题[J].中华放射医学与防护杂志,1998(2).

李勉民.奇闻怪事录[M].香港:读者文摘远东有限公司,1989.

李晓丽,等.毒性中药及其应用[J].山东中医药大学学报,1997,1(21):21-25.

李学森,张学洲,顾祥,等.醉马草有毒物质与其内生真菌的关系[J].草食家畜学报,1998(4):44-46.

李珍华,周作楫.汉字古今音表[M].修订本.北京:中华书局,1999:26.

李树正.化学生态学与新农药研究——围绕植物病原菌毒素[J].农药译丛,1997(2).

李广生.地方性氟中毒发病机制[M].香港:科学出版社,2004.

李志平.历史上的炭疽热研究与细菌战[J].中华医史杂志,2002,32(1).

李经纬,林昭庚.中国医学通史.古代卷[M].北京:人民卫生出版社,2000.

李祚煌,关亚农,杨桂云,等.醉马草(小花棘豆)中毒的调查和有毒成分的分析[J].内蒙古畜牧兽医,1978(1):1-18.

李建科.家畜黄花棘豆、甘肃棘豆中毒的调查研究初报[J].中国兽医科技,1987(5).

李建科.黄花棘豆的化学防除[J].中国草原,1988(3):8-11.

李祚煌.家畜中毒及毒物检验[M].北京:农业出版社,1994.

李毓义,杨宜林.动物普通病学[M].长春:吉林科学技术出版社,1994.

李勤凡,王建华.冰川棘豆生长的生态环境特点[J].家畜生态,2004,25(1):41-44.

李勤凡,王建华,耿果霞,等.冰川棘豆对家兔的毒性研究[J].畜牧兽医学报,2004,35(6).

李三强,龙晶.家畜钼中毒研究简史浅述[J].动物毒物学,1977,12(1):6-7.

李永祺，孙军. 赤潮危害在扩大[N]. 人民日报, 1999-12-14.

李万瑶. 蜂针疗法[M]. 北京：人民卫生出版社, 2003.

李少一, 刘旭. 干戈春秋——中国古代兵器史话[M]. 北京：中国展望出版社, 1985：225-252.

李士骏. 电离辐射剂量学[M]. 北京：原子能出版社, 1981.

李德平，潘自强. 辐射防护手册[M]. 北京：原子能出版社, 1987.

李焕德. 解毒药物治疗学[M]. 北京：人民卫生出版社, 2001.

李时珍. 本草纲目：上册[M]. 北京：人民卫生出版社, 1982.

李春元. 千古之谜——世界文化史500疑案[M]. 郑州：中州古籍出版社, 1996.

李奇林, 田育红. 急性中毒事件应急救援探讨[J]. 岭南急诊医学杂志, 2007, 12（2）.

李保江. 世界各国烟草专卖体制演变趋势分析[R]//国家烟草专卖局经济研究所《调查研究报告》, 2010（11）.

李保江. 专卖、竞争与烟草发展：真实世界的烟草经济学[M]. 上海：上海远东出版社, 2009.

李妍妍, 王胜强. 德国化学天才哈伯——毒气弹魔鬼[N]. 中国国防报, 2006-02-28.

李约瑟. 中国科学技术史：第一卷总论[M]. 北京：科学出版社, 1973：76-79.

葛兰农, 等. 科技与巫幻[M]. 余吉孝, 译. 北京：中国友谊出版社, 2008：186.

梁宏, 贾司光. 航天毒理学面临的挑战及其对策[J]. 中华航空航天医学杂志, 2001（2）.

梁宏军. 土豆这样改变世界[J]. 大自然探索, 2012（3）.

廖延雄. 炭疽邮件——发生于美国的恐怖主义事件[J]. 畜牧与兽医, 2003, 35（7）.

凌志. 灭顶之灾——20世纪大灾难[M]. 上海：学林出版社, 2002.

刘虹. 控制烟草消费的税收政策研究[M]. 广州：中山大学出版社, 2009.

刘耀, 徐婉. 法医毒物分析化学的发展[J]. 中国法医学杂志, 1986（2）.

刘耀. 法庭毒物学概述与进展[M]//周光召. 科技进步与学科发展. 北京：中国科学技术出版社, 1998.

刘萍. 德国毒理学家的培训[J]. 国外医学：医学教育分册, 1998（1）：35-38.

刘萍译. 李晓亮. 欧洲毒理学教育的协调. Regulatory Toxicology and Pharmacology, 1996（24）：197-201.

刘振, 吴以义. 早期人类的火：从天而降到走上神坛[J]. 科学, 2013, 65（1）：58.

刘培哲. 人类可持续生存与毒理学的发展[J]. 中国药理学与毒理学杂志, 1997, 11（2）：85-86.

刘苏雨. 烟草经济学研究动态[J]. 经济学动态, 2009（4）.

刘伦辉, 等. 紫茎泽兰在我国的分布、危害与防除途径的探讨[J]. 生态学报, 1985, 5（1）：1-6.

刘永隆, 等. 几种杜鹃属植物中的有效成分和有毒成分的分析[J]. 中草药通讯, 1978（4）：12-14.

刘镜湖. 饲喂青红树叶（榭树叶）引起黄牛中毒初步诊断报告[J]. 中国兽医杂志, 1958（5）.

刘玉瑛.我国劳动卫生与职业病的现状及发展战略[M]//国家自然科学基金委员会生命科学部.预防医学.北京：中国科学技术出版社，1994：87-88.

刘振江.昆虫食品的开发利用[J].世界农业，2005（11）：45-47.

刘岱岳，余传隆，刘鹊华.生物毒素开发与利用[M].北京：化学工业出版社，2007.

刘明慧.高粱的化学防卫武器[N].中国环境报，1995-08-10.

刘正刚，张家玉.清代台湾嚼食槟榔习俗探析[J].西北民族研究，2006（1）.

刘永纯.瘦狗症之史观及其诊治法的初步探讨[J].医史杂志，1947（6）.

刘海山，李玫.裁军与国际法[M].成都：四川人民出版社，1990：116-125.

刘士敬.辩证对待中药毒性[J].医学与哲学，2002（6）：253.

刘彦红，赵成正，赵苓.国外部分有关药物滥用期刊简述[J].中国药物依赖性通报，1995，4（1）：57-58.

刘国廉，樊飞跃，叶常青.我国放射毒理学研究概况及其发展动向[J].中华放射医学与防护杂志，2000（1）.

刘建卫，张庆庚.焦炉煤气生产甲醇技术进展及产业化现状[J].煤化工，2005（5）.

刘二中.技术发明史[M].北京：中国科学技术大学出版社，1998.

刘声东.中国蛇王[J].记者文学，1994（3）.

格伦农，等.黑色叙事[M].中国友谊出版社，2008：33.

格伦农，等.科技与巫幻[M].北京：中国友谊出版社，2008：83.

劳伦斯.水污染导论[M].余刚，张祖麟，等译.北京：科学出版社，2004.

罗钰.云南物质文化[M].昆明：云南教育出版社，1996：220-223.

玛格塔.医学的历史[M].太原：希望出版社，2003：86-88.

罗运炎.万有文库第二集七百种：毒品问题[M].上海：商务印书馆，1936.

罗圣庆.草酸的毒理学研究[J].国外医学卫生学分册，1995（5）：264-266.

罗布桑，恩和琪琪格，布和.《蒙药本草图鉴》中的茄科植物考证[J].中药材，1995，18（7）：366-367.

林德宏.科学思想史[M].南京：江苏科学技术出版社，1985.

林乾良.医学文字源流论（一）：论疾病[J].中华医史杂志，1984，14（4）：197-200.

林功铮.孙思邈医学思维规律探析[J].中华医史杂志，1989，19（2）：76-79.

林叔猛.日本人新宠：大型毒蜘蛛[N].解放日报，2000-03-13.

卢嘉锡，路甬祥.中国古代科学史纲[M].石家庄：河北科学技术出版社，1998.

卢琦华.生殖毒理学研究概况[C]//第一届中国毒理学学术会议论文集.北京：[出版者不详]，1993：72-77.

陆国才，袁伯俊.呼吸系统毒理学基础与临床[M].上海：第二军医大学出版社，2008.

陆启宏.巫师——人世间的魔鬼[M].上海：上海辞书出版社，2003：60-67.

陇县关山牧场生产组，陕西省畜牧兽医研究所.关山牧场大山分场马匹历年发生中毒性萎缩性肝硬变病的初步调查报告

[R]. 1972.

镰仓武富. 尿素肥料详说[M]. 北京：农业出版社, 1965: 13-14.

鲁长虎. 狩猎与水鸟铅中毒[J]. 大自然, 1993 (4): 22-23.

LAWS E A. 水污染导论[M]. 余刚, 张祖麟, 等译. 北京：科学出版社, 2004: 449-451.

拉尔夫, 等. 世界文明史：上卷[M]. 北京：商务印书馆, 1998: 15.

马静, 杨瑞馥, 张文福, 等. 美国炭疽事件的医学处置及启示[J]. 解放军预防医学杂志, 2004, 22 (6).

马建列, 白海燕. 入侵生物在中国农业上的危害现状[J]. 世界农业, 2004, (8): 46-49.

马继兴. 马王堆古医书考释[M]. 长沙：湖南科学技术出版社, 1992: 391-393.

马寿军, 李洪业, 王凯, 等. 生态系统控制工程对放牧羊群棘豆中毒的预防试验[J]. 动物医学进展, 2000 (3): 49-51.

马兴民. 中草药急性中毒与解救[M]. 西安：陕西人民出版社, 1977.

马丽霞. 酒后驾车及其相关法规[C]//毒理学史研究文集：第9集. 全国第三届毒理学史研讨会论文集. 2010: 43-46.

曼. 次生代谢作用[M]. 北京：科学出版社, 1983.

梅德维季. 新农药的卫生、毒理及中毒临床[M]. 张福瑞, 等译. 北京：人民卫生出版社, 1964: 1-5.

梅雪芹. 工业革命以来西方主要国家环境污染与治理的历史考察[J]. 世界历史, 2000 (6).

梅德维季. 新农药的卫生、毒理及中毒临床[M]. 张福瑞, 等译. 北京：人民卫生出版社, 1964.

孟紫强, 等. 二氧化硫生物学：毒理学、生理学、病理生理学[M]. 北京：科学出版社, 2012.

孟紫强. 环境毒理学[M]. 北京：中国环境科学出版社, 2000.

孟紫强. 生态毒理学原理与方法[M]. 北京：科学出版社, 2006.

孟紫强. 立足实际 展望未来 浅谈新世纪毒理学研究热点[J]. 中国毒理学通讯, 2004, 8 (3): 3-5.

孟昭赫. 真菌毒素研究进展[M]. 北京：人民卫生出版社, 1979.

孟庆波. 陕西省淳化县卜家公社城前头第三生产队羊瞎眼病调查和黄花菜根中毒试验初步报告[J]. 甘肃农业大学学报, 1977 (1): 1-4.

米村寿男. 论家畜中毒[J]. 日本兽医师会杂志, 1961, 14 (8): 334-339.

默丽. 核技术怎样改变我们的生活[N]. 科技日报, 1992-12-29.

木全章, 等. 植物致幻药[M]//香港科技大学生物技术研究所. 中药研究与开发综述. 北京：科学出版社, 2000: 176-192.

马斯托. 美国禁毒史：美国百年禁毒录[M]. 周云, 译. 北京：北京大学出版社, 1999.

麦戈伊. 文明的五个元[M]. 贾磊, 等译. 济南：山东画报出版社, 2004.

倪根金. 生物史与农史新探[M]. 台湾：万人出版社有限公司, 2005.

尼斯, 威廉斯. 我们为什么生病：达尔文医学的新科学[M]. 易凡, 禹宽平, 译. 长沙：湖南科学技术出版社, 1998.

倪有煌. 水牛白苏中毒研究初步报告

[J]. 中国兽医杂志, 1980 (1).

农业部畜牧兽医司. 中国动物疫病志[M]. 北京: 科学出版社, 1993.

麦克特. 吉尼斯世界纪录大全 (1955—1987) [M]. 王映桥, 等译. 成都: 四川科学技术出版社, 1988.

欧阳国顺. 航空毒理学研究现况和展望[J]. 解放军医学情报, 1994 (5).

裴文中, 等. 山西襄汾县丁村旧石器时代遗址发掘报告[M]. 北京: 科学出版社, 1959.

裴秋岭. 现代毒理学基础[M]. 2版. 北京: 中国协和医科大学出版社, 2008.

潘永祥. 自然科学发展简史[M]. 北京: 北京大学出版社, 1984.

潘其风, 韩康信. 中国新石器时代居民的体质特征[M]//中国大百科全书: 考古卷. 北京: 中国大百科全书出版社, 1986: 711-712.

庞秉璋. 有毒的鸟类[J]. 大自然, 1995 (3): 37.

庞应发. 管理毒理学一瞥[C]//第一届中国毒理学学术会议论文集. 北京: [出版者不详], 1993: 67-71.

蒲昭和. "蒙汗药"中的麻醉药——曼陀罗[J]. 大自然, 1998, 5 (33).

彭双清, 等. 禁止化学武器公约后国际防化医学研究动态及其对策[J]. 军事毒理学通讯, 1998 (1): 1-6.

丘山. 致幻和麻醉"神药"——曼陀罗[J]. 科学世界, 1994 (5): 36-37.

邱鸿钟. 医学与人类文化[M]. 广州: 广东高等教育出版社, 2004: 466.

邱行正, 张鸿钧. 实用畜禽中毒手册[M]. 成都: 四川大学出版社, 1996: 1047-1048.

青岛医学院病理教研组, 等. 英汉医学及生物学词素略语词典[M]. 北京: 科学出版社, 1978.

青岛医学院. 急性中毒[M]. 北京: 人民卫生出版社, 1976: 480.

乔赐彬, 薛彬, 龚诒芬. 免疫毒理学进展[C]//第一届中国毒理学学术会议论文集. 北京: [出版者不详], 1993: 51-54.

齐德生, 袁宗辉. 饲料微量元素添加剂的毒理学和公共卫生学[J]. 中国兽医学报, 1997 (6).

齐林. 烟草经济: 利益与健康的博弈[J]. 中国新时代, 2013 (2).

雅各布斯, 凯莉. 洛杉矶雾霾启示录[M]. 曹军骥, 等译. 上海: 上海科学技术出版社, 2014.

钱军. 美国农药管理处及美国农药管理法[J]. 河南农业, 1998 (7).

钱锐. 有毒动物及其毒素[M]. 昆明: 云南科技出版社, 1996.

曲阳. 日本的公害刑法与环境刑法[J]. 华东政法大学学报, 2005, 40 (3).

曲晓光. 毒品与经济[J]. 投资与理财, 2014.

任安芝, 高玉葆. 植物内生真菌: 一类应用前景广阔的资源微生物[J]. 微生物学通报, 2001 (2): 86.

任继周. 西北草原上的几种常见的毒草[J]. 畜牧与兽医, 1954 (2): 56.

日本化学战罪行研究课题组. 违反天理人道的日本化学战[N]. 人民日报, 2005-09-16.

日本环境厅地球环境经济研究会. 日本的公害教训——不考虑环境的经济带来的不经济后果[M]. 张坤民, 王伟, 译. 北京: 中国环境科学出版社, 1993.

荣杰, 路浩, 吴晨晨, 等. 美国有毒植物研究概况及其对畜牧业生产的影响

[J]．中国农业科学，2010，43（17）：3633-3644．

樱井弘．元素新发现[M]．修文复，译．北京：科学出版社，2008．

陕西省畜牧兽医总站．马能口服土霉素吗？——从一件中毒事件说起[M]//《科学普及文集》编辑小组．科学普及文集．西安：陕西人民出版社，1978：173-176．

陕西省农业厅．陕西省支援西藏阿里地区开展草原毒草调查与防除工作总结[J]．动物毒物学，2001，16（1）：12-15．

尚玉昌．动物行为学[M]．北京：北京大学出版社，2005．

史志诚．毒物简史[M]．北京：科学出版社，2012．

史志诚．动物毒物学[M]．北京：中国农业出版社，2001．

史志诚．草地有毒植物危害的生态控制[M]//陕西省生态学会．大西北生态环境论丛．北京：科学技术文献出版社，1991．

史志诚．植物毒素学[M]．杨凌：天则出版社，1991．

史志诚，等．中国草地重要有毒植物[M]．北京：中国农业出版社，1997．

史志诚．引进牧草品种值得注意的一个问题[J]．中国草原，1985（2）：70-72．

史志诚．生态毒理系统与生态工程的初步应用[J]．动物毒物学，1987，3（1）：1-5．

史志诚．植物毒素研究的新进展[J]．动物毒物学，1992（2）：1-3．

史志诚．开展毒物学史研究之我见[N]．光明日报，1995-04-01．

史志诚，王建华，丁伯良．英汉毒物学词汇[M]．西安：西北大学出版社，1995．

史志诚．当代世界50起重大毒性灾害初析[J]．灾害学，1995，10（2）：73-79．

史志诚．毒性灾害[M]．西安：陕西科学技术出版社，1996．

史志诚．中国草地的生态环境与毒草灾害[J]．动物毒物学，1996，11（2）：3-7．

史志诚．"毒"字探源[J]．动物毒物学，1997，12（1）：3-5．

史志诚．恐龙灭绝新假设：中毒说[J]．动物毒物学，2001，16（2）：45-46．

史志诚．对控烟策略的几点思考[C]//毒理学史研究文集：第1集．西安：西北大学生态毒理研究所，2002：12-14．

史志诚．谨防生活中的有毒物[M]．上海：上海教育出版社，2002．

史志诚，中岛环．日本的毒性灾害[J]．中国毒理学通讯，1999，3（2）：7-9．

史志诚．20世纪世界重大毒性灾害及其历史教训[J]．灾害学，2002，17（1）：76-81．

史志诚．外来有毒有害灌草入侵的历史教训[J]．西北大学学报，2003（33）（增刊）：14-16．

史志诚．《论衡·言毒篇》——杰出的毒物学论著[J]．动物毒物学，2003，18（1）：5-7．

史志诚．中国古代毒物学史研究进展[J]．西北大学学报，2003（33）（增刊）：89-95．

史志诚，王亚洲．中国西部草地有毒植物研究新进展[J]．中国生物防治，2004，（20）（增刊）：22 25．

史志诚．中国古代"毒"字及其相关词汇考[C]//毒理学史研究文集：第三集.西安：西北大学生态毒理研究所，2004：1-9.

史志诚.中国古代毒物学[J].科学，2005，57（3）：36-39.

史志诚.生态毒理学概论[M].北京：高等教育出版社，2005.

史志诚.《诗经》在有关毒物与中毒的记载[C]//毒理学史研究文集：第4集.西安：西北大学生态毒理研究所，2005：9-12.

史志诚.有毒生物灾害及其防治史[M]//王子今.趣味考据.昆明：云南人民出版社，2007：541-545.

史志诚.毒箭与箭毒[C]//毒理学史研究文集：第7集.西安：西北大学生态毒理研究所，2007：13-16.

史志诚.20世纪世界毒性灾害大事记[J].陕西环境，2006，特刊：128-133.

史志诚.世界重大毒性灾害典型案例分析[C]//毒理学史研究文集：第6集.西安：西北大学生态毒理研究所，2006：1-23.

史志诚.21世纪毒物与中毒咨询业[J].中国毒理学通讯，1999，3（3）：1-3.

史志诚.牛栎树叶中毒的发病机理的研究[J].畜牧兽医学报，1988（增刊）（1）.

史志诚.中外戒酒小史[C]//毒理学史研究文集：第7集.西安：西北大学生态毒理研究所，2007：33-35.

史志诚.陕甘宁边区禁毒史料[M].西安：陕西人民出版社，2008.

史志诚，张永亮，吴保恒.林则徐在陕西[M].西安：陕西旅游出版社，2008.

史志诚.中国现代毒理学的形成与发展[J].中国毒理学通讯，2008，12（2）：9-15.

史志诚，樊志民.有毒植物胁迫与农耕兴起[J].西北大学学报：自然科学版，2009，39（2）：246-250.

沈菲，王洪礼，等.知识发现在赤潮预测预警系统研究中的应用[J].海洋技术学报，2003（2）.

沈君彩，区淑仪，沈婉玲.浅谈药物与毒物的相互转化[J].医学与哲学：a，1984（1）.

沈尔安.洋地黄与爱情的故事[J].医药世界，2001（4）.

沈阳市疾病控制中心，宋钰.美国食物中毒诊断与处理[M].沈阳：沈阳出版社，2004.

上海医学科学技术情报研究站.食物中毒——嗜盐菌感染专辑（1964）[C].上海：上海市科技编译馆，1964：110-115.

宋华琳.美国药品规制的肇始——1906年纯食品和药品法的形成史[J].中国处方药，2007（1）.

宋庆军，毛杰武.海洋生物毒素学[M].北京：科学技术出版社，1996.

宋兆麟.从彝族对野蜂的利用看人类由食蜂到养蜂的发展[J].中国农史，1982（1）：76-78.

宋兆麟，黎家芳，杜耀西.中国原始农业史[M].北京：文物出版社，1983：24-25.

宋之琪.地胆、斑蝥在我国古代的医疗应用及其考证[J].中华医史杂志，1989，19（2）：107-110.

宋知行.中医药性学说发展简史[J].中华医史杂志，1983，13（3）：129-132.

宋晓平，曹光荣.瑞香狼毒的研究概况[J].中兽医医药杂志，1995（增刊）：38-40.

宋晓平，曹光荣.瑞香狼毒中异狼毒素的提取分离及结构鉴定[J].中兽医医药杂志，1995（增刊）：2-4.

宋大仁.原始社会的卫生文化[J].中华医史杂志，1955（3）：186.

宋钰.美国食物中毒诊断与处理[M].沈阳：沈阳出版社，2004，20.

宋海啸.阿富汗毒品经济：历史、作用与成因[J].南亚研究，2010（3）.

宋宏宇，王捷，许吉花.农药的毒理学安全评价[J].农药，2000（4）.

宋兴安，土锡昌，陶宁萍，等.日本河鲀食用安全监管有关法规条例简介[J].水产科技情报，2011（2）.

闪淳昌.大力发展应急产业[J].中国应急管理，2011（3）.

孙铁珩，等.污染生态学[M].北京：科学出版社，2001.

孙启明.李时珍对《证类本草》蛤蟆条的综合治理[J].中华医史杂志，1991，21（3）：150-152.

孙书钦，葛鹏举，肖春国，等.国内外防鼠药剂的发展[J].辽宁化工，1998，27（6）：301-303.

孙承业.国外中毒与中毒控制中心的发展状况[J].职业卫生与应急救援，1999，17（4）：178-180.

孙殿军.中国地方病病情与防治进展[J].疾病控制杂志，2002，6（2）：98.

孙殿军.地方病学[M].北京：人民卫生出版社，2011.

孙占昌.二氧化碳干洗技术将取代有毒的溶媒[N].中国环境报，1996-04-04.

孙垂华，胡飞.植物化感作用（相生相克）及其应用[M].北京：中国农业出版社，2001.

孙友富，等.动物毒素与有害植物[M].北京：化学工业出版社，2000：81.

孙思邈.海上方[M].张世英，辑注.西安：三秦出版社，1994.

善杨."生命的窃贼"——铝[N].北京科技报，1984-09-07.

苏和.蒙古族名医察哈尔格西罗布桑苏勒和木[J].中华医史杂志，1989，19（1）：52-53.

苏畅.台湾油症事件[N].中国环境报，2006-09-01.

苏畅.滴滴涕与诺贝尔奖[N].中国环境报，2007-01-05.

苏秉琦.关于仰韶文化的若干问题[J].考古学报，1965（1）.

苏智良.中国毒品史[M].上海：上海人民出版社，1997.

苏智良.中国古代的鸦片与罂粟种植[C]//毒理学史研究文集：第2集.西安：西北大学生态毒理研究所，2003.

隋鹏程.中国矿山灾害[M].长沙：湖南人民出版社，1998.

邵靖宇.汉族祖源试说[M].杭州：浙江大学出版社，2001.

苏联制订有毒物质生物安全水平的方法[C]//世界卫生组织会议论文集.北京：人民卫生出版社，1979.

塞利纳斯.医学地质学：自然环境对公共健康的影响[M].北京：科学出版社，2009.

松柏.一场完全可以避免的灾难[J].民防苑，2008（3）：18-19.

松本恒隆，等.身边的化学现象——日本化学家的探索[M].北京：科学普及出版社，1984：20-23.

松村高大，金平茂纪.希尔报告——美国方面关于731细菌部队人体实验的报告[J].三田学会杂志，1991，84：2.

SIZILO G. 日本的放射突发事件医学应急[J]. 付杰, 雷翠萍, 译. 辐射与健康通讯, 2010 (169).

STIX G. 镇痛的毒素[J]. 刘衡, 译. 科学美国人（中文版）, 2005, 6: 69-73.

斯切潘诺夫. 法化学[M]. 胡廷熹, 等译. 4版. 北京: 人民卫生出版社, 1958.

田晨. 美国的农药管理体系[J]. 新安全, 2002 (2).

田东奎. 明清律典中的巫术犯罪[J]. 唐都学刊, 2005, 21 (1): 89-92.

田明祥. 国内外杀鼠剂研制的回顾与展望[J]. 辽宁化工, 1999, 28 (1): 25-27.

泰勒. 原始文化[M]. 上海: 上海文艺出版社, 1992.

泰恩斯, 哈莱. 临床毒理学[M]. 谭炳德, 等译. 上海: 上海科学技术出版社, 1959: 1-2.

谈宇文. 《五十二病方》蛇伤方药简析[J]. 中华医史杂志, 1999 (4): 227-229.

谈希里, 刘光琼, 武玲. 毒菇活性物质利用价值的研究进展[J]. 中国食用菌, 1993, 12 (4): 29-31.

涂玉儿, 费晖. 各国禁毒之法律规定[N]. 人民法院报, 2012-06-29.

屠豫钦. 论农药的宏观毒理学[J]. 农药学报, 2004, 6 (1): 1-10.

覃公平. 中国毒蛇学[M]. 桂林: 广西科学技术出版社, 1995: 19-21.

谭毓治. 药物毒理学[M]. 北京: 科学出版社, 2010.

谭见安. 中国的医学地理研究[M]. 北京: 中国医药科技出版社, 1994.

谭远友, 王建华, 李勤凡, 等. 冰川棘豆的急性毒性部位筛选[J]. 武汉科技学院学报, 2001 (14): 1-4.

谭远友, 王建华, 李勤凡, 等. 西藏阿里地区冰川棘豆（Oxytropis glacialis）毒性生物碱的鉴定[J]. 中国兽医学报, 2002 (22): 595-596.

谭有金, 等. 化学灾害与救援[M]. 北京: 解放军出版社, 2004.

唐炯. 二叠纪生物大灭绝时间精确测定[J]. 科学, 2012, 64 (1): 56.

唐桂香, 伊长荣. 饮酒与飞行[J]. 军事毒理学通讯, 1997 (2): 7-8.

唐志炯. 唐宋的医事律令[J]. 医学史与保健组织, 1958 (4): 305-309.

陶培根. 美国历史上的禁酒运动[J]. 美国研究参考资料, 1991 (9): 33-39.

天乐, 谷丰. 各国货币上的动物故事[M]. 北京: 长虹出版公司, 2003.

TEDTIA S P S, 等. 印度地方性氟中毒: 一个威胁国民健康的问题[J]. 樊继援, 译. 地方病译丛, 1985 (2): 53-57.

托瓦尔德. 外国著名毒杀案——检毒工作百年史[M]. 方未之, 译. 北京: 群众出版社, 1986.

托瓦尔德. 19—20世纪西方要案侦破纪实[M]. 流水, 高山, 译. 北京: 中国人民公安大学出版社, 1987.

亭布瑞. 毒物魅影[M]. 庄胜雄, 译. 桂林: 广西师范大学出版社, 2007.

万芳. "蒙汗药"音义一解[J]. 中华医史杂志, 1997, 27 (4): 228-230.

万芳, 等. 酒病与解酒考略[J]. 中华医史杂志, 1994, 24 (4): 203-206.

万斌. 基因组学与毒理学的交叉发展: 毒理基因组学介绍[J]. 中国毒理学通讯, 2010, 14 (3): 12.

晚霞. 恐龙灭绝有新说[N]. 大众科技报, 1999-10-17.

王迅.腾蛇乘雾[M].北京：社会科学文献出版社，1998：168.

王勇，等.中国世界图腾文化[M].北京：时事出版社，2007.

王俊峰，冯玉龙，梁红柱.紫茎泽兰光合特性对生长环境光强的适应[J].应用生态学报，2004，8（15）：1373-1377.

王凯，曹光荣，段德贤，等.黄花棘豆对奶山羊的毒性研究[J].畜牧兽医学报，1990，21（1）：80-85.

王凯.家畜疯草中毒[J].青海畜牧兽医杂志，1989（2）：38-41.

王凯，莫重辉，赵宝玉，等."棘防E号"预防绵羊甘肃棘豆中毒[J].畜牧与兽医，1999，31（3）：31-32.

王凯，莫重辉，包广旗，等.青海省托勒牧场棘豆中毒调查与防制[J].动物医学进展，2002（5）：97-98.

王宁.圭亚那阿迈金矿尾矿坝垮塌事故分析[J].世界采矿快报，1997（5）.

王辰.魔法植物[J].博物，2006（12）.

王焱.白俄罗斯发行纪念切尔诺贝利核事故25周年邮票[J].集邮，2011（6）.

王华.聪明的科学家 盲目的爱国者——记德国化学家哈伯[J].环球，1984（11）.

王晔.要命的食物中毒[J].新世纪周刊，2009（7）.

王颋.宋元光明代美食"河鲀"传考[M]//倪根金.生物史与农史新探.台北：万人出版社有限公司，2005：29.

王玉玲.治理醉马草的一条成功办法[J].内蒙古畜牧业，1990（1）.

王玉民.钚的毒理学及促排序法研究进展（1967—1972年文献综述）[M].北京：原子能出版社，1974.

王怀隐.太平圣惠方[M].北京：人民卫生出版社，1982.

王焘.外台秘要[M].高文铸，校注.北京：华夏出版社，1993.

王赛时.中国古代河豚鱼考察[J].古今农业，2001（3）：63-70.

王敦清.《本草纲目》中几种会致人死命的节肢动物[J].中华医史杂志，1985，15（2）：122-124.

王育学.《山海经》医药记载[J].中华医史杂志，1985，15（3）：192-193.

土范之.从山海经的药物使用来看先秦时代的疾病情况[J].医学史与保健组织，1957（3）：187-192.

王永祥，等.耕牛映山红中毒十九例[J].中国兽医杂志，1985（7）：23.

王全军，吴纯启，廖明阳.药物毒理学研究新进展[J].中国毒理学通讯，2007，11（4）：13-16.

王簃兰.劳动卫生学进展[M].北京：人民卫生出版社，1983.

王洪章，段得贤.家畜中毒学[M].北京：农业出版社，1985.

王建元，薛登民，张琼谣，等.陕西陇县关山牧场幼驹"肝病"初报[J].西北农学院学报，1980（2）：105-106.

王建华.不同种萱草根的毒性研究[J].西北农学院学报，1981（2）.

王建华，杨金祥.萱草属有毒植物的研究[J].西北植物学报，1993（3）：316-321.

王建华.动物中毒病及毒理学[M].杨凌：天则出版社，1993

王建华，段得贤.萱草属不同种植物根的毒性研究[J].西北农学院学报，1982（2）：89-103.

王建华.饲料毒理学研究进展[C]//

第二届全国饲料毒物与抗营养因子学术研讨会论文集. 1995：37-46.

王建华，谭远友，李勤凡，等. 冰川棘豆的成分及毒性研究初报[J]. 动物毒物学，1998（13）：27-33.

王淑洁. 农药毒理学的研究现状[C]//第一届中国毒理学学术会议论文集. 1993：7-11.

王晴川，刘广芬. 生物毒素研究概况[C]. 北京：第一届中国毒理学学术会议论文集，1993：20-27.

王宝锟. 全球核能利用 机遇挑战并存[N]. 经济日报，2007-10-27.

王纪潮. 中国古代巫、毒关系之演变——战国秦汉简帛材料中有关毒的人类学观察[C]//毒理学史研究文集：第2集. 西安：西北大学生态毒理研究所，2003：10-18.

王心如. 毒理学基础[M]. 4版. 北京：人民卫生出版社，2006.

王心如. 中国毒理学会科普活动简况[C]//中国毒理学会成立十五周年纪念册. 2008：45-48.

王心如. 我国毒理学教育的发展[C]//中国毒理学会成立十五周年纪念册. 2008：41-45.

王正兴. 毒品控制与替代发展[J]. 科技导报，1999（6）：59-61.

王全军，等. 药物毒理学研究新进展[J]. 中国毒理学通讯，2007，11（4）：13-16.

王海花. 沙尘暴细颗粒物的化学成分及其毒理学研究[J]. 环境卫生学杂志，2011（5）.

王汉斌，黄韶清. 一起日本遗弃化武——芥子气中毒事件医学应急救援概况. [D]//全国第二届毒理学史与突发中毒事件处理研讨会论文集. 西安：[出版者不详]，2014：1-2.

王智宽. 20世纪的药物灾难[J]. 广东科技，1997（12）：12.

王树军. 阿富汗的鸦片王[J]. 环球人物，2009（4）.

王秀华. 日本细菌战犯元凶石井四郎逃脱国际审判揭秘[N]. 档案大观，2005-09-09.

王华夫，李微微. 蜂产品饮食文化史[J]. 农业考古，2007（4）.

王东京. 工业文明的代价[N]. 学习时报，2013-11-04.

王建新. 论古代文献中的蛊[J]. 中医文献杂志，2004（4）：13-16.

王一方. 林几与中国现代法医学的发端[J]. 中国社会科学报，2013（449）.

王穆兰，顾学箕. 深切悼念著名毒理学家夏元洵教授[J]. 环境与职业医学，2003（4）.

王樟龄. 美国1984—1994年硫化氢中毒死亡分析[J]. 安全、环境和健康，2001，1（2）：14.

王荣耀. 中华蝎王金振喜[J]. 销售与市场，1994（10）.

王慧君，王桂秀. HPS教育及对我国科学教育改革的启示[J]. 河南职业技术师范学院学报，2008（3）.

王子今. 趣味考据[M]. 昆明：云南人民出版社，2007.

王旭东，孟庆龙. 世界瘟疫史[M]. 北京：中国社会科学出版社，2005：205.

外山敏夫，香川顺. 在烟雾中生活[M]. 北京：燃料化学工业出版社，1973.

文裁缝. 历史密码Ⅲ：千古之谜终结解读[M]. 北京：新世界出版社，2009.

文礼章. 食用昆虫研究进展[C]//中

国昆虫学会资源昆虫专业委员会. 食用、饲用昆虫利用与发展研讨会论文集. [出版地不详], 1998: 2-3.

WEINHOLD B. 不断完善的毒物报告制度[J]. 环境与健康展望（中文版）, 2010 (3).

汪昭贤. 兽医真菌学[M]. 杨凌: 西北农林科技大学出版社, 2005.

吴浩, 袁伯俊. 毒理学新技术与发展趋势[J]. 中国新药杂志, 2000 (6).

吴宏. 美国禁酒的启示[M]//老照片: 第3集. 济南: 山东画报出版社, 1997.

吴茂霖, 等. 贵州桐梓发现的古人类化石及其文化遗物[J]. 古脊椎动物与人类, 1975 (1).

吴晔, 等. 肃毒战争[M]. 西安: 华岳文艺出版社, 1989: 227-249.

吴德昌. 毒理学的过去、现在和未来[C]//第一届中国毒理学学术会议论文集. 北京: [出版者不详], 1993: 1-6.

吴德昌, 叶常青. 迎接21世纪毒理学的新发展[J]. 中国毒理学通讯, 1997, 1 (1): 2-3.

吴志成. 中国蚂蚁疗法[M]. 北京: 人民军医出版社, 2003.

吴再丰. 细说箭毒[J]. 自然与人, 2001 (1): 12-13.

吴中亮, 等. 毒理学辞典[M]. 武汉: 湖北科学技术出版社, 2005.

吴永魁, 张锦霞. 国外毒素战剂防护研究概况[J]. 动物毒物学, 2003 (1).

吴永魁. 茄科有毒植物应用发展简史[C]//毒理学史研究文集: 第3集. 西安: 西北大学生物毒理研究所, 2004: 16-21.

吴福星, 李郑林, 朱美艳. 蚂蚁的应用研究现状及进展[J]. 云南中医中药杂志, 2006 (4).

邬锦文. 药物治病还是致病[J]. 百科知识, 1983 (8): 70-73.

武宝成. 西藏的黄芪属有毒植物及其防除[J]. 中国草地, 1988 (5): 22-23.

威克斯勒. 毒理学百科[M]. 北京: 科学出版社, 2007.

威克斯勒. 毒理学百科[M]. 北京: 科学出版社, 2007.

维勒纳夫. 百年灾变[M]. 海口: 海南出版社, 1999.

香港科技大学生物技术研究所. 中药研究与看法综述[M]. 北京: 科学出版社, 2000.

肖安. "女儿村"与镉污染[N]. 西安晚报, 1990-09-23.

肖智. 恐龙灭绝原因有新解[N]. 中国科学报, 1990-07-13.

肖培根. 绿色药库的开发利用[M]. 上海: 上海教育出版社, 1998: 362-387.

萧树华, 等. 萱草根的研究 I 萱草根的毒性、炮制及解毒药的研究[J]. 药学学报, 1962, 9 (4): 208-216.

萧致治. 论1838—1840年的反鸦片斗争[J]. 武汉大学学报, 1990 (3).

薛彬. 我国免疫毒理学现况及展望[J]. 卫生毒理学杂志, 2000, 14 (1).

薛愚. 中国药学史料[M]. 北京: 人民卫生出版社, 1984.

薛超雄. 钩吻蜂蜜引起中毒[J]. 中国蜂业, 2008, 59 (2): 30.

徐光启. 农政全书: 上册[M]. 陈焕良, 罗文华, 校注. 岳麓书社, 2002: 416.

徐斌. 二十世纪震惊世界的十大毒枭[M]. 哈尔滨: 黑龙江人民出版社, 1998: 217-244.

徐建国. 毒力岛和细菌毒力的进化

[J]．中华微生物学和免疫学杂志，1999，19（2）．

徐世杰．灵药与魔药[M]．东京：旺文社，2003．

徐厚恩，等．卫生毒理学基础[M]．北京：中医古籍出版社，1988：137-151．

徐冠军，李建洪．生物农药与农业可持续发展战略[J]．化工之友，2006，（10）．

徐铮奎．生物毒素类新药开发新进展[J]．化工文摘，2002，（2）：43．

许乐仁，温伦季．牛的蕨中毒与蕨的致癌性[J]．兽医科技杂志，1979（3）：14-19．

许乐仁．蕨和与蕨相关的动物病[M]．贵阳：贵州科技出版社，1993．

西北农学院畜牧兽医系，延安农校，等．陕北"羊瞎眼病"：小黄花菜（Hminor Mall）根中毒的调查研究[J]．科技资料，1977（1/2）：43-48．

西尔吉．人类与垃圾的历史[M]．刘跃进，魏红荣，译．天津：百花文艺出版社，2005．

西沃卡．肥皂剧、性和香烟——美国广告200年经典范例[M]．周向民，田力男，译．北京：光明日报出版社，2001．

谢占武，史志诚，洪子鹂．家畜常见中毒病的检验[M]．北京：农业出版社，1982．

夏治强．反核化生爆恐怖：威胁·防范·处置[M]．北京：化学工业出版社，2010．

夏文江．兽医毒理学的现状与展望[C]//第一届中国毒理学学术会议论文集．北京：[出版者不详]，1993：78-81．

夏世钧，吴中亮．分子毒理学基础[M]．武汉：湖北科学技术出版社，2001．

夏国美，杨秀石，等．新型毒品滥用的成因与后果[J]．社会科学，2009（3）．

夏治强．化学武器兴衰史话[M]．北京：化学工业出版社，2008．

冼波．烟毒的历史[M]．北京：中国文史出版社，2005．

辛克莱．屠场[M]．孟繁强，译．合肥：安徽人民出版社，2013．

小海斯．农药毒理学[M]．冯致英，王穆兰，黄幸纾，等译．北京：化学工业出版社，1982．

小海斯．农药毒理学各论[M]．陈炎磐，夏世钧，译．北京：化学工业出版社，1990．

杨言．世界5000年神秘总集[M]．北京：西苑出版社，2000．

杨敏．钒的毒理学[J]．工业卫生与职业病，1980（3）：49-51．

杨飞，乔海东．雍正禁毒：拟绞监候[J]．文史博览，2012（2）．

杨勇，杨世民．中国、欧盟、日本的药用植物种植规范比较[J]．中国药业，2005（4）．

杨高创，毛雪瑛．用中子活化法研究鸡蛋中铱的含量与富铱饲料的关系[J]．核技术，2000（10）．

杨清蓉，陈子满，李平．韩国大邱市管道煤气爆炸事故的启示[J]．煤气与热力，1996（1）．

杨京德．火山爆发让恐龙灭绝[N]．华商报，2007-11-19．

杨宝龙，单镇．中药炮制解毒去毒机理[J]．山西中医，2006（6）．

杨仓良．毒药本草[M]．北京：中国中医药出版社，1993．

杨国辅，杨莉．世界法律奇闻百科全书[M]．成都：四川文艺出版社，1988．

杨志文.世界百名元首秘闻韵事[M].北京：解放军出版社，1988：129-130.

杨士钰.蜡梅叶主要生物碱的分离与鉴定[J].动物毒物学，1990（1）：24-28.

杨玉龄，罗时成.台湾蛇毒传奇[M].台北：天下文化出版股份有限公司，1996.

杨立中，方伟峰，邓志华，等.火灾中的烟气毒性研究[J].火灾科学，2001（1）.

咏梅.解开史前大浩劫之谜[J].民防苑，2000（2）：22-23.

姚武，吴逸明，等.我国免疫毒理学的研究进展及展望[J].中国毒理学通讯，2009，13（2）：13-15.

袁庆明，杨钦.公害的法经济学分析[J].江西科技师范学院学报，2007（3）.

闫会心，王生平.治理污染的经济学分析[N].人民日报，2003-11-05.

岩佐茂.环境的思想[M].韩立新，张桂权，刘荣华，译.北京：中央编译出版社，1997：126-127.

野本贞夫.牛的硝酸盐中毒[J].于炎湖，译.畜牧兽医文摘，1978（4）：7-10.

冶金工业部编译组.冶金工业污染及其防治[M].北京：石油化工出版社，1975.

颜词.西夏候新石器时代人骨的研究报告[J].考古学报，1973（2）.

易厚生，等.耕牛闹羊花中毒的研究：毒素的提取、分离和鉴定[J].兽医科技杂志，1984（4）：27.

殷浩文.生态风险评价[M].上海：华东理工大学出版社，2001.

于船，史志诚.中国古代毒物学与畜禽中毒病的防治知识[J].动物毒物学，1986，1（1）：1-4.

于兆英，徐养鹏，杨金祥.优良牧草及有毒植物[M].西安：陕西科学技术出版社，1984.

于炎湖.饲料毒物学附毒物分析[M].北京：农业出版社，1992.

于炎湖.对开展饲料毒理学研究的浅见[J].中国毒理学通讯，1998，2（2）：1-3.

于荣敏，李铣，朱延儒.小花棘豆毒性生物碱的研究[J].沈阳药学院学报，1989，6（1）：65-66.

于守洋.食品毒理学[M].北京：中医古籍出版社，1988：260-261.

于振田.醉马草的防治及开发利用[J].新疆畜牧业，1993（4）：20-25.

游修龄.中国蝗灾历史和治蝗观[J].寻根，2002（4）.

游战洪.肯尼迪总统的科学顾问威斯纳[J].科学，2012，64（1）：49-53.

尹松年，李桂兰.我国苯中毒研究半个世纪的回顾与展望[J].中华劳动卫生职业病杂志，1999，17（4）.

余刚，等.持久性有机污染物——新的全球性环境问题[M].北京：科学出版社，2005：1-9.

余秉良.航天毒理学研究回顾与展望[J].卫生毒理学杂志，1999，13（3）.

余秉良.航天毒理学的研究概况[J].解放军医学情报，1994，8（5）：245-247.

余子明，向英.中国古代惩禁毒物犯罪立法[C]//毒理学史研究文集：第2集.西安：西北大学生物毒理研究所，2003：41-46.

俞为洁.有毒植物的食用历史[J].农业考古，2007（4）：194-198.

袁越.寂静的春天不寂静[J].三联生

活周刊，2007（23）：106-111.

袁越. 磷的问题[J]. 三联生活周刊，2011（32）.

袁越. 马兜铃与肾病[J]. 三联生活周刊，2012（6）：146.

袁慧，等. 耕牛闹羊花中毒71例的研究报告[J]. 兽医科技杂志，1984（3）：7.

袁伯俊. 新药评价基础[M]. 上海：第二军医大学出版社，2002.

袁庭栋. 中国吸烟史话[M]. 北京：商务印书馆国际有限公司，1995：142-143.

印木泉. 危险度评价受毒理学家们关注[J]. 中国毒理学通讯，2001，5（3）：11.

印木泉. 遗传毒理学展望[J]. 中国毒理学通讯，1997，1（1）：2-3.

印木泉. 遗传毒理学[M]. 北京：科学出版社，2004：8-9.

印木泉. 遗传毒理学的兴起与发展[C]//第一届中国毒理学学术会议论文集. 北京：[出版者不详]，1993：46-50.

叶峤. 万有文库：毒物[M]. 上海：商务印书馆，1930.

叶常青. 放射毒理学研究的回顾与展望[C]//第一届中国毒理学学术会议论文集. 北京：[出版者不详]，1993：63-66.

叶常青，任天山，喻名德. 核试验环境辐射与人类健康[M]. 北京：国防工业出版社，2009.

叶永茂. 进入21世纪的国际食品法典（综述）[J]. 上海医药情报研究，2004（4）.

叶舒宪，等. 山海经的文化寻踪[M]. 武汉：湖北人民出版社，2004.

约翰逊. 酒的故事[M]. 李旭大，译. 西安：陕西师范大学出版社，2004.

约翰逊. 葡萄酒的故事[M]. 李旭大，译. 西安：陕西师范大学出版社，2005.

扎库金斯基，等. 放射性同位素毒理学手册[M]. 闫效珊，译. 北京：中国工业出版社，1965.

张机. 金匮要略方论[M]. 北京：人民卫生出版社，1973：81-90.

张婷. 孟加拉国几乎全民中毒[N]. 中国环境报（地球村），2000-10-18.

张文，凌殷红. 从根子上禁绝毒品——我国采取多种手段帮境外烟农转产[N]. 中国青年报，2002-06-26.

张箭. 吃蜘蛛与食鸟卵[J]. 农业考古，2002(1)：262-263.

张晶. HPS（科学史、科学哲学和科学社会学）：一种新的科学教育范式[J]. 自然辩证法研究，2008，24（9）：83-86.

张忠. 回忆我的父亲张基美[C]//毒理学史研究文集：第9集. 西安：西北大学生物毒理研究所，2010：41-42.

张宝真. 军事毒理学现关及发展概况[C]//第一届中国毒理学学术会议论文集. 北京：[出版者不详]，1993：55-62.

张金鼎. 龙门石刻药方[M]. 济南：山东科技出版社，1991.

张天宝. 毒理学的挑战、机遇和发展趋势[J]. 卫生毒理学杂志，2003，17（1）：2-3.

张又栋. 书法字海[M]. 北京：新时代出版社，1994.

张振万. 陕西棘豆属的种类、生活型及其地理分布[J]. 西北植物学报，1986，6（3）：182-191.

张生民，高其栋，侯德慧，等. 甘肃棘豆中毒[J]. 畜牧兽医学报，1981，12（3）：145-148.

张慰丰. 医药的起源[J]. 中华医史杂

志，2000，30（1）：48-51.

张贤德.震惊全美的勒甫河悲剧［J］.环境，1980（2）.

张承道.我国关于职业病的最早文献记载［J］.医学史与保健组织，1958（2）：146.

张兴乾，等.医藏医药的发展概况［J］.中华医史杂志，1987，17（4）：221.

张景勇，等.无铅汽油：为了地球上的生命［N］.经济日报，1997-06-11.

张宗栋.蒙汗药初探［J］.中华医史杂志，1996，26（2）：84-86.

张宗炳.昆虫毒理学的新进展［M］.北京：北京大学出版社，1982.

张延玲，隆仁.世界通史［M］.海口：南方出版社，2000.

冯涛.康熙字典［M］.现代版.北京：九州出版社，1998.

张友杰，朱子清.醉马草化学成分的研究［J］.高等学校化学学报，1982（3）：150-152.

张田勘.适应毒物的进化［J］.世界科学，2005（5）.

张丽萍，张妙仙.环境灾害学［M］.北京：科学出版社，2008.

张贤亮.怪麻子有毒成分及其对猪毒性的研究［J］.中国兽医科技，1985（7）.

张忠义.韩国发生煤气爆炸［N］.人民日报，1995-04-29.

张作发，王文江，严俊，等.用2,4-D丁酯防除狼毒的试验研究［J］.中国草地，1992（4）：71.

张鲁豫.赤湖——令海水色变［J］.中国减灾报，1998（10）：27.

张建华，倪培德.蓖麻饼粕毒性成分分析及去毒的研究［J］.中国油脂，1996（4）：22-24.

张树棠，等.乳牛慢性氟中毒病的治疗［J］.中国兽医杂志，1988，14（10）：18-19.

张春芳.防毒面具史话［J］.生命与灾祸，1996（3）：29.

张勤丽.纳米毒理学：一个新兴的毒理学研究领域［J］.中国毒理学通讯，2010，14（3）：13.

张明谦，冯泽光.乳牛蕨类植物"P. aquilinum"中毒［J］.畜牧兽医学报，1964（7）：69-78.

张晓迪，海春旭.吸入毒理学学科发展概况［C］//毒理学史研究文集：第11集.西安：西北大学生物毒理研究所，2012：25-26.

张国昌.煤矿瓦斯发电技术综述［J］.车用发动机，2008（5）.

张晨皓.发明摇头丸的科学家——舒尔金［J］.现代班组，2014（7）.

张维平.评《日本的公害教训》一书［N］.中国环境报，1994-01-20.

张富丽，宁红，张敏.毒蕈的毒素及毒蕈的开发利用［J］.云南农业大学学报，2004，19（3）：21-34.

张红凤，于维英，刘蕾.美国职业安全与健康规制变迁、绩效及借鉴［J］.经济理论与经济管理，2008（2）.

张碧霞，陈仁文.应用富硒玉米喂猪引起硒中毒的病理学形态变化［J］.中国兽医杂志，1986，12（7）：19-21.

张世英.药王孙思邈：古代毒理学的开拓者［C］//毒理学史研究文集：第4集.西安：西北大学生物毒理研究所，2005：15-17.

赵善欢.昆虫毒理学的发展方向［J］.中国农业科学，1962（3）：1-9.

赵伯阳.日本镉毒理研究现况［J］.中

华劳动卫生职业病杂志，1983（4）.

赵福庚，等.植物逆境生理生态学[M].北京：化学工业出版社，2004：50.

赵华清，殷浩文，陈晓倩，等.发光细菌检测环境污染物中的基因毒性[J].应用与环境生物学，2000（6）.

赵超英，姜允申.神经系统毒理学[M].北京：北京大学医学出版社，2009：5-6.

赵普干，刘晓平.茋菪类成分药物临床应用发展简史[J].中华医史杂志，1999，29（1）：46-47.

赵绘宇，姜琴琴.美国环境影响评价制度40年纵览及评介[J].当代法学，2010（1）.

赵古麟.孙思邈千金方研究[M].西安：陕西科技出版社，1995.

赵净修.东巴象形文常用字词译注[M].昆明：云南人民出版社，1995.

赵天从.重金属冶金学：下册[M].北京：冶金工业出版社，1981.

赵宝玉，童德文，葛鹏斌，等.我国西部草原疯草危害调查[J].中国草地，2003（4）：65-68.

赵宝玉.我国黄芪属主要有毒植物及其危害[J].中国兽医杂志，1994（4）：15-16.

赵宝玉，樊月圆，樊泽峰，等.我国西部草原疯草危害及其动物中毒病的控制[J].草食家畜，2006（1）：12-15.

郑明东.焦炉煤气制甲醇技术的发展[J].燃料与化工，2008（3）.

郑明高，徐忠贤，等.奶牛蕨叶中毒症的观察[J].兽医科学，1976（2）：27-30.

郑明高.奶牛蕨中毒的实验性诱发与治疗[J].中国兽医杂志，1986（12）：1-17.

郑天一，徐斌.烟文化[M].北京：中国社会科学出版社，1992.

郑文光，席泽宗.中国历史上的宇宙理论[M].北京：人民出版社，1975.

郑怀林.秦汉时期风俗习尚与医药文化[J].中华医史杂志，1994，24（2）：111-114.

郑宝山，等.地方性氟中毒及工业氟污染研究[M].北京：中国环境科学出版社，1992.

郑文琦.现代行为毒理学要旨[C]//中国毒理学会第二届全国学术会议论文集.西安：[出版者不详]，1997：77-84.

郑一民.神医扁鹊的故事[M].北京：新华出版社，1985.

郑绵平，孔维刚，等.地球同火星蒸发岩沉积的对比[J].高校地质学报，2014（2）.

郑甦春.比利时查出二噁英污染来源[N].中国环境报，1999-06-24.

周来.拒绝含铅汽油[N].中国环境报，1997-11-22.

周宗灿，付立杰.现代毒理学简明教程[M].北京：军事医学科学出版社，2012.

周启星，孔繁祥，朱琳.生态毒理学[M].北京：科学出版社，2004.

周启星，罗义，王美娥.抗生素的环境残留、生态毒性及抗性基因污染[J].生态毒理学报，2007（3）.

周益新，张芙蓉.五石散之治疗作用及毒副作用刍义[J].中华医史杂志，1999，29(4)：230-232.

周秀达.我国古代职业病史初探[J].中华医史杂志，1988，18（1）：13-15.

周海虹.中药：有毒无毒理论浅析

[J].时珍国医国药,2001(9).

周志俊,金锡鹏.世界重大灾害事件记事[M].上海:复旦大学出版社,2004.

周炯亮.美国金属毒理学的研究近况[J].工业卫生与职业病,1982,8(4):224-227.

周炯亮.为了21世纪的化学安全——第八届国际毒理学大会动态[J].中国毒理学通讯,1999,3(1):1-2.

周平坤.推动中国毒理学改革,向现代化科技团体迈进[J].中国毒理学通讯,2003,7(1):1-4.

周海钧.药品注册的国际技术要求2007:质量部分[M].北京:人民卫生出版社,2007.

周海钧.药品注册的国际技术要求2007:安全性部分[M].北京:人民卫生出版社,2007.

周海钧.药品注册的国际技术要求2007:临床部分[M].北京:人民卫生出版社,2007.

周大成.中国口腔医学史考[M].北京:人民卫生出版社,1991.

周大成.河南广武镇新石器时代人骨的口腔情况[J].中华口腔科杂志,1959,7(5).

周新华.蝎和蝎毒[J].大自然,1983(2):27.

周一妍.专访英国前首席科学顾问戴维·金爵士[J].外滩画报,2009.

邹康南,杨效镛,等.羊北萱草中毒(瞎眼病)的研究[J].甘南科技,1980(1):1-12.

邹康南,杨效镛,等.羊北萱草(H. esculenta Koidz)根中毒(瞎眼病的研究)[J].甘南科技,1981(1):1-12.

最高人民检察院《刑事犯罪案例丛书》编委会.刑事犯罪案例丛书[M].北京:中国检察出版社,1992.

竺乃恺.分析毒理学的现状与展望[C]//第一届中国毒理学学术会议论文集.北京:[出版者不详],1993:12-15.

钟赣生,颜正华.宋金元时期药性理论主要成就初探[J].中华医史杂志,1989,19(3):163-169.

甄志亚.中国医学史[M].上海:上海科技出版社,1990:15.

庄山.药害事件从混乱到有序[J].三联生活周刊,2002(5).

庄之模.生命世界漫笔[M].北京:科技文献出版社,1982.

庄志雄.靶器官毒理学[M].北京:化学工业出版社,2006.

朱晶.中国食品中农药残留监督与限量史略[J].科学,2006,58(4):51-54.

朱永平.谨防奶牛蕨中毒[J].上海畜牧兽医通讯,1987(1):32.

朱亚峰.中药中成药解毒手册[M].北京:人民军医出版社,1997:57-68.

朱济普,霍玉福,白广禄,等.陕西省地方性氟中毒普查结果报告[J].陕西地方性通讯,1990(2):1-4.

朱克纯.无公害水稻研究与金属毒理学效应[J].自然科学进展,1994(1).

朱宣人,马永驰.毒草病理学[J].甘肃畜牧兽医,1984(增刊).

朱蓓蕾.动物毒理学[M].上海:上海科学出版社,1989.

朱茂祥.放射毒理学的过去、现在和未来[J].中国毒理学通讯,2006,10(4):1-4.

朱寿彭,李章.放射毒理学[M].苏州:苏州大学出版社,2004.

中国预防医学科学院,等.1996年全

国吸烟行为的流行病学调查[M].北京：中国科学技术出版社，1997：141.

中国医学百科全书编辑委员会.中国医学百科全书[M].北京：中国科学技术出版社，1982.

中国科学院植物研究所.中国高等植物图鉴[M].北京：科学出版社，1972-1974.

中国医学科学院劳动卫生及职业病研究所，药物研究所.野生植物的营养与毒性[M].北京：人民卫生出版社，1961.

中国社会科学院考古研究所.新中国的考古发现和研究[M].北京：文物出版社，1984.

中共中央马克思恩格斯列宁斯大林著作编译局.马克思恩格斯选集：第3卷[M].北京：人民出版社，1995.

中国农业百科全书编辑部.中国农业百科全书：养蜂卷[M].北京：农业出版社，1993.

中国预防医学科学院卫生研究所.毒理学基础与进展[M]，1986：183-184.

扎克斯.西方文明的另类历史[M].海口：海南出版社，2002：74-77.

外文：

LEE A G, The chemistry of thallium[M]. Amsterdam：Elsevier，1971.

ABILAY T A. Leucaena studies on mammalian growth and reproduction. Laguna：Uni versity of the Philippines at Los Banos，1980.

ALLEN J W, LIANG J C, CARRANO A W, et al. Review of literature on chemical induced aneuploidy in mammalian germ cells[M]. Mut Res，1986，167：123-137.

ANDREW W M D, ROSEN W. From chocolate to morphine[M]. New York：Houghton Mifflin Company，1993.

ANTHONY T TU. Chemical terrorism：horrors in Tokyo subway and Matsumoto City[M]. Fort Collins：Alaken Inc，2002.

AZANZA R V, TAYLOR F J. Are pyrodinium blooms in the Southeast Asian region recurring and spreading? A view at the end of the millennium[J]. Ambio，2001，30（6）.

SITARAMAYYA A. Signal transduction：pathways, mechanisms and diseases[M]. New York：Springer，2010.

ARNI P, ASHBY J, CATLLINO S, et al. Assesment of the potential germ cell mutagenicity of industrial and plant protection chemicals as part of an integrated study of genotoxicity in vitro and in vivo. Mut-Peshh，1988，203（3）：177-184.

GILBERT S G. A small dose of toxicology：the health effects of common chemicals[M]. Boca Raton：CRC PRESS LLC，2004.

HAWGOOD B J. Abbe felice fontana (1730—1805)：founder of modern toxicology[J]. Toxicon，1995，33（5）：591-601.

BALDWIN R L, EMERY R S. The oxidation-reduction potential of rumen contents[J]. Journal of Dairy Science，1960，43：506-511.

BEESON B B. Orfila——pioneer toxicologist[J]. Annals of Internal Medicine，1930，2：68-70.

AYLETT B J. The chemistry of zinc, cadmium and mercury[M]. Oxford：Pergamon, 1973.

ROBERT B J. Poisonous plants: a cultural and social history [M]. Oxford: Windgather Press, 2009.

BELL J M. Nutrients and toxicants in rapeseed meal: a review[J]. Journal of Animal Science, 1984, 58 (4): 996−1010.

BENNIE J, HILL M O, BAXTER R, et al. Influence of slope and aspect on long-term vegetation change in British chalk grasslands[J]. Journal of Ecology, 2006, 94: 355−368.

BUCKMASTER G, et al. Pyrrolizidine alkaloid poisoning in rats: protective effects of dietary cysteine[J]. Journal of Animal Science, 1976, 3 (2): 464−473.

BOURKE C A, CARRIGAN M J. Mechanisms underlying phalaris aquatica "sudden death" syndrome in sheep [J]. Australian Veterinary Journal, 1992, 69 (7): 165−167.

BRAUN K, ROMERO J, LIDDELL C, et al. Production of swainsonine by fungal endophytes of locoweed[J]. Mycological Research, 2003, 107 (8): 980−988.

BRATHEN K A, HAGBERG O. More efficient estimation of plant biomass [J]. Journal of Vegetation Science, 2004, 15: 653−660.

BRUEHL G W, KAISER W J, KLEIN R E. An endophyte of achnatherum inebrians, an intoxicating grass of Northwest China [J]. Mycologia, 1994, 86 (6): 773−776.

BRUSICK D. Principles of genetic toxicology[M]. 2nd ed. New York: Plenam Press, 1987: 44−50; 108−115.

CHIN S F. General principles of insect toxicology[M]. Guangzhou: Guangdong Science & Technology Press, 1993.

COOPER R, JOHNSON A M. Poisonous plants in Britain and their effects on animals and man [M]. London: H. M. Stationery Office, 1984.

CORTI C. A history of smoking[M]. London: Kessinger Publishing, 1931: 31−35.

COLEGATE S M, DORLING P R, HUXTABLE C R. The isolation and identification of a toxic principle from swainsonine canescens [M] // SEAURIGHT A A, HEGARTY M P, JAMES L F, et al, Plant toxicology. Queensland: The Queensland Poisonous Plants Committee Press, 1958: 249−254.

WALKER C H. Principles of Ecotoxicology [M]. Boca Raton: Taylor & Francis Inc, 2000.

CHING H H, STEDEFORD T. Cancer risk assessment: chemical carcinogenesis, hazard evaluation and risk quantification [M]. New Jersey: John Wiley & Sons, Inc., 2010.

COSTANZA R, NORTON B, HASKELL B. Ecosystem health −new goals for environmental management[M]. Hamilton: Island Press, 1992.

MUSTO D F. The American disease: origins of narcotic control[M]. Oxford: Oxford University Press, 1987.

COSTA D, GORDON T. Profiles in toxicology[J] // AMDUR M O. Toxicological Sciences, 2000, 56: 5−7.

KEVLES D J. Don't chew the wallpaper——a history of poison[EB/OL]. [2006-04-06]. http：//www. slate. com/articles/health_and_science/Science/2006/04/dont_chew_the_wallpaper. html.

MACHT D T, LEWIN L. Phamacologist, toxicologist, medical hitorian[J]. Annals of Internal Medicine, 1930, 3：179-194.

VOLANS D S. Adverse drug react[J]. Toxicology, 1992, 11（2）：69-70.

Dioxin in animal feed：belgian crisis has worldwide impact[J]. World Food Regulation Review, 1999, 9（2）：23.

ROBERTSON D G, LINDON J. Metabonomics in toxicity assessment[M]. Boca Raton：Taylor & Francis Group, 2005.

SCHIEFFELIN E. The sorrow of the lonely and the burning of the dancers[M]. New York：St. Martin's Press, 1876, 13.

Evaluation of the present status of DDT with respect to man[J] //A statement developed by the committee on toxicology, council on occupational health, American medical association. Journal of Range Management, 1970, 23（5）：383-384.

KRENZELOK E P. Biological and chemical terrorism：a pharmacy preparedness guide[M]. American Society of Health-System Pharmacists, 2003.

CLARKE E G C, CLARKE M L. Veternary toxicology[M]. London：Bailliere Tindall, 1978.

HODGSON E. A textbook of modern toxicology[M]. 4th ed. New Jersey：John Wiley & Sons, Inc., 2010.

EVANS I A. Bracken carcino genicity [J] //Reviews on Environmental Health, 1987, 7.

FENWICK G R. Bracken（pteridium Aquilinum）——toxic effects and toxic constituents[J]. Journal of the Science of Food and Agriculture, 1998, 46：147-173.

AZUAJE F. Bioinformatics and biomarker discovery[M]. Chichester：John Wiley & Sons, Inc., 2010.

FRANK D. A. , MCNAUGHTON S J. Aboveground biomass estimation with the canopy int ercept method：a plant growth form caveat[J]. Oikos, 1990, 57：57-60.

GABRIEL L P. Toxicologists and the founding of the society of toxicology[J]. Toxicological Sciences, 2001, 60：3-5.

GADD L. Deadly beautiful：the world's most poisonous animals and plants [M]. London：Macmillan, 1980.

GILFILLAN S C. Lead poisoning and the fall of Rome[J]. Journal of Occupational Medicine and Toxicology, 1965, 7（2）：53-60.

GOREN I N, et al. Evidence of hominin control of fire at Gesher Benot Ya`aqov, Israel[J]. Science, 2004, 304（567）：725-727.

HABERMEHL G G. Francesco redi-life and work[J]. Toxicon, 1994, 32（4）：411-417.

HALLAKARVA G. The silent weapon-poisons and antidotes in the middle ages[EB/OL]. http：//www. florilegium. org/files/UNCAT/poisons-art. html.

GUNNELL D, EDDLESTON M, PHILLIPS M, et al. The global distribution of fatal pesticide self-poisoning：systematic review[J]. BMC Public Health. 2007, 7: 357.

HEGARTY M P, LEE C P, CHRISTIE G S, et al. The goit rogen 3 hydroxy 4 (1h) pyridone, a ruminal metabolite from leucaena leucocephala: effect in mice and rats[J]. Australian Journal of Biological Sciences, 1979, 32: 27-40.

HOLMS J H G. Toxicity of leuca ena leucocephala for steers in the wet tropics [J]. Tropical Animal Health and Production, 1981a, 9: 191-196.

HAWGOOD B J. Sir Charles James Martin MB FRS: Australian serpents and Indian plague, one-hundred years ago[J]. Toxicon, 1997, 35 (7): 999-1010.

HAWGOOD B J. Poul Agerholm Christensen MD (1912—1991): antivenom production at the South African institute for medical research[J]. Toxicon, 2001, 39 (6): 749-756.

HALLENBECK W H, CUNNINGHAM K M. Quantitative risk assessment for enviroment and occupational health [M]. Chisra: Lewis Publishers, 1992: 1-103.

KISSMAN H M, WEXLER P. Toxicology information systems: a historical perspective[J] Journal of Chemical Information and Computer Sciences, 1985, 25: 212-217.

HO P Y, JOSEPH N P R S. Elixir poisoning in mediaeval China. Janus, 1959, 48: 221-251.

HODGSON F, SMART R C. Introduction to biochemical toxicology [M]. [s.l.]: John Wiley & Sons, Inc., 2001.

HAYES A W. Principles and methods of toxicology [M]. 4nd ed. Philadelphia: Taylor & Francis, 2001.

HIGGINS R J, et al. Rhododendron poisobing in sheep[J]. Veterinary Record, 1985, 116(5): 294-295.

HOLLANDS R D. Rhododendron poisoning in lambs[J]. Veterinary Record, 1986, 118 (4): 110.

HOPKINS N C G. Aetiology of enzootic haematuria[J]. Veterinary Record, 1986, 118: 715-771.

LIENER I E. Toxic contituents of plant foodstuffs[M]. 2nd ed. New York: Academic Press, 1980.

BARTOSEK I, et al. Animals in toxicological research[M]. New York: Raven Press, 1984: 201-208.

JACKSON R, CANADELL J, EHLERINGER J, et al. A global analysis of root distributions for terrestrial biomes[J]. Oecologia, 1996, 108: 389-411.

JAMES L F, PANTER K E. Locoweed poisoning in livestock[M] //JAMES L F, ELBEIN A D, MOLYNEUX R J, et al. Swainsonine and related glycosidase in hibitors. Ames: Iowa State University Press, 1989: 23-38.

JAMES L F, Syndromes of astragalus poisoning in livestock[J]. AVMA, 1981, 178 (2): 146-150.

GOODMAN J. Tobacco in history: the cultures of dependence[M]. London: Routledge, 1993.

JONES D A. Why are so many food plants cyanogenic[J]. Phytochem, 1998, 47: 155-162.

JONES D A. Natural pesticides and the evolution of food plants[J]. Journal of Pesticide Science, 1999, 55: 633-675.

BORZELLECA J F, PARACELSUS. Herald of modern toxicology[J]. Toxicological Sciences, 2000, 53: 2-4.

KARL J N, MARBURG. In memory of Gerhard Zbinden (1924—1993), toxicologist[J]. Toxicology, 1995, 96 (3): 167-171.

KINGSBURY J M, Ecology of poisoning[M] //KEELER R F. Effects of poisonous plants on livestock. New York: Academic Press, 1978: 80-91.

KINGSBURY J M. Phytotoxicology [M] //DOU U J, KLAASSEN C D, AMOUR M O, et al. Toxicology. 2nd ed. New York: Macmillan, 1980: 578-590.

KINGSBURY J M. Phytotoxicology: major problems associated with poisonous plants[J]. Clin Pharmacol Ther, 1969, 10: 163-169.

KINGSBURY J M. Phytotoxicology: poisonous plants and plant-caused emergencies[J]. Clin Toxicol, 2 (2): 143-148.

KLAASSEN C D. Casarett and Doull's toxicology —the basic science of poisons [M]. 6nd ed. New York: The McGraw-Hill Inc, 2001.

LYONS A S, PETRUCELLI R J. Medicine: an illustrated history[M]. New York: Harry N. Abrams, Inc., 1987: 254-259.

LAMENS D, VERMEYEN K, et al. Tea of thornapple leaves: a rare cause of atropine intoxication[J]. Acta Anaesthesiol Belg, 1994, 45(2): 55-57.

LEWIS R J, et al. Registry of toxic effects of chemical substances[C] //CINCINNATI N, LITTLETON O J. Paleopathology of skeletal fluorosis. Am J Phys Anthropol, 1999, 109 (4): 465-483.

JAMES L F, et al. Plants poisonous to livestock in the western states[M]. USDA, 1980.

LIANG E, SHAO X, ECKSTEIN D, et al. Topography-and Species-dependent growth responses of sabina przewalskii and picea crassifolia to climate on the northeast tibetan plateau [J]. Forest Ecology and Management, 2006, 236: 268-277.

LIENER I E. Toxic constituents of plant foodstuffs[M]. 2nd ed. New York: Acadamic Press, 1980.

CASARETT L J, DOULL J. Toxicology——the basic science of poisons [M]. New York: Macmillan publishing Co., Inc., 1975.

HOWARD M, et al. The laws of war [M]. Cambridge: Cambridge University Press, 1994.

MATOSSIAN M K. Poisons of the past [M]. New Haven: Yale University Press, 1989.

BOOTH M. Opium a history [M]. [s.l.]: Simon & Schuster Ltd, 1998.

BYRNES M E, et al. Nuclear, chemical, and biological terrorism: emergency response and public protection [M], Boca Raton: CRC, 2003.

FUMIO M, et al. Environmental toxicology of pesticides[M]. New York: Academic Press, 1972.

MOERTEL C G, AMES M M, KO-

VACH J S, et al. A pharmacologic and toxicological study of amygdalin[J]. JAMA, 1981, 245 (6): 591-594.

MONTGOMERY D C, PECK E A, VINING G G. Introduction to linear regression analyses[M]. New Jersey: John Wiley & Sons, 2006.

BLEAVINS M R, CARINI C, ROMET M J, et al. Biomarkers in drug development: a handbook of practice, application and strategy[M]. New Jersey: John Wiley & Sons, Inc., 2010.

BARTIK M, PISKAC A. Veterinary toxicology[M]. Amsterdam: Elsevier Scientific Publishing Company, 1981.

RALPHS M H. Ecology, conteol, and grazing management of locoweeds in the Western U.S. [M]//JAMES L F, et al. Poisonous plants. Ames: Iowa State University Press, 1992.

MATOSSIAN M K. Poisons of the past, molds, epidemics, and history[M]. New Haven: Yale University Press, 1989.

MANN. Adverse drug reacd[J]. Toxicology, 1993, 12 (2): 81-82.

SHOSTAK M. Nisa: the life and words of a kung woman[M]. New York: Vintage Books, 1983: 82.

ROMERO M J, CREAMER R, ZEPEDA H, et al. The toxicosis of embellisia fungi from locoweed (oxytropis lambertii) is similar to locoweed toxicosis in rat[J]. Journal of Animal Science, 2004, 82: 2169-2174.

MILES C O, LNAE G A, MENNA M E, et al. High levels of ergonovine and lysergic acid amide in toxic achnatherum inebrians accompany infection by an acremonium-like endophytic fungus[J]. Journal of Agriculture and Food Chemical, 1996, 44 (5): 1285-1290.

MULLER J, WANKE K. Toxic psychoses from atropine and scopolamine[J]. Fortschr Neurol Psychiatr, 1998, 66 (7): 289-295.

MURRAY E, FOWLER D V M. PA poisoning in calves[J]. JAVMA, 1986, 152: 1131-1137.

NEWMAN, CATHY. Pick your Poison——12 toxic tales [J]. National Geographic, 2005.

NIWA M, OTSUJI S, TATEMATSU H, et al. Stereostructure of two biflanones from Stellera chamaejasme L. [J]. Chem Pharm Bull. 1986, 34 (8): 3249-3251.

NIWA M, CHEN X, LIU G, et al. Structure of isochamejasmin from Stellera chamaejasme L. [J]. Chem Let. 1984, 32 (9): 1587-1590.

COLEY N G, TAYLOR A S, et al. Forensic toxicologist[J]. Medical History, 1991, 35: 409-427.

NORMAN, DONALDSON B. How did they die[M]. New York: St. Martin's Press, 1980.

NRIAGU J. Saturnine gout among Roman aristocrats. Did lead poisoning contribute to the fall of the empire? [J]. New Engl J. Med, 1983, 308 (11): 660-663.

MORROW P F, et al. Profiles in toxicology: Harold Carpenter Hodge (1904—1990) [J]. Toxicological Sciences, 2000, 53: 157-158.

PASSIOURA J. Soil structure and plant growth[J]. Australian Journal of Soil Research, 1991, 29: 717-728.

PAMUKCU A M, PRICE J M, BRYAN G T. Naturally occurring and bracken-fern-induced bovine urinary bladder tumors[J]. Vet. Pathol., 1976, 13: 110-122.

PUSZTAI A. Antinutrients in rapeseeds [J]. Nutrition Abstracts and Review: Sevies B, 1989, 59 (8): 427-432.

PRASAD J. A note of toxic effects of leucaena leucocephala in goat: a clinical study[J]. Indian J. Vet. Med., 1989, 9: 151-152.

QUINN G P, KEOUGH M L. Experimental design and data analysis for biologists[M]. Cambridge: Cambridge University Press, 2002: 23-120.

TRUHAUT R. Ecotoxicology: objectives, principles and perspectives[J]. Ecotoxicology and Environmental Safety, 1977, 1: 151-173.

RICE E L. Allelopathy[M]. 2nd ed. London: Academic Press, 1984, 1-5; 309-315.

RICHARD F K, KAMPEN K R V, JAMES L F. Effects of poisonous plants on livestock[J]. Journal of Biomedical Materials Research, 1878.

ANDREASSON R, JONES A W, WIDMARK E M P. Swedish pioneer in forensic alcohol toxicology[J]. Forensic Sci. Int, 1995, 72 (1): 1-14.

SAHU S C. Toxicogenomics: a powerful tool for toxicity assessment[M]. Chichester: John Wiley & Sons, Inc., 2008.

SCAL R A. Risk assessment [M] // AMDUR M O, DOULL J, KLAASSEN C D, et al. Casrettand Doll's toxicology, the basic science of poisons. 4th ed. New York: Pergramon Press, 1991.

GAD S C. Preclinical development handbook: toxicology[M]. New Jersey: John Wiley & Sons, Inc., 2008.

JASANOFF S. Learning from disaster: risk management after Bhopal[M]. Philadelphia: University of Pennsylvania Press, 1994.

SHI Zhicheng, DING Boliang. The ecological control of effects of poisonous plants[J]. Grassland of China, 1991.

SHI Zhicheng. Identification of the phenolic substances in bovine urine associated with oak leaf poisoning[J]. Research in Veterinary Science, 1988, 45: 152-155.

SIPES I G. Comprehensive toxicology [M]. Amsterdam: Elsevier Science Ltd., 1997.

SWICK, et al. Effect of sheep rumen fermentation and methane inhibition of the toxicity of senecio jacobaea[J]. Journal of Animal Science, 1983 (56): 645.

TAKARNIA C H, DOBEREINER J. Experimental poisoning of cattle by senecio brasiliensis (compositae) [J]. Aust Vet J, 1984, 4.

UNDERWOOD A J. Experiment in ecology: their logical design and interpretation using analyses of variance[M]. Cambridge: Cambridge University Press, 2005: 17-76.

United Nations International Drug Control Programme. World drug report

[M]. Oxford: Oxford University Press, 1997.

JAMES L F. Plants Poisonous to livestock in the western states [M]. Washington, D. C.: United States Department of Agricuture, 1988.

UK. Caution on vitamin residues[J]. Feed International, 1991, 12 (3): 10.

MORGAN H W. Drugs in America——a social history 1800—1980 [M]. New York: Syracuse University Press, 1981.

WANG J H, HUMPHREYS D J, STODULSKI G B J, et al. Structure and distribution of a neurotoxic principle hemerocallin [J]. Phytochemistry, 1989, 28 (7): 1825-1826.

WAYLAND J H J. Toxicology of pesticides[M]. Baltimore: The Williams & Wildins Company, 1975: 1-10.

WEILER J M, BLOOMFIELD J R, WOODWORTH G G, et al. Effects of fexofenadine, diphenhydramine and alcohol on driving performance: a randomized, placebo-controlled trial in the Iowa driving simulator[J]. Ann Intern Med, 2000, 132 (5): 354-363.

WIESNER J. Scientists, statesman, humanist: memories and memoirs [M]. Cambridge: The MIT Press, 2004.

XU L R. Discovery and confirmation of carcinogenicity of pteridium revolutum in China[J]. Southwest China J. Agric. Sci., 1989, 2: 7-13.

XU L R. Bracken poisoning and enzootic haematuria in cattle in China [J]. Res. Vet. Sci., 1992, 53: 116-121.

XU L. R. Bracken and animal diseases related to bracken[M]. Guiyang: Guizhou Science and Technology Publishing House.

И.А. Гусынин,Токсикология Ядовитых Растений, Селъхозгиз, 1955.

Хмельницкий, Г. А. и Д Р. Ветеринарная токсикология. Москва, 1987.

石弘之. 酸性雨 [M]. 东京: 岩波书店, 1992.

中村亮八郎. 新饲料学（上，总论）[M]. チクサン出版社, 1977.

常石敬一. 医学者たち组织犯罪 [M]. 东京: 朝日新闻社, 1994: 41-43.

森川金寿. 教科书と裁判 [M]. 东京: 岩波书店, 1990: 56.

松村弓彦. 环境法 [M]. 东京: 成文堂, 1999: 3-4.

粟屋宪太郎. 未决战争责任 [M]. 东京: 柏书房, 1994: 34-35.

吉见义明, 粟屋宪太郎. 毒ガス作战の真実 [J]. 世界, 1985, 9.

斋藤一晴. 日本の战争责任を若者が問う [J]. 法政, 1996.

西原春夫. 犯罪各论 [M]. 东京: 成文堂, 1991: 74-75.

荒井信一. 战争责任论 [M]. 东京: 岩波书店, 1995: 151.

常石敬一. 旧日本军の遗弃化学兵器——その意义と困难 [J]. 世界, 1997, 7.

土屋公献. 731部队细菌战诉讼 第一审判决をどう见るか [J]. 世界, 2002.

附录2
《世界毒物全史》总目录

第一册　毒物与人类文明史

序

第1卷　史前时代
卷首语

1 地球、毒物与原始人类 003
　1.1 地球像一个生命体 003
　1.2 地心是天然核反应堆之说 006

2 史前原始生命被毒杀的假说 008
　2.1 史前生物及其"屠灭" 008
　2.2 恐龙灭绝的"中毒"假说 010
　2.3 二叠纪末期海洋生物大灭绝的硫化氢毒杀说 014
　2.4 原始生命与毒物和解毒的假说 015

3 人类生活在充满毒物的世界 017
　3.1 地球上从未有过无毒的生物 017
　3.2 充满毒物的世界 018

4 解毒与人类主宰世界 024
　4.1 解毒酶：人类的特质 024
　4.2 火的发明：天然解毒剂 026
　4.3 人类智慧：探寻解毒的秘密 029

5 原始人类健康状况与中毒性疾病 030
　5.1 原始人类的疾病与中毒 030
　5.2 史前印第安人的多环芳烃暴露 031
　5.3 原始人类生活方式与健康状况 032

6 远古中毒与解毒的传说 034
　6.1 希腊神话中的有毒植物 034
　6.2 关于罂粟花的传说 035
　6.3 半人马中毒箭的传说 036
　6.4 关于蝎子的传说与故事 037
　6.5 毒蜥的传说及其故事 037

第2卷　毒素与生物进化
卷首语

1 生物进化与适应毒物的进化 041
　1.1 达尔文与生物进化学说 041
　1.2 生物毒素：生物进化的产物 043
　1.3 人类与生物适应毒物的进化 046
　1.4 生物之间毒素与抗毒素的共同演化 048
　1.5 人为因素对生物毒素演化的干扰 049

2 植物毒素及其进化 051
　2.1 植物体的内含毒素 051
　2.2 植物毒性与生物演化 056
　2.3 有毒植物与内生菌的协同进化 057

3 动物毒素及其进化 060
　3.1 动物内含的毒素 060
　3.2 有毒动物排毒器官的进化 061
　3.3 进化史上毒性最强的动物 065
　3.4 昆虫进化出相同的基因路径对付毒素 067
　3.5 蛇基因的进化：以大班毒蛇为例 068

4 微生物毒素及其进化 069
　4.1 微生物内含的毒素 069
　4.2 微生物毒素的进化起源 071

5 生物毒素与生存竞争 073
　5.1 植物毒素：植物的生存策略 073
　5.2 植物之间的化感毒性 074
　5.3 动物之间的生存竞争 077

6 生态系统中人与生物之间的毒性关系 079
　6.1 植物与脊椎动物之间的毒性方程 079
　6.2 生态系统中生物之间的毒性关系 082

6.3	人和动物的二次中毒	083
6.4	捕食与拒食者的各种招数	084

第3卷 农耕文明时代
卷首语
1 毒物与原始狩猎畜牧生活
- 1.1 原始狩猎时代与毒箭的出现　089
- 1.2 用于狩猎的箭毒　091
- 1.3 箭毒与毒箭的制造技艺　094
- 1.4 从狩猎进入畜牧农耕时代　096

2 有毒植物胁迫与农耕兴起
- 2.1 农耕兴起的原因　097
- 2.2 有毒植物胁迫与农耕兴起　098
- 2.3 植物化感毒性与农耕的稳定　099
- 2.4 栽培驯化与脱毒加工：早期农业的伟大创举　100

3 农耕文明时代与人类食品安全
- 3.1 "刀耕火种"的原始农业　102
- 3.2 有毒植物与人类生存　105
- 3.3 土豆：从有毒植物到食用作物　106
- 3.4 食品、药品、毒物同源之说　107

4 中国古代毒物与中毒的文字表达
- 4.1 文字表达的五个时期　109
- 4.2 中国古代毒物与中毒的文字表达　109
- 4.3 中国古代"毒"字的形体演变　110
- 4.4 中国古代"毒"字的字谱与音韵　113
- 4.5 "毒"字在中国古代社会话语系统中的意义　114

5 图腾文化与人类对有毒动植物的崇拜
- 5.1 图腾文化的历史　116
- 5.2 有毒动物崇拜　116
- 5.3 橡树图腾与崇拜槲树的凯尔特人　118

6 原始巫术中毒物的现代分析
- 6.1 原始巫术与毒物的关系　121
- 6.2 巫术中有毒植物的现代分析　123
- 6.3 中国古代神秘巫术：蛊术　127

第4卷 工业文明兴起初期
卷首语
1 从农业文明到工业文明初期
- 1.1 农业社会的两次转变　131
- 1.2 农业文明的衰落与环境恶化　132
- 1.3 铅与古罗马的衰亡　133
- 1.4 工业革命前的环境问题　137

2 从炼金术到炼丹术
- 2.1 中世纪神秘的炼金术　139
- 2.2 中国的炼丹术及其医药用途　140
- 2.3 毒物利用中的失误：服食　142

3 工业化初期的环境污染与职业病
- 3.1 两次工业革命与近代工业文明　144
- 3.2 工业革命以来的环境污染及其危害　145
- 3.3 恩格斯名著《英国工人阶级状况》　147
- 3.4 环境损害与职业病：工业文明的代价　149

4 化学与人工合成毒物及其危害
- 4.1 化学与人类文明　151
- 4.2 对付害虫的天然农药时代　152
- 4.3 化学农药与强力杀虫剂诞生　154
- 4.4 人工合成的毒物与危害　155

5 近代政治与经济发展推动了毒理学
- 5.1 鸦片战争的后果与影响　158
- 5.2 近代实验自然科学的影响　159
- 5.3 中世纪文艺复兴对毒理学的影响　159
- 5.4 近代西方医药学对毒理学的影响　161
- 5.5 毒理学的扩展与分支学科的出现　162

第5卷 现代工业文明时代
卷首语
1 工业现代化与环境污染
- 1.1 第三次工业革命与现代工业文明　167
- 1.2 现代工业革命以来的环境问题　168
- 1.3 现代农药的发展与污染　170
- 1.4 环境污染转嫁与贸易纠纷　174

2 现代工业与职业病的防治
- 2.1 20世纪的职业卫生问题　176
- 2.2 职业病的防治与管理　177

3 公害事件与探索生态文明的历程
- 3.1 世界八大公害事件　180
- 3.2 世界十大重大污染事件　182
- 3.3 环境保护思潮的形成　185
- 3.4 清洁生产的发展及其历史意义　187

4 环境保护运动及其影响
- 4.1 环保运动的形成与影响　189

4.2　绿党的产生与发展　190

5　现代工业化与安全文化的发展　193
　　5.1　劳动安全的立法与管理　193
　　5.2　安全科学的形成与发展　194
　　5.3　现代安全文化观的兴起　195
　　5.4　核安全文化与管理原则　196
　　5.5　介入放射学的放射卫生防护与管理　198
　　5.6　企业安全文化与管理机制　199

6　环境文学与毒性文学的兴起　201
　　6.1　从荒野描写到毒物描写　201
　　6.2　环境文学与毒性文学的兴起　202

第6卷　毒物与经济

卷首语

1　毒物与经济毒物的经济学理论　207
　　1.1　毒物与经济毒物　207
　　1.2　研究毒物和毒性事件的经济学　207

2　酒的经济与酒的经济学　210
　　2.1　酒在国民经济中的地位　210
　　2.2　禁酒的反作用与酒的经济学　212

3　烟草经济与烟草经济学　214
　　3.1　烟草经济：利益与健康的博弈　214
　　3.2　世界烟草税与国家财政　215
　　3.3　烟草经济学及其研究进展　217
　　3.4　烟草经济学专著　219

4　毒品经济与禁毒的经济学　221
　　4.1　毒品的经济问题　221
　　4.2　毒品问题造成的经济损失　222
　　4.3　恐怖主义的营养供应：毒品经济　223
　　4.4　毒品问题屡禁不止的经济学分析　226
　　4.5　铲除毒品犯罪的经济学思考　227

5　环境污染与治理污染的经济学　229
　　5.1　研究污染经济的若干理论　229
　　5.2　"公害"的法经济学分析　232
　　5.3　大气污染及防治的经济学分析　233
　　5.4　瑞典的"垃圾经济学"　235
　　5.5　治理污染的经济学　236

6　经济学研究对毒物管理与立法的影响　238
　　6.1　毒物管理与立法的经济学依据　238
　　6.2　未来毒物和毒性事件的经济学研究重点　242

第7卷　毒物与战争

卷首语

1　古代和近代战争使用的毒物　245
　　1.1　古代的生化战争　245
　　1.2　中国古代的毒物战　248
　　1.3　近代骇闻的生物武器案例　250

2　第一次世界大战中的毒气战　252
　　2.1　人类历史上第一次毒气战始末　252
　　2.2　著名的毒气战例　254
　　2.3　毒气战的后果　262

3　第二次世界大战中的毒物战　264
　　3.1　欧洲战场的毒物战　264
　　3.2　太平洋及亚洲战场的毒物战　264

4　第二次世界大战期间美国对日本的核打击　266
　　4.1　珍珠港事件与美国参战　266
　　4.2　曼哈顿计划：原子弹的研发　266
　　4.3　美国对广岛、长崎的核打击　268
　　4.4　日本无条件投降与第二次世界大战结束　270

5　局部战争中的毒物战　271
　　5.1　意大利对埃塞俄比亚的化学战　271
　　5.2　北也门内战中的毒气袭击事件　272
　　5.3　美军在朝鲜战争中使用化学武器　273
　　5.4　两伊战争中的化学战　273

6　1840年反倾销鸦片的鸦片战争　275
　　6.1　茶、银元与鸦片战争起因　275
　　6.2　中国清代道光皇帝的禁毒主张　278
　　6.3　英国国会对中国禁烟的激烈辩论　279
　　6.4　鸦片战争始末　280
　　6.5　鸦片战争的历史反思　281

第8卷　科学发明的不安全性

卷首语

1　科学发明与安全性的历史教训　285
　　1.1　科技发明给人类带来的负面影响　285
　　1.2　药物与毒物的互相转化　287
　　1.3　从砷到肉毒毒素：美容的安全性　288
　　1.4　美国食品和药品安全性的百年回顾　289

2　损害健康的食品与药品　293
　　2.1　最早的可口可乐含有可卡因　293
　　2.2　食品添加剂之神：安部司的故事　295

2.3 从磺胺酏剂灾难到"反应停"事件 296
2.4 儿童咳嗽糖浆最初竟含有海洛因 298
2.5 滥用抗生素的严重后果 299
2.6 平喘药竟然变成"瘦肉精" 300
3 成为毒物的科学发明 301
　3.1 弗里茨·哈伯的功与过 301
　3.2 滴滴涕：是福？还是祸？ 303
　3.3 LSD的发明与致幻恶果 304
　3.4 "橙剂"的发明与不幸 305
　3.5 摇头丸：最具危险的毒品 307
4 好事变坏事的重大发明 309
　4.1 有害的水银镜子 309
　4.2 被禁用的水银体温计 310
　4.3 自来水加氟杀菌消毒有争议 313
　4.4 20世纪最糟糕的发明：塑料袋 313
　4.5 含铅汽油危及健康和环境 315
　4.6 孟加拉国改水不当引发砷灾难 317
5 正确看待科学发明的两面性 319
　5.1 科学发明的两面性 319
　5.2 普及科学知识警惕科学误区 320

第9卷 人类同毒物的斗争史
卷首语
1 人类探索抵御毒物的历程 323
　1.1 防毒解毒药物的研发与市场供需 323
　1.2 防毒解毒促进产业发展 327
　1.3 解毒剂的市场供需：以中国为例 331
2 科学处置有毒废弃物及其再利用 334
　2.1 人类处置垃圾的历史 334
　2.2 有毒固体废物处置与再利用 335
　2.3 禁止垃圾交易的法律法规 337
　2.4 固体废物处置的产业政策 338
3 积极治理污染催生和发展环保产业 339
　3.1 环境污染的持续发展与治理 339
　3.2 水的污染与净化技术的进步 341
　3.3 环境保护产业的兴起与发展 342
4 制定防控毒物的国家法律和国际公约 345
　4.1 中国古代严惩毒物犯罪的法律 345
　4.2 美国控制毒物的法律框架 346
　4.3 《矿工保护法》：安全立法管理的起点 347

　4.4 国际刑事法院《罗马规约》 348
　4.5 防控毒物的国际公约 348
5 发挥国际组织防控毒物的积极作用 352
　5.1 联合国及其相关组织 352
　5.2 国际原子能机构 357
　5.3 国际刑事警察组织 359
　5.4 禁止化学武器组织 360
6 强化国际关注与科学家的呼吁 361
　6.1 《联合国人类环境宣言》：第一个保护环境的全球宣言 361
　6.2 《我们共同的未来》：现代环境保护主义的基石 362
　6.3 《二十一世纪议程》：环境与发展的里程碑 363
　6.4 《国际清洁生产宣言》：推动清洁生产的全球运动 364
　6.5 科学家反对核武器的三个宣言 365
　6.6 教会与教士的呼吁 368
7 奖励做出贡献的机构与杰出人物 369
　7.1 诺贝尔奖及其获得者 369
　7.2 国家特别奖获得者 373
　7.3 名人基金与社团组织学术奖获得者 375
　7.4 给予国葬礼遇的科学家 376
8 建立总统的科学顾问新机制 377
　8.1 美国总统的科学顾问杰罗姆·威斯纳 377
　8.2 英国首相的科学顾问戴维·金 379
　8.3 美国国家禁毒政策办公室主任克利斯科斯基 380

第10卷 防控毒物危害的未来
卷首语
1 人类未来面临的三大挑战 385
　1.1 核武器——第二次世界大战后的核安全问题 385
　1.2 环境污染——难以阻挡的威胁 387
　1.3 突发毒性灾害——非传统安全问题 388
2 严肃应对来自毒物的可能威胁 389
　2.1 新化学品与食品资源的不确定性 389
　2.2 来自毒物的可能威胁 391
　2.3 未来烟草的危害不容乐观 392
　2.4 酗酒仍然是全球性问题 394

2.5 21世纪危害最大的毒品	395
2.6 恐怖主义与反恐怖的斗争	396

3 考验人类智慧的争论与新视角 397
 3.1 核电之争与未来的核电与新能源 397
 3.2 毒刑与注射死刑的现代选择 401
 3.3 安乐死——备受争议的世界性难题 403

4 汲取人类与毒物斗争的历史经验 405
 4.1 毒性事件引发的政坛动荡 405
 4.2 总结人类与毒物斗争的历史 407

 4.3 推动毒理科学的创新发展 408
 4.4 普及防控与利用毒物的科学知识 410
 4.5 人类未来的梦想：超越农业文明与
   工业文明的生态文明 411

5 走向星球的路上 413
 5.1 人类遨游星球的梦想 413
 5.2 空间站与外星环境的毒理学研究 414
 5.3 航天毒理学的未来使命 416

第二册　毒物史话

序
第11卷　重要有毒植物
卷首语

1 世界上的有毒植物 003
 1.1 自然界广泛分布的有毒植物 003
 1.2 主要国家和地区的有毒植物 004

2 有毒藻类植物（Algae） 007
 2.1 水体中的有毒藻类 007
 2.2 有毒藻类引发的灾害 009

3 有毒蕈类植物 010
 3.1 蕈与毒蕈 010
 3.2 重要的毒蕈 010

4 有毒蕨类植物（Pteridophyta） 013
 4.1 凤尾蕨科有毒属种及其危害 013
 4.2 其他蕨有毒植物及其危害 015

5 漆树科（Anacardiaceae） 016
 5.1 有毒属种 016
 5.2 漆树引起的皮肤过敏 017

6 马兜铃科（Aristolochiaceae） 018
 6.1 有毒属种 018
 6.2 马兜铃与人的肾病 018

7 萝藦科（Asclepiadaceae） 020
 7.1 有毒属种 020
 7.2 毒性与中毒的历史记载 021

8 菊科（Compositae） 023
 8.1 有毒属种 023
 8.2 毒性与中毒的历史记载 024

9 杜鹃花科（Ericaceae） 027
 9.1 有毒属种 027
 9.2 毒性与中毒的历史记载 027

10 大戟科（Euphorbiaceae） 029
 10.1 有毒属种 029
 10.2 毒性与中毒的历史记载 031

11 山毛榉科（壳斗科 Fagaceae） 033
 11.1 有毒属种 033
 11.2 毒性与中毒的历史记载 034

12 禾本科（Gramineae） 036
 12.1 有毒属种 036
 12.2 毒性与中毒的历史记载 037

13 豆科（Leguminosae） 038
 13.1 相思豆：致命的种子 038
 13.2 山黧豆：瘫痪之因 039
 13.3 羽扇豆与"犊牛畸形病" 041
 13.4 "疯草"与苦马豆素 042

14 百合科（Liliaceae） 043
 14.1 有毒属种 043
 14.2 毒性与中毒的历史记载 044

15 马钱科（Loganiaceae） 045

15.1 有毒属种	045	8.1 有毒属种	089
15.2 毒性与中毒的历史记载	046	8.2 毒性与中毒的记载	089

16 桑科（Moraceae） 047
 16.1 有毒属种 047
 16.2 见血封喉：著名的箭毒树 047

17 毛茛科（Ranunculaceae） 050
 17.1 有毒属种 050
 17.2 毒性与中毒的历史记载 052

18 茄科（Solanaceae） 053
 18.1 有毒属种 053
 18.2 毒性与中毒的历史记载 054

19 伞形科（Umbelliferae） 056
 19.1 有毒属种 056
 19.2 毒性与中毒的历史记载 057

第12卷 重要有毒动物
卷首语

1 世界上的有毒动物 061
 1.1 奇妙的有毒动物 061
 1.2 世界上最毒的动物 063

2 懒猴科（Lorisidae） 065
 2.1 有毒属种 065
 2.2 毒性与中毒的历史记载 065

3 眼镜蛇科（Elapidae） 066
 3.1 有毒属种 066
 3.2 毒性与中毒的历史记载 070

4 蝰蛇科（Viperidae） 073
 4.1 蝰蛇科有毒属种 073
 4.2 蝮蛇亚科有毒属种 079
 4.3 毒性与中毒的历史记载 081

5 毒蜥科（Helodermatidae） 085
 5.1 有毒属种 085
 5.2 毒性与中毒的历史记载 085

6 鲀科（Tetraodontidae） 086
 6.1 有毒属种 086
 6.2 毒性与中毒的历史记载 087

7 魟科（Dasyatidae） 088
 7.1 有毒属种 088
 7.2 毒性与中毒的历史记载 088

8 章鱼科（Octopodidae） 089

9 芋螺科（Conidae） 090
 9.1 有毒属种 090
 9.2 毒性与中毒的历史记载 090

10 蜘蛛目（Araneae） 091
 10.1 有毒属种 091
 10.2 毒性与中毒的历史记载 091

11 蝎目（Scorpiones） 093
 11.1 有毒属种 093
 11.2 毒性与中毒的历史记载 094

12 蜈蚣科（Scolopendridae） 095
 12.1 有毒属种 095
 12.2 毒性与中毒的历史记载 095

13 扇蟹科（Xanthidae） 096
 13.1 有毒属种 096
 13.2 毒性与中毒的历史记载 097

14 芫菁科（Meloidae） 098
 14.1 有毒属种 098
 14.2 毒性与中毒的历史记载 098

15 胡蜂科（Vespidae） 099
 15.1 有毒属种 099
 15.2 毒性与中毒的历史记载 099

16 蚁科（Formicidae） 101
 16.1 有毒属种 101
 16.2 毒性与中毒的历史资料 101

17 箱形水母科（Chirodropidae） 102
 17.1 有毒属种 102
 17.2 毒性与中毒的历史记载 102

18 根口水母科（Rhizostomatidae） 104
 18.1 有毒属种 104
 18.2 毒性与中毒的历史记载 104

19 僧帽水母科（Physaliidae） 105
 19.1 有毒属种 105
 19.2 毒性与中毒的历史记载 105

20 毒棘海胆科（Toxopneustidae） 106
 20.1 有毒属种 106
 20.2 毒性与中毒的历史记载 106

21 蟾蜍科（Bufonidae） 107

21.1 有毒属种	107
21.2 毒性与中毒的历史记载	108

22 箭毒蛙科（Dendrobatidae） 109
22.1 有毒属种	109
22.2 毒性的历史记载	109

23 蝾螈科（Salamandridae） 110
23.1 有毒属种	110
23.2 毒性与中毒的历史记载	110

24 有毒贝类 111
24.1 有毒属种	111
24.2 毒性与中毒的历史记载	112

第13卷 有毒细菌与霉菌

卷首语

1 引发中毒的有毒细菌与霉菌 115
1.1 引发中毒的有毒细菌	115
1.2 引发中毒的有毒霉菌	115

2 金黄色葡萄球菌 117
2.1 分类地位及生物学特性	117
2.2 毒性效应	117
2.3 历史上发生的中毒事件	117
2.4 防控措施	118

3 单核细胞增生性李斯特菌 119
3.1 分类地位及生物学特性	119
3.2 毒性效应	119
3.3 历史上发生的中毒事件	120
3.4 防控措施	120

4 炭疽杆菌 121
4.1 分类地位及生物学特性	121
4.2 毒性效应	121
4.3 历史上发生的中毒事件	122
4.4 防控措施	124

5 产气荚膜梭菌 125
5.1 分类地位及生物学特性	125
5.2 毒性效应	125
5.3 历史上发生的中毒事件	126
5.4 防控措施	126

6 肉毒梭菌 127
6.1 分类地位及生物学特性	127
6.2 毒性效应	127
6.3 历史上发生的中毒事件	128
6.4 防控措施	128

7 蜡样芽孢杆菌 129
7.1 分类地位及生物学特性	129
7.2 毒性效应	129
7.3 历史上发生的中毒事件	130
7.4 防控措施	130

8 大肠杆菌 131
8.1 分类地位及生物学特性	131
8.2 毒性效应	131
8.3 历史上发生的中毒事件	132
8.4 防控措施	132

9 沙门菌 133
9.1 分类地位及生物学特性	133
9.2 毒性效应	133
9.3 历史上发生的中毒事件	134
9.4 防控措施	134

10 副溶血性弧菌 135
10.1 分类地位及生物学特性	135
10.2 毒性效应	135
10.3 历史上发生的中毒事件	136
10.4 防控措施	136

11 弯曲杆菌 137
11.1 分类地位及生物学特性	137
11.2 毒性效应	137
11.3 历史上发生的中毒事件	138
11.4 防控措施	139

12 变形杆菌 140
12.1 分类地位及生物学特性	140
12.2 毒性效应	140
12.3 历史上发生的中毒事件	141
12.4 防控措施	141

13 曲霉属 142
13.1 分类地位及生物学特性	142
13.2 毒性效应	143
13.3 历史上发生的中毒事件	144
13.4 防控措施	145

14 青霉属 146
14.1 分类地位及生物学特性	146

14.2 毒性效应 147
14.3 历史上发生的中毒事件 148
14.4 防控措施 148

15 镰刀菌属 149
15.1 分类地位及生物学特性 149
15.2 毒性效应 150
15.3 历史上发生的中毒事件 150
15.4 防控措施 151

16 葡萄状穗霉属 152
16.1 分类地位及生物学特性 152
16.2 毒性效应 152
16.3 历史上发生的中毒事件 153
16.4 防控措施 153

17 节菱孢属 154
17.1 分类地位及生物学特性 154
17.2 毒性效应 154
17.3 历史上发生的中毒事件 155
17.4 防控措施 155

18 麦角属 156
18.1 分类地位及生物学特性 156
18.2 毒性效应 156
18.3 历史上发生的中毒事件 156
18.4 防控措施 157

19 长喙壳属 158
19.1 分类地位及生物学特性 158
19.2 毒性效应 158
19.3 历史上发生的中毒事件 159
19.4 防控措施 159

第14卷 有毒矿物元素

卷首语

1 矿物界的毒物 163
1.1 致命的矿石和晶体 163
1.2 有毒有害矿物种类 164
1.3 微量元素与中毒疾病 164

2 砷：经典毒元素 166
2.1 砷的发现与应用 166
2.2 砷的毒性 167
2.3 历史上的砷中毒事件 168

3 铅：古老毒金属 170

3.1 铅的发现与应用 170
3.2 铅的毒性 171
3.3 历史上的铅中毒事件 173

4 汞："水俣病"的元凶 174
4.1 汞的发现与应用 174
4.2 汞的毒性 175
4.3 历史上的汞中毒事件 176

5 镉：环境毒物 178
5.1 镉的发现与应用 178
5.2 镉的毒性 178
5.3 历史上的镉中毒事件 179

6 氟：人类需要的有毒元素 180
6.1 发现氟的悲壮历程 180
6.2 氟的功过 181
6.3 历史上的氟中毒事件 182
6.4 自来水加氟的争议 183

7 磷：古老工业毒物 184
7.1 磷的发现与应用 184
7.2 磷的毒性 185
7.3 历史上的磷中毒事件 185

8 钼：动物腹泻的毒源 187
8.1 钼的发现 187
8.2 钼的毒性 187
8.3 历史上的动物钼中毒 188

9 硒：动物"碱病"之源 189
9.1 硒的发现与应用 189
9.2 硒的双重危害 189
9.3 历史上的硒中毒事件 190

10 铊：绿色的树枝 191
10.1 铊的发现与应用 191
10.2 铊的毒性 191
10.3 历史上的铊中毒事件 192

11 铝：生命的"窃贼" 194
11.1 铝的发现与应用 194
11.2 铝的毒性与预防 194

12 致癌的矿物 196
12.1 镍 196
12.2 石棉 197

13 其他有毒矿物元素 199

13.1 硼		199
13.2 铬		200
13.3 锰		200
13.4 锡		201
13.5 钒		202

第 15 卷　放射性物质

卷首语

1 放射性物质 — 205
- 1.1 放射性物质及其类型 — 205
- 1.2 放射性物质的发现历史 — 206
- 1.3 放射性物质的特性 — 208
- 1.4 IAEA 放射源分类法 — 208

2 放射性物质的毒性及其危害 — 210
- 2.1 放射性物质毒性认知 — 210
- 2.2 放射性核素及其毒性 — 212
- 2.3 辐射的来源及其影响 — 214
- 2.4 电离辐射对人类和环境的影响 — 218

3 几种高毒性放射性核素 — 220
- 3.1 铀：改变世界的元素 — 220
- 3.2 钚：原子能工业的重要原料 — 222
- 3.3 钋：谋杀的毒药 — 224
- 3.4 氡：气体放射性核素 — 225

4 应用放射性物质发生的重大核事件 — 228
- 4.1 核工厂及非动力反应堆核事件与核事故 — 228
- 4.2 核电站发生的核事件与核事故 — 230
- 4.3 医用放射源及医疗事故 — 232
- 4.4 其他意外事故 — 232

5 放射性物质毒性的防护 — 233
- 5.1 辐射防护基本任务 — 233
- 5.2 辐射防护的基本原则 — 233
- 5.3 辐射防护的基本方法 — 234

第 16 卷　有毒无机化合物

卷首语

1 氰化物：毒药之王 — 239
- 1.1 氰化物的来源 — 239
- 1.2 使用氰化物的历史 — 239
- 1.3 氰化物的毒性效应 — 240
- 1.4 历史上的氰化物中毒事件 — 241
- 1.5 氰化物的检测与使用限制 — 244
- 1.6 氰化物中毒的救治 — 244

2 无机类杀鼠剂 — 245
- 2.1 磷化锌 — 245
- 2.2 硫酸铊 — 246
- 2.3 碳酸钡 — 247

3 无机化合物 — 248
- 3.1 氨及铵化合物 — 248
- 3.2 尿素 — 248
- 3.3 氯化钠 — 251
- 3.4 氯化钾 — 253
- 3.5 羰基镍 — 254

4 无机盐类 — 255
- 4.1 草酸及草酸盐 — 255
- 4.2 氯酸盐和次氯酸盐 — 256
- 4.3 硝酸盐和亚硝酸盐 — 257

5 无机化工原料 — 261
- 5.1 叠氮化钠 — 261
- 5.2 氟化氢 — 262

6 无机药物 — 263
- 6.1 甘汞与儿童"肢端疼痛症" — 263
- 6.2 硫酸铜 — 263

第 17 卷　有毒有机化合物

卷首语

1 人工合成的毒物 — 267
- 1.1 人工合成的毒物种类 — 267
- 1.2 人工合成毒物：典型的毒药 — 268
- 1.3 人工合成毒物的危害与管理 — 269

2 有机化合物：药品 — 270
- 2.1 麻醉药：氯仿 — 270
- 2.2 镇痛药：阿司匹林 — 271
- 2.3 士的宁：痉笑的毒药 — 272
- 2.4 β-兴奋剂：盐酸克仑特罗 — 273

3 有机化合物：农药 — 276
- 3.1 剧毒农药 — 276
- 3.2 有机磷杀虫剂 — 276
- 3.3 有机氯杀虫剂 — 278

4 有机类杀鼠剂 — 280
- 4.1 有机氟杀鼠剂：氟乙酰胺 — 280
- 4.2 含氮杂环类杀鼠剂：毒鼠强 — 280

5 除草剂 282
　　5.1 除草剂及其危害 282
　　5.2 百草枯：限制使用的毒剂 283
6 有机化学品与化工原料 285
　　6.1 苯：芳香杀手 285
　　6.2 苯酚 287
　　6.3 双酚 A 288
　　6.4 多氯联苯 289
　　6.5 三丁基锡：鲸鱼搁浅的祸根 290
　　6.6 氯化萘与角化过度症 291
　　6.7 异氰酸甲酯：博帕尔的悲剧 293
　　6.8 磷酸三甲苯酯 293
　　6.9 二甘醇 295
7 化学致癌物 296
　　7.1 致癌物与化学致癌物 296
　　7.2 化学致癌的研究历史 296
　　7.3 对人类的致癌性证据程度充分的致癌物 298

第 18 卷　成瘾与致幻之毒
卷首语
1 成瘾毒物与社会病 303
　　1.1 成瘾性与成瘾医学 303
　　1.2 毒品的非法滥用 305
　　1.3 致幻剂：诱发梦幻的毒物 307
　　1.4 成瘾之毒与社会病 308
2 依赖性药物 309
　　2.1 哌替啶和苯哌利定 309
　　2.2 芬太尼 309
　　2.3 瑞芬太尼 310
　　2.4 二氢埃托啡 310
　　2.5 纳布啡 311
　　2.6 曲马多 311
3 违法滥用的毒品 312
　　3.1 鸦片 312
　　3.2 吗啡 314
　　3.3 海洛因 315
　　3.4 可卡因 317
　　3.5 大麻 319
　　3.6 甲基苯丙胺（冰毒） 322
4 新型化学合成毒品 324

　　4.1 三唑仑 324
　　4.2 氟硝安定 325
　　4.3 γ-羟丁酸 325
5 酒精依赖及其危害 327
　　5.1 酒精与酒精依赖 327
　　5.2 酒精依赖之成因 328
　　5.3 酒精依赖的危害 329
6 烟草及其成瘾性 331
　　6.1 烟草与吸烟的历史 331
　　6.2 成瘾物质：尼古丁 334
　　6.3 戒除烟瘾的良方 335
7 上瘾的物品 336
　　7.1 咖啡 336
　　7.2 槟榔 338
　　7.3 樟脑 340
　　7.4 卡特 341
　　7.5 依赖性溶剂 343
8 诱发致幻之毒 344
　　8.1 诱发致幻的毒蘑菇 344
　　8.2 诱发致幻的植物 345
　　8.3 含致幻植物的制剂 347
　　8.4 麦角酸二乙基酰胺 349
　　8.5 摇头丸 350

第 19 卷　有毒气体与生化战剂
卷首语
1 有毒气体与生化战剂 353
　　1.1 有毒气体及其种类 353
　　1.2 战争中使用的有毒气体 354
　　1.3 生物战剂与生物战 355
2 无机化学气体 357
　　2.1 一氧化碳 357
　　2.2 氮氧化物 359
　　2.3 硫化氢 361
　　2.4 二氧化硫 362
　　2.5 氨气 364
　　2.6 硫酸二甲酯 365
　　2.7 氟化氢 366
3 有机化学气体 367
　　3.1 甲醛 367

3.2 乙烯	368
3.3 四氟乙烯	369
4 用于战争的生物毒剂	370
4.1 古近代生物战剂	370
4.2 现代生物战剂	371
4.3 炭疽毒素	371
4.4 肉毒毒素	372
4.5 葡萄球菌肠毒素 B	372
4.6 产气荚膜梭菌毒素	373
4.7 T-2 毒素	373
4.8 蓖麻毒素	373
4.9 石房蛤毒素	374
5 神经性毒剂	375
5.1 维埃克斯	375
5.2 沙林	376
5.3 梭曼	377
5.4 塔崩	378
6 糜烂性毒剂	380
6.1 芥子气	380
6.2 路易氏气	381
7 窒息性毒剂	383
7.1 光气	383
7.2 双光气	384
7.3 氯气	385
8 氰类毒剂：氰化氢	387
9 非致死性化学战剂	388
9.1 失能剂：毕兹	388
9.2 刺激剂	389
9.3 植物杀伤剂	390

第20卷 生态毒物

卷首语

1 生态毒物与生态毒理学	395
1.1 生态毒物及其来源	395
1.2 生态毒物的循环与迁移	396
1.3 研究生态毒物的生态毒理学	398
2 持久性有机污染物	400
2.1 持久性有机污染物的兴衰史	400
2.2 滴滴涕引发的灾难	402
2.3 二噁英：健康杀手	404
3 生态毒物的危害	406
3.1 甲基汞	406
3.2 抗生素	407
3.3 含磷洗衣粉	410
3.4 含铅汽油	411
3.5 融雪剂	413
3.6 汽车尾气污染	415
4 危害动物的微生态毒物	417
4.1 微生态系统与毒性机制的形成	417
4.2 马属动物土霉素中毒	417
4.3 反刍动物过食谷物中毒	419
4.4 糖类与动物中毒	420
5 生态系统的二次中毒	421
5.1 人的二次中毒	421
5.2 动物的二次中毒	421
5.3 利用二次中毒原理诱杀毒蛇	423

第三册 毒性大案

序

第21卷 毒物恐怖案
卷首语

1 恐怖主义与投毒恐怖 ... 003
    1.1 历史上的恐怖活动及其应对 ... 003
    1.2 生化毒物恐怖的危害与处置 ... 007
    1.3 记述和应对毒物恐怖的专著 ... 009

2 美国"泰诺恐慌案" ... 012
    2.1 事件经过 ... 012
    2.2 事件处置 ... 013
    2.3 事件调查 ... 014
    2.4 社会评述 ... 015

3 日本毒糖果敲诈恐怖案 ... 016
    3.1 固力果食品公司绑架投毒事件 ... 016
    3.2 格里克森永公司被恐吓投毒事件 ... 018
    3.3 森永公司毒糖果事件 ... 019
    3.4 事件影响 ... 020

4 中国台湾毒蛮牛恐怖案 ... 021
    4.1 事件经过 ... 021
    4.2 事件处置 ... 021
    4.3 案情真相 ... 022
    4.4 事件影响 ... 023

5 日本东京地铁沙林毒气恐怖案 ... 024
    5.1 事件经过 ... 024
    5.2 事件真相 ... 025
    5.3 事件处置 ... 026
    5.4 法庭审判 ... 027
    5.5 事件影响 ... 028

6 美国毒物邮件恐怖案 ... 029
    6.1 美国炭疽邮件恐怖案 ... 029
    6.2 美国蓖麻毒素邮件恐怖案 ... 034

7 特别恐怖谋杀案 ... 036
    7.1 美国谋杀橡树案 ... 036
    7.2 智利葡萄含氰化物恐怖事件 ... 037

第22卷 施用毒物自杀案
卷首语

1 施用毒物自杀的历史 ... 041
    1.1 古代的赐死及其类型 ... 041
    1.2 中国古代君主专制社会的赐死制度 ... 041
    1.3 神意裁判：毒审与赐毒自杀 ... 042
    1.4 近现代自杀与服毒自杀案件分析 ... 045

2 历史上赐毒自杀案例 ... 049
    2.1 古希腊哲学家苏格拉底之死 ... 049
    2.2 秦始皇时期著名将领蒙恬吞药自杀 ... 051
    2.3 中国南宋将领岳飞被赐鸩遇害始末 ... 053
    2.4 朝鲜王朝政治家赵光祖被赐毒未死 ... 054
    2.5 德国元帅隆美尔反希特勒被赐毒身亡 ... 055

3 古代施用毒物自杀事件 ... 058
    3.1 中国古代秦国相国吕不韦饮鸩之死 ... 058
    3.2 以毒蛇噬胸自尽的埃及艳后之死 ... 060

4 服毒自杀的典型案例 ... 063
    4.1 德国化学家维克托·梅耶之死 ... 063
    4.2 第二次世界大战头号战犯希特勒服毒身亡 ... 064
    4.3 纳粹刽子手逃亡中希姆莱服毒自杀 ... 067
    4.4 朝鲜女特工金贤姬服毒自杀内幕 ... 069
    4.5 英国电视女主持人保拉·耶茨服毒自杀 ... 072

5 集体服毒自杀案 ... 073
    5.1 美国邪教"人民圣殿教"集体服毒自杀案 ... 073
    5.2 320名纳粹女军官服毒自尽始末 ... 076
    5.3 日本网上相约集体自杀案 ... 077

第23卷 毒杀大案
卷首语

1 毒物谋杀的历史 ... 081
    1.1 用于毒杀的毒物 ... 081
    1.2 投毒与下毒的法律释义 ... 084
    1.3 古代的毒物谋杀 ... 085

1.4 中世纪欧洲的毒杀案	085	
1.5 近代的毒杀案	088	
1.6 20世纪以来的现代毒杀案	090	

2 中国古代宫廷毒杀案 092
 2.1 战国后期的用毒 092
 2.2 两汉时期宫廷用毒案例 093
 2.3 魏晋南北朝时期的政治斗争和下毒 094

3 古罗马帝国宫廷毒杀案 097
 3.1 莉维娅毒死奥古斯都案 097
 3.2 阿克利碧娜谋杀案 098
 3.3 罗马国君尼禄毒杀胞弟案 099

4 投毒谋杀典型案例 100
 4.1 马德琳·史密斯谋杀案 100
 4.2 美国罗伯特·布坎南投毒案 102
 4.3 英国塞登谋杀案 104
 4.4 美国伊娃·拉柏林毒杀案 106
 4.5 英国约翰·阿姆斯特朗案 107
 4.6 日本驻南京总领馆毒酒事件 109
 4.7 中国平陆砷中毒案 111
 4.8 伦敦毒伞案：马尔科夫之死 114
 4.9 英国哈罗德·希普曼谋杀案 116
 4.10 被"钚"暗杀：利特维年科之死 118

5 下毒谋杀典型案例 119
 5.1 托法娜与史帕拉下毒案 119
 5.2 威廉·帕尔默下毒谋杀案 120
 5.3 格雷厄姆·杨下毒案 122
 5.4 英国玛莉·布兰迪杀父案 123
 5.5 哈维·克里平杀妻案 124
 5.6 英国阿姆斯特朗杀妻案 125
 5.7 英国苏珊·巴伯毒杀丈夫案 127
 5.8 旅美华裔女李天乐下毒杀夫案 128

6 毒杀骗保案 131
 6.1 美国尼克尔杀夫骗保案 131
 6.2 日本和歌山投毒骗保案 134
 6.3 美国砒霜毒死丈夫骗保案 138
 6.4 中国煤气毒杀妻子骗保案 139
 6.5 美国"黑寡妇"为保险金毒杀丈夫、情郎案 140

第24卷 食物中毒案

卷首语

1 食物中毒的历史 145
 1.1 古今食物中毒的演进 145
 1.2 食物中毒的案发特点 146
 1.3 世纪之交的食品安全事件 149

2 细菌性食品中毒事件 154
 2.1 日本大肠杆菌O157:H7中毒事件 154
 2.2 法国牛肉李斯特菌中毒事件 155
 2.3 日本雪印牛奶金葡菌中毒案 155
 2.4 巴基斯坦"毒奶"中毒事件 158
 2.5 西班牙烤鸡污染中毒事件 159
 2.6 泰国发生肉毒素中毒事件 159
 2.7 美国"毒菠菜"事件 160
 2.8 智利嗜盐菌食物中毒 161
 2.9 约旦食物被污染中毒事件 162
 2.10 日本"问题大米"事件 162
 2.11 新加坡集体食物中毒事件 163
 2.12 美国"花生酱"事件 164
 2.13 美国沙门菌鸡蛋事件 165
 2.14 日本广岛发生千人中毒事件 166

3 食品添加剂引发中毒事件 167
 3.1 日本森永奶粉含砷中毒案 167
 3.2 中国广东河源"瘦肉精"中毒案 170
 3.3 中国三鹿奶粉含三聚氰胺中毒案 172
 3.4 中国台湾地区"塑化剂"案 175

4 含毒食品中毒事件 180
 4.1 西班牙假橄榄油含苯胺中毒案 180
 4.2 日本"毒饺子"中毒案 182
 4.3 泰国食河豚中毒事件 185
 4.4 新西兰有毒蜂蜜中毒案 186
 4.5 也门含毒卡特中毒事件 186
 4.6 安哥拉含溴化物的食盐中毒事件 187

5 食品被化学品污染中毒案 188
 5.1 中国桂花糕点中毒案 188
 5.2 中国猪油有机锡污染中毒案 190

6 21世纪校园食品中毒案例 192
 6.1 2005年菲律宾小学食物中毒事件 192
 6.2 2005年中国海南学生"油豆角"中毒事件 193
 6.3 2008年俄罗斯布拉茨克儿童中毒事件 194
 6.4 2010年新加坡体育学校学生食物中毒事件 194

7 饮料及饮用水不安全事件 … 196
- 7.1 1886—1903年可口可乐含可卡因 … 196
- 7.2 比利时可口可乐被杀真菌剂污染事件 … 197
- 7.3 印度可口可乐检出农药事件 … 198

第25卷 药物与农药中毒案
卷首语
1 药物中毒与药品不良反应 … 201
- 1.1 药物中毒的诸多因素 … 201
- 1.2 药品不良反应与药品不良事件 … 202
- 1.3 药害事件与药物灾害 … 203

2 重大药物与化学药品中毒案 … 204
- 2.1 英国对乙酰氨基酚中毒事件 … 204
- 2.2 中国四咪唑引发迟发性脑病事件 … 205
- 2.3 中国株洲"梅花K"中毒案 … 205
- 2.4 中国山西小学生碘丸中毒事件 … 208
- 2.5 日本达菲中毒事件 … 208
- 2.6 巴基斯坦止咳糖浆中毒事件 … 210
- 2.7 印度儿童叶酸片中毒 … 211
- 2.8 中国深圳正己烷中毒事件 … 211

3 药物溶剂二甘醇中毒案 … 213
- 3.1 历史上的二甘醇中毒案 … 213
- 3.2 阿根廷蜂胶中毒事件 … 214
- 3.3 中国齐齐哈尔亮菌甲素假药中毒案 … 215

4 药品不良反应案例 … 220
- 4.1 中国哈尔滨"欣弗"不良反应事件 … 220
- 4.2 巴基斯坦免费药物不良反应事件 … 221

5 药物被污染中毒案 … 223
- 5.1 尼日利亚止痛退热药中毒案 … 223
- 5.2 印度儿童注射被污染的维生素A中毒 … 223
- 5.3 美国类固醇注射剂污染案 … 223

6 农药与农药污染中毒案 … 225
- 6.1 中国河北省藁城的农药中毒 … 225
- 6.2 哥伦比亚农药中毒事件 … 225
- 6.3 柬埔寨进口蔬菜农药残留中毒事件 … 225
- 6.4 印度农药污染中毒事故 … 226

7 重大中药毒性案例及其争议 … 227
- 7.1 比利时减肥中药中毒事件 … 227
- 7.2 日本的小柴胡汤中毒事件 … 227
- 7.3 新加坡发布黄连毒性法令 … 228
- 7.4 美国麻黄听证会提出建议 … 228

第26卷 毒酒中毒案
卷首语
1 毒酒中毒案及其危害 … 231
- 1.1 食用酒、假酒与毒酒案 … 231
- 1.2 毒酒中毒案造成的危害 … 233

2 酒中掺入甲醇的中毒案 … 238
- 2.1 1950年美国亚特兰大假酒中毒案 … 238
- 2.2 1972年印度新德里毒酒中毒案 … 238
- 2.3 1986年中国贵阳含甲醇酒中毒案 … 238
- 2.4 1993年四川什邡县含甲醇假酒中毒事件 … 239
- 2.5 1996年肯尼亚假酒中毒案 … 239
- 2.6 1996年中国云南省会泽县假酒中毒案 … 240
- 2.7 1998年中国山西朔州假酒中毒案 … 241
- 2.8 2000年孟加拉国毒酒中毒案 … 242
- 2.9 2000年萨尔瓦多甲醇中毒案 … 243
- 2.10 2000年巴西毒酒中毒案 … 243
- 2.11 2000年肯尼亚假酒中毒案 … 243
- 2.12 2001年爱沙尼亚毒酒中毒事件 … 244
- 2.13 2001年印度尼西亚饮自酿酒中毒案 … 245
- 2.14 2003年中国云南元江"12·7"假酒中毒案 … 245
- 2.15 2004年哥伦比亚假酒中毒案 … 246
- 2.16 2004年中国广州假白酒中毒案 … 246
- 2.17 2005年斯里兰卡私酿酒中毒案 … 247
- 2.18 2005年肯尼亚私酿酒添加甲醇中毒案 … 248
- 2.19 2006年尼加拉瓜假酒中毒案 … 248
- 2.20 2007年蒙古国含甲醇伏特加酒中毒案 … 249
- 2.21 2009年印度尼西亚假酒中毒案 … 249
- 2.22 2009年乌干达甲醇假酒中毒案 … 250
- 2.23 2010年印度尼西亚村庄假酒中毒案 … 250
- 2.24 2010年肯尼亚含甲醇酒中毒案 … 250
- 2.25 2011年土耳其酒中毒案 … 251
- 2.26 2011年乌干达假酒中毒案 … 251
- 2.27 2011年印度西孟加拉邦假酒中毒事件 … 251
- 2.28 2012年捷克甲醇中毒案 … 252
- 2.29 2013年利比亚毒酒中毒案 … 253

3 酒中掺入工业酒精的中毒案 … 254
- 3.1 1998年肯尼亚"凯茅耀"假酒中毒案 … 254
- 3.2 2002年马达加斯加毒酒中毒案 … 254

3.3 2006年俄罗斯假酒中毒案	255	
3.4 2007年孟加拉国酒精中毒案	256	
3.5 2008年萨尔瓦多集体酒精中毒案	256	
3.6 2009年印度假酒中毒案	257	
3.7 2010年孟加拉国酒精中毒案	257	
3.8 2011年海地酒精中毒案	258	
3.9 2012年柬埔寨酒精中毒案	258	
3.10 2012年印度奥迪萨邦假酒中毒案	258	
3.11 2013年印度劣质酒中毒案	259	

4 有毒啤酒与葡萄酒中毒案 260
    4.1 英国曼彻斯特含砷啤酒中毒案 260
    4.2 印度掺有木醇的啤酒中毒案 260
    4.3 阿根廷葡萄酒含甲醇中毒案 260
    4.4 土耳其茴香酒含甲醇中毒案 261

第27卷 贩毒大案与毒枭

卷首语

1 金三角贩毒集团及其大毒枭 265
    1.1 "金三角"鸦片大王坤沙 265
    1.2 缅甸"鸦片将军"：罗兴汉 268

2 哥伦比亚贩毒集团及其大毒枭 271
    2.1 麦德林卡特尔贩毒集团首脑：巴勃罗·埃斯科瓦尔 271
    2.2 卡利贩毒集团头目希尔韦托·罗德里格斯 274
    2.3 北方卡特尔贩毒集团头目迭戈·蒙托亚 276

3 墨西哥贩毒集团及其大毒枭 278
    3.1 锡那罗亚贩毒集团头目乔奎恩·古兹曼 278
    3.2 华莱士贩毒集团头目：阿马多·卡里略·富恩特斯 280

4 美国破获的贩毒大案 281
    4.1 美国破获边境贩毒大案 281
    4.2 美国破获特大贩毒集团 282
    4.3 美国破获校园贩毒案 282
    4.4 美国海岸警卫队查获7吨可卡因 284
    4.5 美国破获跨国贩毒案 284
    4.6 美国破获一国际贩毒网络 285

5 中国破获贩毒、走私与制造毒品案 286
    5.1 2006—2008中国十大毒品案 286
    5.2 中国缉捕制造毒品犯林棋桐 288
    5.3 中国内地与香港警方破获制售冰毒案 290
    5.4 中国与俄罗斯侦破跨国贩毒案 290
    5.5 中国破获"3·30"国际贩毒案 292
    5.6 中国台湾破获货机走私毒品案 293

6 其他国家贩毒大案及其毒枭 294
    6.1 意大利毒王：路西亚诺 294
    6.2 意大利与美国缉捕跨国贩毒集团 295
    6.3 玻利维亚可卡因大王苏亚雷斯 296
    6.4 阿富汗鸦片王努尔扎伊 297
    6.5 阿富汗破获特大贩毒案 298
    6.6 英国拘捕贩毒集团头目莫汉·费尔罗克 299
    6.7 英国破获跨国贩毒案 299
    6.8 英国曼城机场查获贩毒案 300
    6.9 俄罗斯破获大型毒品案 300
    6.10 俄罗斯边防军破获特大贩毒案 300
    6.11 六国警方破获国际贩毒集团 301

第28卷 核走私及施毒杀人犯

卷首语

1 核材料和放射性物质的走私 305
    1.1 核材料走私屡禁不止 305
    1.2 核材料走私后果严重 307

2 核材料走私案 308
    2.1 哥伦比亚核材料走私案 308
    2.2 法国核材料走私案 309
    2.3 格鲁吉亚跨境核材料走私案 309
    2.4 格鲁吉亚核材料黑市走私案 310
    2.5 中国贫化铀"走私"案 311

3 投毒杀人犯 313
    3.1 法国女巫凯瑟琳·佛伊辛 313
    3.2 美国毒杀恶魔护士奥维尔·林恩·马约尔斯 315
    3.3 美国调制毒药杀人犯查尔斯·卡伦 315
    3.4 玛丽安娜·裘尔克专门毒杀病残儿童 316
    3.5 日本地铁毒气事件首犯麻原彰晃 317

4 战争施毒杀人犯 320
    4.1 纳粹女战犯凯特·哈克巴特 320
    4.2 纳粹德国罪犯：约翰·德扬尤克 322
    4.3 日军细菌战犯山田乙三 324
    4.4 日军细菌战犯石井四郎 326

第29卷 名人意外中毒事件

卷首语

1 意外中毒离世的名人 333
- 1.1 古罗马百科全书作家普林尼之死 333
- 1.2 法国作家埃米尔·左拉之死 334
- 1.3 制片人史蒂夫·艾尔文之死 336
- 1.4 格鲁吉亚总理日瓦尼亚之死 338
- 1.5 美国著名流行歌星杰克逊之死 338

2 在工作岗位殉职的科学家 341
- 2.1 化学家舍勒 341
- 2.2 美国毒理学家卡伦·维特汗 342
- 2.3 法国毒物学家卢辛 343

3 酗酒吸烟成瘾早逝的名人 344
- 3.1 中国古代著名诗人李白之死 344
- 3.2 法国作家巴尔扎克死于咖啡中毒 344
- 3.3 死于吸烟的英国国王爱德华七世 346
- 3.4 美国文学家爱伦坡和福克纳之死 347
- 3.5 美国小说家菲茨杰拉德酗酒早逝 348
- 3.6 前苏联瓦西里将军酗酒之死 349
- 3.7 英国女歌手艾米·怀恩豪斯之死 349

第30卷 历史中毒悬案

卷首语

1 帝王之死 353
- 1.1 古马其顿亚历山大大帝之死 353
- 1.2 中国唐太宗李世民之死 355
- 1.3 中国元太祖成吉思汗之死 356
- 1.4 中国清代皇帝雍正之死 358
- 1.5 中国清代光绪帝之死 361
- 1.6 英王乔治三世之死 362
- 1.7 法国皇帝拿破仑之死 363
- 1.8 朝鲜李熙皇帝之死 366
- 1.9 土耳其总统厄扎尔之死 367

2 思想家与政治家之死 370
- 2.1 中国古代法家韩非之死 370
- 2.2 中国民族英雄郑成功之死 372
- 2.3 智利外交官聂鲁达之死 374

3 科学家与探险家之死 377
- 3.1 中国发明家蔡伦之死 377
- 3.2 英国科学家牛顿之死 379
- 3.3 英国探险家约翰·富兰克林之死 380
- 3.4 美国探险队队长查尔斯·弗朗西斯·霍尔之死 384

4 文学艺术家之死 387
- 4.1 中国书法家王羲之之死 387
- 4.2 德国作曲家贝多芬之死 389
- 4.3 英国小说家简·奥斯汀之死 391
- 4.4 荷兰画家凡·高之死 393

5 历史人物之死 395
- 5.1 中国西汉轪侯夫人辛追之死 395
- 5.2 意大利大公弗朗切斯科·德·美第奇之死 396

第四册 毒性灾害史

序

第31卷 地球化学灾害

卷首语

1 地球化学灾害史 003
- 1.1 地理环境引发的地方病 003
- 1.2 地球化学与医学地质地理学的贡献 005

2 地方性砷灾害 008
- 2.1 全球性砷暴露 008
- 2.2 孟加拉国的砷灾难 010
- 2.3 中国地方性砷中毒 013

3 地方性氟中毒 016
- 3.1 地方性氟中毒的发现 016
- 3.2 印度的地方性氟中毒 019
- 3.3 中国的地方性氟中毒 021

4 火山喷泻毒性事件 025
- 4.1 火山喷泻与火山有毒气体 025

4.2 历史上的火山毒性事件	026	1.2 煤炭造成的大气污染	069
4.3 喀麦隆火山湖喷泻毒气事件	030	1.3 石油出现以后的大气污染	070
5 极端地理环境引发的毒性事件	034	1.4 大气污染引发的灾害	070

第32卷 矿难与煤气泄漏灾害

卷首语

1 矿难与煤气泄漏的历史	039
1.1 矿难及其成因	039
1.2 历史上的矿难与危害	040
1.3 油气田开发中的井喷事故	041
1.4 煤气泄漏灾难	042
1.5 人类与矿难的斗争史	042
2 历史上重大煤矿瓦斯爆炸事故	044
2.1 美国与南美洲重大煤矿瓦斯爆炸事故	044
2.2 欧洲重大煤矿瓦斯爆炸事故	049
2.3 亚洲重大煤矿瓦斯爆炸事故	052
2.4 大洋洲与非洲重大煤矿瓦斯爆炸事故	056
3 油气田发生的有毒气体井喷事故	057
3.1 1993年河北赵48油井硫化氢井喷事故	057
3.2 1996年美国帕克代尔气井硫化氢井喷事故	057
3.3 1998年四川温泉气井天然气窜漏事故	057
3.4 2003年重庆油井硫化氢井喷事故	058
4 重大煤气（天然气）泄漏事件	060
4.1 1844年美国东俄亥俄煤气公司煤气罐爆炸事件	060
4.2 1984年墨西哥液化石油气站爆炸事件	060
4.3 1989年法国天然气公司天然气库泄漏事件	061
4.4 1992年墨西哥瓜达拉哈拉市煤气爆炸事件	061
4.5 1995年韩国大邱地铁煤气管道爆炸事件	063
4.6 1998年中国西安液化石油气储罐爆炸事件	063
4.7 2002年俄罗斯莫斯科煤气泄漏爆炸事件	064
4.8 2003年印度瓦斯爆炸塌楼事件	065

第33卷 大气污染灾害

卷首语

1 大气污染的历史	069
1.1 工业革命前的大气污染	069

2 20世纪著名的大气污染灾害	074
2.1 比利时马斯河谷烟雾事件	074
2.2 美国洛杉矶光化学烟雾事件	075
2.3 美国多诺拉烟雾事件	078
2.4 英国伦敦烟雾事件	080
2.5 日本四日市哮喘事件	084
2.6 雅典"紧急状态事件"	086
3 酸雨：空中的死神	087
3.1 酸雨的发现	087
3.2 酸雨的形成	089
3.3 酸雨的危害	090
3.4 酸雨危害的扩张与控制	091
4 雾霾灾害	093
4.1 雾霾及其危害与影响	093
4.2 2013年亚洲的雾霾	093
5 治理大气污染灾害的历史经验	096
5.1 洛杉矶：治理光化学烟雾50年	096
5.2 伦敦：治理雾都的历史	109
5.3 德国："空气清洁与行动计划"	101
5.4 芬兰：治理雾霾的两个典型	102

第34卷 水污染灾害

卷首语

1 水污染的历史	107
1.1 水中的毒物	107
1.2 地下水的污染	110
1.3 历史上重大水污染事件	112
1.4 水污染的防控	114
2 日本含镉废水污染事件：日本"痛痛病"	116
2.1 事件经过	116
2.2 事件原因	117
2.3 事件处置	119
2.4 社会影响与历史意义	122
3 日本含汞废水污染事件："水俣病"	124
3.1 熊本含汞废水污染事件经过	124
3.2 新潟含汞废水污染事件经过	126
3.3 事件原因	126
3.4 事件处置	127

3.5 社会影响与历史意义	129	
4 瑞士巴塞尔化学品污染莱茵河事件	**131**	
4.1 事件经过	131	
4.2 事件处置	132	
4.3 社会影响与历史意义	133	
5 罗马尼亚金矿泄漏污染蒂萨河事件	**134**	
5.1 事件经过	134	
5.2 事件处置	135	
5.3 社会影响	137	
6 中国苯胺泄漏污染松花江事件	**139**	
6.1 事件经过	139	
6.2 事件原因	140	
6.3 事件处置	141	
6.4 社会影响与历史意义	142	
7 中国台湾含镉废水污染事件：镉米事件	**143**	
7.1 20世纪80年代桃园县镉米事件	143	
7.2 2001年彰化县镉米事件	143	
7.3 事件处置	144	
7.4 社会影响	145	
8 美国落基山兵工厂地下水污染及其改造	**146**	
8.1 兵工厂污染地下水灾害的治理	146	
8.2 落基山兵工厂旧址的改造	147	
9 加拿大詹姆斯湾水电站的汞污染	**149**	
9.1 詹姆斯湾水电站工程概况	149	
9.2 水库蓄水引发的汞污染事件	149	
9.3 水电站工程带来人文社会问题	151	

第35卷 化学毒物泄漏灾害

卷首语

1 有毒危险化学品泄漏及其危害	**155**
1.1 有毒危险化学品泄漏致灾	155
1.2 危险化学品泄漏之成因	156
1.3 有毒危险化学品泄漏的危害	157
1.4 有毒危险化学品泄漏的处置	157
2 印度博帕尔毒剂泄漏灾难	**159**
2.1 博帕尔农药厂	159
2.2 事件经过	160
2.3 事件原因	161
2.4 事件处置	161
2.5 诉求与诉讼	162
2.6 社会影响与历史意义	164

3 氰化物泄漏事件	**166**
3.1 中国台湾高雄工厂氰化氢泄漏事件	166
3.2 日本东京氰化钠泄漏事件	166
3.3 中国山东淄博氰化钠泄漏事件	166
3.4 圭亚那阿迈金矿尾矿坝垮塌事件	167
3.5 巴布亚新几内亚氰化钠污染事件	168
3.6 中国陕西丹凤氰化钠泄漏事件	168
3.7 中国河南洛河氰化钠泄漏事件	170
3.8 荷兰氢氰酸和一氧化碳泄漏事件	172
4 甲醇泄漏事件	**173**
4.1 中国兰州西固两车追尾甲醇泄漏事件	173
4.2 中国濮阳车辆追尾致甲醇泄漏事件	174
4.3 中国新疆巴州甲醇泄漏事件	175
4.4 中国延安车祸致甲醇泄漏事件	175
4.5 中国保定甲醇罐车泄漏事件	176
4.6 美国4-甲基环己烷甲醇泄漏事件	177
5 工厂发生的化学泄漏事件	**179**
5.1 美国农药厂有机毒物泄漏事件	179
5.2 前苏联天然气炼厂毒气泄漏事件	179
5.3 墨西哥国营杀虫剂厂发生爆炸中毒事件	179
5.4 中国广东湛江毒气泄漏事件	179
5.5 日本山口毒气泄漏事件	180
5.6 中国南昌氯气泄漏事件	180
5.7 中国兰州毒气泄漏事件	181
5.8 墨西哥化学厂爆炸中毒事件	181
5.9 泰国工厂氯气泄漏事件	181
5.10 韩国龟尾市氢氟酸泄漏事件	182
5.11 其他工厂化学品泄漏事件	183
6 非工厂发生的化学泄漏事件	**185**
6.1 印度新德里市郊氯气泄漏事件	185
6.2 荷兰货船环氧氯丙烷泄漏事件	185
6.3 美国列车脱轨有毒蒸气泄漏事件	185
6.4 中国陕西汉中氯气泄漏事件	186
6.5 中国湖北省枣阳市氯气泄漏事件	186
6.6 中国贵阳毒气泄漏事件	186
6.7 中国四川遂宁液氯泄漏事件	187
6.8 中国陕西杨凌氯气泄漏事件	187
6.9 巴西火车山轨化学泄漏事件	188
6.10 中国浙江平阳液氯钢瓶爆炸事件	188
6.11 中国齐齐哈尔氯气槽罐泄漏事件	188

6.12 伊朗装有燃料和化学品列车爆炸事件	189	
6.13 中国福建化学气体泄漏事件	190	
6.14 中国重庆市氯气泄漏事件	191	
6.15 中国上海发生液氨泄漏事件	191	
6.16 中国一列车排出废气造成乘客中毒事件	192	
6.17 乌克兰列车出轨中毒事件	192	
6.18 保加利亚苯乙烯泄漏事件	193	
6.19 俄罗斯发生溴气泄漏中毒事件	193	

第36卷 核事件与核事故

卷首语

1 核事件与核事故 197
1.1 世界上的核电站 197
1.2 核事件与核事故的分级 197
1.3 全球发生的核事件与核事故 199
1.4 世界三大核事故类型比较 201

2 历史上核反应堆核事件与核事故 204
2.1 核反应堆发生的核事件 204
2.2 核反应堆发生的核事故 205
2.3 1957年英国温斯克尔反应堆事故 206

3 历史上核电站泄漏事件与核事故 208
3.1 2008年法国核电站两起泄漏事件 208
3.2 2011年美国西布鲁克核电站事件 209
3.3 2011年美国佩里核电站事件 209
3.4 1957—2004年核电站泄漏事故 210

4 美国三哩岛核电站事故 212
4.1 三哩岛核电站概况 212
4.2 事故经过 212
4.3 事故原因 213
4.4 事故处置 214
4.5 事故影响 214

5 前苏联切尔诺贝利核电站事故 216
5.1 切尔诺贝利核电站概况 216
5.2 事故经过 217
5.3 事故原因 218
5.4 事故处置 219
5.5 事故影响 220
5.6 历史的反思 222
5.7 事故的历史记述 222

6 日本福岛核电站事故 224
6.1 福岛核电站概况 224
6.2 事故经过 225
6.3 事故原因 226
6.4 事故处置 227
6.5 事故影响 228
6.6 历史的反思 230

7 核污染事件与核废料泄漏事件 231
7.1 1957—2008年核污染事件 231
7.2 1966年西班牙帕利玛雷斯村上空美机相撞核泄漏事件 231
7.3 巴西戈亚尼亚市核废料泄漏事件 232

8 核事件与核事故的历史思考 234
8.1 兴利避害：发展核能的争议焦点 234
8.2 关键在于消除发生核事故的因素 235
8.3 建立核事故的长期研究机制 236

第37卷 有毒生物灾害

卷首语

1 有毒生物灾害及其防治史 239
1.1 有毒生物引起的灾害 239
1.2 美国有毒植物研究历史 240
1.3 中国毒草灾害研究历程 241

2 有毒菌类灾害 244
2.1 中世纪欧洲的麦角中毒灾害 244
2.2 英国火鸡黄曲霉中毒事件 248
2.3 中国肉毒梭菌中毒事件 249
2.4 黑斑病甘薯中毒 251
2.5 镰刀菌毒素致脑白质软化症 252

3 有毒植物灾害 254
3.1 蕨属植物灾害 254
3.2 醉马芨芨草灾害 256
3.3 美国的疯草灾害 260
3.4 中国有毒棘豆与黄芪引发的灾害 262
3.5 山毛榉科栎属植物灾害 264
3.6 阿富汗天芥菜灾害 267

4 外来有毒生物入侵灾害 269
4.1 紫茎泽兰入侵灾害 269
4.2 大豕草入侵灾害 272
4.3 豚草入侵灾害 274
4.4 毒麦入侵灾害 275
4.5 杀人蜂入侵灾祸 277
4.6 海蟾蜍入侵灾害 279

4.7 火蚁入侵灾害	281
5 赤潮引发的灾害	283
5.1 赤潮：特殊的生物灾害	283
5.2 世界重大有毒赤潮事件	284
5.3 赤潮的成因	285
5.4 赤潮的危害	286
5.5 赤潮的治理	287
5.6 社会影响与历史意义	287

第38卷　药害与药物灾难

卷首语

1 药害与药物灾害	291
1.1 药害与药物不良反应	291
1.2 药害的类型及其成因	293
1.3 历史上的重大药物灾害	294
1.4 防范药害与药物灾害的对策	297
2 历史上最大的药害事件"反应停"灾难	299
2.1 事件经过	299
2.2 事件原因	301
2.3 事件处置	302
2.4 社会影响与历史意义	303
3 重大药害与药物不良反应事件	306
3.1 氨基比林与白细胞减少症	306
3.2 醋酸铊中毒引起脱发	307
3.3 减肥药二硝基酚引发白内障	307
3.4 非那西丁致严重肾损害	307
3.5 二碘二乙基锡与中毒性脑炎综合征	308
3.6 普拉洛尔的毒性反应	308
3.7 氯碘羟喹与亚急性脊髓视神经病	309
3.8 孕妇服用激素类药物引发的药害	309
3.9 替马沙星的不良反应事件	310
3.10 苯丙醇胺与脑中风	311
3.11 中国四咪唑药害事件	311
3.12 拜斯亭引起横纹肌溶解事件	311
3.13 巴基斯坦"免费药"不良反应事件	313
4 药理实验室的错误和事故	314
4.1 误用毒菌酿成"卡介苗"灾难	314
4.2 美国磺胺酏剂事件	317
4.3 隐瞒三苯乙醇的毒性引发白内障	319
5 含毒药的日用品引发的药物灾难	320
5.1 含硝酸银的抗菌消毒药导致"蓝色人"	320
5.2 含汞牙粉引发的"肢端疼痛症"灾难	320
5.3 含六氯酚爽身粉引发的药物灾难	323
6 农药引发的灾难	324
6.1 伊拉克西力生农药中毒事件	324
6.2 美国阿拉牌农药事件	326

第39卷　POPs与有毒废物污染灾害

卷首语

1 POPs污染引发的环境灾害	331
1.1 环境中存在的POPs	331
1.2 POPs的生态毒性与危害效应	332
1.3 历史上POPs污染引发的灾害	334
1.4 POPs污染的防控	335
2 日本米糠油多氯联苯污染事件	338
2.1 事件经过	338
2.2 事件原因	339
2.3 社会影响与历史意义	340
3 意大利塞韦索二噁英污染事件	341
3.1 事件经过	341
3.2 事件原因	342
3.3 事件处置	343
3.4 社会影响与历史意义	344
4 中国台湾米糠油多氯联苯污染事件	345
4.1 事件经过	345
4.2 事件原因	346
4.3 事件处置	346
4.4 社会影响	346
5 比利时鸡饲料二噁英污染事件	348
5.1 事件背景	348
5.2 事件经过	348
5.3 事件处置	349
5.4 社会影响	351
6 有毒废物污染的历史	352
6.1 有毒废物及其危害	352
6.2 有毒废物的污染转嫁	353
6.3 有毒废物引发的污染事件	354
6.4 处置有毒废物的新行业	357
7 美国拉夫运河填埋废物污染事件	358
7.1 事件经过	358
7.2 事件处置	359
7.3 社会影响与历史意义	360

8　西班牙有毒废料泄漏事件 　362
　　8.1　事件经过 　362
　　8.2　事件处置 　362
9　科特迪瓦有毒垃圾污染事件 　363
　　9.1　事件经过 　363
　　9.2　事件原因 　363
　　9.3　事件处置 　364
　　9.4　社会影响 　365
10　匈牙利有毒氧化铝废料污染事件 　366
　　10.1　事件经过 　366
　　10.2　事件原因 　367
　　10.3　事件处置 　367
　　10.4　社会影响与历史意义 　368

第 40 卷　其他突发毒性灾祸
卷首语
1　战争毒剂灾难 　371
　　1.1　意大利巴里港毒气爆炸灾难 　371
　　1.2　越南战争中的"橙剂"灾难 　374
　　1.3　日本冲绳美军毒气试验士兵健康受损事故 　377
　　1.4　美国化学武器库发生芥子气泄漏事件 　379
2　战争遗弃化学武器伤害事件 　380
　　2.1　日本遗弃芥子气桶引发中毒事件 　380
　　2.2　陕西榆林发现日军遗留毒气弹 　382
3　次生毒性事件 　384
　　3.1　火灾次生毒性事件 　384
　　3.2　酒厂起火熏醉消防员事件 　386
　　3.3　危险废物处置不当导致中毒事件 　388
　　3.4　水灾和地震引发的次生毒性灾害 　389
　　3.5　工业废气危害蚕桑生产事件 　390
　　3.6　尼日利亚金矿粉尘引发的铅污染事件 　390
4　沙尘暴引发的灾害与健康问题 　392
　　4.1　沙尘暴的成因与发源地 　392
　　4.2　历史上的沙尘暴事件 　393
　　4.3　沙尘暴对健康的危害 　396
　　4.4　历史经验与教训 　396
5　世界重大石油污染事故 　398
　　5.1　海域油船原油泄漏事故 　398
　　5.2　漏油事故的毒性效应及其防范 　399

第五册　毒理科学史

序
第 41 卷　毒理科学发展历程
卷首语
1　毒物与中毒催生毒理学的发展 　003
　　1.1　毒理科学的起源与历史演进 　003
　　1.2　毒物与中毒推动毒理学的发展 　004
　　1.3　历史上的动物中毒事件 　008
　　1.4　毒物引发的毒性灾害 　009
　　1.5　毒物与恐怖事件 　012
　　1.6　食物过敏：毒理学研究的新领域 　013
2　毒物与中毒推动毒理学的技术进步 　014
　　2.1　中世纪毒杀案推动检砷法的改进 　014
　　2.2　硫化氢：分析化学的基本试剂 　015
　　2.3　消灭有毒细菌的巴斯德消毒法 　015
　　2.4　防毒材料和器材的发明 　016
　　2.5　空气净化产品的三次改革 　017
　　2.6　砷中毒促进防砷过滤装置的改进 　017
　　2.7　箭毒的启示与新药的发明 　018
　　2.8　转基因技术开发无毒棉和抗虫棉 　019
3　毒理科学拓展的三次跨越与贡献 　020
　　3.1　分析毒理学将毒理学引入中毒案件的司法审理 　020
　　3.2　生态毒理学将毒理学引向自然界 　020
　　3.3　管理毒理学将毒理学引入立法与决策 　022
4　世界毒理科学的历史分期 　025
　　4.1　经典毒理科学的历史分期 　025
　　4.2　通史对毒理科学的历史分期 　027
　　4.3　毒理学研究领域扩展的历史分期 　029
　　4.4　毒理学历史分期的评说 　030
5　毒理学定义的完善与未来的科学地位 　031

- 5.1 经典毒理学：研究毒物的科学 031
- 5.2 现代毒理学：研究外源化学物和某些物理因素对机体有害作用的应用科学 032
- 5.3 未来毒理学：新型的生物科学与安全科学 033

6 "后9·11时代"与毒理科学的历史使命 035
- 6.1 "后9·11时代"与非传统安全问题 035
- 6.2 毒理学与毒理学家的历史使命 037

第42卷 古代对毒物的认知

卷首语

1 古代人类对毒物与中毒的认知 043
- 1.1 早期的毒物用于狩猎和医疗 043
- 1.2 神话集和古希腊史文献中的毒物 043
- 1.3 中毒在古代是常常遇到的事件 044
- 1.4 古代对毒物与畜禽中毒病的认识 044
- 1.5 古代人类有关毒物的发现 045

2 古代中国探知毒物的记载 047
- 2.1 中国古代的神农尝百草 047
- 2.2 东汉《言毒篇》：毒物的哲学解释 048
- 2.3 东汉记载的顶级毒药：鸩毒 049
- 2.4 中国文学作品中的"蒙汗药" 051
- 2.5 中国古代五毒与五红的传说 052
- 2.6 民族医药关于毒物的记载 053

3 中国先秦典籍记载的毒物与中毒 056
- 3.1 《山海经》有关毒物的记载 056
- 3.2 《尔雅》有关毒物的记载 057
- 3.3 《神农本草经》有关毒物的记载 058

4 中国古代中毒救治与预防 060
- 4.1 三代时期的医事与中毒救治 060
- 4.2 春秋战国时期的治毒保健 061
- 4.3 马王堆《五十二病方》 062
- 4.4 《金匮要略方论》记载的中毒救治 065

5 古代埃及记载的毒物 067
- 5.1 古埃及的埃伯斯医籍 067
- 5.2 利用"剧毒物"保护法老陵墓 067
- 5.3 研究毒物和用毒蛇自杀的埃及艳后 069

6 古代两河流域与古印度记载的毒物 071
- 6.1 古代两河流域的女医神古拉 071
- 6.2 印度诸神搅海的传说 071
- 6.3 古印度典籍中记载的毒物 072

7 古代希腊记载的毒物 073
- 7.1 乌头：来自古希腊地狱的毒物 073
- 7.2 古希腊记载的毒物与中毒 073

8 古代罗马记载的毒物 075
- 8.1 毒蛇与"蛇石"解毒的传说 075
- 8.2 古罗马历史上的毒物与中毒 075

第43卷 中世纪毒理学启蒙时期

卷首语

1 毒理学启蒙时期的特征及其意义 079
- 1.1 "毒物"定义的确立 079
- 1.2 药理学奠定了毒理学的发展基础 080
- 1.3 法医学对毒理学形成的推动作用 081
- 1.4 文艺复兴为毒理学启蒙创造了外部条件 081
- 1.5 启蒙时期毒理学的特征及其意义 082

2 中世纪：毒杀纷乱的时代 084
- 2.1 制毒与药毒不分的管理体制 084
- 2.2 中世纪意大利著名的下毒家族 085
- 2.3 毒杀犯罪从意大利蔓延到法国 086

3 中世纪毒药与中毒研究的兴起 087
- 3.1 毒药与中毒研究的兴起 087
- 3.2 毒物的科学分类与中毒的诊治 087
- 3.3 关注职业病产生的原因 090
- 3.4 中世纪阿拉伯毒物学 091

4 中国对毒物与中毒的研究及其贡献 092
- 4.1 东汉华佗应用"麻沸散"治病疗疾 092
- 4.2 隋代巢元方《诸病源候论》阐述中毒症候 094
- 4.3 唐代孙思邈《千金方》论述解毒方药 096
- 4.4 唐代王焘《外台秘要》的突出成就 098
- 4.5 宋代宋慈《洗冤集录》辨析中毒案情 099
- 4.6 宋代沈括《梦溪笔谈》警示毒物危害 100
- 4.7 明代李时珍《本草纲目》对毒理学的贡献 101
- 4.8 其他史料中记载的毒物与中毒 104

第44卷 近代毒理学的诞生

卷首语

1 近代毒理学的诞生与形成 109
- 1.1 近代毒理学成为一门独立学科 109
- 1.2 近代毒理学理论体系的形成 110
- 1.3 近代毒理学的完善与成熟 112

2 近代毒理学的主要成就 114
- 2.1 从无机到有机毒物分析的突破 114
- 2.2 化学方法用于毒物与中毒研究 114

2.3 提出毒物作用于靶器官的概念	115
2.4 阐明箭毒的中毒机制	115
2.5 一氧化碳与血红蛋白结合机制的研究	116
2.6 微生物毒素的研究取得进展	116

3 中国近代毒理学的研究进展与贡献 …… 117
  3.1 清代毒理学研究的重要特点 …… 117
  3.2 《辨证录·中毒门》及其贡献 …… 118
  3.3 清代毒理学与中毒检验救治记载 …… 121

4 具有里程碑意义的毒理学著作 …… 123
  4.1 奥尔菲拉的五部经典之作 …… 123
  4.2 毒物毒性研究的标志性专著 …… 124
  4.3 毒物分析与法医鉴定著作 …… 124
  4.4 中毒救治的著作 …… 125
  4.5 毒理学综合性论著与教科书 …… 126
  4.6 毒物管理及其他专著 …… 127

第45卷 现代毒理学的发展

卷首语

1 现代毒理学的形成与发展 …… 131
  1.1 生产发展的需要和推动 …… 131
  1.2 基础生物科学对毒理学的影响 …… 133
  1.3 立法促进毒理学的发展 …… 133
  1.4 第二次世界大战前后毒理学的飞跃 …… 135

2 俄罗斯现代毒理学的发展历程 …… 141
  2.1 俄罗斯现代毒理学的发展 …… 141
  2.2 俄罗斯毒理学的教育和培训 …… 143
  2.3 毒理学的学术交流与国际合作 …… 144
  2.4 毒物管理与中毒咨询研究机构 …… 145

3 中国现代毒理学的形成与发展 …… 147
  3.1 独具特色的中国现代毒理学 …… 147
  3.2 中国现代毒理学的三个发展阶段 …… 148
  3.3 中国现代毒理学的主要成果 …… 152
  3.4 中国现代毒理学的传播与交流 …… 159

4 现代毒理学的多学科性及其理论创新 …… 160
  4.1 毒理学的多学科性与职业分工 …… 160
  4.2 毒理学分支学科的取向与分类 …… 161
  4.3 靶器官与系统毒理学分支学科 …… 162
  4.4 应用毒理学的分支学科 …… 163
  4.5 新世纪毒理学的新兴分支学科 …… 164

5 具有里程碑意义的现代毒理学著作 …… 165
  5.1 毒理研究与中毒救治标志性专著 …… 166
  5.2 毒理学综合性论著与教科书 …… 167
  5.3 百科全书式的毒理学标志性专著 …… 172

第46卷 毒理科学教育与研究机构

卷首语

1 大学毒理学教育 …… 177
  1.1 大学毒理学教育 …… 177
  1.2 北美洲大学毒理学院系 …… 178
  1.3 欧洲国家大学毒理学院系 …… 179
  1.4 中国大学毒理学院系 …… 180
  1.5 毒理学继续教育与专家证书教育 …… 183

2 毒物史研究与毒理科学史教育 …… 187
  2.1 毒物史与毒理科学史的研究 …… 187
  2.2 毒理科学史与HPS教育的融合 …… 191

3 毒理学的公众教育与科学普及 …… 193
  3.1 毒理学的科普教育与社会合作 …… 193
  3.2 风格迥异的毒理学科普精品 …… 195

4 欧洲毒理学研究机构 …… 199
  4.1 欧洲生态毒理学与化学品毒理学中心 …… 199
  4.2 瑞典国家灾害毒理学中心 …… 199
  4.3 英国辐射化学和环境危害中心 …… 200
  4.4 法国陆军生物医学研究所 …… 200
  4.5 前苏联毒理学研究机构 …… 200
  4.6 波兰国家兽医研究院 …… 201

5 美洲毒理学研究机构 …… 202
  5.1 美国国家毒理学研究机构 …… 202
  5.2 美国农业部有毒植物研究实验室 …… 204
  5.3 美国军方医学研究中心 …… 206
  5.4 美国大学毒理学研究机构 …… 207
  5.5 美国企业和民间毒理学研究机构 …… 207
  5.6 巴西布坦坦研究所 …… 208

6 亚洲毒理学研究机构 …… 211
  6.1 中国科学院毒理学研究机构 …… 211
  6.2 中国大学毒理学研究机构 …… 212
  6.3 中国科研机构的毒理学研究所 …… 214
  6.4 中国公检法相关毒理学研究机构 …… 216
  6.5 中国军事科学院校毒理学研究机构 …… 217
  6.6 泰国毒蛇研究中心 …… 218
  6.7 日本国立水俣病综合研究中心 …… 220
  6.8 日本农林省家畜卫生实验场 …… 221

7 大洋洲和非洲的毒理学研究机构 …… 222

7.1 澳大利亚环境毒理学国家研究中心		222
7.2 澳大利亚联邦血清实验室		222
7.3 南非医学研究所		223
8 毒理学研究机构的研究论文产出比较		224
8.1 全球毒理学研究机构主要分布区域		224
8.2 主要国家毒理学研究机构研究论文水平比较		225

第47卷 毒理学的重大发现

卷首语

1 毒性作用的三大定律	229
1.1 第一定律：毒性与剂量相关	229
1.2 第二定律：毒物进入机体的途径决定毒性	229
1.3 第三定律：进入人体的毒物蓄积在一定的组织中	230
1.4 三大定律的内在联系：有毒物质的量与特性之间的关系	231
2 中毒机制的理论研究成果	233
2.1 中毒机制一般原理的研究成果	233
2.2 有机磷酶抑制理论	235
2.3 生物活化（毒化）理论	235
2.4 毒物的生物富集理论	238
2.5 毒理机制与分析方法的研究成果	240
3 毒理学的十大发现	244
3.1 反应停：手性药物毒性的发现	244
3.2 药品与毒品：成瘾性的发现	246
3.3 成瘾物质：尼古丁的发现	248
3.4 吸烟致癌的发现	250
3.5 己烯雌酚：影响子代健康	251
3.6 乙醇致发育毒性的发现	252
3.7 丙戊酸致出生缺陷的发现	252
3.8 化学致癌的发现	253
3.9 帕雷的发现与启示	254
3.10 酸雨的发现	255
4 毒性机制的表达与定义的创意	257
4.1 剂量-反应关系的数学表达	257
4.2 毒物的化学结构与毒性效应关系	259
4.3 毒理学若干定义的创意	260
4.4 毒物动力学：毒理学与数学结合的典范	262
5 毒理学测试方法的革新与贡献	263
5.1 马什测砷法的发明	263
5.2 毒物分析破解历史悬案的贡献	265
5.3 替代动物实验的体外模型	267
5.4 中毒流行病学方法及其应用	268

第48卷 解毒防毒技术创新

卷首语

1 探寻解毒药与解毒特性的历程	273
1.1 探寻解毒制剂的历程	273
1.2 特效解毒药的特定性	276
1.3 研究解毒剂的专著	277
2 传统药物与食品解毒机制的现代研究	279
2.1 中药"十八反"配伍禁忌的现代证实	279
2.2 毒性中药炮制减毒的现代证实	281
2.3 民间传统解毒食物的科学证实	283
3 重金属中毒解毒药的发明	286
3.1 重金属的解毒药：金属络合剂	286
3.2 金属硫蛋白的解毒功能	287
3.3 硒：重金属的天然解毒剂	288
4 螯合疗法与排毒解毒技术	289
4.1 螯合解毒疗法	289
4.2 钚螯合疗法	290
4.3 巴斯蒂安疗法	291
5 化学毒物的特效解毒药研发历史	292
5.1 有机磷杀虫剂中毒的解毒药：抗胆碱药与胆碱酯酶复能剂	292
5.2 有机氟中毒的解毒药：解氟灵	293
5.3 氰化物中毒的解毒药	294
5.4 高铁血红蛋白血症的解毒药	295
5.5 氯乙酸中毒的解毒剂：二氯乙酸	295
5.6 乙二醇中毒解毒剂：甲吡唑	296
5.7 双香豆素的解毒剂：维生素K	296
6 抗毒素与抗毒血清的发明	297
6.1 细菌抗毒素	297
6.2 植物抗毒素	300
6.3 抗蛇毒血清	301
6.4 其他动物毒素的抗毒血清	303
7 毒气解毒剂与防护技术的发明	304
7.1 毒气解毒剂的发明	304
7.2 防毒面具的发明与应用	305
7.3 毒素战剂的防护	310

8 戒毒与戒毒疗法 312
　　8.1 通用戒毒疗法及其预期 312
　　8.2 美沙酮维持疗法 313
　　8.3 中医针灸戒除毒瘾 315
　　8.4 海心安疗法 316
9 水体与空气污染的治理技术 317
　　9.1 淡水藻类毒素处理技术 317
　　9.2 紫根水葫芦干根粉净化重金属水体污染 318
　　9.3 植物净化居室空气污染 318
10 植物中有毒物质的防除技术 320
　　10.1 含毒食用植物的传统去毒方法 320
　　10.2 含毒饼粕饲料的脱毒技术 321
11 重金属污染土壤的生物修复 324
　　11.1 生物修复的历程 324
　　11.2 生物修复工程 325
　　11.3 植物修复 327

第49卷　信息化与中毒咨询业

卷首语
1 毒理学信息系统的发展历程 331
　　1.1 催生毒理学信息管理系统的报告 331
　　1.2 信息系统成为毒理学的组成部分 332
2 毒理学书刊与文献信息资源 333
　　2.1 毒理学专著的出版态势 333
　　2.2 综合期刊与毒理学文献 333
　　2.3 毒理学重要刊物 334
　　2.4 研究药物滥用的期刊 338
3 毒理学数据库与网站 340
　　3.1 国际组织网站的毒物信息资源 340
　　3.2 世界主要毒理学数据库与网站 340
　　3.3 毒理学网络书刊 343
　　3.4 吉尔伯特的毒理学博客 344
4 毒物与中毒咨询业的兴起与发展 346
　　4.1 毒物与中毒的威胁呼唤咨询业 346
　　4.2 全球中毒控制中心的发展 347
　　4.3 PCC 的组织机构及运行模式 349
　　4.4 21 世纪的毒物与中毒咨询业 350
5 毒物与中毒咨询机构 351
　　5.1 美国的中毒咨询机构 351
　　5.2 日本毒物咨询中心 353
　　5.3 俄罗斯毒理学信息和咨询中心 353
　　5.4 中国的中毒控制中心 354
　　5.5 泰国毒物咨询中心 355

第50卷　毒理学社团组织

卷首语
1 毒理学社团组织的发展 359
　　1.1 毒理学社团组织的概况 359
　　1.2 毒理学社团组织的积极贡献 361
2 国际性毒理学社团组织 364
　　2.1 国际毒素学会 364
　　2.2 国际法医毒理学家协会 367
　　2.3 国际毒理学联合会 368
　　2.4 其他国际毒理学学会（协会） 371
3 地区性毒理学社团组织 372
　　3.1 欧洲毒理学社团组织 372
　　3.2 亚洲毒理学会 373
　　3.3 美洲专业性毒理学社团组织 374
4 国家级毒理学社团组织 375
　　4.1 美国毒理学学会 375
　　4.2 美国毒理学委员会 377
　　4.3 美国兽医毒理学会 378
　　4.4 加拿大毒理学会 379
　　4.5 中国毒理学会 380
　　4.6 其他国家毒理学会（协会） 386
5 毒理科学史学会 388
　　5.1 美国毒理学会毒理学历史室 388
　　5.2 特雷斯特雷尔毒物学史学会 389
　　5.3 中国毒理学会毒理学史专业委员会 391
　　5.4 美国毒理学历史协会 395
6 与毒理学相关的社团组织 397
　　6.1 辐射防护与环境诱变剂协会 397
　　6.2 世界核医学与生物学联盟 399
　　6.3 亚太地区职业安全卫生组织 399
　　6.4 国际有害藻类研究学会 400
　　6.5 蛇伤防治学会 401
　　6.6 美国相关的毒理学会 402
　　6.7 中国相关的毒理学学组（分会） 405

第六册 毒理学分支学科史

序
第51卷 法医毒理学史
卷首语

1 法医学与法医毒理学
  1.1 世界法医学的发展史   003
  1.2 法医毒理学及其分支学科   006

2 法医毒理学的早期研究   007
  2.1 相关法律与规定   007
  2.2 中毒的医学检验   010
  2.3 中毒诊断与鉴定   013

3 法医毒理学的形成和发展   017
  3.1 16世纪法医毒理学的形成   017
  3.2 奥尔菲拉与法医毒理学   019
  3.3 从砷镜反应开始的法医毒物学   019
  3.4 克里斯泰森与法医毒理学   021
  3.5 英国厨娘之死与法医毒理学教育   022
  3.6 林几对中国法医毒理学的贡献   024
  3.7 法医毒理学在中毒案件中的应用   025
  3.8 毒物分析化学方法的建立与完善   027

4 法医毒物分析学科的发展   029
  4.1 法医毒理学与法医毒物分析的关系   029
  4.2 法医毒物分析学科的发展   029
  4.3 前苏联法化学简史   031

5 法医毒物学重要著作与期刊   034
  5.1 法医毒理学著作   034
  5.2 法医毒物分析著作   036
  5.3 法医毒理学期刊   038

6 法医毒理学展望   039

第52卷 工业毒理学史
卷首语

1 工业毒理学的发展历程   043
  1.1 工业毒理学的历史印迹   043
  1.2 工业中毒事件推动工业毒理学的发展   045
  1.3 近现代工业毒理学家的贡献   046

2 现代工业毒理学的发展   050
  2.1 现代工业毒理学的拓展   050
  2.2 主要工业化学物毒性研究进展   051
  2.3 循证医学在工业毒理学研究中的应用   059
  2.4 转化医学在工业毒理学研究中的应用   060

3 20世纪50年代以来的中国工业毒理学   061
  3.1 中国工业毒理学的进展   061
  3.2 中国工业毒理学的社团组织   064
  3.3 中国工业毒理学专著   064

4 职业接触限值与职业卫生标准的制定   066
  4.1 职业接触限值的国际历史   066
  4.2 中国职业接触限值应用历史   068

5 工业毒理学发展趋势与展望   069
  5.1 工业毒理学面临两个"增长"   069
  5.2 加快现代生物技术的研究与应用   070
  5.3 应对新经济环境下新问题的研究   071
  5.4 加强人力资源建设和学术交流   071

第53卷 食品毒理学史
卷首语

1 食品毒理学的发展历程   075
  1.1 食品毒性研究的起源   075
  1.2 现代食品毒理学的形成   075
  1.3 现代食品毒理学的发展   077

2 食品毒理学学科的重大成果   080
  2.1 食品毒理学评价体系的建立   080
  2.2 新资源食品的管理与毒理学安全性评价   081
  2.3 辐照保藏食品技术的研究   085

3 转基因食品的发展与毒理学评价   088
  3.1 转基因食品的发展史   088
  3.2 转基因食品的安全性评价   088
  3.3 转基因食品的管理   090

4 保健食品的管理与毒理学安全性评价   092

  4.1 保健食品及其管理 ... 092
  4.2 保健食品的安全性及其毒理学评价 ... 095
5 食品添加剂的管理与安全评价 ... 097
  5.1 食品添加剂及其定义 ... 097
  5.2 管理机构与法规标准 ... 097
  5.3 食品添加剂安全评价 ... 100
  5.4 食品包装材料（食品接触材料） ... 103
6 食品安全管理与风险评估 ... 105
  6.1 风险分析框架的形成 ... 105
  6.2 风险评估机构的组建与发展历程 ... 106
  6.3 中国食品安全的风险评估 ... 108
  6.4 膳食暴露评估的进展 ... 110
7 食品毒理学教育事业的发展 ... 111
  7.1 各国食品毒理学教育状况 ... 111
  7.2 中国的食品毒理学教育 ... 112
  7.3 食品毒理学教材与专著 ... 113
8 21世纪食品毒理学展望 ... 115
  8.1 开拓营养毒理学的新局面 ... 115
  8.2 将现代生物技术引入食品毒理学 ... 115
  8.3 发展食品毒理学教育事业 ... 118

第54卷 生化与分子毒理学史

卷首语

1 生化与分子毒理学的发展历程 ... 121
  1.1 分子生物学促进了分子毒理学的形成 ... 121
  1.2 现代生物技术推进了生化与分子毒理学的发展 ... 122
2 生化与分子毒理学新技术的应用 ... 126
  2.1 实时荧光定量PCR技术在毒理学上的应用 ... 126
  2.2 基因多态性检测技术在毒理研究中的应用 ... 127
  2.3 RNA干扰在分子毒理学上的应用 ... 128
  2.4 基因敲除在分子毒理学上的应用 ... 129
  2.5 转基因技术在毒理学上的应用 ... 130
  2.6 基因组学技术在毒理学上的应用 ... 132
  2.7 蛋白质分离鉴定技术在毒理学中的应用 ... 133
  2.8 蛋白质组学技术在毒理学中的应用 ... 134
  2.9 生物芯片技术在毒理学上的应用 ... 135
  2.10 分子克隆技术在毒理学上的应用 ... 137

  2.11 生物信息学在毒理学上的应用 ... 138
3 生化与分子毒理学重大成果 ... 139
  3.1 揭示了酶与化学物中毒的关系 ... 139
  3.2 发现新的生物标志物 ... 143
  3.3 表观遗传学毒性机制研究有新突破 ... 144
4 中国生化与分子毒理学的发展 ... 147
  4.1 中国生化与分子毒理学的研究进展 ... 147
  4.2 生化与分子毒理学社团组织 ... 149
5 生化与分子毒理学发展趋势与展望 ... 151

第55卷 环境毒理学史

卷首语

1 环境毒理学的早期研究 ... 155
  1.1 大气污染事件与大气毒理研究 ... 155
  1.2 水污染事件与水环境毒理研究 ... 156
  1.3 土壤污染事件与土壤毒理研究 ... 157
  1.4 化学杀虫剂毒性作用的早期研究 ... 157
  1.5 《寂静的春天》对环境毒理学的启蒙 ... 158
2 环境毒理学的诞生与形成 ... 160
  2.1 环境毒理学诞生前期的科研形势 ... 160
  2.2 环境毒理学学科形成的科学优势 ... 161
  2.3 环境毒理学的诞生与形成 ... 161
3 环境毒理学的发展 ... 164
  3.1 20世纪70年代环境毒理学快速发展 ... 164
  3.2 20世纪80年代环境毒理学全面发展 ... 165
  3.3 20世纪90年代以来环境毒理学创新发展 ... 167
4 环境毒理学的重大成果 ... 169
  4.1 二氧化硫 ... 169
  4.2 大气颗粒物 ... 174
  4.3 环境内分泌干扰物 ... 178
  4.4 持久性有机污染物 ... 180
5 环境毒理学专著与期刊 ... 181
  5.1 环境毒理学专著 ... 181
  5.2 环境毒理学期刊 ... 186
6 环境毒理学未来发展趋势和展望 ... 187

第56卷 生态毒理学史

卷首语

1 生态毒理学学科发展历程 ... 191
  1.1 生态毒理学的早期研究 ... 191
  1.2 生态毒理学的诞生与形成 ... 193

1.3 生态毒理学的发展	193
2 生态毒理学研究方法的发展	196
2.1 常规毒性试验的完善	196
2.2 细胞及分子生态毒理方法	197
2.3 生物致突变效应检测	199
2.4 生态毒理学方法的发展趋势	200
3 生态毒理学重大理论的提出与影响	201
3.1 模型生态系统的建立和改进	201
3.2 化学物生态毒理学性质的评估	202
3.3 生态风险评价的发展	203
3.4 生物标志物的应用	205
3.5 生态系统健康理论的扩展	206
4 典型污染物的生态毒理学	209
4.1 滴滴涕	209
4.2 石油	210
4.3 多环芳烃	211
4.4 多氯联苯	212
4.5 铅	213
4.6 汞	214
5 全球性污染问题的生态毒理学	216
5.1 酸雨	216
5.2 温室效应	217
5.3 臭氧层减少	219
6 生态毒理学专著与期刊	221
6.1 生态毒理学专著	221
6.2 生态毒理学专业期刊	225
7 生态毒理学未来发展趋势和展望	227

第57卷 生殖毒理学史

卷首语

1 生殖与生殖毒理学	
1.1 生殖与人类的繁衍兴衰	231
1.2 人类主要的出生缺陷	232
1.3 生殖毒性与发育毒性的发现	235
1.4 生殖毒理学与发育毒理学	235
2 古代对生殖危害的初步认知	237
2.1 生殖危害与罗马帝国的灭亡	237
2.2 关于妊娠禁忌药的记载	237
3 毒物引发的生殖危害与研究成果	239
3.1 生殖毒理学史上的灾难性事件	239
3.2 环境因素与出生缺陷	240
3.3 阴囊鳞状细胞癌	242
3.4 内分泌干扰物导致的生殖毒性	242
3.5 药物滥用导致的生殖毒性	244
3.6 有机化合物与生殖毒性	245
3.7 职业女性与生殖健康	247
3.8 吸毒与生殖毒性	247
3.9 兴奋剂与生殖毒性	248
4 生殖毒理学研究方法的创新	249
4.1 生殖毒性实验技术的发展	249
4.2 分子生物学方法的引进	251
4.3 生殖发育毒性的评定	252
5 生殖毒理学数据库和期刊与专著	253
5.1 生殖毒理学数据库与期刊	253
5.2 生殖毒理学专著	253
6 生殖毒理学的发展趋势与展望	256
6.1 研究人类性学的三个里程碑	256
6.2 现代生殖毒理学的机遇与挑战	257

第58卷 放射毒理学史

卷首语

1 放射毒理学的发展历程	
1.1 放射毒理学	261
1.2 放射性核素的发现与元素周期表	262
1.3 X线的发现启蒙了放射毒理学	264
1.4 天然放射性核素的发现	266
1.5 核裂变及人工放射性核素的发现	271
1.6 核能利用与放射毒理学的发展	275
1.7 放射毒理学研究领域的扩展	277
2 放射毒理学的研究成果	278
2.1 发现辐射类型与放射性衰变	278
2.2 确定辐射的分类及其来源	279
2.3 规定辐射剂量的量和单位	281
2.4 电离辐射与生物效应的差异性	282
3 中国放射毒理学研究进展	284
3.1 中国放射毒理学研究历史回顾	284
3.2 中国放射毒理学研究主要成果	285
3.3 中国放射毒理学研究专著	288
3.4 中国放射毒理学社团组织	290
4 放射毒理学的未来展望	291

第59卷　兽医毒理学史
卷首语
1　兽医毒理学的发展历程　295
　　1.1　古代防治动物中毒病的记载　295
　　1.2　近代兽医毒理学的形成　297
　　1.3　家畜中毒病的流行病学研究　298
　　1.4　现代兽医毒理学的学科发展　299
2　兽医毒理学的重大发现与研究成果　302
　　2.1　牛"翘摇病"与双香豆素　302
　　2.2　"震颤痉挛症"与有毒黑麦草　303
　　2.3　牛"水肿病"与栎单宁中毒　304
　　2.4　牛"地方性血尿症"与蕨中毒　306
　　2.5　牛"腹泻病"与钼中毒　307
　　2.6　牛"气喘病"与黑斑病甘薯中毒　308
　　2.7　羊"瞎眼病"与萱草根素中毒　309
　　2.8　马"喘气病"与紫茎泽兰中毒　310
　　2.9　阿里"醉马草"与冰川棘豆中毒　312
3　中国动物毒物学学科的发展历程　314
　　3.1　确定研究方向，编译学科教材　314
　　3.2　开展学术交流，组建学术团体　315
　　3.3　总结历史经验，出版学科专著　316
4　兽医毒理学社团组织的发展　318
　　4.1　美国兽医毒理学会　318
　　4.2　欧洲兽医药理学与毒理学协会　318
　　4.3　中国兽医毒理学社团组织　319
5　兽医毒理学里程碑著作　321
　　5.1　《兽医毒物学》专著　321
　　5.2　《兽医毒理学》专著　322
　　5.3　《家畜中毒学》专著　323
　　5.4　《动物毒物学》专著　324
6　兽医毒理学展望　326

第60卷　其他毒理学分支学科史
卷首语
1　毒理学基础与应用学科史　329
　　1.1　药物毒理学　329
　　1.2　农药毒理学　334
　　1.3　分析毒理学　339
　　1.4　临床毒理学　345
　　1.5　遗传毒理学　350
　　1.6　免疫毒理学　357
　　1.7　卫生毒理学　366
　　1.8　饲料毒理学　367
　　1.9　昆虫毒理学　371
　　1.10　管理毒理学　376
2　靶器官毒理学学科史　378
　　2.1　肝脏毒理学　379
　　2.2　肾脏毒理学　379
　　2.3　呼吸系统毒理学　380
　　2.4　心血管系统毒理学　380
　　2.5　血液毒理学　381
　　2.6　神经系统毒理学　381
　　2.7　行为毒理学　382
　　2.8　皮肤毒理学　383
　　2.9　眼毒理学　383
　　2.10　耳毒理学　384
3　毒物与毒素学学科史　385
　　3.1　有毒植物学　385
　　3.2　植物种子毒物学　386
　　3.3　植物毒理学　387
　　3.4　毒素学　388
　　3.5　植物毒素学　389
4　20世纪毒理学新兴学科史　391
　　4.1　发现毒理学　391
　　4.2　金属毒理学　392
　　4.3　燃烧毒理学　394
　　4.4　毒性病理学　395
　　4.5　军事毒理学与军事卫生毒理学　396
　　4.6　航空毒理学　397
　　4.7　航天毒理学　398
5　21世纪毒理学新学科史　400
　　5.1　毒理基因组学　400
　　5.2　计算毒理学　401
　　5.3　循证毒理学　403
　　5.4　比较毒理学　404
　　5.5　转化毒理学　406
　　5.6　纳米毒理学　406
　　5.7　预测毒理学　409
　　5.8　系统毒理学　410
　　5.9　灾害毒理学　410

第七册　毒物利用史

序
第61卷　毒物利用的哲学观
卷首语

1　毒物的两重性　003
    1.1　关于"毒"的对立统一观　003
    1.2　麻醉、享受与死亡之间　004
    1.3　药物与毒物的相互转化　006

2　有毒药物的发现和使用　008
    2.1　人类发现和使用毒药的历史　008
    2.2　有毒植物药的发现和使用　009
    2.3　有毒中药的"姜制"技术　011
    2.4　药物的两重性及其特别启示　012

3　发现毒物功与过的历程　014
    3.1　马钱子的三种性能　014
    3.2　氟对人类的功与过　015
    3.3　生物毒素的功与过　016
    3.4　毒物的应激效应和生物寿命　017

4　以毒攻毒：哲学的胜利　019
    4.1　"以毒攻毒"之说及其影响　019
    4.2　化学物：以毒攻毒　020
    4.3　生物毒素制新药：以毒攻毒　021
    4.4　"免疫"与"以毒攻毒"　022
    4.5　以多毒攻剧毒　023

第62卷　有毒植物的利用与开发
卷首语

1　人类食用有毒植物的历史　027
    1.1　有毒植物的食用历史　027
    1.2　历史上的可食用有毒植物　031
    1.3　现代的可食用有毒植物　032

2　有毒植物用作箭毒　033
    2.1　狩猎时代使用的有毒植物　033
    2.2　作为箭毒的有毒植物　034

3　蓖麻及其产业的发展　036
    3.1　蓖麻与蓖麻产业链　036
    3.2　蓖麻油产业开发简史　037
    3.3　蓖麻种植业的发展　038
    3.4　蓖麻的综合利用　040
    3.5　蓖麻产业及其未来　041

4　有毒植物的工业用途　043
    4.1　大麻的工业用途　043
    4.2　狼毒制作藏纸　045
    4.3　醉马芨芨草用于造纸　046
    4.4　蕨的工业用途　047
    4.5　麻疯树提炼生物柴油　047

5　有毒植物用于环境绿化与观赏　050
    5.1　用于绿化观赏的有毒植物　050
    5.2　改善生态环境的有毒植物　052
    5.3　展示观赏有毒植物的植物园　052

6　有毒植物用于农牧业　054
    6.1　有毒植物用作饲料　054
    6.2　有毒植物用作肥料　054

7　有毒植物用于灭鼠　055
    7.1　探索有毒植物灭鼠的历史　055
    7.2　中国的有毒灭鼠植物　056
    7.3　有毒植物用于灭鼠的研究专著　058

8　利用有毒植物治理污染　059
    8.1　利用有毒植物修复重金属污染　059
    8.2　有毒蕨类植物除砷　059

第63卷　药用有毒植物及其产业发展
卷首语

1　乌头：人类最早利用的药用有毒植物　063
    1.1　乌头制作箭毒和毒烟球　063
    1.2　乌头的药用　064

2　茄科有毒植物应用史　066
    2.1　神秘的茄科有毒植物　066
    2.2　古代茄科有毒植物的应用　067
    2.3　近现代茄科有毒植物的应用　069

3 重要有毒植物的药用历史记载 … 071
    3.1 烟草的早期药用 … 071
    3.2 大麻的药用 … 073
    3.3 印度的神树：苦楝树 … 074
    3.4 中国古代医书中记载的"狼毒丸" … 074
    3.5 洋地黄用于治疗心力衰竭 … 075
    3.6 其他有毒植物的药用价值 … 077

4 药用植物栽培与新技术应用 … 079
    4.1 中国药用植物栽培历史 … 079
    4.2 欧美与日本药用植物种植状况 … 080
    4.3 现代技术在药用植物栽培上的应用 … 083
    4.4 药用植物栽培学及其专著 … 084
    4.5 药用植物规范化生产的发展方向 … 085

5 有毒植物药用产业的开发 … 087
    5.1 中国中药产业发展历程 … 087
    5.2 有毒植物药用研究成就 … 090
    5.3 科学利用药用有毒植物研究的专著 … 091
    5.4 植物药产业与国际市场 … 092

第64卷 有毒动物利用史
卷首语

1 河豚的食用 … 095
    1.1 中国食用河豚的历史 … 095
    1.2 日本食用河豚的历史 … 096

2 蛇的利用 … 098
    2.1 蛇的食用 … 098
    2.2 蛇的药用 … 099
    2.3 最刺激的蛇疗 … 101
    2.4 毒蛇用于灭鼠 … 102

3 蟾蜍的利用 … 103
    3.1 蟾蜍的药用 … 103
    3.2 蟾酥的药用 … 104
    3.3 蟾衣和蟾皮的药用 … 105

4 蜘蛛的利用 … 106
    4.1 蜘蛛的食用 … 106
    4.2 蜘蛛的药用 … 107
    4.3 宠物蜘蛛 … 107
    4.4 蜘蛛丝的特殊用途 … 109

5 蝎子的利用 … 112
    5.1 蝎子的食用 … 112
    5.2 蝎子的药用历史 … 113

6 蜈蚣的利用 … 115
    6.1 重要的蜈蚣药用品种 … 115
    6.2 蜈蚣的药用价值 … 116

7 蜜蜂与蜂产品的利用 … 117
    7.1 蜂产品与传统饮食文化 … 117
    7.2 蜂蜜疗法用于医疗保健 … 118
    7.3 利用蜜蜂探雷 … 122
    7.4 利用蜜蜂探测有毒物质 … 123
    7.5 利用蜜蜂监测机场空气质量 … 124

8 蚂蚁的利用 … 125
    8.1 蚂蚁的食用 … 125
    8.2 蚂蚁的药用 … 128
    8.3 蚂蚁的妙用 … 130

9 斑蝥的利用 … 132
    9.1 国外斑蝥的药用历史 … 132
    9.2 中国斑蝥入药 … 133
    9.3 斑蝥用于生物治蝗 … 134

10 有毒动物的特殊用途 … 135
    10.1 有毒动物用作箭毒 … 135
    10.2 用于研发新药的有毒动物 … 137

第65卷 有毒动物养殖产业的发展
卷首语

1 蜂的养殖与蜂产业的发展 … 141
    1.1 世界蜜蜂养殖的历程 … 141
    1.2 蜂胶产业的发展 … 146
    1.3 蜂学院校与科学研究机构 … 148
    1.4 养蜂业的社团组织 … 153
    1.5 大型蜂产品企业与企业家 … 156

2 蚂蚁养殖与产业发展 … 159
    2.1 蚂蚁的人工养殖 … 159
    2.2 蚂蚁养殖场与研发企业 … 161
    2.3 蚂蚁人工养殖的前景 … 161

3 斑蝥产业的发展 … 163
    3.1 斑蝥的自然采集 … 163
    3.2 斑蝥的市场需求与人工养殖 … 163

4 蜘蛛的养殖与产业发展 … 165
    4.1 蜘蛛的人工养殖 … 165
    4.2 蜘蛛养殖朝阳产业的兴起 … 167

5 蝎子养殖与产业发展 … 170
    5.1 蝎子养殖的历史 … 170

5.2 中国养蝎技术的革新	171	
5.3 人工养蝎的市场前景	172	
6 蜈蚣养殖产业的发展	174	
6.1 蜈蚣的养殖	174	
6.2 药用蜈蚣的品种与加工	175	
6.3 蜈蚣的产地与市场前景	177	
7 蛇的养殖与产业发展	178	
7.1 蛇的养殖与技术推广	178	
7.2 蛇的养殖企业	180	
7.3 蛇的养殖研究机构	181	
7.4 养蛇产业的市场前景	183	
8 蟾蜍养殖与产业发展	184	
8.1 蟾蜍的养殖	184	
8.2 蟾蜍养殖的市场前景	185	
9 河豚产业发展简史	186	
9.1 中国河豚产业的发展	186	
9.2 日本河豚产业的发展	188	
9.3 食用河豚的安全开发	188	
9.4 河豚的养殖与河豚毒素的提取	189	

第66卷 生物毒素利用史

卷首语

1 植物毒素用于医药	193	
1.1 植物毒素的早期应用	193	
1.2 莨菪药物成分的研发与应用	195	
1.3 龙葵素的药用研究	196	
1.4 棉酚的利用	197	
2 水生动物毒素的利用	200	
2.1 河豚毒素的利用	200	
2.2 海葵毒素的利用	201	
2.3 海蜇毒素的利用	202	
2.4 海螺毒素的利用	202	
2.5 其他海洋动物毒素的利用	202	
3 蛇毒的利用	203	
3.1 蛇毒治病的历史记载	203	
3.2 抗蛇毒血清	205	
3.3 蛇毒抗血栓制剂的研发	206	
3.4 蛇毒的其他用途	208	
4 蜂毒的利用	210	
4.1 蜂毒与蜂毒疗法	210	
4.2 蜂蜇疗法	211	

4.3 蜂针疗法	212	
4.4 蜂毒注射疗法	214	
4.5 蜂毒的其他疗法	215	
4.6 蜂毒对专科疾病的奇效	217	
5 霉菌毒素：青霉素用于抗菌	219	
5.1 1928年：弗莱明发现青霉素	219	
5.2 1939年：确定青霉素的医疗价值	220	
5.3 1941年：青霉素的工业化生产	221	
5.4 1945年：三人共同获得诺贝尔奖	222	
6 肉毒毒素的利用	224	
6.1 肉毒毒素用于美容	224	
6.2 肉毒毒素用于"症状性治疗"	226	
6.3 肉毒梭菌毒素灭鼠	227	
7 生物毒素用作农药	229	
7.1 植物毒素用作农药	229	
7.2 苏云金芽孢杆菌农药	230	
7.3 植物病原菌毒素用作农药	232	
8 生物毒素用作战争毒剂	233	
8.1 最为棘手的毒素武器	233	
8.2 重要的生物毒素战剂	233	
8.3 毒素战剂的发展趋势	235	
9 其他生物毒素的利用	236	
9.1 斑蝥素的利用	236	
9.2 蜘蛛毒素的利用	236	
9.3 蝎毒的利用	237	
9.4 植物单宁作为絮凝剂	237	
9.5 蓖麻毒素的利用	238	
9.6 生物毒素用于灭鼠	238	
9.7 毒蕈毒素的利用	239	

第67卷 生物毒素产业的发展

卷首语

1 现代生物毒素的研发及其开发途径	243	
1.1 生物毒素研发与毒素学的诞生	243	
1.2 生物毒素的地位与作用	245	
1.3 有毒生物资源的开发途径	246	
2 美国研发生物毒素的企业	248	
2.1 美国爱力根公司	248	
2.2 孟山都公司	249	
2.3 相关生物毒素研发公司	250	
3 欧洲研发生物毒素的企业	252	

3.1 法国兰陶克斯公司	252	
3.2 瑞士亚历克西斯生化公司	253	
3.3 相关生物毒素研发公司	254	

4 中国研发生物毒素的企业 … 255
4.1 中国青海省兽医生物药品厂 … 255
4.2 中科院昆明动物研究所动物毒素蛇资源开发中心 … 255
4.3 兰州生物制品研究所 … 256
4.4 德通国际集团 … 256
4.5 相关生物毒素研发公司 … 257

5 其他国家研发生物毒素的企业 … 258
5.1 加拿大Wex技术公司 … 258
5.2 巴西布坦坦研究所 … 258
5.3 泰国毒蛇研究中心 … 259
5.4 南澳大利亚毒素供应公司 … 260

6 生物毒素新药研发与产业前景 … 261
6.1 生物毒素与医药产业的发展 … 261
6.2 生物毒素与生物农药产业的发展 … 263
6.3 生物毒素新药研发动向及其商机 … 266

第68卷 核能与有毒元素的利用
卷首语

1 核能的利用
1.1 核能的释放与利用 … 273
1.2 核技术用于发电 … 274
1.3 核电站的发展简史 … 276

2 放射性同位素的应用
2.1 在医学上的应用 … 280
2.2 在工业上的应用 … 281
2.3 在农业上的应用 … 283
2.4 在食品加工中的应用 … 284
2.5 在考古中的应用 … 285

3 砷的应用
3.1 砷及其化合物的医疗价值 … 286
3.2 含砷矿物中药雄黄与雌黄的应用 … 289
3.2 砷在工农业领域的用途 … 289

4 铅的应用
4.1 铅在古代的应用 … 291
4.2 铅的现代用途 … 291

5 汞的应用
5.1 汞用于医药 … 293

5.2 汞的工业用途 … 294
5.3 汞的其他用途 … 295

6 硒的用途 … 296
6.1 硒的医疗价值 … 296
6.2 硒的保健作用 … 297
6.3 硒的工业用途 … 298

7 氟的用途 … 299
7.1 加氟防龋 … 299
7.2 氟的工业用途 … 299

8 其他有毒矿物元素的利用 … 301
8.1 钼的用途 … 301
8.2 铊的用途 … 301
8.3 硼的用途 … 302
8.4 镉的用途 … 303
8.5 磷的用途 … 303
8.6 锑的用途 … 304
8.7 溴的用途 … 305
8.8 锂的用途 … 306
8.9 铝的用途 … 307
8.10 镓的用途 … 309

第69卷 有毒化学品的应用
卷首语

1 化学毒物用于医疗
1.1 化学麻醉剂的发明 … 313
1.2 微量毒物的医疗价值 … 316
1.3 化学毒物用于医疗的探索 … 317

2 化学毒物用作农药
2.1 古代天然化学毒物用作农药 … 319
2.2 化学毒物在近代农药中的应用 … 320
2.3 化学毒物在现代农药中的应用 … 321

3 化学毒物用于灭鼠
3.1 化学杀鼠剂的发展历程 … 325
3.2 化学急性灭鼠剂 … 327
3.3 化学慢性灭鼠剂 … 328

4 氰化物用于提金工艺
4.1 氰化物：浸金溶剂 … 331
4.2 氰化物制造企业 … 332

5 甲醇替代汽油
5.1 甲醇替代汽油技术 … 334
5.2 甲醇燃料产业化推广 … 336

6　化学毒物用于行刑　337
　　6.1　化学毒物用于注射死刑　337
　　6.2　实行注射死刑的国家　338
7　化学毒物的其他用途　341
　　7.1　尿素的科学应用　341
　　7.2　从有毒黄磷到无硫火柴　342
　　7.3　化学毒剂控制毒草灾害　344
8　世界主要精细化工企业　346
　　8.1　德国巴斯夫公司　346
　　8.2　德国拜耳公司　347
　　8.3　德国德固赛公司　348
　　8.4　美国杜邦公司　348
　　8.5　美国联合碳化物公司　351
　　8.6　美国陶氏化学公司　352

第70卷　毒害气体与废物的利用
卷首语
1　煤层气（瓦斯）的利用　355
　　1.1　煤炭共伴生能源：煤层气　355
　　1.2　煤层气的资源化利用　355
　　1.3　瓦斯发电及其贡献　359
2　焦炉煤气制造甲醇　361
　　2.1　有毒易爆气体：焦炉煤气　361
　　2.2　焦炉煤气制甲醇的技术进展　361
　　2.3　焦炉煤气制甲醇产业及其未来　362
3　二氧化碳的用途　364
　　3.1　二氧化碳的获取与利用　364
　　3.2　二氧化碳用于医药食品工业　365
　　3.3　二氧化碳的工业用途　366
　　3.4　二氧化碳干冰的用途　367
　　3.5　二氧化碳作为气体肥料　369
　　3.6　二氧化碳驱油技术的应用　369
　　3.7　二氧化碳的其他用途　371
　　3.8　二氧化碳的市场前景　372
4　有毒有害垃圾的利用　374
　　4.1　垃圾：被忽视的公害与资源　374
　　4.2　利用垃圾提供能源　376
　　4.3　利用垃圾发展沼气和发电　377
5　利用废物修复土壤污染　382
　　5.1　利用家畜粪便和废纸清理土壤中的杀虫剂　382
　　5.2　利用工业铁废料治理含氯溶剂污染的土壤　382
6　毒害气体与废物的其他用途　383
　　6.1　从含硫天然气中回收硫黄　383
　　6.2　从含汞废品中回收水银　383

第八册　毒物管理史

序
第71卷　禁用核生化武器管理史
卷首语
1　禁止使用核武器的历程　003
　　1.1　核子时代与核武器的发展　003
　　1.2　禁用核武器国际公约的历程　004
　　1.3　21世纪核武器的威胁　006
2　控制核武器的区域性与双边条约　007
　　2.1　《拉丁美洲禁止核武器条约》　007
　　2.2　《南太平洋无核区条约》　008
　　2.3　《苏美两国消除中程和中短程导弹条约》　009
　　2.4　《非洲无核武器区条约》　010
　　2.5　《美俄削减进攻性战略力量条约》　011
3　禁止核武器扩散的国际公约　013
　　3.1　《禁止在大气层、外层空间和水下进行核武器试验条约》　013
　　3.2　《不扩散核武器条约》　014
　　3.3　《禁止在海底试验核武器条约》　015
　　3.4　《全面禁止核试验条约》　017
4　核恐怖与制止核恐怖的国际公约　019
　　4.1　核恐怖行为的新动向　019
　　4.2　《制止核恐怖行为国际公约》　019

4.3 防范核恐怖的国际核安全峰会　　020
5 放射性废物与核废料的管理　　021
　　5.1 放射性废物的管理　　021
　　5.2 核废料的管理　　022
　　5.3 未来核废料处置方案的探索　　024
6 国际原子能机构与核安全的七项措施　　025
　　6.1 《不扩散核武器条约》执行机构：国际原子能机构　　025
　　6.2 核安全的七项措施　　027
7 禁止使用生化武器的国际公约　　029
　　7.1 禁止使用生化武器的历程　　029
　　7.2 1925年《禁止化学生物武器公约》　　031
　　7.3 1972年《禁止生物武器公约》　　032
　　7.4 1993年《禁止化学武器公约》　　033
　　7.5 禁止使用生化武器的执行机构　　034
　　7.6 社会救助团体：红十字会　　036
8 化学武器的销毁与处置　　037
　　8.1 遗弃化学武器的处理和销毁原则与状况　　037
　　8.2 日本遗弃在中国的化学武器问题处置　　038

第72卷　食品与药品管理史

卷首语

1 食品法典与食品安全立法类型　　043
　　1.1 国际食品法典及其作用　　043
　　1.2 食品安全立法类型　　045
　　1.3 HACCP：危害分析和关键控制点　　046
2 主要国家和地区的食品安全法律法规　　048
　　2.1 欧盟的食品安全立法模式及其特点　　048
　　2.2 英国的食品安全法律法规　　050
　　2.3 法国的食品安全法律　　051
　　2.4 德国的食品安全法律　　051
　　2.5 加拿大的食品安全法律法规　　052
　　2.6 俄罗斯的食品安全法律　　052
　　2.7 中国的食品安全法律法规　　053
　　2.8 日本的食品安全法律法规　　054
3 美国食品药品安全管理　　055
　　3.1 美国食品药品安全立法模式　　055
　　3.2 美国食品药品法的相关法律法规　　055
　　3.3 美国食品药品管理机构　　059
4 药事立法与药品管理的法律法规　　061
　　4.1 药事的立法管理　　061
　　4.2 美国的《药政法规》　　062
　　4.3 英国的《毒药管理条例》　　062
　　4.4 德国的药品与草药管理机构　　063
　　4.5 中国的药品管理法律法规　　064
　　4.6 日本的药品管理法律法规　　066
5 药物与兽药的安全评价　　068
　　5.1 药物安全评价的历史　　068
　　5.2 埃利斯宣言：促进药物安全信息的交流　　071
　　5.3 兽药及兽药添加剂的安全评价　　072
　　5.4 GLP：药物非临床研究质量管理规范　　074
6 食用农产品安全保障体系　　077
　　6.1 食用农产品的质量安全保障　　077
　　6.2 欧盟食用农产品法律法规体系　　080
　　6.3 食用农产品的安全标志　　081
7 饲料及饲料添加剂的安全评价　　083
　　7.1 历史上的饲料安全问题　　083
　　7.2 饲料及饲料添加剂的安全评价　　084
　　7.3 中国饲料安全体系建设　　087

第73卷　有毒化学品安全管理史

卷首语

1 有毒与危险化学物质的管理　　091
　　1.1 有毒化学物质管理类型与方法　　091
　　1.2 美国的化学物质管理　　093
　　1.3 欧洲的化学物质管理　　095
　　1.4 中国的化学物质管理　　097
2 控制危险化学品与化学农药国际公约　　099
　　2.1 规范危险化学品和化学农药国际贸易的《鹿特丹公约》　　099
　　2.2 《国际农药供销和使用行为守则》　　101
3 有毒危险化学物质的相关管理制度　　102
　　3.1 《国际氰化物管理规范》　　102
　　3.2 欧盟《危险化学品进出口管理法规》　　103
　　3.3 欧盟《关于化学品注册、评估、许可和限制法案》　　104
　　3.4 《全球化学品统一分类和标签制度》　　105
　　3.5 日本《化学物质审查法》　　106
　　3.6 美国《危险艺术材料标签法》　　108
4 农药管理的法律法规　　109
　　4.1 美国农药管理的法律法规　　109
　　4.2 中国农药管理的法规　　110

4.3	丹麦的农药作用计划	112
5	有毒危险化学品与农药安全性评价	113
5.1	有毒危险化学品的安全性评价	113
5.2	农药安全性评价的法规与程序	114
6	参与有毒危险化学品管理的社团组织	117
6.1	美国化学品运输应急中心	117
6.2	中国国家化学品登记注册中心	119

第74卷 工业与职业安全管理史

卷首语

1	工业职业安全与立法管理状况	123
1.1	劳动安全与卫生的立法趋势	123
1.2	全球经济一体化与职业安全新理念	124
1.3	世界职业安全与卫生大会宣言	126
2	各国工业与职业安全管理比较	127
2.1	美国的职业安全管理	127
2.2	美国职业安全与健康规制特征	130
2.3	欧洲发达国家安全管理特点	131
2.4	英国职业安全卫生立法	134
2.5	波兰职业安全与健康保护	135
2.6	日本职业安全卫生管理	136
2.7	澳大利亚职业健康安全管理	137
3	中国工业与职业安全管理	138
3.1	中国工业与职业安全立法管理	138
3.2	中国农村乡镇企业劳动卫生管理	140
3.3	中国保护女工健康的主要措施	141
4	职业病的防控对策与技术	143
4.1	各国的职业病防控对策	143
4.2	职业危害控制技术	145
4.3	职业性有害因素的控制	146
5	治理矿难与瓦斯事故的历史经验	148
5.1	美国煤矿矿难的治理	148
5.2	英国煤矿的"零死亡"管理	149
5.3	南非的矿山安全管理	150
5.4	德国防控瓦斯事故的措施	151
6	国际组织与职业健康重大活动	152
6.1	国际劳工组织	152
6.2	国际与区域组织开展的职业健康活动	153
6.3	世界安全生产与健康日活动	154

第75卷 环境毒物污染管理史

卷首语

1	防控环境污染的国际规则与公约	157
1.1	《防苯中毒危害公约》	157
1.2	国际限汞公约,《水俣公约》	158
1.3	《国际海上运输有毒有害物质损害责任及赔偿公约》	159
1.4	重要的环境协议	160
2	反污染转嫁的法律与国际公约	161
2.1	反污染转嫁的缔约背景	161
2.2	反污染转嫁的《巴塞尔公约》	162
3	POPs 的控制管理与国际公约	164
3.1	国际社会对 POPs 的关注	164
3.2	控制 POPs 的国际公约历程	165
4	环境保护国际组织与非政府组织	168
4.1	联合国环境规划署	168
4.2	环境保护非政府组织	169
5	环境管理的法律法规与制度	174
5.1	美国水污染防治立法历程	174
5.2	日本环境刑法与公害犯罪处罚法	177
5.3	中国环境管理发展历程	178
5.4	毒物报告制度的探索	181
6	环境监测与环境影响评价制度	182
6.1	环境监测与管理	182
6.2	环境影响评价制度	183
7	生态警察与环境法庭	186
7.1	制止违法行为的生态警察	186
7.2	世界环境法庭	187
7.3	中国环境法庭的探索	189

第76卷 有毒生物安全管理史

卷首语

1	有毒有害生物入侵及其危害	193
1.1	有毒有害生物入侵物种	193
1.2	中国外来入侵物种及其危害	194
1.3	有毒有害生物入侵路径	196
2	历史上重大有毒有害生物入侵事件	197
2.1	有毒有害植物入侵事件	197
2.2	有毒有害动物入侵事件	200
3	有毒有害生物入侵的国际关注	203

3.1 防控有毒有害生物的国际公约	203	
3.2 世界自然保护联盟	204	
3.3 防止生物入侵的国际关注	205	

4 生物安全与生物安全标识 — 208
    4.1 生物安全 — 208
    4.2 生物安全实验室 — 210
    4.3 生物安全标识 — 210

5 牧草引种的历史教训与安全管理 — 212
    5.1 牧草引种的历史教训 — 212
    5.2 牧草引种的安全管理 — 213

6 放牧地有毒植物的危害与防控 — 214
    6.1 美国放牧地有毒植物的危害与防控 — 214
    6.2 中国放牧地有毒植物的危害与防控 — 216
    6.3 放牧地有毒植物防控技术的交流 — 218

第77卷 突发毒性事件应急处置

卷首语

1 突发中毒事件与毒性灾害 — 223
    1.1 非传统安全与突发中毒事件 — 223
    1.2 历史上的突发中毒事件 — 224
    1.3 历史上毒物引发的毒性灾害 — 228

2 突发事件与毒性事件的应急管理 — 231
    2.1 突发事件应急管理的国际比较 — 231
    2.2 国际突发环保事件应急立法比较 — 236
    2.3 中国突发毒性事件应急立法管理 — 237

3 突发毒性事件的应急处置：以中国为例 — 239
    3.1 毒性事件应急处置一般原则 — 239
    3.2 应急处置机构与职责 — 239
    3.3 报告与响应 — 240
    3.4 现场救援 — 241
    3.5 样本采集与分析 — 243
    3.6 中毒事故的后期处置 — 244
    3.7 关注公众与媒体的反映 — 244

4 突发毒性事件的危机处置案例 — 245
    4.1 城市化学灾害激发因素的启示 — 245
    4.2 基层突发毒性事件的应急要点 — 247
    4.3 "突发过激反应"的应急处置 — 248
    4.4 可口可乐中毒事件的危机处置 — 250
    4.5 赤潮预报系统的开发 — 252

5 恐怖毒性事件的应对策略 — 254
    5.1 历史上的毒物恐怖事件 — 254
    5.2 应对恐怖毒性事件的策略 — 256

6 核生化事件的安全处置 — 258
    6.1 日本放射事故与事件的应急处置 — 258
    6.2 接触芥子气的应急自救 — 259

7 国际应急管理社团组织 — 261
    7.1 国际应急管理学会 — 261
    7.2 国际应急管理协会 — 261
    7.3 非政府应急管理组织的作用 — 262

8 应急产业与救助中心 — 264
    8.1 应急产业及其类别 — 264
    8.2 国际SOS救援中心 — 265
    8.3 现代救援医学与应急处置 — 266

第78卷 毒品管理与禁毒史

卷首语

1 毒品犯罪与禁毒 — 271
    1.1 毒品犯罪 — 271
    1.2 毒品非法生产与贩运 — 271
    1.3 毒品的走私犯罪 — 273
    1.4 毒品走私犯罪的新手法 — 274
    1.5 联合国的全球禁毒战略 — 276

2 国际禁毒公约历程 — 278
    2.1 国际社会联合禁毒的最初努力——万国禁烟会 — 278
    2.2 国际禁毒公约 — 279

3 世界禁毒法律与管理 — 282
    3.1 世界禁毒立法历程 — 282
    3.2 对待非法消费毒品的不同立法 — 284
    3.3 荷兰：唯一允许毒品合法的国家 — 285
    3.4 乌拉圭：首个大麻合法化的国家 — 285
    3.5 各国对"毒骡"的刑罚 — 286

4 中国禁毒的法律法规 — 287
    4.1 古代惩禁烟毒犯罪的法律规范 — 287
    4.2 新民主主义革命时期禁毒立法 — 289
    4.3 中华人民共和国成立以后的禁毒立法 — 289

5 禁毒组织机构 — 291
    5.1 联合国国际麻醉品管制署 — 291
    5.2 联合国毒品和犯罪问题办公室 — 291
    5.3 国际麻醉品管制局 — 292
    5.4 经济和社会理事会麻醉药品委员会 — 292
    5.5 国际刑事警察组织 — 293

6 当代禁毒状况 … 294
- 6.1 各大洲缉毒战况 … 294
- 6.2 毒品防控、管制政策执行状况 … 298
- 6.3 禁毒的国际合作 … 300
- 6.4 欧盟委员会发起"欧洲禁毒行动" … 302
- 6.5 加强网上监管，防范"网络毒祸" … 302

7 毒品的非法滥用与戒毒 … 303
- 7.1 毒品的非法滥用 … 303
- 7.2 毒品滥用的严重危害 … 304
- 7.3 世界通用的戒毒方法 … 306
- 7.4 美沙酮维持治疗的发展与演变 … 307

8 有关毒品管理与禁毒的历史专著 … 310
- 8.1 《鸦片史》 … 310
- 8.2 《中国毒品史》 … 311
- 8.3 《美国禁毒史》 … 312
- 8.4 《瘾君子自白》 … 314

第79卷 烟草管理与控烟史

卷首语

1 烟草管理与烟草管理制度 … 317
- 1.1 历史上的烟草专卖与立法 … 317
- 1.2 中国的烟草专卖制度及其改革 … 318
- 1.3 日本从专卖转向部分专卖体制 … 319
- 1.4 美国的管制竞争体制 … 321
- 1.5 俄罗斯的烟草自由竞争体制 … 322
- 1.6 烟草管理体制比较分析 … 322

2 历史上的禁烟草运动 … 325
- 2.1 第一次控烟浪潮 … 325
- 2.2 第二次控烟浪潮 … 328
- 2.3 第三次控烟浪潮 … 329
- 2.4 第四次控烟浪潮 … 330
- 2.5 一些国家的禁烟法令 … 331
- 2.6 英国禁烟法案与"藏烟令" … 332
- 2.7 禁烟法与法律诉讼 … 333

3 控烟理念的形成与国际公约 … 335
- 3.1 从禁烟到控烟理念的形成与认同 … 335
- 3.2 制定《烟草控制框架公约》的历程 … 336
- 3.3 《烟草控制框架公约》是世界控烟史上的里程碑 … 338

4 世界各地控烟对策措施 … 341
- 4.1 开展无烟日与戒烟建议 … 341
- 4.2 无烟草倡议行动计划 … 342
- 4.3 美洲国家控烟措施 … 344
- 4.4 欧洲国家控烟措施 … 346
- 4.5 亚洲国家控烟措施 … 349
- 4.6 大洋洲国家控烟措施 … 351
- 4.7 非洲国家控烟措施 … 352
- 4.8 烟草包装规定图示 … 352

5 控烟社团组织 … 255
- 5.1 反吸烟运动与反烟团体 … 355
- 5.2 美国的反吸烟组织 … 356
- 5.3 中国早期的反吸烟运动 … 357
- 5.4 中国控制吸烟协会 … 358
- 5.5 巴西"控制吸烟联盟" … 359

6 关于烟草控制的历史专著 … 361
- 6.1 《专卖、竞争与烟草发展——真实世界的烟草经济学》 … 361
- 6.2 《烟草的历史：依赖文化》 … 361
- 6.3 《烟草的命运：美国烟草业百年争斗史》 … 363
- 6.4 《专卖体制下的中国烟草业——理论、问题与制度变革》 … 364

第80卷 酒政与戒酒禁酒史

卷首语

1 历史上的戒酒与禁酒 … 367
- 1.1 饮酒、戒酒与禁酒 … 367
- 1.2 中国古代的酒政与禁酒令 … 369
- 1.3 美国的禁酒措施与禁酒令 … 370
- 1.4 俄罗斯的禁酒历程 … 372
- 1.5 加拿大的禁酒令 … 373
- 1.6 欧洲国家对酒的节制与限制 … 374
- 1.7 亚洲和非洲国家的禁酒 … 374
- 1.8 澳大利亚的禁酒 … 375

2 1920年美国禁酒令的实施与废除 … 376
- 2.1 世界著名的美国《全国禁酒令》 … 376
- 2.2 《全国禁酒令》的实施后果 … 377
- 2.3 14年后《全国禁酒令》被废除 … 378
- 2.4 《全国禁酒令》的失败及其历史意义 … 379

3 酒的专卖与管理制度 … 381
- 3.1 中国的酒类专卖制度 … 381
- 3.2 美国的酒类管理 … 382
- 3.3 法国的酒类管理 … 383

3.4 德国的酒类管理	384	
3.5 匈牙利的酒类管理	384	
3.6 日本的酒类管理	385	

4 酒后驾驶和醉酒驾车的管理   386
    4.1 酒驾成全球交通肇事首祸   386
    4.2 酒后驾车和醉酒驾车的管理   388
    4.3 中国酒驾状况及管理法规   389

5 戒酒社团组织与戒酒指导   391
    5.1 美国嗜酒者互诫协会   391
    5.2 美国"员工帮助计划"   392
    5.3 戒酒的指导方法   393

6 控酒：未来公共卫生新焦点   395
    6.1 世界卫生组织呼吁加强控酒措施   395
    6.2 出台控酒政策的国家和地区   395

第九册　毒物文化史

序

第81卷　毒物与文学艺术

卷首语

1 文学作品   003
    1.1 科普作品：《人类与垃圾的历史》   003
    1.2 报告文学：《中国吸毒调查》   004
    1.3 报道文学：《大麻的疯狂》   005
    1.4 长篇散文：《瘾君子自白》   005
    1.5 毒性灾难文学：《海变》   007

2 以毒杀为题材的探案小说   009
    2.1 《福尔摩斯探案全集》中以毒杀为题材的探案小说   009
    2.2 阿加莎·克里斯蒂的以毒杀为题材的探案小说   014

3 电影作品   017
    3.1 《鸦片战争》   017
    3.2 "禁酒令"的故事：《美国往事》   018
    3.3 悲剧片：《白色夹竹桃》   019
    3.4 吸毒悲剧片：《刹那》   020
    3.5 缉毒片：《毒战》   021
    3.6 其他毒品犯罪片   022

4 纪录片   024
    4.1 纪录片：《水俣病患者及其世界》   024
    4.2 专题纪录片：《抢救切尔诺贝利》   026
    4.3 世界环境日电影：《家园》   028

5 突发毒性事件应急处置影片   031
    5.1 《勇闯夺命岛》   031
    5.2 《危情时速》   032
    5.3 《夏日追踪》   033

6 "毒"字的文化构图与创意作品   035
    6.1 "毒"字的文化构图   035
    6.2 "毒"字的书法艺术   038
    6.3 《百毒图》   039

第82卷　吸烟文化

卷首语

1 烟草的发现与传播   043
    1.1 烟草的发现   043
    1.2 烟草从美洲带回欧洲   043
    1.3 烟草传入亚洲   045

2 吸烟的习俗与文化差异   046
    2.1 美洲人的吸烟方式   046
    2.2 欧洲人的吸烟文化   047
    2.3 亚洲人的吸烟文化   047

3 香烟的发明与广告效应   049
    3.1 香烟的发明与机械化生产   049
    3.2 香烟广告及其效应   049

4 烟具的由来与发展   052
    4.1 烟具的种类与演变   052
    4.2 烟斗文化的传播   053
    4.3 火镰、火柴与打火机   055
    4.4 鼻烟壶的艺术   058
    4.5 烟灰缸的艺术   059

5 烟标文化   061
    5.1 烟标：浓缩吸烟的发展史   061

  5.2 独具特色的烟标欣赏 062
  5.3 烟标上的警句 067
  5.4 烟标收藏协会 068
6 烟草的危害与人类的觉醒 069
  6.1 烟草危害的发现 069
  6.2 人类对烟草危害的觉醒 070
  6.3 当代控烟文化的进步 070
7 烟文化的历史专著 073
  7.1 《吸烟史：对吸烟的文化解读》 073
  7.2 《尼古丁女郎：烟草的文化史》 074
  7.3 《烟文化》 074

第83卷 酒文化
卷首语
1 酿酒的起源与饮酒史 077
  1.1 酿酒起源的传说 077
  1.2 蒸馏酒的发展简史 080
  1.3 啤酒的发明与传承 081
  1.4 稀奇之酒 083
2 饮酒的习俗与鉴赏 087
  2.1 饮酒的习俗 087
  2.2 品酒的艺术 089
  2.3 名酒鉴赏 091
  2.4 酒具的历史 095
3 酒文化与文学 098
  3.1 中国酒文化与文学 098
  3.2 欧洲酒文化与文学 103
4 酒文化与艺术 105
  4.1 酒与书画艺术 105
  4.2 《百酒图》 108
5 酒文化与旅游业 110
  5.1 酒庄文化与旅游业 110
  5.2 世界著名酒庄 111
6 酒的历史专著 114

第84卷 蛇崇拜与蛇文化
卷首语
1 蛇崇拜与蛇图腾文化 119
  1.1 蛇的图腾崇拜 119
  1.2 道教与龟蛇文化 123
2 蛇与生肖文化 125
  2.1 中国的蛇生肖文化 125
  2.2 世界各国的蛇生肖文化 126
3 蛇与医学卫生组织的徽标 128
  3.1 蛇杖与医学徽标的来历 128
  3.2 蛇杖与医学卫生组织的标识 129
4 蛇的故事 131
  4.1 蛇的诱惑：亚当与夏娃的故事 131
  4.2 九头蛇的故事 132
  4.3 衔尾蛇：头尾相连的蛇 134
  4.4 富兰克林的八节蛇画 135
  4.5 尼勒·乐梅十字架与蛇图腾 136
  4.6 蛇梦的启示：苯环状结构的发明 137
5 蛇与文学艺术 139
  5.1 蛇的神话寓言与典故 139
  5.2 文学艺术作品中的蛇 141
  5.3 蛇的歌舞 143
6 蛇与艺术生活 144
  6.1 蛇与书法 144
  6.2 《百蛇图》 145
  6.3 蛇的美术作品选 146
  6.4 蛇的雕塑艺术 146
  6.5 蛇与剪纸艺术 149
  6.6 蛇的篆刻艺术 150
7 蛇与艺术收藏 151
  7.1 蛇的艺术品收藏 151
  7.2 蛇与邮票收藏 152
  7.3 蛇与火花收藏 152
  7.4 蛇与藏书票 153
  7.5 蛇的金银币 154
  7.6 奇石中的蛇 155
8 耍蛇人及其艺术表演 156
  8.1 印度的耍蛇人 156
  8.2 中国的耍蛇人 157
  8.3 美国的耍蛇人 158
  8.4 巴基斯坦"舞蛇者" 158
  8.5 坦桑尼亚的耍蛇人 158
  8.6 其他国家的耍蛇人 159
9 蛇庙与蛇节 160
  9.1 印度的蛇庙与蛇节 160
  9.2 中国樟湖的蛇王庙与蛇节 161

9.3 马来西亚的槟城蛇庙 162
9.4 意大利的蛇节 163
9.5 贝宁的蟒蛇节 164
10 蛇博物馆 165
10.1 肯尼亚内罗毕蛇园 165
10.2 南非海洋世界博物馆和蛇园 166
10.3 印度加德拉杰蛇园 166
10.4 美国国际响尾蛇博物馆 167
10.5 中国旅顺蛇博物馆 168

第85卷 蜜蜂文化
卷首语
1 蜜蜂文化及其特征 171
1.1 动物文化与蜜蜂文化 171
1.2 蜜蜂文化的特征 172
2 蜜蜂授粉的生态意义 173
2.1 蜜蜂：虫媒授粉的天使 173
2.2 蜜蜂授粉对生态的影响 174
2.3 爱因斯坦的预言 175
3 蜜蜂与人类的健康生活 176
3.1 蜂产品与养生 176
3.2 蜂疗与健康 177
3.3 谨防食用有毒蜂蜜 179
4 蜜蜂与文学 181
4.1 中国古代关于蜜蜂之诗赞 181
4.2 关于蜜蜂的散文小说选 183
5 蜜蜂与艺术 186
5.1 美国灾难片《杀人蜂》 186
5.2 德国电影《夺命毒蜂》 187
5.3 邮票上的蜜蜂 187
6 蜜蜂文化与旅游业 190
6.1 蜜蜂文化节 190
6.2 蜜蜂文化馆 192
6.3 养蜂人的"蜂人"技艺 192

第86卷 科普名篇精选
卷首语
1 毒物世界 197
1.1 毒物世界 197
1.2 科学与毒药 199
1.3 新的、老的、无所不在的毒素 201

2 毒物的两重性 207
2.1 药物治病还是致病 207
2.2 毒是双刃剑：量大是毒，量小是药 208
2.3 警惕科学的误区 210
3 环境保护 213
3.1 美洲的毒物：那些有毒的废物 213
3.2 没有清洁的空气，我们一无所有 216
3.3 农药的危险与预防 217
4 成瘾物品 219
4.1 吸烟、科学与医学 219
4.2 喝酒——喝也不行 不喝也不行 224
5 药品食品安全 228
5.1 凯尔西的救赎：让公众逃离"药害" 228
5.2 食物中毒及预防 230
5.3 回到厨房 自己动手——添加剂时代的谨慎生活 233

第87卷 邮票上的毒物学
卷首语
1 邮票上的有毒植物 243
1.1 古代用于麻醉的有毒植物邮票 243
1.2 中国发行的有毒植物邮票 243
1.3 有毒蘑菇邮票 244
1.4 具有地区特色的有毒植物邮票 245
2 邮票上的有毒动物 248
2.1 爬行动物中的毒蛇 248
2.2 节肢动物中的毒蝎与毒蜘蛛 249
2.3 两栖动物中的毒蛙 249
2.4 昆虫纲中的毒蜂与蚂蚁 250
3 邮票上的有毒矿物 251
3.1 具有强烈毒性的矿物邮票 251
3.2 特殊条件下致命的矿物邮票 252
3.3 含有毒元素的矿物邮票 253
3.4 放射性矿物邮票 254
4 禁毒邮票 255
4.1 识别毒品的禁毒邮票 255
4.2 吸毒危害健康的邮票 256
4.3 警示毒品肆虐全球的邮票 256
4.4 教育青少年远离毒品的邮票 257
4.5 为禁毒与纪念活动发行的邮票 258

5 戒烟与控烟邮票 260
　　5.1 世界上最早的戒烟专题邮票 260
　　5.2 采用WHO统一宣传画为主图设计的戒烟邮票 260
　　5.3 以吸烟危害人体心脏和肺部为主图设计的戒烟邮票 261
　　5.4 以骷髅为主图设计的戒烟邮票 262
　　5.5 用禁烟标识表现戒烟主题的邮票 263
　　5.6 用儿童画表现戒烟主题的邮票 263
　　5.7 用漫画表现戒烟主题的邮票 264
　　5.8 用娱乐与生活用品及高科技设计的戒烟邮票 265

6 戒酒与禁酒邮票 266
　　6.1 反酗酒 266
　　6.2 禁酒邮票 266
　　6.3 酒与交通安全 267

7 重大事件的纪念邮票 269
　　7.1 纪念美国《纯净食品和药品法》的邮票 269
　　7.2 纪念切尔诺贝利核事故的邮票 269

8 怀念科学家与毒理学家的纪念邮票 271
　　8.1 医学家希波克拉底 271
　　8.2 医学家盖伦 272
　　8.3 医药学家孙思邈 272
　　8.4 哲学家摩西·迈蒙尼德 272
　　8.5 毒理学之父帕拉塞尔苏斯 273
　　8.6 医药学家李时珍 274
　　8.7 学者、外交官尼科特 274
　　8.8 物理学家贝克勒尔 275
　　8.9 细菌学与免疫学家贝林 275
　　8.10 细菌学家亚历山大·弗莱明 276
　　8.11 化学家哈维·华盛顿·威利 276
　　8.12 科学家阿尔贝特·卡尔迈特 277
　　8.13 生物学家蕾切尔·卡逊 277
　　8.14 职业毒理学家爱丽丝·汉密尔顿 278

第88卷 博物馆与纪念馆
卷首语
1 毒物博物馆 281
　　1.1 荷兰大麻博物馆 281
　　1.2 日本那须町大麻博物馆 282
　　1.3 特雷斯特雷尔的"毒物博物馆" 282
　　1.4 有毒植物园 284
　　1.5 巴西布坦坦研究所博物馆 287
　　1.6 澳大利亚危险生物博物馆 288
　　1.7 蛇类博物馆 289
　　1.8 蜜蜂博物馆 289
　　1.9 蚂蚁博物馆 291

2 禁毒博物馆 292
　　2.1 缅甸禁毒博物（展览）馆 292
　　2.2 泰国鸦片博物馆 294
　　2.3 俄罗斯禁毒蜡像馆 295
　　2.4 美国缉毒署博物馆 296

3 烟草博物馆 297
　　3.1 中国烟草博物馆 297
　　3.2 丹麦的烟草博物馆 298
　　3.3 日本的烟草与盐博物馆 298
　　3.4 中国戈小兴中外烟标烟具博物馆 299

4 酒文化博物馆 301
　　4.1 葡萄酒博物馆 301
　　4.2 中国白酒文化博物馆 305
　　4.3 日本酒博物馆 308
　　4.4 中外酒瓶文化博物馆 309

5 纪念馆、遗址 310
　　5.1 鸦片战争博物馆 310
　　5.2 日本731部队罪证遗址 312
　　5.3 广岛原子弹爆炸纪念公园 313
　　5.4 长崎原子弹爆炸纪念馆 314
　　5.5 切尔诺贝利博物馆 315

6 毒物资料馆与专题展 317
　　6.1 日本大久野毒气资料馆 317
　　6.2 日本的毒气展 318
　　6.3 日本水俣病相关展馆 321
　　6.4 有毒生物专题展 324

第89卷 纪念日、节日
卷首语
1 预防毒物危害主题的国际日 329
　　1.1 国际大屠杀纪念日 329
　　1.2 化学战受害者纪念日 331
　　1.3 世界地球日 333
　　1.4 世界无烟日 335
　　1.5 世界环境日 341

1.6 国际禁毒日	345
2 相关主题的国际日	350
2.1 世界安全生产与健康日	350
2.2 世界红十字日	351
2.3 国际博物馆日	352
2.4 国际生物多样性日	353
2.5 世界卫生日	354
2.6 世界预防自杀日	355
2.7 世界急救日	356
2.8 世界清洁地球日	357
2.9 国际减轻自然灾害日	357
2.10 世界保健日	358
2.11 世界传统医药日	359
2.12 世界兽医日	359
3 各国节日与纪念日	362
3.1 中国禁烟节	362
3.2 缅甸佤邦的禁毒节	362
3.3 中国端午节	363
3.4 日本广岛原子弹爆炸纪念日	363
3.5 长崎原子弹爆炸纪念日	365
3.6 比基尼日	367
3.7 越南"橙剂纪念日"	367

第90卷 毒物与另类文化

卷首语

1 毒物与神秘文化	371
1.1 中国的"五毒"文化	371
1.2 巫毒信仰与传播	373
1.3 奥尔布赖特的"胸针外交"	374
2 生肖与星座文化中的有毒动物	377
2.1 生肖与黄道	377
2.2 十二宫中的天蝎座与蛇夫座	378
2.3 黄道带中的天蝎宫	379
3 奇山与奇湖	380
3.1 蝎子山	380
3.2 毒气湖与毒气泉	382
4 中国古代的"服石"文化	384
4.1 为了追求长生不老	384
4.2 金石之药：五石散	384
4.3 "服石"风潮及其后果	385
5 另类宠物：有毒动物	388
5.1 "爬友"的宠物：蜘蛛和蛇	388
5.2 接触有毒动物	391
6 冒险与有毒动物	392
6.1 冒死体验蛇疗	392
6.2 另类的疗法	392
6.3 吞蛇作秀	393
6.4 出租看门的毒蛇	393
7 文身与有毒动物图腾	394
7.1 文身习俗的历史	394
7.2 文身的风格与图腾	395
7.3 文身的有毒动物图腾	396
8 另类收藏文化中的有毒动物	398
8.1 货币上的科学家与有毒动物	398
8.2 藏书票中的有毒动物	399
8.3 打火机上的有毒动物	400
8.4 钟表上镶嵌的有毒动物	400
9 与毒物相关的吉尼斯世界纪录	401
9.1 世界上最长的雪茄	402
9.2 世界上最贵的香烟	402
9.3 世界上吃毒蝎最多的马吉德	402
9.4 同6000只蝎子共处的干乍娜	403
9.5 鼻吞活蛇的马诺哈兰	404

第十册　毒物史名人传记

序
第91卷　哲学家、政治家、历史学家
卷首语

1 哲学家与思想家　003
- 1.1 王充　003
- 1.2 摩西·迈蒙尼德　005
- 1.3 弗里德里希·恩格斯　007
- 1.4 阿尔贝特·施韦泽　011

2 主张戒烟、禁烟的帝王　013
- 2.1 坚决抵制烟草的英国国王詹姆斯一世　013
- 2.2 不丹反烟圣贤：夏宗法王　014
- 2.3 主张禁烟的土耳其帝王：穆拉德四世　015
- 2.4 主张禁烟的中国明代崇祯皇帝　016

3 主张戒酒禁酒的帝王和政治家　017
- 3.1 中国夏禹王戒酒防微　017
- 3.2 中国古代周公颁布戒酒令　018
- 3.3 澳大利亚禁酒政治家奥马利　019

4 主张禁毒的帝王与政治家　021
- 4.1 中国清代禁毒皇帝：雍正　021
- 4.2 中国清代禁毒皇帝：道光　022
- 4.3 禁毒先驱林则徐　023
- 4.4 哥伦比亚扫毒总统巴尔科　028

5 催生FDA的总统：西奥多·罗斯福　030

6 历史学家　033
- 6.1 爱德华·吉本　033
- 6.2 李约瑟　034

第92卷　化学家、生物科学家
卷首语

1 化学家　041
- 1.1 海因里希·罗塞　041
- 1.2 罗伯特·安格斯·史密斯　042
- 1.3 西奥多·乔治·沃姆利　045
- 1.4 哈维·华盛顿·威利　046
- 1.5 亨利·莫瓦桑　048
- 1.6 弗里茨·哈伯　050
- 1.7 艾尔伯特·霍夫曼　054
- 1.8 克莱尔·帕特森　057

2 生物学家　059
- 2.1 蕾切尔·卡逊　059
- 2.2 阿瑟·高尔斯顿　065

3 植物学家　067
- 3.1 海欧纳莫斯·博克　067
- 3.2 吴其濬　069

4 动物学家　072
- 4.1 罗伯特·埃文斯·斯诺德格拉斯　072
- 4.2 卡尔·沃·弗里希　072
- 4.3 宋大祥　073

5 生态学家　076
- 5.1 查尔斯·萨瑟兰·埃尔顿　076
- 5.2 埃尔雷·利昂·赖斯　078

第93卷　研究毒药的医药学家
卷首语

1 中国传统医药学家　083
- 1.1 扁鹊　083
- 1.2 华佗　085
- 1.3 张仲景　088
- 1.4 孙思邈　091
- 1.5 李时珍　095

2 希腊古代医药学家　099
- 2.1 希波克拉底　099
- 2.2 卡尔·奥古斯特·尼坎德　102

3 药理学家　104
- 3.1 奥斯瓦尔德·施米德贝尔　104
- 3.2 汤腾汉　105
- 3.3 弗朗西斯·奥尔德姆·凯尔西　107
- 3.4 周廷冲　111

    3.5 玻·罗兰博·霍姆斯德特　114
  4 生理学与病理学家
    4.1 弗朗西斯·马戎第　116
    4.2 克劳德·伯尔纳　117
    4.3 阿尔弗雷德·伏尔皮安　119
    4.4 原田正纯　121

第94卷　毒理学与毒素学家
卷首语
  1 毒理学家
    1.1 帕拉塞尔苏斯　125
    1.2 阿贝·费利斯·方塔纳　128
    1.3 奥尔菲拉　131
    1.4 罗伯特·克里斯蒂森　134
    1.5 路易斯·莱温　135
    1.6 杜聪明　138
    1.7 哈罗德·卡朋特·霍奇　141
    1.8 勒内·萨豪特　142
    1.9 肯尼斯·帕特里克·杜伯伊　144
    1.10 诺曼·奥尔德里奇　145
    1.11 玛丽·阿姆杜尔　146
    1.12 格汉德·扎宾德　147
  2 毒素学家
    2.1 弗朗切斯科·雷迪　150
    2.2 爱德华·施茨　151
    2.3 芬德莱·E.罗塞尔　152
    2.4 斯特鲁·柯·萨瑟兰　153

第95卷　法医毒理学家
卷首语
  1 法医毒理学家
    1.1 宋慈　159
    1.2 艾尔弗雷德·斯温·泰勒　162
    1.3 亚历山大·奥·盖特勒　164
    1.4 维德马克　165
    1.5 勒格·凯·本尼克森　167
  2 法医毒物分析家
    2.1 斯切潘诺夫　169
    2.2 黄鸣驹　170
    2.3 林几　171

第96卷　工业职业卫生毒理学家
卷首语
  1 工业毒理学家
    1.1 阿米迪·勒菲弗　177
    1.2 爱丽丝·汉密尔顿　178
    1.3 尼古拉·拉扎列夫　179
    1.4 赫伯特·E.斯托金戈　180
    1.5 夏元洵　182
  2 职业卫生毒理学家
    2.1 伯纳迪诺·拉马齐尼　183
    2.2 吴执中　184
    2.3 顾学箕　186
    2.4 刘世杰　188
    2.5 张基美　189
    2.6 何凤生　190

第97卷　兽医与昆虫毒理学家
卷首语
  1 兽医毒理学家
    1.1 尤斯塔björ·克拉克　197
    1.2 詹姆斯·W.多勒怀特　198
    1.3 韦恩·比恩斯　199
    1.4 段得贤　201
    1.5 罗德福·拉德莱夫　204
  2 昆虫毒理学家
    2.1 张宗炳　205
    2.2 赵善欢　208

第98卷　重大发现与发明家
卷首语
  1 发现毒物与毒理机制的科学家
    1.1 珀西瓦尔·波特　213
    1.2 詹姆斯·马什　214
    1.3 奥斯马·蔡德勒　215
    1.4 保尔·米勒　216
    1.5 理查德·库恩　217
    1.6 吉哈德·施拉德　217
    1.7 维杜金德·伦兹　218
    1.8 尤斯蒂奴斯·克奈尔　220
    1.9 吴朝仁　220

2	发现放射性及其毒性的物理学家	222
	2.1 威廉·康拉德·伦琴	222
	2.2 安东尼·亨利·贝克勒尔	224
	2.3 玛丽·居里	225
	2.4 欧内斯特·卢瑟福	227
	2.5 罗布利·埃文斯	229
3	分离毒素的科学家	230
	3.1 皮埃尔·让·罗比奎特	230
	3.2 查尔斯·詹姆斯·马丁	231
	3.3 弗里德里希·塞特讷	232
	3.4 让·塞尔瓦伊斯·斯塔斯	233
	3.5 阿瑟·斯托尔	234
	3.6 皮埃尔·约瑟夫·佩尔蒂埃	235
	3.7 约瑟夫·比奈姆·卡旺图	236
	3.8 彼特·赫尔曼·斯蒂尔马克	237
4	发现与发明解毒药的科学家	238
	4.1 盖伦	238
	4.2 陈克恢	239
	4.3 阿尔贝特·卡尔迈特	240
	4.4 波尔·阿尔霍尔姆·克里斯坦森	241
	4.5 林杰梁	243
5	发明安全矿灯的汉弗莱·戴维	245

第 99 卷　临床专科医师

卷首语

1	治疗蛇伤的专科医师	249
	1.1 季德胜	249
	1.2 舒普荣	250
2	蜂疗专家	253
	2.1 贝克	253
	2.2 陈伟	254
3	蚁疗专家：吴志成	256

第 100 卷　作家与艺术家

卷首语

1	作家与文学家	261
	1.1 阿瑟·柯南·道尔	261
	1.2 厄普顿·辛克莱	264
	1.3 阿加莎·克里斯蒂	266
2	科普作家	268
	2.1 法布尔	268
	2.2 约里什	271
3	拍摄毒性事件的摄影师	272
	3.1 尤金·史密斯	272
	3.2 科斯京	273
	3.3 洛古雷	275
4	影视人物	276
	4.1 谢晋	276
	4.2 土本典昭	277
	4.3 史蒂夫·艾尔文	278
	4.4 奥斯汀·史蒂文斯	280

后记

地理学家曾指出：中国的秦岭、欧洲的阿尔卑斯山和北美的落基山并称为"地球三姐妹"，这三大山脉的生态环境都关系着人类的可持续发展，它们是一道分水岭。回顾我从事毒理学研究生涯50多年的历程，使我感受最为深刻的是探求毒物奥秘的历史对我的多次启迪和教育。毒物史的研究正是我从自然科学走向社会科学，从毒理学迈向生态毒理学的一道分水岭。

中国秦岭北麓的蓝田县是发现中国蓝田猿人化石的地方。1962—1963年，我在蓝田县辋川乡和秦岭南麓的旬阳县调查当地耕牛发生的栎树叶中毒。之后的十多年，从吉林省延吉市到贵州省毕节县的近百个县的农牧交错地带陆续发生牛采食栎树嫩叶后中毒的事件，给当地畜牧业造成了严重的经济损失。1978—1981年，我在西北农林科技大学攻读硕士学位期间，在段得贤教授的指导下，在秦岭山区的略阳县建立研究基站，研究并阐明了牛栎树叶中毒的中毒机制，获得农业部科技进步二等奖。中毒机制的研究之所以能有所突破，主要得益于从栎单宁300年的研究历程中汲取的经验和教训，从而通过十项实验证实了"高分子栎叶单宁经生物降解产生多种低分子酚类化合物引起中毒的假设"，解开了栎单宁的毒性之谜，提出"栎单宁生物活化理论"，制定了"牛栎树叶中毒的诊断标准与防治原则"（SB-1999），并在中国的发病地区推广，有效地控制了栎树叶中毒的发生。从此，我便与毒物、中毒和毒理科学史的研究结下了不解之缘。

1991年，我在新加坡参加第十届国际毒素大会进行学术交流时，发现国际毒理学界的顶级专家都是从讲述研究对象的历史开始，然后交流研究的新进展。这一年我得到了新的启发，于是扬起研究毒物史的船帆，观览人类的文明史和与之相关的毒物世界。

1995年，当我来到美国加利福尼亚州戴维斯大学毒理学实验室考察时，发现在美国落基山山区，每当秋季一场大风过后，栎树上成熟的橡子果实就会落到草地上，放牧的奶牛便会因采食橡子引发橡子中毒。而在中国，却是春季放牧耕牛采食栎树的嫩叶引发了栎树叶中毒。这使我明白了地理位置与生态环境的不同、生产方式的差异，毒物与中毒的表现形式也不相同。也正是那一年，当我在位于美国犹他州的美国农业部有毒植物实验室与詹姆斯所长畅谈有毒植物研究进展的时候，我发现中国的专家重点研究毒草的危害，而美国的专家却把有毒植物当作一类资源，在研究毒草危害的同时更重视对其利用价值的研究。这使我重新认识到毒物的两重性：既要看到毒物的危害，同时又要重视研究和开发利用毒物的途径和技术。

1997年，我在墨西哥考察的时候，看到80%的人口居住在墨西哥城，市内大片的贫民窟，便想起了报纸、小说中的黑手党以及贩毒集团之间的毒品大战。再看看眼前美洲大陆上正在进行的肃毒行动，不禁打了一个寒战！由此我认识到，研究毒品的历史在当代是一件十分紧迫的使命！

1998年当我从布达佩斯飞越阿尔卑斯山上空到达意大利威尼斯的那些日子，触景生情，想起生存在阿尔卑斯山脉的既有毒又有害的植物——大豕草，这种高达五米的植物在19世纪作为一种装饰性植物被格鲁吉亚大量引进之后，不断入侵，占领越来越多更适宜、更温暖的地方，它分泌有毒物质，对土壤结构造成破坏，其光敏毒素还危害当地人的健康。阿尔卑斯山脉的大豕草给予我研究生态毒理系统的重要启示。

由于工作的原因，我曾多次来到中国的内蒙古、新疆、青海和西藏的夏季草原牧场，以及美国西部草原。蓝天、白云、草原上成群的牛羊和独具民族特色的帐篷以及牧羊人，在这个统一整体中，生物与环境之间相互影响、相互制约，并在一定时期内处于相对稳定的动态平衡状态。毒草与牛羊之间，牛羊与人类之间存在着一个天然的食物链。历史和现实启示我逐步形成并提出了"生态毒理系统的形成与消亡"的概念，促使我从动物毒理学研究转向生态毒理学研究。这就是2002年我在西北大学创办生态毒理研究所的起因，这不仅将毒理学引向了生态系统，而且在研究解决生态问题的过程中，又将毒物史研究的脚步踏进了社会学与法学的方方面面，为后来深入研究世界毒物史奠定了基础。

美国发生"9·11"事件的那一年，正值中国即将加入WTO之时。中国科学技术协会在长春召开的年会上，我发表了《加强外来有毒有害植物的研究与防治》的论文，希望中国在加入WTO参与国际贸易过程中加强海关检疫，防止重演历史上有毒有害生物入侵带来的灾害。文章发表后，时任中国国务院总理的温家宝同志于2001年11月19日批示给农业部，促成农业部等有关部门的重视并于2002年在西安召开了"加入WTO与防止有毒有害生物入侵研讨会"，进一步就有关立法、执法和加强海关监测提出了建议。2003年，我在南京召开的中国毒理学会第四次学术会议上做了《20世纪世界突发毒性灾害及其教训》的大会发言，立即引起了毒理学界对非传统安全问题的普遍关注。这两件事使我第一次感受到研究世界毒物史的重要价值和现实意义。

世界上有众多的博物馆，那里是启迪人们思想火花的地方。我在参观20多个国家和地区的博物馆、纪念馆的过程中，发现从中国临潼的兵马俑博物馆到日本京都的历史博物馆，从法国巴黎的卢浮宫到美国纽约的大都会，从荷兰阿姆斯特丹的大麻博物馆到金三角小勐拉的禁种罂粟的纪念馆，从中国福建南坪县樟湖的蛇庙到悉尼的危险生物博物馆，等等，人类几千年文明史中包含着无数的有关毒物与中毒的历史痕迹。澳大利亚土著对蛇的崇拜与中国蛇文化的相似性，成为进一步研究毒物文化史的一个新的切入点。

我在《毒物简史》的后记中写道：从1991开始构思到2011年，毒物历史的研究已经过去20年了，但总觉得在涉及毒物与经济学、社会学、生态学及法学等方面的研究深度还很不够。因此，《毒物简史》仅仅是全面研究世界毒物史、毒理科学史、毒物管理史和毒物文化史的一个阶段性的小结。

2012年，《毒物简史》出版后，我的同事们研究世界毒物史的脚步并没有因为取得初步成果而停步，而是以《毒物简史》为新起点向编写《世界毒物全史》阔步前行！

在《世界毒物全史》的编纂过程中，我自己主编的共55卷，我和有关专家共同主编的共29卷，中国毒理学会的专家主编的共16卷。编纂委员会的60多位专家和办公室的秘书们所表现出来的严谨的科学态度和团队合作精神，鼓励着每一个人。我深深地感谢医学史专家贾静涛、李经纬和英国李约瑟研究所的何丙郁所长在前期编写过程中的来信鼓励；感谢吴德昌、卢良恕、李振声、陈冀胜、任继周、陈君石院士，中国毒理学会历届理事长叶常青、庄志雄、周平坤研究员，美国佛罗里达州立大学杜祖健（Anthony T. Tu）教授和英国李约瑟研究所古克礼（Christopher Cullen）所长的关心与来访指导；感谢陈少康教授翻译部分德文资料，刘建利、李引乾教授和我的女儿史凌翻译了部分英文资料；感谢卜风贤、康兴军、赵素芬教授等的长期合作；感谢陕西省科技厅，陕西省科学技术协会，西北大学科研处、211项目办公室和生命科学学院等单位以及朋友的大力支持和资助。在出版过程中得到国家出版基金的资助和西北大学出版社马来社长、张萍总编、张海潮编审和褚骊英编辑的指导。

此外，我还要特别感谢几十年来一直支持我的工作的夫人洪子鹂研究员，她付出了许多，为我腾出许多宝贵的时间，使我有精力完成这部历史专著，实现了我的夙愿：把所学到的毒物学历史知识和观感所及编纂成卷帙、传布给大众，让民众铭记历史、远离毒物、化毒为利、确保安全。

史志诚

2015年11月18日

于西安·青桐轩